U0572952

BLUE BOOK

智库成果出版与传播平台

河南双创蓝皮书

BLUE BOOK OF MASS ENTREPRENEURSHIP
AND INNOVATION IN HENAN

河南中原创新发展研究院 / 研创

河南创新创业发展报告（2022）

ANNUAL REPORT ON INNOVATION AND ENTREPRENEURSHIP
DEVELOPMENT OF HENAN (2022)

双创赋能河南经济复苏回暖

主　编／喻新安　　胡大白　　杨雪梅
副主编／于善甫　　王　　威　　孙常辉　　张志娟

社会科学文献出版社
SOCIAL SCIENCES ACADEMIC PRESS（CHINA）

图书在版编目（CIP）数据

河南创新创业发展报告 . 2022：双创赋能河南经济
复苏回暖/喻新安，胡大白，杨雪梅主编 . --北京：
社会科学文献出版社，2022.6
（河南双创蓝皮书）
ISBN 978-7-5228-0143-8

Ⅰ.①河… Ⅱ.①喻… ②胡… ③杨… Ⅲ.①企业创
新-企业发展-研究报告-河南-2022 Ⅳ.
①F279.276.1

中国版本图书馆 CIP 数据核字（2022）第 086213 号

河南双创蓝皮书

河南创新创业发展报告（2022）
——双创赋能河南经济复苏回暖

主　　编／喻新安　胡大白　杨雪梅
副 主 编／于善甫　王　威　孙常辉　张志娟

出 版 人／王利民
组稿编辑／任文武
责任编辑／丁　凡
责任印制／王京美

出　　版／社会科学文献出版社·城市和绿色发展分社（010）59367143
　　　　　　地址：北京市北三环中路甲 29 号院华龙大厦　邮编：100029
　　　　　　网址：www.ssap.com.cn
发　　行／社会科学文献出版社（010）59367028
印　　装／天津千鹤文化传播有限公司

规　　格／开　本：787mm×1092mm　1/16
　　　　　　印　张：26.5　字　数：400 千字
版　　次／2022 年 6 月第 1 版　2022 年 6 月第 1 次印刷
书　　号／ISBN 978-7-5228-0143-8
定　　价／128.00 元

读者服务电话：4008918866

主要编撰者简介

喻新安 男，经济学博士，教授，研究员，河南省政协常委、学习和文史委副主任，河南省社会科学院原院长、首席研究员，河南省高校智库联盟理事长，河南中原创新发展研究院、河南新经济研究院首席专家，国家统计局"中国百名经济学家信心调查"特邀专家。享受国务院政府特殊津贴专家，曾获"河南省跨世纪学术带头人"、"河南省优秀专家"、"河南省杰出专业技术人才"、第二届（2012）"河南经济年度人物"称号。先后在河南省委党校、河南省社科联、河南省社会科学院工作。兼任河南省社科联副主席、中国区域经济学会副会长、中国工业经济学会副理事长，河南省"十五"至"十四五"规划专家委员会成员，第三、四届皮书学术评审委员会委员。主持国家级、省部级课题30余项；公开发表论文400余篇；出版著作30多部。获省部级社科特等奖、一等奖、二等奖20余项。

胡大白 女，黄河科技学院创办人、董事长，教授，中国当代教育名家，享受国务院政府特殊津贴专家。第十届全国人大代表，第九届河南省人大代表，河南省第七、八、九、十次党代表大会代表，曾任中国民办教育协会监事会主席、河南省民办教育协会会长，现任名誉会长。曾荣获"中国十大女杰""全国三八红旗手""60年60人中国教育成就奖""中国好人""中国好校长""世界大学女校长终身荣誉奖""河南省劳动模范""河南省道德模范""河南省优秀共产党员""改革开放40周年影响河南十大教育人物""新中国成立70周年河南省突出贡献教育人物"等荣誉称号。从事民办高校管理工作，致力于创新创业理论研究、民办高等教育理论研究等，担任《河南创新创业发展报告》主编、《河南民办教育发展报告》主编。出版著作7部，主持"民办高校实施内涵式发展的战略研究"等省部级以上课题十余项，发表论文60余篇。获第六届河南省发展研究奖一等奖、河南省哲学社会科学优秀成果二等奖等。

杨雪梅　女，黄河科技学院校长，博士，教授，博士生导师，北京大学博士后，享受国务院政府特殊津贴专家。第十二届、十三届全国人大代表；全国青联常委，民建中央委员、民建河南省委常委、中国民办教育协会副会长、河南省民办教育协会副会长兼秘书长、河南省高校创新创业协会会长，河南省政府督学、河南省教育评估中心首批评估专家。曾荣获"全国五一劳动奖章""全国五一巾帼奖章""全国青年五四奖章""全国三八红旗手""全国女职工建功立业标兵""河南省优秀专家""河南省学术技术带头人""河南省十大科技领军人物"等荣誉称号。从事民办高校管理工作，致力于民办高等教育领域的理论研究和管理实践。出版专著7部，主编著作（丛书）十余部（套），主持"民办高校应用型人才培养模式创新与实践"等省部级以上课题20余项，发表论文40余篇。曾荣获高等教育国家级教学成果二等奖1项、河南省高等教育教学成果特等奖1项、河南省社会科学优秀成果一等奖1项。

摘　要

《河南创新创业发展报告（2022）》是第六部对河南省创新创业情况进行跟踪研究的年度蓝皮书，由河南中原创新发展研究院研创。该书以"双创赋能河南经济复苏回暖"为主题，分为总报告、行业篇、区域篇和探索篇，力求从不同的角度反映 2021 年以来河南创新创业助推经济复苏回暖的成效，为河南锚定"两个确保"、全面实施"十大战略"，谱写新时代中原更加出彩的绚丽篇章提供理论和智力支持。

本书共分四个部分，结构如下。

第一部分，总报告。该部分由两个分报告组成。一是《2021～2022 年双创赋能河南经济复苏回暖的形势分析与政策取向》，在对 2021 年创新创业赋能河南经济发展取得的成效进行回顾的基础上，系统分析了 2022 年创新创业赋能河南经济复苏回暖的形势，提出了 2022 年创新创业赋能河南经济复苏回暖的重点任务和对策建议。二是《河南省城市创新能力评价报告（2022）》，从实证的角度入手，通过构建由 36 个统计指标组成的河南省城市创新能力评价指标体系，对河南省 18 个省辖市的创新能力进行评价，并结合总评价得分排名、分项指标评分排名进行了分析。

第二部分，行业篇。该部分结合当前发展形势，主要围绕河南制造业、新能源、文旅、现代流通业、房地产等行业进行分析和研究，对依托传统优势产业衍生新赛道，释放数字化赋能制造业高质量发展的乘数效应，优化粮食产业与畜牧产业竞协发展的路径，激发现代流通业双创活力，农产品电商助力河南省数字乡村创新发展，打造现代种业强省等问题进行了研究分析，

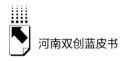
并提出建议。

第三部分，区域篇。该部分以洛阳、开封、郑州、驻马店、鹤壁、许昌等为研究对象，深入分析河南不同区域在利用创新创业赋能经济复苏回暖过程中采取的举措及面临的困境，同时针对数字经济赋能乡村振兴、双创引领国家中心城市建设、数字赋能城市创新发展、科技创新引领现代产业体系构建、建设创新强市等方面，提出了具体可行的对策和建议。

第四部分，探索篇。该部分针对河南发展的重点、热点领域，以河南数字乡村试点建设、开放式创新体系构建、区块链赋能数字经济高质量发展、科技型中小企业创新发展、多式联运创新发展、河南省民营经济发展为切入点，梳理其在创新发展、赋能经济复苏回暖方面取得的成效，同时也分析了各自存在的问题和难点，最后有针对性地提出了对策和建议，以期对相关行业企业发展提供参考和借鉴。

关键词： 双创赋能　复苏回暖　"两个确保"　"十大战略"

序

河南中原创新发展研究院对河南创新创业的研究已持续六年。第六部河南双创蓝皮书以"双创赋能河南经济复苏回暖"为主题，综合反映我们的研究成果。全书分总报告、行业篇、区域篇和探索篇四部分，力求全面、客观、真实地反映 2021 年以来河南创新创业赋能经济发展的整体情况，为河南锚定"两个确保"、实施"十大战略"提供理论和智力支持。

2021 年，国家更加强调创新创业在经济社会发展中的作用，要求发展战略性新兴产业，加快发展现代服务业，推动新技术加速应用和新商业模式出现。同时，围绕推进创新创业高质量发展做出了一系列安排部署。2021 年 10 月 12 日，国务院办公厅下发《关于进一步支持大学生创新创业的指导意见》（国办发〔2021〕35 号），就提升大学生创新创业能力、优化大学生创新创业环境、加强大学生创新创业服务平台建设、推动落实大学生创新创业财税扶持政策、加强对大学生创新创业的金融政策支持和促进大学生创新创业成果转化等，做出了总体安排，进一步支持大学生创新创业。

受新冠肺炎疫情影响，世界各国经济呈现低迷状态。为了稳定经济社会发展秩序，我国加快构建双循环新发展格局，2021 年经济得到较快恢复。2021 年，我国 GDP 实现 8.1% 的增长，在世界主要经济体中是表现最突出的。作为我国经济大省，河南积极应对国际经济环境深刻调整和我国经济发展阶段变化的新形势，实现"十四五"良好开局。2021 年，河南 GDP 为58887.41 亿元，在全国范围内稳居第五的位置。河南在科学统筹疫情防控的同时，积极推进经济社会健康发展，经济复苏回暖态势明显，为全国经济

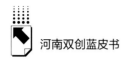

持续恢复发展做出了重要贡献。

2021年，河南经济复苏回暖的重要动力之一，是全省创新创业的深入推进、创新创业活力的进一步增强。一是聚力创新创业高质量发展。2021年郑州首次作为全国"双创"活动周主会场。这也是继北京、深圳、上海、杭州、成都之后，全国"双创"活动周主会场首次设在中部城市，是对河南创新创业工作的充分肯定、激励和鞭策。二是加强科技创新和战略性新兴产业发展成效明显。2021年，河南在改善科研基础条件、落实科技改革重大政策措施、战略性新兴产业集群建设等方面取得成效，受到国务院办公厅通报表彰。三是培育壮大本土创投行业。2021年，河南印发《创业投资引导基金实施方案》和《新兴产业投资引导基金实施方案》，设立总规模150亿元的河南省创业投资引导基金、总规模1500亿元的河南省新兴产业投资引导基金，重点支持种子期、初创期、早中期创新型企业或创新类、天使类项目，以及新兴产业、优势特色产业链条上的成长期、成熟期的创业型企业。2021年底，河南省人民政府修订出台《河南省促进创业投资发展办法》，推动河南省创业投资发展迈大步、开新局、谱新篇。四是创新发展动能持续增强。2021年河南省以创新创业推动产业高端化，新业态、新产品快速发展，全省工业战略性新兴产业增加值增长14.2%，新能源汽车零售额增长92.9%，郑洛新自创区发展态势较好，生产总值首破千亿。五是创新平台载体建设再上新台阶。2021年推动河南省科学院重建重振，嵩山实验室、神农种业实验室、黄河实验室三家省级实验室揭牌运行，超算中心首批13项创新生态系统建设科技专项启动。高新区总数达到38家，实现了省辖市全覆盖，总数位列全国第四、中部第二。郑州高新区入选第四批国家文化和科技融合示范基地，郑州国家新一代人工智能创新发展试验区成功获批。六是创新型企业培育成效显著。2021年制定出台《服务"万人助万企"活动十项举措》，全面落实加快培育创新型企业三年行动计划，引导、支持和帮助规上工业企业开展研发活动，全年遴选出创新龙头企业116家、"瞪羚"企业104家。

在当前统筹推进疫情防控和经济社会发展的特殊时期，河南经济复苏回暖有赖于全方位的创优双创环境，充分释放创新创业发展活力。河南要走出一条政府科学引导创新创业发展、持续涵养创新创业生态的高质量发展之路，可以从完善科技创新体制机制、加快推动数字化转型、不断加大创新创业投入、做强创新创业载体等方面入手。一是建立和强化"一把手抓创新"的体制机制。切实把创新创业作为各项工作的切入点、着力点和逻辑起点，着力解决制约科技成为第一生产力、创新成为第一动力的关键问题。二是坚持数字产业发展和产业数字化转型两手抓。做大做强电子信息制造业、软件和信息技术服务业、人工智能、区块链、卫星产业、网络安全产业等新兴数字产业，实施"上云用数赋智"行动，把新型基础设施建设作为数字化转型的"催化剂"，全面推进制造业、服务业、农业数字化转型。三是高水平建设创新创业载体。加快郑洛新国家自主创新示范区提质发展，高质量推动自创区高新区建设，争创国家区域科技创新中心，推动郑州新一代人工智能试验区建设。四是持续推进创新创业投资发展。以前瞻眼光、战略思维加强统筹谋划，把创业投资作为实施创新驱动、科教兴省、人才强省战略的关键抓手和打造国家创新高地的重要举措。加快推动政府创业投资引导基金和国有创业投资基金扩量提质发展，大力发展天使、风投、创投和种子基金，完善科技创新产业化全周期服务链条，助力加快建设国家创新高地。

这部蓝皮书以"双创赋能河南经济复苏回暖"为主题，从优势产业换道领跑、数字化转型赋能制造业高质量发展、新能源产业创新、文旅文创产业创新、现代流通业发展、房地产业发展、跨境电商综合试验区创新、数字乡村建设、开放式创新体系构建、多式联运创新发展、区块链赋能数字经济发展等方面，全景展示河南创新创业情况，提出建设国家创新高地、加快经济全面复苏的建设性意见，为双创赋能河南经济全面复苏提供理论和实践依据，对实现"两个确保"、实施"十大战略"产生积极的影响。

河南省高校智库联盟理事长

河南中原创新发展研究院

喻新安

2022 年 4 月 8 日

目 录 ↖

Ⅰ 总报告

Ⅱ 行业篇

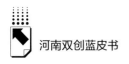

Ⅲ　区域篇

Ⅳ　探索篇

皮书数据库阅读使用指南

总 报 告
General Report

B.1

2021～2022年双创赋能河南经济复苏回暖的形势分析与政策取向

河南中原创新发展研究院课题组*

摘 要： 2021年对河南来说是极不平凡、极具挑战且极为关键的一年。面对国内外复杂严峻的风险挑战，加之百年不遇的特大洪涝灾害和新冠肺炎疫情交织影响，河南迎难而上，砥砺前行，坚持创新引领全面发展，实现了创新发展动能、创新生态、创新平台建设、创新课题凝练、创新主体培育、创新载体建设的全面提升，在巨大困难挑战中交出了一份让人民满意的答卷，厚植了河南未来发展潜力。2022年，河南将继续克服各类风险挑战，围绕省委省政府提出的锚定"两个确保"、实施"十大战略"的总体部署，聚焦建设一流创新平台、凝练一流创新课题、培育一流创新

---

* 课题组组长：喻新安，博士，河南中原创新发展研究院院长、河南省高校智库联盟理事长，研究方向：区域经济、产业经济。课题组成员：于善甫、王威、张志娟、张冰、于广超、周建光、崔明娟、豆晓利、郭军峰、刘晓慧、杜文娟、田文富、李斌、武文超、蒋睿、刘晓、魏征、宋瑜。

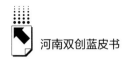

主体、集聚一流创新团队、创设一流创新制度和厚植一流创新文化的重点任务攻坚克难，砥砺前行。坚持科技创新第一动力，全面推动创新创业赋能河南经济复苏回暖，需要通过加强党对创新创业的全面领导、加快数字化转型、加大创新创业投入、加快科技成果转移转化、高水平建设开放性载体、实施新兴产业培育壮大行动及坚持科技创新引领全面工作等措施来整体谋划、系统推进。

关键词： "两个确保"　"十大战略"　科技创新　创新创业　复苏回暖

一　2021年创新创业赋能河南经济发展取得的成效

2021年，河南省认真贯彻习近平总书记关于科技创新的重要精神，全面落实中央和省委省政府决策部署，深入实施创新驱动、科教兴省、人才强省战略，推动创新创业赋能经济高质量发展，取得了显著成效。2021年河南省全社会研发投入突破千亿元大关，技术合同成交额突破500亿元，实现地区生产总值58887.41亿元，同比增长6.3%。受新冠肺炎疫情、洪涝灾害等不利因素的影响，河南整体发展建设水平虽然低于全国，但工业投资、进出口总值增速分别高于全国0.3个、1.5个百分点。这对于一个GDP接近6万亿元的大省来说实属不易。这也充分表明，河南省正在开展的"三个一批"重大项目、"万人助万企"活动有效创造了经济增量、释放了经济存量，围绕创新发展推进的全面深化改革有效激发了经济常量、撬动了经济变量，创新创业为"两个确保"提供了有力支撑。

（一）创新驱动引领全面发展

1.产业结构调整初见成效

2021年全省地区生产总值逼近6万亿元，比上年增长6.3%，三次产业结构为 9.5∶41.3∶49.1。从图 1、图 2 可以看出，近年来河南省第一产业占比基本稳定，2021 年增加值为 5620.82 亿元，同比增长 6.4%，其中粮食产量连续 5 年稳定在 1300 亿斤以上，十大优势特色农业产值占全省农林牧渔业总产值的比重较上年提高 1.3 个百分点，畜牧业生产持续向好，农业结构不断优化。近年来第二产业比重略有下降但基本趋稳，2021 年增加值为 24331.65 亿元，同比增长 4.1%，五大主导产业增加值同比增长 9.6%，40 个工业行业大类中有 33 个行业增加值实现增长，工业战略性新兴产业增加值增长 14.2%，高于全省规上工业平均水平 7.9 个百分点，电子信息产业、高技术制造业增加值分别增长 24.0%、20.0%，分别高于全省规上工业增速 17.7 个、13.7 个百分点。近年来第三产业占比稳步增加，2021 年全省服务业增加值同比增长 8.1%，货物运输量、周转量分别增长 16.2%、20.1%，邮政、电信业务总量分别增长 28.2%、33.8%。

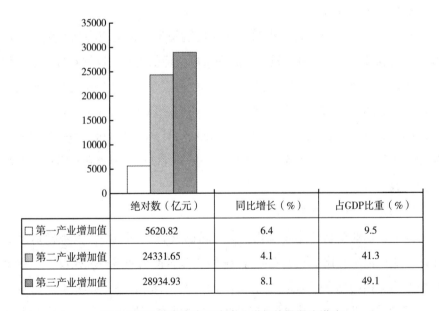

图 1 2021 年河南省三次产业增加值及同比增速

资料来源：根据已公开资料整理而得。

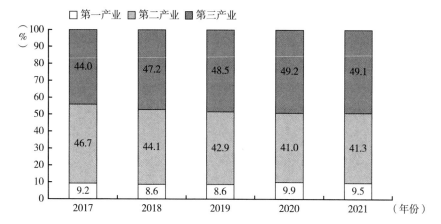

图 2　2017～2021 年河南省三次产业增加值占地区生产总值的比重

资料来源：河南省统计局，http：//tjj.henan.gov.cn。

2. 内需市场潜力加快释放

2021 年，河南省在特大洪涝灾害和新冠肺炎疫情交织叠加影响下，消费市场受到较大冲击，各级政府不断完善应急保供机制，以创新带动创业促进就业，通过举办一系列创新创业活动释放消费潜能，全年实现社会消费品零售总额 24381.70 亿元，增长 8.3%。全省限额以上粮油食品类、饮料类、日用品类商品零售额同比分别增长 10.6%、11.3%、14.3%，漯河、开封、鹤壁、三门峡、平顶山、濮阳、驻马店等 7 个省辖市社会消费品零售总额实现两位数增长。

3. 绿色发展理念更加突出

以创新创业推动产业高端化，实现绿色发展。2021 年河南规模以上工业综合能源消费同比下降 1.4%，能源消费增速持续回落；规模以上工业单位增加值能耗同比下降 7.3%，较上年扩大 7.8 个百分点。实现 40 个行业大类（其他采矿业除外）中 27 个行业单位增加值能耗同比下降，13 个行业下降幅度大于全省。清洁能源快速发展。全年风能、生物质能、太阳能等清洁能源发电量分别增长 137.0%、54.8%、20.9%。绿色产品产量快速增长。全年锂离子电池、新能源汽车产量分别增长 42.9%、14.4%。

4. 对外开放合作更加紧密

以创新创业打造一流营商环境，建设一流开放高地。2021年全省进出口总值首次突破8000亿元大关，同比增长22.9%，达8208.07亿元。其中，出口增长23.3%，进口增长22.3%，进出口总值居中部地区第1位、全国第10位。郑欧班列全年累计开行1546班次，班次、货值、货重同比分别增长37.6%、40.1%、41.2%。郑州机场货邮吞吐量突破70万吨，跻身全球货运机场40强，跨境电商进出口交易额为2018.3亿元（含快递包裹），同比增长15.7%，创新带动对外贸易取得新突破。

（二）创新发展动能持续增强

1. 新产业、新业态、新产品均快速增长

2021年，河南省新产业、新业态、新产品快速发展。全省工业战略性新兴产业增加值同比增长14.2%，其中传感器、光电子器件、光纤等产品产量增速均在25%以上。全省新能源汽车零售额同比增长92.9%，可穿戴智能设备零售额同比增长41.0%，限额以上批发零售企业通过公共网络实现零售额同比增长13.8%。新开通5G基站5.17万个，5G终端用户总数达到3184万户，实现了乡镇、农村热点区域5G网络全覆盖。

2. 工业与研发投入增长较快

2021年，河南固定资产投资同比增长4.5%，其中第二产业投资增长11.6%，三次产业投资占固定资产投资比重如图3所示。全省工业投资同比增长11.7%，其中五大主导产业增长10.4%，传统支柱产业增长8.3%，高技术制造业增长32.1%。2021年，河南省财政科技支出351.2亿元，同比增长38.1%，规模以上工业企业研发费用同比增长34.5%，规模以上服务业企业研发费用同比增长20.9%，均实现较快增长。

3. 郑洛新自创区发展态势较好

作为河南创新创业的重要载体，2021年郑洛新自创区核心区实现生产总值1025.37亿元，同比增长4.8%，首次突破千亿元，主导产业中规模以上企业营业收入同比增长29.0%，企业利润同比增长21.2%，规模以上高

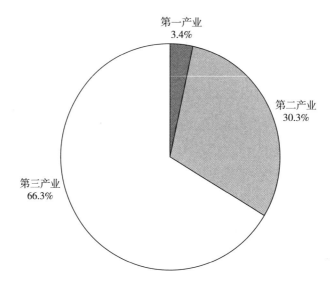

图3　2021年河南省三次产业投资占固定资产投资比重

资料来源：河南省统计局。

技术制造业营业收入同比增长26.2%。截至2021年底，郑洛新自创区拥有高新技术企业2882家、省级及以上创新平台载体1339家、省级及以上重点实验室110家、省级及以上企业技术中心351家、省级及以上科技企业孵化器66家、院士工作站105家、新型研发机构71家，同比分别增长26.3%、14.9%、4.8%、14%、10%、5%、34%。在创新成果方面，自创区核心区全年专利授权量共计18000件，同比增长30.8%。

（三）创新创业生态持续向好

1. 科技创新政策体系不断完善

为构建一流创新生态、建设国家创新高地，《河南省"十四五"科技创新和一流创新生态建设规划》《关于加快构建一流创新生态建设国家创新高地的意见》《关于进一步深化省级财政科研经费管理改革优化科研生态环境的若干意见》《河南省支持科技创新发展若干财政政策措施》《实施"创新驱动、科教兴省、人才强省"战略工作方案》《河南省人民政府办公厅关于印发河南省进一步支持大学生创新创业若干措施的通知》《郑州市支持中原龙子湖智慧岛 No.1 建设国家级双创示范基地若干措施》等创新创业政策不断出台，创新体系不断完善，河南科技创新的规划图和路线图日趋清晰。全省强化创新驱动发展目标导向更加明确，在高质量发展综合绩效考核指标体系中，科技创新所占的权重逐步加大，科技创新政策体系日趋完善。

2. 科创服务效能不断提升

河南省委、省政府对构建一流创新生态、建设国家创新高地高度重视，建立了党政"一把手"抓创新的工作机制，成立了由省委书记和省长担任双主任的省科技创新委员会，办公室设在河南省科技厅，省科技创新委员会对全省科技创新进行系统研究谋划，办公室统筹协调各方推动工作落实，同时要求 18 个省辖市成立市级层面的科技创新委，全面促进科创服务效能提升。河南省政府与科技部深度推进部省会商工作机制，争取更多国家层面创新资源支持。

3. 营商环境不断优化

今天的河南，比以往任何时候都重视创新，作为"十大战略"之首的创新驱动、科教兴省、人才强省战略正在河南全面推进，全省营商环境不断优化。2022 年 2 月 16 日，《河南省"十四五"营商环境和社会信用体系发展规划》正式对外发布，这是继《河南省优化营商环境三年行动方案（2018-2020年）》之后又一重大政策。数据显示，2020 年河南省营商环境评价得分为83.24 分，连续三年快速提升，其中 21 项一级指标中有 15 项持续改善。2022年 3 月 8 日，河南省优化营商环境创新示范市名单公布，郑州、洛阳、鹤壁、驻马店等 4 市上榜。2021 年全国大众创业万众创新活动周主会场设在郑州，会场选址在高校和各类创新资源密集的龙子湖智慧岛中原科技城会议中心以及周边场地，这是国家对河南创新创业营商环境的充分肯定。

（四）创新平台建设取得新突破

1. 高标准实验室建设取得新突破

2021 年 9 月 3 日，《河南省实验室建设管理办法（试行）》（豫政

〔2021〕24 号）发布，明确提出省实验室通过"省级层面设计布局"和"地方政府主导创建"等方式组建，整体设计谋划了争创种业国家实验室、争取嵩山实验室成为国家实验室分支机构（基地）、推动国家重点实验室提质增量的战略目标。为提升省实验室的运行效果，全省实行任务导向、交叉融合、协同攻关、开放共享的新型运行机制，赋予省实验室科研项目自主立项权。在全省上下通力合作下，在不到 100 天的时间里，嵩山实验室、神农种业实验室、黄河实验室三家省级实验室先后揭牌运行。

2. 特色创新平台不断涌现

2021 年，河南省启动超算中心首批 13 项创新生态系统建设科技专项，超算应用生态体系逐步完善。大别山森林生态系统河南省野外科学观测研究站获批首个国家野外科学观测研究站，首批 8 家省中试基地以省政府名义命名，新增 6 家省重大新型研发机构、2 家省应用数学中心、7 家省临床医学研究中心、9 家省技术创新中心、29 家省国际联合实验室。许昌城乡一体化示范区双创基地通过引进华为、腾讯等头部企业，打造了"5G+产业"引领带动发展模式。郑州航空港区双创示范基地采取"政策+平台+基金"发展模式，推动大中小企业融通发展。

3. 河南省科学院重建重振取得新进展

2021 年 12 月 28 日，重建后的河南省科学院正式揭牌，为打造河南建设国家创新高地的最高峰，推动河南省科学院快速发展，《河南省科学院发展促进条例》正在起草。按照省委省政府统一部署，河南省科学院将与国家技术转移郑州中心、中原科技城"三合一"融合推进，实现空间布局、人才机制、政策服务、创新体系、金融资本、管理队伍等协同发展。

（五）创新课题凝练取得新进展

1. 国家项目立项取得新进展

2021 年，河南省争取到首批农业农村领域部省联动国家重点研发计划 2 项，由科技部与河南进行部省联动实施，河南联动项目数量和国拨经费额度均居全国前列。获批国家自然科学基金项目 1067 项，经费首次超过 5 亿元，较上年增长 16%，项目数和经费数实现了量质齐升。在国家社科基金立项方面，截止到 2021 年底，河南大学、郑州大学分别获批立项 55、54 项，在全国高校中排名第 20 左右，较以往有重大突破。

2. 省级重大科技专项改革成效显著

2021 年，河南省重大科技专项改革成效显著，郑州成功研制出世界最大直径的硬岩掘进机（TBM）"高加索号"，光互连芯片、引线框架铜合金新材料实现进口替代，可见光通信技术实现重大突破，LED 与半导体用精密超硬磨具、引线框架铜合金新材料、大尺寸溅射钼靶材等产品打破了国外技术垄断。选育出的浚单 1668 玉米新品种实现我国机收玉米品种的新突破，四价流感病毒裂解疫苗填补了我国在该领域的空白。

3. "揭榜挂帅"项目开局良好

"揭榜挂帅"是一种新型的科技计划项目组织形式，旨在调整改进项目遴选和支持机制，增设成果转化类项目，降低入围要求，取消揭榜限制，提升财政支持力度。2021 年 10 月，河南省第二批"揭榜挂帅"项目面向全球发布，共 113 项，揭榜成功 53 项，项目涉及生物医药、新材料、装备制造、现代农业等领域，总投资达到 21.2 亿元，揭榜成功的项目实现了全省 18 地市"全覆盖"。2021 年 12 月，河南省工业和信息化厅面向全国开展揭榜活动，首批 27 个制造业数字化转型"揭榜挂帅"应用场景项目发布，榜单总金额 2.3 亿元。

（六）创新主体培育取得新成效

1. 创新型企业培育成效显著

2021 年，河南省全面落实加快培育创新型企业三年行动计划，全年遴选出创新龙头企业 116 家、"瞪羚"企业 104 家。2021 年新增高新技术企业 2077 家，总量达到 8387 家，同比增长 33%。科技型中小企业达到 15145 家，同比增长 28%，总量居中西部首位。全年专利授权量达到 158038 件，技术合同成交金额 608.89 亿元，同比增长 58.4%。许昌智能电力装备制造、新乡高新区生物医药 2 个国家级创新型产业集群形成。

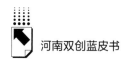

2."万人助万企"活动扎实推进

2021 年 6 月 23 日，河南省启动"万人助万企"活动，推动全省经济高质量发展。当前，全省已经形成服务企业就是服务全省工作大局的理念，聚焦产业、企业、企业家和科学家，抓住了发展的"牛鼻子"，纾解打通了发展中存在的痛点堵点，有力推动了全省经济发展持续向好。河南省科技厅制定出台《服务"万人助万企"活动十项举措》，组织政策宣讲系列活动，线下、线上超过 3 万家企业、23 万人参加了培训，帮助双汇、中信重工等创新型企业解决创新平台建设、重大项目实施等难题。河南省发改委制作"万人助万企"活动《政策告知明白卡》，打通政策兑现"最后一公里"，提升政务服务效能。

3.规上工业企业研发活动全覆盖有序推进

为了提升企业的创新能力，河南省科技厅、工信厅、财政厅、省政府国资委和统计局五部门联合印发《推动全省规上工业企业研发活动全覆盖工作方案》，引导、支持和帮助规上工业企业开展研发活动，并将其纳入"万人助万企"活动全面推进落实。2021 年全省 6898 家企业享受研发费用补助5.87 亿元，这些企业 2021 年研发费用共计 391 亿元，同比增长 23.3%，省财政资金带动企业投入达 66.5 倍。2021 年，全省"科技贷"放款 29.36 亿元，支持企业 537 家次。2022 年 3 月 18 日，河南省工信厅、教育厅、科技厅联合召开 2022 年产学研对接合作会议，明确提出年底实现规上工业企业研发活动覆盖率达 50% 以上的目标。

（七）创新载体建设再上新台阶

1.实现省辖市高新区全覆盖

2021 年，河南省委办公厅、省政府办公厅印发了《关于加快改革创新促进高新技术产业开发区高质量发展的实施意见》《河南省高新技术产业开发区管理办法》。新设立濮阳、洛阳谷水、禹州、商丘睢阳、洛阳吉利、夏邑等 6 家省级高新技术产业开发区，河南省高新区总数达到 38 家，实现了省辖市全覆盖，总数列全国第四位、中部第二位。另外，2021 年河南省实现国家高新区位次上升，郑州高新区上升 3 个位次，排名第 17。

2.自创区创新能力持续增强

2021 年，河南省启动开展"一区多园"建设，加快推进智能传感器、智能装备、生物医药共性关键技术创新与转化平台建设。2021 年 12 月，郑州高新区入选第四批国家文化和科技融合示范基地。郑州国家新一代人工智能创新发展试验区成功获批，郑州将在人工智能应用示范、人工智能创新能力、人工智能产业集群、人工智能基础设施、人工智能创新环境及人工智能治理体系等六个方面提升人工智能对经济社会发展的支撑引领作用。

3.农业创新载体建设取得新进展

2021 年 9 月 7 日，实施乡村振兴战略被列入河南省要全面实施的"十大战略"，9 月 23 日，神农种业实验室正式揭牌运行，农业大省有了做强"农业芯"的底牌。4 月 14 日，河南省新遴选出 10 家优秀星创天地，如表 1 所示。河南省与科技部中国农村技术开发中心合作，将 13 家协作单位纳入"100+N"开放协同创新体系，探索农业科技园区带动县域创新发展的新机制、新模式。

表1　河南省第二批优秀星创天地名单

序号	推荐单位	星创天地名称	运营管理主体
1	济源示范区工科委	阳光兔业星创天地	济源市阳光兔业科技有限公司
2	洛阳市科局	鑫泰农牧星创天地	洛阳鑫泰农牧科技股份有限公司
3	南阳市科技局	桐柏山茶星创天地	桐柏县鑫茗农业有限公司
4	郑州高新区创新发展局	躬行稷比特星创天地	河南省躬行信息科技有限公司
5	许昌市科技局	鼎优瓜菜星创天地	长葛市鼎诺种植专业合作社
6	驻马店市科技局	李芳庄精品西瓜星创天地	河南省李芳生态循环农业开发有限公司
7	周口市科技局	酷农无人机植保星创天地	西华九翔无人机产业园运营有限公司
8	商丘市科技局	天邦农业星创天地	民权县天邦农业科技有限公司
9	信阳市科技局	金合欢星创天地	光山县金合欢林茶专业合作社
10	新蔡县科工信局	未来星创天地	新蔡县未来生态农业园农民专业合作社

资料来源：河南省人民政府，http://www.henan.gov.cn/2021/05-06/2139458.html。

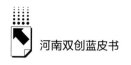

（八）体制机制改革取得新进展

1. 赋权改革和项目管理改革有序推进

2021 年，河南省先后出台《河南省科创资金保障办法》《关于进一步深化升级财政科研经费管理改革优化科研生态环境的若干意见》《深化省与市县财政体制改革方案》《河南省赋予科研人员职务科技成果所有权或长期使用权改革试点实施方案》等文件，围绕开展扩大高校科研院所自主权改革试点工作，落实各项赋权改革任务深入推进，不断改进完善"揭榜挂帅"、首席专家负责制等项目组织机制，强化创新经费保障，全省科研经费服务管理水平不断提升。

2. 完善人才引育体系

随着《中共河南省委 河南省人民政府关于深化人才发展体制机制改革加快人才强省建设的实施意见》《中原学者管理办法》《关于汇聚一流创新人才加快建设人才强省的若干举措》等政策文件的出台，"3+N"人才发展政策体系逐渐形成。2021 年，新遴选中原学者 7 名、中原科技创新领军人才 28 名、中原科技创业领军人才 20 名和中原产业创新领军人才 10 名。新建 1 家中原学者科学家工作室、25 家中原学者工作站。重大科技专项首席专家（技术总师）负责制、经费使用"包干制"、项目经理人制度等改革试点稳步开展。

二 2022年创新创业赋能河南经济复苏回暖的形势分析

随着新一轮科技革命和产业变革蓬勃兴起，科技创新已成各国赢得战略先机、占领未来竞争制高点的重要抓手。河南经济发展也进入模式转型、动能转换的关键期，必须依靠创新创业打造发展新引擎，开辟发展新空间，赋能经济高质量发展。构建新发展格局、抓住中部地区高质量发展政策机遇、促进黄河流域生态保护与高质量发展、科技和产业变革加上创新融合为河南迎来了难得的发展机遇，但同时河南经济复苏回暖还面临一系列的风险挑战。

（一）2022年创新创业赋能河南经济复苏回暖的背景

1. 时代发展和国内国际形势的迫切要求

从国际环境新趋势来看，随着新一轮科技革命和产业变革蓬勃兴起，全球经济格局重构、竞争优势重塑的态势日趋明朗，科技创新已成为赢得战略先机、占领竞争高点的关键力量。在此背景下，河南要深度融入全球产业分工体系，在参与全球价值网络重构进程中提升竞争优势，保持产业链安全、迈向价值链高端，就必须把握世界科技创新发展趋势，紧紧抓住和用好新一轮科技革命和产业变革的战略机遇，着力提升产业链、供应链现代化水平，大力推动科技创新与创新创业，加快关键核心技术攻关，打造未来发展新优势。

从国内发展新格局来看，构建以国内大循环为主体、国内国际双循环相互促进的新发展格局，是党中央应对百年变局、重塑竞争格局、开拓发展新局的重大战略部署。当前，科技创新在畅通经济循环、提高供给体系质量和水平、保障产业链供应链安全稳定等方面起着决定性的作用。因此，河南要融入构建双循环新格局，就必须把创新摆在发展的逻辑起点、现代化建设的核心位置，主动对接国家战略科技力量体系，构建一流创新生态，全力建设国家创新高地，努力在国内大循环和国内国际双循环中成为关键环节、迈向中高端。在此背景下，第十一次党代会将实施创新驱动、科教兴省、人才强省战略放在"十大战略"之首，所以说创新创业顺应时代发展大势，是助推河南经济复苏回暖的重要依托。

2. 党中央基于一系列重要部署的殷切期望

党的十八大以来，以习近平同志为核心的党中央对科技创新的高度重视、战略谋划和实施力度前所未有，党的十九大确立了到2035年我国跻身创新型国家前列的战略目标，党的十九届五中全会提出了坚持创新在我国现代化建设全局中的核心地位，把科技自立自强作为国家发展的战略支撑。"十四五"规划和2035年远景目标纲要对创新创业创造做出了重大部署。党和国家关于双创发展的一系列战略部署，特别是习近平总书记关于河南打

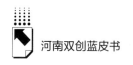

好创新驱动等"四张牌"的重要指示，为河南深入推进双创发展提出了根本遵循。第十一次党代会把创新驱动、科教兴省、人才强省战略作为"十大战略"的"一号战略"，把建设国家创新高地作为推动高质量发展的"一号工程"，把打造一流创新生态作为建设国家创新高地的根本之策，这是把河南放在国家战略科技力量体系中进行系统谋划，是把河南摆在建设世界科技强国新征程中进行定位的具体体现，充分体现了中央对河南双创发展的新要求。

3. 河南经济复苏回暖的客观需要

在新发展阶段、新发展理念、新发展格局大背景下，河南发展已经进入模式转型、动能转换的关键期，必须依靠创新打造发展新引擎，开辟发展新空间，创造竞争新优势，推动经济高质量发展。一方面，创新创业是破解河南"不平衡、不充分、不协调"问题的根本举措。当前，河南面临着以城乡区域差距大、产业结构偏重为特征的"不平衡"问题，以人均指标偏低、发展质量不高为特征的"不充分"问题，以经济发展与民生改善、生态保护不同步为特征的"不协调"问题，这些问题已成为制约河南高质量发展的短板，在新发展阶段，必须把创新摆在发展的逻辑起点、现代化建设的核心位置，依靠不断深入的创新逐一破解上述难题，推动河南在高质量发展道路上行稳致远。另一方面，创新创业是引领河南"抓机遇、开新局、更出彩"的根本动力。进入新时代、开启新征程，河南要在抓住构建新发展格局的战略机遇、新时代推动中部地区高质量发展的政策机遇、黄河流域生态保护和高质量发展的历史机遇过程中，实现"两个确保"确定的宏伟目标，就必须以创新作为引领发展的第一动力，以创新创业创造推动河南经济复苏回暖。

（二）2022年创新创业赋能河南经济复苏回暖的战略机遇

1. 构建新发展格局的战略机遇

构建新发展格局是以习近平同志为核心的党中央面对世界百年未有之大变局，审时度势做出的战略抉择。新发展格局以国内大循环为主体，国内国际双循环相互促进，是一种在更大市场上配置资源的经济发展方式。从供给的角度看，必须调整供给结构，增加有效供给和高质量供给，助推供给侧改革，使河南具有优势且能有效供给的产能得到释放和升级。从需求的角度看，河南省是人口大省，是农业大省，更是经济大省，2021年河南省GDP总量达58887.41亿元，拥有庞大的内需市场。河南省要实现锚定"两个确保"、实施"十大战略"的既定目标，抓住机遇、找准定位，积极主动融入国内国际两个市场，大力推动创新创业，努力在构建新发展格局中打造发展新优势。

2. 中部地区高质量发展的政策机遇

2021年7月22日，《中共中央 国务院关于新时代推动中部地区高质量发展的意见》正式发布，中部地区发展迎来新一轮政策支持。"十四五"规划和2035年远景目标纲要明确提出，要着力打造重要的先进制造业基地、提高关键领域自主创新能力、建设内陆地区开放高地、巩固生态绿色发展格局，推动中部地区加快崛起。新时代推动中部地区高质量发展的顶层框架已成形，新一轮支持中部地区加快崛起的政策体系逐步完善，中部地区长期存在的发展不平衡不充分问题有望通过产业转移、打造核心产业、加强关键领域的自主创新能力、增强城乡区域协同发展等政策体系的完善得到解决。《中共中央 国务院关于新时代推动中部地区高质量发展的意见》的发布，对河南来说是一个千载难逢的战略机遇和历史契机。

3. 科技和产业变革加速创新融合

随着新一轮科技革命和产业变革深入发展，5G、大数据、物联网、人工智能等新一代信息技术与实体经济正在加快融合，融合发展已成为产业高质量发展的鲜明特征，数字化、网络化、智能化在产业发展中不断深化，数字经济已成为经济体系最为活跃的新动能和引领全球经济增长的动力源，是产业融合发展的重要抓手，为新技术、新业态、新模式增长提供强大助力。面对新一轮科技革命，国际国内众多地区在很多领域均处在同一起跑线上，河南可通过创新创业开辟新的发展空间，以"换道超车"为引领促进全省产业加速向数字化、集群化、智能化、绿色化、服务化转型，培育发展新动

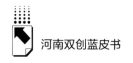
能，实现经济社会高质量发展。

4. 重大战略叠加效应不断增强

在"十三五"时期，中原城市群、中国（河南）自由贸易试验区、郑洛新国家自主创新示范区、中国跨境电子商务综合试验区、国家大数据综合试验区、黄河流域生态保护和高质量发展等国家重大区域发展战略陆续落户河南，河南发展获得了一系列国家战略支持，为高质量发展注入强劲的动力。随着国家构建新发展格局、促进中部地区崛起、黄河流域生态保护和高质量发展等战略深入实施，河南多领域战略平台融合联动叠加效应更加凸显，为经济社会高质量发展提供了更加广阔的空间，为河南进行机遇性、竞争性、重塑性变革提供了方向。要正确处理三大国家战略与"十大战略"体系的内在关系，紧抓构建新发展格局的战略机遇、新时代推动中部地区高质量发展的政策机遇和黄河流域生态保护和高质量发展的历史机遇。

5. 战略腹地综合效应日益凸显

河南处在连接东西、贯穿南北的战略枢纽位置，交通网络四通八达，立体交通体系通达便捷。河南劳动力充足，人口老龄化程度相对较低，其作为亿万人口大省的新型城镇化和乡村振兴蕴含的内需潜力将释放强大的发展动力。古有"得中原者得天下"。不临江、不靠海、不沿边的河南，拥有"航空港""自贸区""自创区""跨境电商综试区""大数据综试区"等众多创新创业新平台、新载体、新动能，已成为内陆开放的前沿高地，河南正在积极融入"一带一路"建设，"四路协同"发展优势正在加速形成。河南将充分利用交通区位重要、内需规模大、产业门类齐全、文化厚重的综合优势，高标准对标先进，加速补齐发展短板，积极融入产业链供应链重构，占领产业发展关键环、中高端，发挥好腹地经济的综合优势。

（三）2022年创新创业赋能河南经济复苏回暖面临的挑战

1. 百年未有之大变局与科技制高点的争夺双重挤压

当今世界，百年未有之大变局加速演进，新一轮科技革命和产业变革深入发展，科技创新已成为国际战略博弈的主要战场，以科技创新为核心的大国竞争正在重构全球创新版图，科技创新在全球治理中的重要性不断提升。新一轮科技革命和产业变革突飞猛进，科学研究范式正在发生深刻变革，学科交叉融合不断发展，科学技术和经济社会发展加速渗透融合。一方面，"十四五"时期有望产生新的重大科学理论，产生颠覆性技术；另一方面，国际环境错综复杂，不稳定性不确定性明显增加，逆全球化、单边主义、保护主义思潮暗流涌动，围绕科技制高点的争夺空前激烈。国际贸易摩擦加剧、逆全球化升温，产业受发达国家高端挤压和其他国家中低端抢占的态势有增无减。当下，无论是东部地区还是中西部地区，兄弟省市均把提升创新能力作为"十四五"期间乃至更长时期内塑造竞争优势的共同选择，加之新冠肺炎疫情影响广泛深远，河南省参与国际分工和国际合作，获取先进技术与推动产业升级的难度加大。

2. 高层次创新平台及重大科技基础设施较少

高层次创新平台是高端创新资源要素集聚的载体，是原始创新的关键。2021年1月18日，河南省省长尹弘在《政府工作报告》中指出，河南现有国家级创新平台172家，新型研发机构102家，这是河南近年来经过多方努力取得的新成果，但这还不足以支撑河南经济高质量发展。截至2020年底，全国共有国家重点实验室549家，其中河南仅有16家，远低于北京（136家）、上海（44家）、江苏（39家）、广东（30家）、湖北（29家）、陕西（26家）、山东（22家）等省市，河南国家重点实验室、工程技术研究中心数量占全国比重均不到3%。2022年2月14日，第二轮全国"双一流大学"名单和"双一流学科"名单公布，河南省仅有2所"双一流大学"，4个"双一流学科"，全国排名第16，这与河南考生人数和河南经济总量均不相称。

3. R&D经费投入严重不足

研究与试验发展（R&D）经费是衡量一个地区未来发展潜力的一项重要指标，《2020年全国科技经费投入统计公报》显示，全国共有8个省市年R&D经费超过了千亿元，全国R&D投入强度（R&D经费与GDP之比）达到2.40%。从表2可以看出，全国R&D经费投入前8的省市排名基本与其

GDP 排名趋同，但河南省是一个例外，2021 年河南省 GDP 排名第 5，R&D 经费投入排名第 9，R&D 投入强度只有 1.64%，排名全国第 18 位，仅为全国平均 R&D 投入强度的 68%，只有北京的 1/4，与河南省的 GDP 全国排名相差甚远。

表 2　2020 年全国部分省市 GDP、R&D 经费及 R&D 投入强度排名

地区	GDP 排名	R&D 经费（亿元）	R&D 经费排名	R&D 投入强度（%）
全国		24393.1		2.4
广东省	1	3479.9	1	3.15
江苏省	2	3005.9	2	2.93
山东省	3	1681.9	5	2.3
浙江省	4	1859.9	4	2.88
河南省	5	901.3	9	1.64
四川省	6	1055.3	7	2.17
湖北省	8	1005.3	8	2.31
上海市	10	1615.7	6	4.17
安徽省	11	883.2	11	2.28
北京市	13	2326.6	3	6.44

注：全国的数据不包含港澳台地区。

4. 原始创新能力依然薄弱

基础研究水平与原创性成果是检验一个国家或地区科技水平的重要标志，河南原始创新能力不足主要表现为重大原创性成果缺乏、顶尖基础研究人才和团队较少等。据《中国区域创新能力评价报告 2021》[①]，在 2021 年全国区域创新能力排名中，河南位居第 14，创新能力指数仅为 28.51。另据赛迪顾问电子信息产业研究中心发布的《2021 中国科技创新竞争力研究》报告，河南省科技创新竞争力全国排名第 13，远低于周边湖北（第 6）、安徽（第 8）、山东（第 9）、陕西（第 11）等省份。

———————

① 《中国区域创新能力评价报告 2021》由中国科技发展战略研究小组联合中国科学院大学中国创新创业管理研究中心编写，是国内权威的区域发展评价报告。

5. 科技成果转化水平不高

技术合同成交额是衡量科技成果转化水平的重要指标，标志着一个地区高新技术的发展水平。表3反映了2020年全国部分省市技术合同登记情况，可以看出河南省技术合同数仅有11751项，成交额只有384.50亿元，在全国排名第16，与河南经济总量排名严重不符；从成交额来看，该指标排名第10的天津，技术合同项数不足一万，成交额却是河南的近3倍，可见河南技术交易额也偏低；2020年成交额在榜单中排名第1的北京，技术交易额是河南的近19倍。以河南高校创新能力为例，根据2019~2020年《中国科技成果转化报告》，全国高校科技成果转化合同金额100强榜单中河南仅有郑州轻工业大学和郑州大学两所高校上榜，而且排名靠后，如表4所示，河南高校中仅有郑州轻工业大学科技成果转化能力较好，其他高校科技成果转化能力均有待提升。

表3 2020年全国部分省市技术合同登记情况

地区	项数(项)	成交额(亿元)	其中:技术交易额(亿元)	成交额排名
全国	549353	28251.51	19746.67	—
北京	84451	6316.16	4816.27	1
天津	9822	1112.98	600.80	10
江苏	57412	2335.81	1657.34	3
上海	26811	1815.27	1689.28	5
湖北	39749	1686.97	946.24	7
山东	73947	1953.92	1516.46	4
河南	11751	384.50	254.95	16
陕西	52036	1758.95	1227.30	6
广东	39845	3465.92	2652.07	2
黑龙江	5127	267.80	138.27	17

注：全国数据不包含港澳台地区。

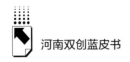

表4　2018～2019年河南高校科技成果合同金额及排名

学校	2019年成交额(亿元)	2019年排名	2018年成交额(亿元)	2018年排名
郑州轻工业大学	3.17	48	3.06	51
郑州大学	2.66	65	2.92	53

注：仅统计全国前100名。

三　2022年创新创业赋能河南经济复苏回暖的重点任务

河南省委书记楼阳生多次强调，要把创新摆在发展的逻辑起点，要主动对接国家战略科技力量体系，奋力建设国家创新高地，走好创新驱动高质量发展这个"华山一条道"。创新创业是推动科技创新、激发市场活力、培育竞争优势的重要抓手，要紧紧围绕建设一流创新平台、凝练一流创新课题、培育一流创新主体、集聚一流创新团队、创设一流创新制度、厚植一流创新文化来系统推进。

（一）建设一流创新平台

1. 整合重塑实验室体系

高标准建设省实验室，争创国家实验室。高标准建设一批突破引领型的省实验室，特别是重点建设嵩山实验室、神农种业实验室、黄河实验室等3个省实验室，使之成为基础研究与应用基础研究、关键核心技术攻关、产业化对接融通的引领阵地和源头支撑，并争创国家实验室或分支机构。推动在豫国家重点实验室提质增量。加强省部联动，以国家重点实验室优化重组为契机，促进在豫9家国家重点实验室进一步与省内外相关行业、领域的企业、高校、科研院所加强合作，优化调整研究方向，充实骨干研究力量，加强创新能力建设，强化体制机制创新，力争在国家重点实验室优化重组中入选。

2. 加快各类创新平台发展

围绕黄河流域生态保护和高质量发展、先进装备制造、生态环境、作物育种等领域争创国家技术创新中心，建设一批省技术创新中心。加快国家生物育种产业创新中心、国家农机装备创新中心建设，新建一批产业创新中心、制造业创新中心、工程研究中心、生物安全实验室、临床医学研究中心、协同创新中心、企业技术中心、工程技术研究中心等创新平台，争创各类国家级创新平台，加快实现大中型工业企业省级以上研发机构全覆盖。同时，加强产业研究院、中试基地建设，标准化推广"智慧岛"双创载体，打造未来化市场化国际化创新创造品牌。

3.建设重大科技基础设施

在激光、量子、种质等全省具有一定优势的基础研究领域，加快建设超短超强激光平台、量子信息技术基础支撑平台、交变高速加载足尺试验系统、智能医疗共享服务平台、优势农业种质资源库、国家园艺种质资源库等省科研基础设施，谋划建设"天蛛计划"应用分靶场。

（二）凝练一流创新课题

1.围绕前沿领域前瞻部署战略性技术研发

坚持"项目为王"，统筹资源配置，大力实施一流创新课题，推动传统产业高位嫁接，支撑优势产业未来化，引领未来技术产业化，提升原始创新能力，进一步增强科技创新对经济社会和产业发展的引领作用。只有一流课题才能聚一流人才、出一流成果。要在前沿领域前瞻部署战略性技术研发项目，力争取得迭代性、颠覆性、原创性科技成果。要围绕量子信息、氢能与储能、类脑智能、未来网络、生命健康、前沿新材料、现代农业、生命科学等未来产业谋篇布局，结合前瞻性和可行性，持续给予支持，构筑支撑未来产业发展的先发优势，取得能够推动重大技术突破甚至产业变革的原创性科技成果，在部分领域实现非对称性赶超，部分课题研究达到国际先进水平。围绕解决关键核心技术和共性技术需求，整合优势资源联合攻关，力争取得一批重大标志性成果。围绕基础研究重点方向，促进基础研究、应用基础研究和技术创新对接融通，力争实现更多零的突破。

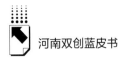

2. 加强关键核心技术和共性技术攻关

围绕国家战略部署和河南省需求，坚持问题导向和目标导向，按照"聚焦重大、自上而下、重点突破、引领发展"的原则，整合优势资源，聚焦重点产业关键核心技术和共性技术攻关，部署重点领域研发任务，力争取得一批重大标志性成果。一是围绕信息技术，重点突破人工智能、新型显示与智能终端、智能传感器等领域关键技术瓶颈。二是以科技创新推动先进制造，以盾构及工程、电力、矿山、轨道交通、智能装备核心关键技术研发为重点，打造形成具有较强竞争力的高端装备制造产业集群。三是构建先进材料全流程创新链条，以推动先进材料性能极限化、多功能化、智能化为方向，提升河南省先进材料产业的核心竞争力。四是大力发展新能源，支撑构建清洁低碳、安全高效的能源体系。此外，还要重点围绕构建现代交通体系、壮大生物育种能力、推动农业绿色高效与可持续发展、提升人口健康科技支撑能力等方向重点发力。

3. 强化基础研究和原始创新

立足世界科技前沿推动基础研究和原始创新，是厚植未来发展优势的基础。从国际来看，创新型国家基础研究领域的投入占全社会研发经费总投入的比重大多在15%~20%，2021年我国基础研究经费占R&D经费比重为6.09%，与创新型国家的差距很大。河南省要参与国家战略性科学计划和科学工程，瞄准关键科学问题和前沿技术问题，坚持自主探索和目标导向相结合，在数学、物理、生命科学、农业、健康科学、资源与生态环境、能源、信息、材料、制造、工程等重点方向开展基础科学研究，重视学科交叉和颠覆性创新，促进基础研究、应用基础研究与产业化对接融通，力争实现更多"从0到1"的突破。推进省政府与国家自然科学基金委"区域创新发展联合基金"的实施，加强重点高校、科研院所基础研究学部建设，逐步形成政府与行业部门、高校、企业联合资助的组织模式，引导社会资源投入基础研究。

（三）培育一流创新主体

大力培育高新技术企业，构建高新技术后备企业库，加大对高新技术企业支持力度，重点依托郑洛新国家自主创新示范区、省级以上高新技术产业开发区和高新技术特色产业基地等建设一批高新技术企业培育基地。推动规模以上工业企业研发活动全覆盖，引导、支持和帮助规模以上工业企业开展研发活动，实现有研发机构、有研发人员、有研发经费、有产学研合作。实施科技型中小企业"春笋"计划，完善国家科技型中小企业入库机制，加强创新创业孵化载体建设布局，提升其服务功能和孵化效率，完善中小微企业梯度培育支持措施。

1. 强化企业创新主体地位

《2020年全国科技经费投入统计公报》显示，企业R&D经费支出占全国R&D经费的比重为76.6%，总量达18673.8亿元，比上年增长10.4%，对全国增长的贡献为77.9%，企业已成为科技创新的中坚力量。一是要大力培育创新型企业。实施创新型企业树标引领行动、高新技术企业倍增计划、科技型中小企业"春笋"计划，建立完善"微成长、小升规、高变强"创新型企业梯次培育机制。二是要组建创新联合体。以解决制约产业发展的关键核心技术问题为目标，破除企业、高校、科研院所之间各类制约创新发展的"篱笆"，优化产业创新联盟运行机制，组建各类创新综合体。三是要推动企业研发活动全覆盖。支持企业加快生产组织创新、技术创新和市场创新，引导、帮助规模以上工业企业开展研发活动。四是完善企业创新引导促进机制。进一步优化营商环境，大力培育企业家精神，加大政策支持引导力度，引导各类创新要素加速向企业集聚。

2. 提升高校科研水平

一是实施提质增能计划。围绕服务国家重大战略和区域经济、产业发展需求，通过引进国（境）外优质高等教育资源、吸引行业创新龙头企业和高端研究院所共同组建高水平大学，在没有本科高校的省辖市和济源示范区设立本科高校等方式优化调整高校结构布局，同时推进高校学科学院及专业优化布局。二是加快培育一流大学和一流学科。集中资源发展重点学科、重点实验室、重点团队、重点课题，集中力量锻长板、补弱项、扬优势，着力打造"双航母"，全力培育"双一流"建设"后备军"。三是大力发展高水

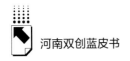

平研究型大学。推动高等教育内涵式发展，开展重大基础研究和未来技术研究，瞄准世界前沿技术、"卡脖子"技术等领域和学科，完善人才、教学、科研等评价激励和管理机制，提升学术队伍的科技创新能力和国际影响力。

3.增强科研院所创新能力

一是重建重振省科学院。2021年12月28日，重建重振河南省科学院揭牌仪式在郑州举行，下一步，要充分释放省科学院平台资源，发挥中原科技城政策服务优势，支持省科学院与中原科技城实现融合发展。二是做优做强省农科院。农业大省河南需要强大的农科院作为科技兴农的后盾，要坚持市场化为导向，加快构建与现代农业产业体系、经营体系相适应的现代农技推广体系。三是加快科研院所改革发展。围绕重塑研发体系、转化体系和服务体系，推进科研院所资源整合和治理模式转型，赋予科研院所创新领军人才更大财物支配权和技术路线选择权，加快推进科技成果转化。

（四）集聚一流创新团队

1.加强高层次领军人才和高水平团队培养

以高端人才为依托，组建高水平创新团队。通过实施"中原英才计划"等人才培育工程，遴选培育一批以中原学者为引领的高端科技领军人才，打造中原人才系列品牌。推行首席专家负责制，支持领军人才牵头组建跨单位联合、产学研协同、多学科融合的创新团队。把培育战略人才力量的政策重心放在青年科技人才上，扩大支持规模，实施好区域创新发展联合基金，加大省自然科学基金实施力度，壮大青年科技人才队伍，支持青年人才挑大梁、当主角，让青年科技人才在高水平创新团队中发挥更大的作用。

2.加强基础教育和职业教育

建设优质均衡的基本公共教育服务体系、支撑技能社会建设的职业教育体系、开放多元的高等教育体系以及服务全民终身学习的教育体系，形成制度更加完备、结构更加优化、保障更加全面、服务更加高效的高质量教育体系，提升人才培养水平和教育服务贡献能力，推动人才队伍结构更加合理、人口质量整体提升，促进人力资源发展与河南省重大发展战略和产业布局同步推进。

3. 积极引进领军人才和创新团队

用好中国—河南招才引智创新发展大会、中国·河南科技创新暨跨国技术转移大会平台载体，实施高端（海外）人才和团队引进专项行动、重点高校（科研院所）学术校长（院长）引进培养专项行动，采取超常规、突破性政策措施，精准引进高层次创新型领军人才和团队。构建人才、团队、平台良性互动的一体化引育机制，通过针对性邀约、"量身定做"支持方式，依托重大创新平台吸引集聚一批战略性科技领军人才。围绕"双一流"建设，加快引进和培养一批活跃在国际学术前沿、切合国家重大战略需求的科学家、学科领军人才，助力高校学科建设，实现"引进一个人才，引领一个学科"。

4. 激发人才创新活力

持续开展人才建设体制机制改革，根据不同行业不同需要和实际情况对用人主体充分授权，通过不断完善人才管理制度，积极为人才松绑，充分赋予科学家更大技术路线决定权、经费支配权及资源调度权。进一步健全以创新价值、能力、贡献为导向的科技人才分类评价体系，尤其要建立社会化、市场化的科技型人才评价机制。强化结果导向，建立成果奖励、项目奖励、特殊津贴相结合的优秀人才支持激励体系。统筹人才、项目、基地建设，加大对高层次创新人才和创新团队长期稳定支持。落实高层次人才奖励、科技成果转化、税收优惠等政策，对引进落户的高层次人才，按其个人贡献给予奖补。打造一站式人才服务平台，提升人才服务质量和效率，推动落实高层次人才配偶安置、子女入学、住房保障、医疗保健等方面待遇。

（五）创设一流创新制度

1. 深化科研项目管理改革

建立以信任为基础的人才使用机制，完善科学家本位的科研组织体系，进一步推行"揭榜挂帅"、"赛马制"、首席科学家（PI）负责制等项目组织机制，综合运用公开竞争、定向择优、滚动支持等差异化的遴选方式，允许领衔科学家自主确定研究课题、技术路线、科研团队和经费使用等。建立并推广项目专员制度，负责保障项目日常实施、设施运维、财务助理等工作，切实给科学家减压减负。实行签订"军令状"、"里程碑"考核等管理方式，将评价重点放在标志性成果的质量、贡献、影响上。改革经费使用方式，落实让经费为人的创造性活动服务的理念，开展经费"包干制"试点并扩大实施范围。实施"直通车"试点改革，探索科研资金省财政直拨模式，推动科研资金尽快产生使用效益。改进支持方式，加大财政资金预拨付支持力度，对省科技创新委员会研究决定的重大创新项目，根据实际需求采用预拨部分资金的方式，支持其开展前期工作。

2. 深化科研评价改革

一是改革人才评价机制。坚持以质量、绩效、贡献为核心的评价导向，破除唯论文、唯职称、唯学历、唯奖项导向，完善代表作评价方式，探索建立有利于青年科技人才脱颖而出的机制。二是构建新的收益分配机制。扩大用人单位收入分配自主权，完善基于机构类型、职责和绩效评估结果的绩效工资总额核定机制。三是推进高校、科研院所薪酬制度改革。健全绩效工资分配机制，落实高层次人才工资分配激励政策。四是完善科研人员职务发明成果权益分享机制。全面落实科技成果转化奖励、股权分红激励和相关税收优惠政策，支持科研人员带着创新成果兼职创新创业。五是完善科技奖励制度。建立公开公平公正的评奖机制，构建符合科技发展规律和河南省省情的科技奖励体系。

3. 突出科技成果转移转化

一是健全科技成果评价激励机制。完善分类评价体系，探索简便实用的评价制度、规范和流程，完善免责机制。二是构建科技成果转移转化体系。培育技术转移示范机构，发挥河南省科技成果转移转化公共服务平台作用，开展线上线下相结合的重大科技成果发布对接活动，打造科技成果转化活动品牌。三是建立产学研用协同推进机制。加快新兴领域重大技术成果推广应用，促进产业链和创新链深度融通，实施科技成果转化示范工程，推动重大科技成果转移转化。

4. 扩大科技开放合作

一是优化开放创新生态。以全球视野谋划和推动科技创新，以开放式创新加快集聚创新资源，形成全方位、宽领域、多层次、高水平的对外开放合作新格局。二是提升国内科技交流合作水平。坚持引进与共建并举，加强与京津冀、长三角、粤港澳等国内发达地区的科技战略合作，打造中原—长三角科技走廊。三是拓展国际合作的广度与深度。优化拓展河南省国际联合实验室建设布局，推动国际联合实验室间的横向协作和资源共享，强化考核评价，不断提升建设水平。

（六）厚植一流创新文化

1. 大力倡导科学精神

一是广泛宣传。大力弘扬科学家精神、企业家精神、工匠精神，培育创新创业文化，深入宣传科技重大决策，普及科学技术知识，营造创新创业氛围，形成崇尚科学、敢于创新、宽容失败的创新氛围。二是进一步优化创新奖励体系。加大对科技贡献突出人员表彰奖励力度，不断深化科技奖励制度改革，建立公开公平公正的评奖机制，构建符合科技发展规律和省情的科技奖励体系。三是弘扬大国工匠精神。大力弘扬精益求精、持之以恒和守正创新的工匠文化，鼓励科技工作者潜心研究、久久为功，致力攻克一批关键核心技术、"卡脖子"问题。四是培育企业家精神和创新创业精神。通过树立创新创业典型人物，鼓励企业家专注创新，追求卓越。推动新知识的创造者、新理念的启蒙者、新技术的发明者和新产业的开拓者涌现。

2. 加强科学技术普及

一是加强科普能力建设。坚持把科学技术普及放在与科技创新同等重要的位置，深入实施全民科学素质行动计划。二是提升全民科学文化素养。强化青少年科学兴趣引导和培养，将创新思维培养纳入青少年教育，构建覆盖各个年龄段的科学文化普及体系。三是强化科普载体支撑。建设数字科普平台，打造区域权威科普服务平台和融媒体平台，形成覆盖大中小城市的科普

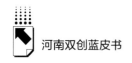
资源交互体系。四是推进社会化科普。健全多元化科普经费投入机制，鼓励社会资本投入科普事业。

3. 打造诚信包容的创新环境

一是健全鼓励创新、宽容失败、合理容错机制。着力为各类人才搭建干事创业的平台，对急需紧缺的特殊人才实行特殊政策，努力营造鼓励创新、宽容失败的社会环境、工作环境、政策环境和生活环境。二是完善创新容错机制。充分尊重科技创新的规律和科研人员的合法利益，保障科研人员学术自由，实行审慎包容监管，建立创新容错试错纠错机制，对因改革创新、先行先试出现失误，以及在科技成果转化、科研项目实施等科技创新过程中未能实现预期目标，但符合规定、勤勉尽责、未谋取非法利益的，准确把握政策界限，依规依纪依法免除相关责任。

4. 营造全社会创新创业氛围

倡导"敬业、精益、专注、宽容失败"的创新创业文化。树立人人成才、人人出彩的价值导向，在全社会形成褒奖创业、敢为人先、勇于竞争的创新创业氛围，激发微观主体创造力。全面加强科技宣传工作，围绕实施创新驱动、科教兴省、人才强省战略，开展科技创新重大决策宣传，加强创新政策解读，总结推广经验做法，及时回应社会关切。创新科技传播方式，加强科技新闻传播，增强舆论引导能力，打造科技舆论引导的主阵地，营造崇尚创新、鼓励探索、宽容失败的社会氛围。

5. 加强知识产权保护

深入实施知识产权强省战略，构建高质量创造、高效益运用、高标准保护、高效能管理、高水平服务的知识产权事业发展格局。加快推进专利数量导向向质量导向转变，研究将专利许可收入等作为技术创新能力的考核指标，引导资源向高质量专利投入。完善知识产权运营体系，引导社会资本投资设立专业化知识产权运营机构。强化知识产权协同运用，建立订单式发明、投放式创新的专利协同运用机制，完善企业主导、多方参与的专利协同运用体系。

四　2022年创新创业赋能河南经济复苏回暖的对策建议

河南经济复苏回暖必须首先坚持党对创新创业工作的全面领导，要建立和强化"一把手抓创新"的科技创新体制机制。要围绕数字化转型推动产业升级，提升数字化治理能力，构建重大创新平台，做强创新创业载体，推进"智慧岛"双创载体省辖市全覆盖，打造未来化市场化国际化创新创造品牌。要不断加大创新创业投入，实施新兴产业培育壮大行动，加快科技成果转移转化，坚持科技创新引领全面工作，以创新创业赋能河南经济复苏回暖。

（一）加强党对创新创业的全面领导

1. 坚持和加强党的领导

党的领导是创新创业的政治保障，我国最大的国情就是中国共产党的领导，习近平总书记高度关心和鼓励创新创业创造工作，2019 年，在参加福建代表团审议时强调："要营造有利于创新创业创造的良好发展环境。"2021 年 9 月 7 日，河南省委工作会议提出要锚定"两个确保"，全面实施"十大战略"，将"实施创新驱动、科教兴省、人才强省战略"作为"十大战略"之首，这是河南省委省政府以前瞻 30 年的眼光打破常规的创新举措。坚持党对创新创业工作的全面领导，是做好新时代创新创业工作的根本保证，推动创新创业要持续加强作风建设和党风廉政建设，落实中央八项规定及其实施细则精神，在全省范围内组织开展"科技政策大宣讲、科技工作大调研、科技服务大提升"活动。贯彻落实党中央关于科技创新工作的重大决策及省委、省政府有关工作部署，统筹协调、整体推进、督促落实全省科技创新与创新创业领域的重大工作。

2. 强化创新创业党建引领

要把全面从严治党主体责任扛在肩上、落实在行动上，贯穿于党的建设、管理、监督等各个方面，不断增强基层党组织的组织力和战斗力，推动基层组织全面进步、全面过硬。要坚持以党建高质量推动科技创新高质量，积极推动模范机关创建，持续推进学习型、创新型、服务型党组织建设，推动党建和业务深度融合，把党建优势转化为发展优势、党建资源转化为发展资源、党建成果转化为发展成果。要一体推进不敢腐、不能腐、不想腐，抓好党风廉政教育和警示教育，深化以案促改，把廉政风险防控融入创新创业各个环节之中。

3. 建立健全"一把手抓创新"的体制机制

推动创新创业要提高政治站位，增强"四个意识"，坚定"四个自信"，做到"两个维护"，确保创新创业在政治立场、政治方向、政治原则、政治道路上同以习近平同志为核心的党中央保持高度一致。要建立和强化"一把手抓创新"的体制机制，牢固树立创新发展的理念，切实把创新创业作为各项工作的切入点、着力点和逻辑起点，着力解决制约科技成为第一生产力、创新成为第一动力的关键问题，让创新创业在构建新发展格局中赋能河南经济复苏回暖。

（二）加快数字化转型

1. 发展壮大数字经济核心产业

做大做强电子信息制造业、软件和信息技术服务业、人工智能、区块链、卫星产业、网络安全产业等新兴数字产业，培育软件产业集群，建设国家新一代人工智能创新发展试验区。突破提升新型显示和智能终端、智能传感器产业、计算产业、半导体产业等电子核心产业。整合利用数据资源、深度挖掘数据价值、探索数据交易服务等，加快发展数据服务产业。

2. 把新型基础设施建设作为数字化转型的"催化剂"

进一步加快信息基础设施建设，发展泛在协同的物联网，加快建设 5G 网络，推进 5G 网络商业化规模化应用，提升卫星通信支撑能力，全面增强数据感知、传输、存储、运算能力。加快融合基础设施建设，构建工业互联网平台体系和公共服务体系，实施国家级新型互联网交换中心、人工智能计算中心、中国移动网络云郑州大区中心等重大项目，推动交通物流设施、能源设施、生态环境设施等传统基础设施智慧化升级，建设远程医疗、在线教育等民生设施。

3. 全面提升数字化治理能力

提升社会治理、政务服务、城乡管理、安全生产、生态保护等智能化水平。要全面建设数字政府，加强高可靠、高性能的电子政务内/外网建设，实现省、市、县（市、区）、乡镇（街道）全覆盖。要加快建设新型智慧城市，以省辖市为主体加快建设新型智慧城市统一中枢平台，整合全市公共领域信息系统和数据资源，借助数据分析开展智能化创新应用。要全力打造数字乡村，实施新一代农村信息基础设施建设工程，加快宽带通信网、移动互联网、数字电视网和下一代互联网向农村延伸覆盖，提升乡村网络设施水平，完善农村基层党建信息平台，推动公共管理、公共服务、公共安全等乡村治理能力现代化。

（三）加大创新创业投入

1. 加大财政科技投入

2021年，全省财政科技支出351.2亿元，同比增长38.1%。据相关报道，2022年，河南省级年初预算安排科技支出112亿元，同比增长124.4%，集中财力保障省委省政府确定的科教领域重点支出，全省R&D投入强度力争达到1.96%以上。财政支持是推动科技创新的导向和保障，面对新发展格局，要实施积极的财政政策，探索省、市级财政科技投入协调联动机制，积极争取国家层面重大科技项目和工程在河南省的战略布局，将财政科技资金投入关键主体、重点产业、重点区域。要不断提升财政资金在基础前沿领域、重点重大工程中的研发经费比重，建立重大科技创新需求与财政投入保障的衔接机制。

2. 引导鼓励社会资本加大科技创新投入

一是充分发挥财政科技投入的引导放大效能。通过奖励、配套、贴息、担保、补偿、后补助等多种财政支持手段，引导高校、科研院所、企业等创

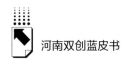
新主体加大研发投入。二是落实科技创新相关税收优惠政策。多策并举加大科技创新优惠税收政策落实力度，鼓励科研机构、高校与行业领军企业联合开展研发活动，拓宽资金投入渠道，为企业创新发展、产业转型升级保驾护航。三是鼓励社会力量设立科学研究基金和科技类非营利机构。鼓励社会力量通过捐赠、设立基金等方式多渠道投入科技研发，给予财政、金融、税收等政策支持。

3.着力推动科技金融深度融合

重点围绕科技企业全生命周期的发展特点和规律，当好科技企业的"天使投资人"，集聚金融机构、金融产品、金融服务等金融"甘露"，建设投保贷补服一体化融合的科技投融资体系。同时，聚焦全省重大创新平台、项目和科技园区发展，引导金融机构提供全方位支持。一是积极推进科技信贷。运用贷款贴息奖补政策，引导市县加大"科技贷"贷款贴息力度，以政策双向激励降低企业融资成本。二是大力发展创业投资。实施好中原科创基金、郑洛新科技成果转化引导基金、郑洛新双创基金等三只科创类基金，加强与省战略性新兴产业引导基金、创业投资引导基金、生物医药和新材料创业投资基金、数字经济创业投资基金的深度结合。三是强化科技企业金融精准服务。运用河南省科技金融服务平台，多维度对科技企业进行画像，搭建科技企业与各类资本对接的渠道桥梁，提高资源配置的效率和精准度。

4.多渠道设立创业投资引导基金

一是推动各级政府设立政府创业投资引导基金。要设计出台更为宽松的返投、让利和容错制度，面向全国创投圈广发"英雄帖"，用极具"诱惑性"的创投政策吸引省外资金流入河南省。郑州市要聚焦打造具有全国影响力的政府创投引导基金和天使投资引导基金，打造全国创投风投高地，基础较好的省辖市及开发区可以设立政府创业投资引导基金，联合优秀基金管理机构打造创投母子基金群。其他地市可以与创投基金管理机构合作设立直投为主的创业投资基金。二是推动国有企业设立创业投资企业和创业投资基金。鼓励国有企业围绕主营业务，以自有资金设立创业投资企业；支持国有企业推进混合所有制改革，与优秀的创投基金管理机构"联姻"。

（四）加快科技成果转移转化

1. 健全成果转移转化机制

科技成果转化是实现科学技术转化为第一生产力的关键，是创新成果促进生产力发展的核心环节。一是健全完善成果转移转化激励机制。对科技成果转化做出贡献的人给予相应奖励，提升科研人员创新创业热情。制定和实施《河南省科技成果转化能力提升行动方案》，以集成式体系化改革举措激发全省科技成果转化活力。二是完善科技成果评价制度。坚守尊重科技创新规律底线，优化科技评价导向，健全科技成果分类评价体系，规范科技成果第三方评价，坚决破除"五唯"。三是总结河南省赋予科研人员职务科技成果所有权和使用权改革试点成效，宣传推广典型经验，结合实际逐步扩大试点范围，推动完善相关政策法规。落实高校、科研机构科技成果登记和年报制度，探索将其纳入高校院所评价考核体系，作为申报科技成果奖励和科技计划项目的重要依据。

2. 完善科技成果转移转化服务体系

一是推动国家技术转移郑州中心提质增效。按照"政府引导、市场化运营、专业化协作"的原则，推动中心与省内外高校、科研机构和重点研发机构集聚与合作，积极开展多主题、系列化的技术转移对接交流活动。二是建设科技成果转移转化云平台。充分利用大数据、人工智能等技术手段升级优化云服务平台功能，提升技术供需信息对接效率，逐步形成全省科技成果转移转化工作"一张网"。三是推动科技成果转移转化重大活动落实落地。提升中国·河南开放创新暨跨国技术转移大会办会层次，树立河南科技成果转化第一品牌，谋划好"一院一校 N 地市"系列对接活动，鼓励各省辖市及省内各类创新主体联合开展成果转化系列对接活动。四是依托郑洛新国家自主创新示范区建设国家科技成果转移转化示范区。

3. 培育专业人才队伍

编制《河南省技术转移专业人才培训实施方案》，发挥国家技术转移人才培养基地的作用，培育技术经纪人、技术经理人及技术合同登记人员等专兼职成

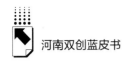

果转化、技术转移人才队伍。通过政府引导，实现高校、科研机构成果转化专兼职人员培训全覆盖；坚持市场主导，着重培养技术转移示范机构及科技型企业专兼职成果转化、技术转移人才队伍；通过柔性用才、项目引才，加大高水平技术转移人才引育力度，探索将技术转移专业人才纳入省高层次人才建设体系。

（五）高水平建设创新载体

1. 加快郑洛新国家自主创新示范区提质发展

一是深化郑洛新国家自主创新示范区改革。充分发挥郑洛新国家自主创新示范区"试验田"和"先行区"作用，着力优化创新创业发展的生态环境，做好核心区管理体制改革和科研管理体制改革，发挥市场在资源配置中的决定性作用，不断完善政策支撑体系。二是推动郑洛新国家自主创新示范区产业高端化发展。在做优做强优势主导产业的基础上，培育壮大战略性新兴产业，打造先进装备制造、智能传感器、生物医药三大千亿级创新型产业集群。三是强化郑洛新国家自主创新示范区产业共性关键技术支撑。围绕优势产业推动省、市、区共同建设产业共性关键技术创新与转化平台，推动基础研究、应用基础研究和产业技术创新融通发展。

2. 高质量推动自创区高新区建设

充分发挥自创区高新区主阵地、主战场、主引擎功能，优化梯次培育，加快高新区提级晋位。鼓励支持郑洛新三个高新区扩区发展，自主探索开展"一区多园"建设。支持郑州高新区争创世界一流高科技园区，洛阳、新乡高新区建设创新型科技园区。争取许昌、信阳高新区早日进入国家高新区队伍，推动三门峡等省级高新区提级晋位，指导有条件的县区创建省级高新区。创新体制机制，在自创区探索实施"自创区协同创新券"通存通兑。设立"改革创新奖"，最大程度激发自创区创新资源效能，推动自创区高质量发展。加快建设公共创新平台，重点建设好智能传感器、智能装备、生物医药以及作物加速育种共性关键技术创新与转化平台。持续开展好"成果中关村·转化郑洛新"科技项目对接活动；争取与上海张江、武汉东湖等自创区建立战略合作关系，探索建立与山东半岛、西安、兰白等黄河流域自创区的联动机制。

3.争创国家区域科技创新中心

落实省部会商会议精神，主动融入国家战略，推动会商议题扎实落地。完善《国家区域科技创新中心建设方案》，培育建设以国家中心城市郑州为龙头的"1+8"国家区域科技创新中心，充分发挥其创新资源要素富集、产业发展基础坚实、科技经济融合紧密、创新生态支撑有力等优势，强化都市圈科技创新、产业发展、开放合作、信息交流等核心功能，提升科技创新服务体系集中度、显示度，释放创新策源的外溢辐射效应。把郑州都市圈打造成为引领全省、辐射中西部、在全国具有重要影响力的创新策源供给高地、创新协同开放高地、创新人才集聚高地、创新发展示范高地，争创国家区域科技创新中心。

（六）实施新兴产业培育壮大行动

1.聚焦新领域引领产业向高端发展

一是构建新一代信息技术"芯屏网端器"生态圈。聚焦"补芯、引屏、固网、强端、育器"，重点做强新型显示和智能终端、智能传感器、网络安全、5G及先进计算等产业链，打造万亿级"芯屏网端器"生态圈。二是推动高端装备产业打造"大国重器"。推动大型装备向智能化、绿色化和服务化转型，持续发展轨道交通装备等高端装备，积极谋划激光加工、工业CT等前沿装备。三是推动新材料产业跃升高端前沿。引导材料企业与终端装备企业强化联合研发，延伸产业链条，共同开发高端终端产品。四是推动生物医药"康养一体化"发展。打通生物医药与康养产业链条，形成一体化发展格局。五是推动新能源汽车大规模应用。坚持电动化、网联化、智能化发展方向，巩固新能源客车优势，扩大新能源乘用车规模。六是推动新能源产业"高占比用能"替代。积极发展风能、太阳能、生物质能及储能等产业，因地制宜探索"风光水火储一体化""源网荷储一体化"实施路径。

2.实施"六高"工程集聚高端要素

一是实施高精尖技术抢滩工程。开展联合技术攻关，突破一批"卡脖

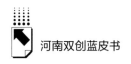

子"技术难题。二是实施高性能新品占先工程。加大装备首台（套）、材料首批次、软件首版次等政策支持力度，鼓励企业开发一批拳头高端产品。三是实施高能级群链提升工程。加快培育新型显示和智能终端、生物医药、新能源及智能网联汽车等 10 大新兴产业链，打造国家级战略性新兴产业集群。四是实施高质量企业倍增工程。梯度培育"头雁"、单项冠军、"专精特新"、"小巨人"等企业，形成支撑区域产业高质量发展的新兴企业梯队群。五是实施高层次人才引育工程。高度重视企业家群体培育，加快"新生代"企业家培育，引导企业家向新兴产业领域转型。六是实施高效能金融助力工程，发挥省新兴产业投资引导基金、创业投资引导基金等作用，引进和投资新兴产业项目，引导金融机构创新金融产品，精准支持新兴产业发展。

（七）坚持科技创新引领全面工作

1. 科技引领现代产业体系建设

一是以科技创新促进传统产业升级。2021 年，河南粮食、化工、煤炭等传统产业占规模以上工业增加值比重为 46.2%，产业升级空间巨大，实施河南传统产业科技赋能行动，推动产业与前沿科技对接，促使传统产业数字化、智能化、绿色化发展，通过科技创新做长做优产业链，提升传统产业竞争力。二是在新兴产业上抢滩占先。积极培育智能制造装备、生物医药、节能环保和新能源装备、新一代信息技术等新兴产业，推动全省战略性新兴产业持续快速增长。三是在未来产业上前瞻布局。未来产业是前沿技术驱动的面向未来需求的新型技术和产业，要围绕"优中培精""有中育新""无中生有"三大路径，超前谋划支撑未来产业发展的核心要素，谋篇布局量子信息、氢能与储能、类脑智能、未来网络等未来产业，培育形成一批引领能力强、经济效益好、具备核心竞争力的未来产业链群，争创国家未来产业先导试验区。

2. 科技赋能新型城镇化建设

科技创新是引领新型城镇化的重要抓手，推动河南新型城镇化建设要把创新驱动放在首位，提升城镇化的科技含量，增强城市持续健康发展的活力。一是优化城镇化布局。以优化创新布局提升区域科技创新能级为导向，以服务服从于河南生产力布局构建科技创新格局，培育建设辐射黄河流域和中部地区的国家区域科技创新中心，高标准建设郑州"一区一岛一城一带一廊"①，加快推进洛阳、南阳副中心城市和国家创新型城市建设，打造若干省域科技创新中心。二是科技赋能县域发展。强化县域产业发展科技支撑，提升县域产业科技含量，提升县域农业农村全链条、全领域科技创新与服务能力，推动"一县一省级开发区"建设，将条件好的开发区建设成省级高新技术开发区或省级农业科技园区。

3. 实施乡村振兴科技支撑行动

一是加强农业科技项目。落实"藏粮于地、藏粮于技"的总体要求，全力打造创新、共享、融合的"中原农谷"，统筹推进国家生物育种产业创新中心、神农种业实验室、郑洛新国家自主创新示范区等涉农项目建设。二是集聚创新资源。引导各类创新主体、创新资源进入乡村振兴主战场，推进装备制造现代化，加快建设国家农机装备创新中心。三是打造农业创新高地。鼓励高校、科研机构建立面向农业农村的专业化技术转移机构和技术服务网络，建设周口国家农业高新技术产业示范区，打造具有全国影响的现代农业创新高地、人才高地和产业高地。四是深入开展科普下乡行动。利用信息化等技术，传承农村优秀传统文化，在创新型企业培育、科技项目支撑、创新平台载体建设、创新人才培养引进等方面向革命老区倾斜。

4. 科技助力绿色低碳发展

打好碳达峰、碳中和的"硬仗"，离不开科技创新这个"关键变量"。一是激活企业主体的内生动力。要让企业在推进绿色制造、智能制造、产业数字化等过程中，尝到甜头、找到商机，从"要我创新"向"我要创新"转变，才能更好推进绿色低碳关键技术突破，推动生产方式向节能减碳转型。二是构建市场导向的绿色技术创新体系。以绿色可持续发展为目标，按

---

① "一区一岛一城一带一廊"是指郑洛新国家自主创新示范区、"智慧岛"、中原科技城、中原科技带、沿黄科创走廊。

照碳达峰碳中和的技术要求，科学制定科技支撑碳达峰碳中和实施方案，加快关键技术装备研发、产业化以及先进适用绿色技术的转移转化和示范推广。

参考文献

河南省人民政府：《关于印发河南省"十四五"科技创新和一流创新生态建设规划的通知》（豫政〔2021〕41号），2021年12月31日。

《尹弘在政府工作报告征求意见座谈会上强调　凝心聚力推动高质量发展》，《河南省人民政府公报》2021年第2期。

梁丹：《河南实现"两个确保"奋斗目标与加快培育人力资本优势》，《黄河科技学院学报》2022年第1期。

李庚香：《以创新驱动引领河南战略性新兴产业发展》，《河南日报》2021年11月11日。

《河南出台34条举措支持科技创新》，《河南科技》2022年第3期。

河南省统计局：《2021年河南省国民经济和社会发展统计公报》，2022年3月12日。

河南省城市创新能力评价报告（2022）

河南中原创新发展研究院课题组*

摘　要： 　2021 年是全面建成小康社会以后，开启社会主义现代化建设新征程的第一年。河南省提出锚定"两个确保"，把创新放在现代化强省建设的核心位置，大力推动科技创新，为建设现代化强省打造新动能、塑造新优势。本课题组构建了由 5 个一级指标、36 个二级指标组成的河南省城市创新能力评价指标体系，并利用统计数据进行了 2022 年河南省城市创新能力评价，郑州、洛阳和新乡保持河南省城市创新能力的前三名。针对评价结果，课题组提出河南省城市应锚定"两个确保"建设国家创新高地；加快以创新塑造新优势；持续深化科技创新领域改革开放；发挥郑州都市圈引领作用。

关键词： 　创新能力　产业升级　河南

一　2021年河南省创新发展回顾

　　2021 年是全面建成小康社会以后，开启社会主义现代化建设新征程的第一年。尤其是进入"十四五"时期，党中央将自主创新放在了前所未有的重要位置。河南省提出锚定"两个确保"，把创新放在现代化强省建设

---

　* 课题组组长：喻新安，博士，河南中原创新发展研究院院长、河南省高校智库联盟理事长，研究方向：区域经济、产业经济。课题组成员：武文超、于善甫、张志娟、张冰、崔明娟、郭军峰、刘晓慧、杜文娟、豆晓利、田文富、李斌、宋瑜、蒋睿、刘晓、魏征。

的核心位置，大力推动科技创新，为建设现代化强省打造新动能、塑造新优势。

（一）科技创新迎来崭新局面

河南省贯彻党中央要求，在推进现代化强省的进程中将科技创新摆在首要位置，成立由省委书记和省长担任双主任的省科技创新委员会，对全省科技创新进行系统研究谋划，科技创新的重要性显著提高。为了推进"建设国家创新高地"、实现打造一流创新生态的目标，2021 年，河南省制定了《河南省"十四五"科技创新和一流创新生态建设规划》《关于加快构建一流创新生态建设国家创新高地的意见》《实施"创新驱动、科教兴省、人才强省"战略工作方案》等重要规划、政策和措施。2021 年，河南省作为"改善地方科研基础条件、优化科技创新环境、促进科技成果转移转化以及落实国家科技改革与发展重大政策成效较好的地方"受到国务院办公厅督查激励通报表彰。在 2021 年国家科学技术奖的评选中，河南省共荣获国家科技奖励 17 项，其中包括 2 项一等奖、15 项二等奖。2021 年，河南省农科院许为钢教授当选中国工程院院士。

（二）创新成果取得显著突破

2021 年，河南省重大科技专项项目取得显著成效，成功研制出世界最大直径的硬岩掘进机，光互连芯片、引线框架铜合金新材料实现进口替代，选育出的浚单 1668 玉米新品种实现我国机收玉米品种的新突破，四价流感病毒裂解疫苗填补了我国空白。2021 年，科技部与河南省部省联动实施国家重点研发计划项目"北方集约化农区氮素面源污染发生过程与调控机制""北方区地方猪新品种（配套系）培育及良繁"，河南省获批 1009 项国家自然科学基金项目，获批项目数和经费数相比上年均实现提升。在科技项目攻关方面，河南建设常态征集的重大创新需求库以及定期启动的重大专项项目库，凝练发布 33 个专项指南方向。此外，对"揭榜挂帅"项目的实施进行改进提升，调整完善项目遴选和支持机制，增设成果转化类项目，降低入围要求，取消揭榜限制，创新设立揭榜险种，面对全球遴选发布 113 项项目"揭榜挂帅"榜单，共有 53 个项目成功签订合作意向书，总投资达 21.2 亿元。

（三）创新平台建设迈上新台阶

河南省将创新平台建设作为建设国家创新高地的重要抓手，提出打造一流创新平台。省级层面制定实施《河南省实验室体系建设方案》，积极争取国家重点研发平台向河南布局，高标准建设省实验室，嵩山实验室、神农种业实验室、黄河实验室先后揭牌运行，推动国家、省级重点实验室提质增效，谋划争取将种业国家实验室、嵩山实验室纳入国家重点研发平台体系。2021 年，河南省积极争取国家层面的支持，新乡市获批国家创新型城市，自此河南省国家创新型城市数量达到 4 个。郑州市获批国家新一代人工智能创新发展试验区，郑州高新区获批国家文化和科技融合示范基地。河南省积极推动省级研发机构重组重整，大力重建重振省科学院，提出做优做强省农科院，把省科学院重建重振工作与国家技术转移郑州中心建设、中原科技城建设"三合一"融合推进。研发和实验平台方面，2021 年，河南省获批首个国家野外科学观测研究站和 P3 实验室，以河南省政府名义命名 8 家省中试基地，新增省重大新型研发机构 6 家、省应用数据中心 2 家、省临床医学研究中心 7 家、省技术创新中心 9 家、省国际联合实验室 29 家。

（四）创新创业发展激发活力

河南省提出打造一流创新生态，加大力度培育一流创新主体。2021 年，河南省加快培育创新型企业，遴选出创新龙头企业 116 家、"瞪羚"企业 104 家，全年高新技术企业预计新增 2000 家，总量达到 8300 家，科技型中小企业达到 15145 家，创新型企业培育带动产业升级，形成许昌智能电力装备制造、新乡高新区生物医药 2 个国家级创新型产业集群。郑洛新国家自创区启动开展"一区多园"建设，加快推进智能传感器、智能装备、生物医药共性关键技术创新与转化平台建设。2021 年，全省新设立 6 家省级高新技术产业开发区，高新区建设实现省辖市全覆盖。大力推进规上工业企业研发活动全覆盖，通过多种政策引导、支持和帮助企业开展研发活动。大力实施"万人助万企"活动，帮助双汇、中信重工等创新型企业解决创新平台建设、重大项目实施等难题，制定实施财税支持政策，全省高新技术企业所得税优惠减免达到 55.23 亿元。着力优化科技金融服务，全年"科技贷"业务放款 32 亿元。加强双创孵化基地建设，新增 2 家国家级大学科技园，国家级孵化载体数量达到 113 家。2021 年，科技部公布的 2020 年国家级科技企业孵化器优秀评价结果，河南位居全国第二。

（五）着力服务社会重大需求

2021 年，河南省在应对新冠肺炎疫情和郑州"7·20"特大暴雨过程中，积极发挥科技力量。启动第三批疫情防控科研攻关专项，重点围绕快速检测、治疗药物、疫苗、中医药诊疗、免疫治疗、新发传染病监测预警及预防控制体系建设等方面开展研究。新冠病毒双特异性中和抗体制备、新冠肺炎的免疫学特征改变及潜在相关分子机制研究、德尔塔变异毒株新冠肺炎的患者中医证候特征研究等方面取得阶段性进展。同时，持续支持前两批启动的疫情防控应急攻关项目研究成果的转化应用，为常态下疫情防控提供了有力的科技支撑。郑州"7·20"特大暴雨发生以后，河南科技厅组织 5100多名科技特派员、57 个科技特派员服务团，积极开展救灾复产科技服务活动，服务有科技需求的受灾乡镇 960 多个、企业和合作社 1560 多家、农户和脱贫户 13480 多户，解决灾后生产技术问题 1880 多个，为帮助灾区防汛救灾、开展灾后重建贡献了科技力量。

（六）加快创新领域改革开放

2021 年，河南省加快深化科技创新领域"放管服"改革，支持高校科研院所开展扩大自主权改革试点，改进完善"揭榜挂帅"、PI 制等项目组织和管理机制，优化科研经费服务，对科技厅职能、机构设置和运转方面实施重塑性改革，以适应改革创新发展的新需求。加强和完善人才培育体系，新遴选 7 名中原学者、28 名中原科技创新领军人才、20 名中原科技创业领军人才和 10 名中原产业创新领军人才，新建 25 家中原学者工作站。持续深化河南省与清华大学、西安交通大学等高校的战略合作，成功举办第二届中国·河南开放创新暨跨国技术转移大会，现场发布技术需求 200 余项、展示科技成果 299 项，引进外国高层次专家 9 人，现场签约合作项目 151 项。大力引进全球科技创新人才，2021 年，河南 1 家高校获批国家高等学校学科创新引智计划，新建 9 家河南省杰出外籍科学家工作室。

二 河南省城市创新能力评价指标体系

课题组立足新发展阶段、贯彻新发展理念，结合评价科学性、数据可得性等原则，经过分析研究，构建了包含 5 个一级指标、36 个二级指标的河南省城市创新能力评价指标体系（2022）（见表 1）。

（一）评价指标体系设计

河南省城市创新能力评价指标体系（2022）保持了评价指标体系框架的连贯性、一致性。其中，一级指标依然包括创新投入、创新产出、企业创新、创新环境和创新绩效五个方面。二级指标中，创新投入指标包括研发活动人员数，研发活动人员折合全时当量，研究与实验发展单位数，一般公共预算对科学技术的支出及比例，研发经费支出及投入强度；创新产出指标包括专利申请数和授权数，发明专利申请数和授权数，每万人有效发明专利数，形成国家或行业标准数，发表科技论文数量；企业创新指标包括规模以上工业企业研发人员数，规模以上工业企业研发人员折合全时当量，规模以上工业企业研发经费支出总额，规模以上工业企业研发经费支出与营业收入之比，规模以上工业企业新产品销售收入，规模以上工业企业办科技机构数，规模以上工业企业专利申请数，规模以上工业企业有效发明专利数，规模以上工业企业中实现创新企业数；创新环境指标包括

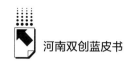

高等学校数及教职工数，规模以上信息传输、软件和信息技术服务业企业营业收入，规模以上科学研究和技术服务业企业营业收入，技术市场成交合同数和成交金额，互联网普及率，金融机构年底贷款余额；创新绩效指标包括地区生产总值，人均生产总值，第三产业增加值占地区生产总值比重，居民家庭人均可支配收入，空气质量优良天数。

与上年的指标体系相比，2022年在创新产出指标中重新加入专利申请数和授权数。原因在于，课题组认为，创新不局限于技术层面的创新，产品外观、设计等方面的创新也是创新的重要方面。

表1　2022年河南省城市创新能力评价指标体系

创新投入	研发活动人员数(人)
	研发活动人员折合全时当量(人年)
	研究与试验发展单位数(个)
	一般公共预算对科学技术的支出(亿元)
	一般公共预算支出中科学技术支出的比例(%)
	研发经费支出(万元)
	研发经费投入强度(%)
创新产出	专利申请数(件)
	专利授权数(件)
	发明专利申请数(件)
	发明专利授权数(件)
	每万人有效发明专利数(件)
	形成国家或行业标准数(项)
	发表科技论文数量(篇)
企业创新	规模以上工业企业研发人员数(人)
	规模以上工业企业研发人员折合全时当量(人年)
	规模以上工业企业研发经费支出总额(万元)
	规模以上工业企业研发经费支出与营业收入之比
	规模以上工业企业新产品销售收入(万元)
	规模以上工业企业办科技机构数(个)
	规模以上工业企业专利申请数(项)
	规模以上工业企业有效发明专利数(项)
	规模以上企业中实现创新企业数(个)

续表

创新环境	高等院校数(所)
	高等学校教职工数(人)
	规模以上信息传输、软件和信息技术服务业企业营业收入(亿元)
	规模以上科学研究和技术服务业企业营业收入(亿元)
	技术市场成交合同数(个)
	技术市场成交金额(万元)
	互联网普及率(户/人)
	金融机构年底贷款余额(亿元)
创新绩效	地区生产总值(亿元)
	人均生产总值(元)
	第三产业增加值占地区生产总值比重(%)
	居民家庭人均可支配收入(元)
	空气质量优良天数(天)

资料来源：《河南统计年鉴2021》。

（二）计算方法和统计数据

评价过程中所采取的计算方法与往年保持一致，即通过专家打分法确定指标权重，将统计数据进行归一化处理之后，利用线性加权法进行综合打分。为了确保评价数据的公正、客观，评价数据主要来自2021年河南省统计年鉴，数据截至2020年底。评价指标中的一些占比类、人均类指标则需要利用统计年鉴数据计算得到。

三 河南省城市创新能力评价的结果与分析

在河南省城市创新能力评价指标体系（2022）基础上，课题组通过收集数据和计算，得到了河南省18个省辖市的创新能力评价得分和排名情况。

（一）总评价得分和排名情况

根据计算得到的总排名和得分情况，郑州市以97.25的得分排在河南省

城市创新能力评价的第 1 位，洛阳市以 52.70 的得分排在第 2 位，新乡市以 35.65 的得分排在第 3 位。

从分项指标的得分和排名情况来看，郑州市的五项一级指标得分都排在第 1 位，二级指标有 32 项排在第 1，4 项没有排在第 1 位的指标是研发经费投入强度（第 2 位）、人均生产总值（第 2 位）、规模以上工业企业研发经费支出与营业收入之比（第 6 位）和空气质量优良天数（第 13 位），从一级指标和二级指标排名情况来看，郑州不但保持了在创新能力上的领先地位，而且一般公共预算支出中科学技术支出的比例指标排名从上年的第 2 位提升到第 1 位，研发经费投入强度从上年的第 3 位提升到第 2 位。此外，由于第七次全国人口普查中常住户数量增长较多，郑州市人均生产总值有所下降。洛阳市的五项一级指标也保持以往排名，排在第 2 位；二级指标中 1 项排在第 1 位（研发经费投入强度），31 项排在前三位，5 项没有排在前 3 位的指标分别为互联网普及率（第 5 位）、人均生产总值（第 4 位）、第三产业增加值占地区生产总值比重（第 5 位）、居民家庭人均可支配收入（第 4 位）和空气质量优良天数（第 9 位），可以看出，洛阳市在创新投入、创新产出、企业创新方面的二级指标都排在全省前三位，创新方面的优势十分明显。新乡市的五项一级指标得分有 3 项排在第 3 位，创新环境排在第 4 位、创新绩效排在第 11 位，二级指标中有 1 项排在第 1 位（规模以上工业企业研发经费支出与营业收入之比）、20 项排在前 3 位、24 项排在前 5 位。可以看出，郑州、洛阳、新乡三市分列全省城市创新能力前三位的地位比较稳固，同时，郑州、洛阳都具备比较明显的优势。排在第 4~18 位的依次是焦作市、许昌市、南阳市、平顶山市、开封市、济源市、驻马店市、安阳市、三门峡市、漯河市、鹤壁市、濮阳市、商丘市、信阳市和周口市。

从河南省城市创新能力的空间分布来看，以郑州为中心、郑洛新引领发展的态势依然明显。尤其是，郑州都市圈从"1+4"拓展到"1+8"以后，创新能力排在前 9 位的城市中仅南阳一个城市没有处在郑州都市圈的范围之内。郑州都市圈在地理位置上处在全省的中间位置，科技创新方面，无论是基础、人才、资金投入等，还是创新成果、企业创新水平，郑州都市圈都是全省当之无愧的高地。因此，郑州都市圈应当发挥引领全省科技创新发展的作用，通过科研机构的交流合作、研发机构的合作共建、科研项目的共同攻关、科研人员的自由流动等方式，实现郑洛新向郑州都市圈、郑州都市圈向河南全省的创新带动、技术外溢。此外，南阳作为新晋的副中心城市，在豫南地区科技创新方面同样具备一定优势，在引领豫南创新发展方面能够发挥一定作用。

与上年相比，2022年河南省18个省辖城市创新能力评价排名的变化较小，仅个别城市排名变动较大，然而，从评价得分可以看出，第8位的开封市与第16位的商丘市之间评分仅相差2.04（见图1），因此，城市排名的差距并不能完全反映其创新能力的差距。

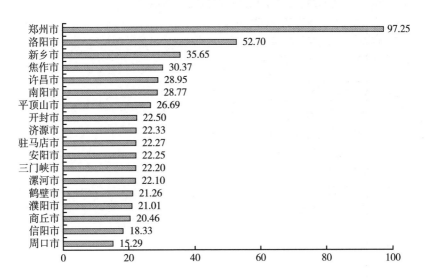

图1 2022年河南省18个省辖城市创新能力评价得分及排名

资料来源：《河南统计年鉴2021》。

（二）分项指标评分和排名情况

创新投入一级指标方面，排在前五位的是郑州市（96.02）、洛阳市（66.65）、新乡市（40.54）、许昌市（33.10）和平顶山市（30.95）（见图

2）。二级指标中，一般公共预算对科学技术的支出排在前 5 位的是郑州市、洛阳市、驻马店市、南阳市、商丘市，其中郑州市、洛阳市的一般公共预算用于科学技术支出分别为 69.07 亿元、27.16 亿元，分别占全省 18 个省辖市总量的 30.6%、12.2%。值得一提的是，尽管 2020 年新冠肺炎疫情防控压力巨大，但是，18 个城市一般公共预算对科学技术的支出总量实现了较大幅度的增长。一般公共预算支出中科学技术支出的比例排在前 5 位的城市是郑州市、洛阳市、鹤壁市、驻马店市和漯河市，从该指标可以看出城市财政对科技创新工作的投入程度。

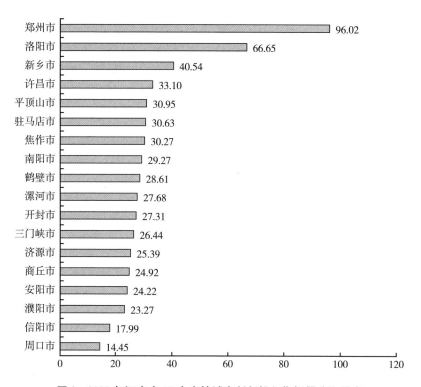

图 2　2022 年河南省 18 个省辖城市创新投入指标得分和排名

资料来源：《河南统计年鉴 2021》。

研发经费支出排在全省前 5 位的是郑州市、洛阳市、新乡市、许昌市、南阳市，这五个城市研发经费支出分别为 283.49 亿元、147.94 亿元、

67.70 亿元、53.26 亿元和 45.57 亿元，分别占全省的 30.6%、16%、7.3%、5.8%、4.9%，合计超过了 18 个城市总额的 60%。尤其是，郑州市、洛阳市的研发经费支出总额占全省比例相比上年进一步提高，从中可以看出科技创新资源在向中心城市集中。研发经费投入强度排在前 5 位的是，洛阳市、郑州市、新乡市、济源市和焦作市，2020 年，全国研发经费投入强度为 2.40%，河南省仅达到 1.64%，河南省"十四五"规划将提高研发经费投入强度作为"十四五"时期和中长期发展的一项重要目标，同时，将研发经费投入强度作为"两个确保"中实现现代化的重要指标之一。因此，各个城市需要持续加大研发经费投入，力争保持研发经费增长快于地区生产总值增长速度，以确保实现现代化建设的目标。

创新产出一级指标方面，排在前五位的是郑州市（100）、洛阳市（43.01）、新乡市（30.43）、焦作市（27.26）和许昌市（22.51）（见图 3）。创新产出一级指标包含 7 项二级指标，郑州市 7 项都排在全省第一位；洛阳市则有 6 项排在第 2 位，专利授权数排在第 3 位；新乡市有 5 项排在第 3 位，专利授权数排在第 2 位，每万人有效发明专利数排在第 4 位，从中可以看出郑洛新三市在全省科技创新中的领跑地位。

创新产出二级指标中，专利授权数排在前 5 位的是郑州市、新乡市、洛阳市、焦作市和南阳市，其中，2020 年，郑州市获得 7938 件专利授权，超过了其他 17 个城市的总和，新乡市、洛阳市分别获得 1309 件、1108 件专利授权，郑洛新三市之和超过 18 个市总量的 2/3。发明专利授权数排在前 5 位的是郑州市、新乡市、洛阳市、焦作市和开封市，其中，2020 年，郑州市、新乡市、洛阳市分别获得 1991 件、686 件、453 件发明专利授权，郑洛新三市之和达到 18 个市总量的 73.7%。每万人有效发明专利数排在前 5 位的是郑州市、洛阳市、焦作市、新乡市和许昌市，这五个城市每万人有效发明专利数分别为 16.39 件、13.34 件、8.86 件、7.62 件和 7.42 件。形成国家或行业标准数排在前 5 位的是郑州市、洛阳市、新乡市、济源市和南阳市，这 5 个城市分别形成 465 项、142 项、93 项、79 项和 72 项国家或行业标准，合计占 18 个城市总量的 68.7%。

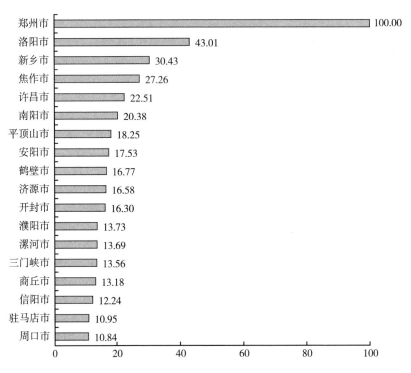

图3　2022年河南省18个省辖城市创新产出指标得分和排名

资料来源:《河南统计年鉴2021》。

企业创新与市场更加接近,更加贴近经济社会发展的前沿,更加体现"面向经济主战场"的要求。从区域创新的角度来看,企业创新是推动产业升级的关键,是进入产业链供应链中高端、关键环的基础。企业创新一级指标方面,排在前五位的是郑州市(97.69)、洛阳市(56.30)、新乡市(40.32)、南阳市(36.90)和焦作市(30.14)(见图4)。

企业创新的二级指标中,规模以上工业企业研发经费支出总额排在前5位的是郑州市、洛阳市、新乡市、许昌市、南阳市,其规模以上工业企业研发经费支出总额分别达到160.81亿元、98.24亿元、55.42亿元、51.33亿元和43.47亿元,合计达到18个城市总和的58.2%;规模以上工业企业研发经费支出与营业收入之比排在前5位的是新乡市、南阳市、洛阳市、焦作

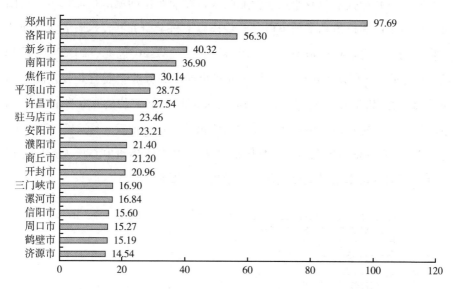

图 4 2022 年河南省 18 个省辖城市企业创新指标得分和排名

资料来源：《河南统计年鉴 2021》。

市和濮阳市，其规模以上工业企业研发经费支出与营业收入之比分别为 2.21%、2.07%、1.96%、1.85%、1.77%；规模以上工业企业新产品销售收入排在前 5 位的是郑州市、洛阳市、新乡市、南阳市、许昌市，其规模以上工业企业新产品销售收入分别达到 3356.67 亿元、875.82 亿元、597.58 亿元、412.80 亿元、401.46 亿元，合计达到 18 个地市总和的 71.4%。规模以上工业企业有效发明专利数排在前五位的城市是郑州市、洛阳市、南阳市、新乡市、许昌市，其规模以上工业企业有效发明专利数分别达到 9274 项、5923 项、2910 项、2815 项和 2565 项，合计达到 18 个地市总和的 64.3%。

创新环境一级指标方面，排在前五位的是郑州市（100）、洛阳市（35.61）、焦作市（25.28）、新乡市（25.15）和济源市（21.43）（见图 5）。创新环境二级指标中，高等院校数排在前两位的是郑州市（65 所）和新乡市（11 所），洛阳市、开封市等 5 个地市以 7 所并列排在第 3 位。规模以上科学研究和技术服务业企业营业收入排在前 5 位的城市是郑州市、洛阳市、许昌市、周口市和平顶山市，其规模以上科学研究和技术服务业企业营业收入分别达到 443.30 亿元、176.44 亿元、27.26 亿元、23.31 亿元和 12.11 亿元，仅郑州市规模以上科学研究和技术服务业企业营业收入就达到 18 个地市总和的 58.1%。技术市场成交金额排在前 5 位的是郑州市、洛阳市、新乡市、焦作市、南阳市，其中郑州市技术市场成交金额 212.82 亿元，达到 18 个地市总和的 55.4%，伴随着国家技术转移郑州中心投入运营，郑州市、河南省技术市场成交金额将实现更大的增长。

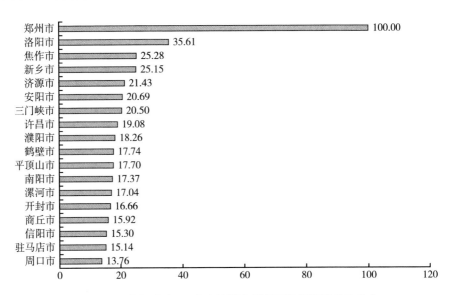

图 5　2022 年河南省 18 个省辖城市创新环境指标得分和排名

资料来源：《河南统计年鉴 2021》。

创新绩效一级指标方面，排在前五位的是郑州市（88.25）、洛阳市（58.72）、许昌市（53.06）、漯河市（49.96）、济源市（49.91）（见图 6）。创新绩效指标中选取的 5 个二级指标主要反映了地区经济发展、产业结构和环境质量。创新绩效的二级指标上，人均生产总值排在前 5 位的是济源市、郑州市、许昌市、洛阳市和三门峡市；居民家庭人均可支配收入排在前 5 位的是郑州市、济源市、焦作市、洛阳市、鹤壁市；空气质量优良天数排在前

5 位的是信阳市、驻马店市、三门峡市、平顶山市和周口市，2020 年，由于新冠肺炎疫情防控的影响，河南全省 18 个地市的空气质量优良天数都出现了较大幅度的增加。

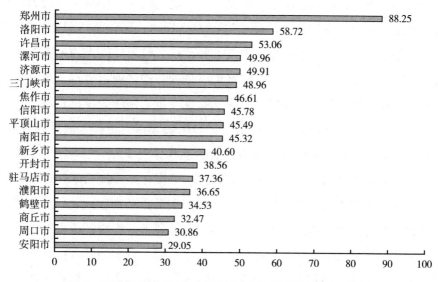

图 6　2022 年河南省 18 个省辖城市创新绩效指标得分和排名

资料来源：《河南统计年鉴 2021》。

四　政策建议

河南省以前瞻 30 年的视野谋划发展，加快建设国家创新高地。河南各城市将围绕建设现代化强省的目标，聚焦实施创新驱动、科教兴省、人才强省战略，持续提升城市创新能力。

一是锚定"两个确保"、奋力建设国家创新高地。围绕建设现代化强省的创新发展目标，不断提升自主创新能力，为高质量发展塑造新动能。尤其是围绕提升研发经费投入强度指标、每万人有效发明专利数指标，持续加大对于科技创新的资金投入，保持研发经费投入增长速度高于地区生产总值增速，发挥企业创新主体作用，持续提升创新成果的产出水平。要加快建设科技创新能力，高水平推进嵩山实验室、神农种业实验室、黄河实验室建设和运营，完善省、市实验室体系，推动各级重点实验室重组优化和新建，力争取得更多标志性、突破性、引领性的科研成果，加强与国家战略科技力量体系对接融合。加快建设一流创新人才梯队，开展大规模常态化招才引智、高端人才培养引进等专项行动，聚焦科技创新的前沿、一线，精准引进高层次创新型领军人才和团队。畅通外国人才来豫工作的渠道，吸引更多全球高层次人才到豫创新创业。围绕河南省重点产业，统筹布局建设一批省技术创新中心、中试基地、重大新型研发机构等。充分发挥自创区高新区主阵地、主战场、主引擎功能，加快高新区提级晋位。鼓励支持郑洛新三个高新区扩区发展，自主探索开展"一区多园"建设。支持郑州高新区争创世界一流高科技园区，洛阳、新乡高新区建设创新型科技园区，在自创区探索实施"自创区协同创新券"通存通兑。加快建设公共创新平台，重点建设好智能传感器、智能装备、生物医药以及作物加速育种共性关键技术创新与转化平台。推进双创平台提档升级，高质量建设一批"低成本、便利化、全要素、开放式"的众创空间，探索创新街区等双创新业态建设。

二是加快以科技创新塑造发展新优势。围绕传统产业提质发展、新兴产业培育壮大、未来产业前瞻布局，加快构建能级跃升、量质并举的企业成长培育梯队，形成创新龙头企业和"瞪羚"企业为引领、高新技术企业为支撑、科技型中小企业为基础的创新型企业集群发展体系。实施创新龙头企业树标引领计划，支持其建设一批科技成果转化中试基地、产业研究院和技术创新中心，在重点领域联合高校院所组建"体系化、任务型、开放式"的创新联合体，带动产业链上下游、大中小企业融通创新。抢抓瞪羚企业高成长期的重要窗口，优先支持其发展，导入信贷、基金、上市等金融资源，抢占竞争先机。实施高新技术企业倍增计划、科技型中小企业"春笋"计划，优化高新技术企业申报、评审、管理全流程服务系统。推动规上工业企业研发全覆盖，对有研发活动的企业进行重点帮扶。持续推动"万人助万企"活动开展，落实好高新技术企业、加计扣除税收优惠、企业研发费用补助等政策。集成省、市（县）以及各创新主体资源，依托重大创新平台，聚焦集成电路、工业软件、生命健康、生物育种等领域重大科技需求，以及氢能与储能、量子信息、类脑智能、前沿新材料、光电技术等前沿领域，绘制发布产业技术区域分布图、产业链图和产业技术路线图，实施一批重大科技项目。大力推进种源等农业关键核心技术攻关，支持生物育种技术创新，重点在绿色、抗逆、高产、优质、专用和宜机械化作业等突破性的新种质、新品种创新方面取得进展。加强碳达峰碳中和、黄河流域生态保护治理、南水北调水源生态保护等重点领域关键技术研发，不断创新绿色技术、构建绿色屏障。顺应数字化、网络化、智能化发展趋势，聚焦高端生产性科技服务业发展关键领域和薄弱环节，推动高技术服务骨干企业与科研机构、高等院校组建技术研发平台、开展战略合作。

三是持续深化创新体制机制改革。开展科技体制改革攻坚，提升科技创新体系化能力。持续推进放权赋能改革，创新经费拨付、使用模式，由省直接拨付到项目承担单位，全面落实以增加知识价值为导向的收入分配政策，推行"绩效工资+横纵向项目收益+成果转化收益"的薪酬结构。赋予科研单位更大经费使用自主权，全面实行财务助理制度，简化科研经费绩效管理流程。进一步推行"揭榜挂帅""赛马制"等项目组织机制，试行首席专家负责制和项目专员制的"双专制"。开展科技成果评价改革，切实树立以科技创新质量、绩效、贡献为核心的正确评价导向，更好激发科技人员积极性和创造性。完善成果转化服务体系，加速推进科技成果向现实生产力转化，促进科技与经济深度融合。依托郑洛新国家自主创新示范区争创国家科技成果转移转化示范区，打造科技成果转移转化高地。推进国家技术转移郑州中心运营，培育专业化市场化的技术转移示范机构，聚焦重点产业和产业集群，建设具有国际国内影响力的省技术创新中心、中试基地等高能级平台载体，促进"基础研究—技术攻关—技术应用—成果产业化"全过程无缝衔接。以高新区、科技园区和开发区为载体，在全省范围内布局建设一批省级科技成果转移转化示范区。优化科技金融服务，重点围绕科技企业全生命周期的发展特点和规律，集聚金融机构、金融产品、金融服务等金融"甘露"，建设投保贷补服一体化融合科技投融资体系。聚焦全省重大创新平台、项目和科技园区发展，引导金融机构提供全方位支持。发挥科创、产业升级、创业投资、数字经济等领域政府性基金作用，引导撬动社会资本投资，培育更多创新型企业、上市公司。强化科技企业金融精准服务，运用河南省科技金融服务平台，多维度对科技企业进行画像，动态掌握科技企业融资需求，提高资源配置的效率和精准度。积极对接多层次资本市场，辅导培育优质高新技术企业对标"科创板"、"创业板"、北交所等主板市场。

四是发挥郑州都市圈在全省科技创新中的引领作用。落实"一主两副四区"区域协调发展要求，支持郑州国家中心城市，洛阳、南阳副中心城市等建设，各个地市立足当地资源禀赋，加快发展特色、比较优势，培育新动能，发展新经济，探索形成各具特色的创新发展模式，统筹区域创新发展空间布局和产业创新发展规划，体系化系统化提升区域自主创新能力。培育建设以国家中心城市郑州为龙头的"1+8"国家区域科技创新中心，充分发挥其创新资源要素富集、产业发展基础坚实、科技经济融合紧密、创新生态支撑有力等优势，强化都市圈科技创新、产业发展、开放合作、信息交流等核心功能，提升科技创新服务体系集中度、显示度，释放创新策源的外溢辐射作用。把郑州都市圈打造成为引领全省、辐射中西部、在全国具有重要影响力的创新策源供给高地、创新协同开放高地、创新人才集聚高地、创新发展示范高地，争创国家区域科技创新中心。加快推动省科学院重建重振和中原科技城建设、国家技术转移郑州中心建设"三合一"，加快在空间布局、人才机制、政策服务、科创体系、金融资本、管理队伍上深度融合。引导嵩山实验室、国家超算郑州中心发挥作用，推动数字经济核心产业发展，助力数字化转型战略。加快郑州市新一代人工智能试验区建设，积极推进人工智能技术应用推广，充分发挥郑州市产业体系健全、交通网络发达、算力资源丰富等优势，推进智能制造、智慧交通、智慧物流、智慧农业等领域技术研发和应用，打造人工智能技术研发和应用示范的"郑州模式"。

参考文献

中国科学技术发展战略研究院：《中国区域科技创新评价报告2021》，科技文献出版社，2021。

河南省政府：《河南省"十四五"科技创新和一流创新生态建设规划》，2021年12月31日。

河南省统计局、国家统计局河南调查总队：《河南统计年鉴2021》，河南统计局网站。

国家统计局、科学技术部、财政部：《2020年全国科技经费投入统计公报》，2021年9月22日。

河南省政府：《河南省国民经济和社会发展第十四个五年规划和二〇三五年远景目标纲要》，2021年4月2日。

行业篇

Industry Study

B.3
河南优势产业培育新赛道的
路径与对策研究

赵西三*

摘 要： 伴随着新技术加速渗透、新经济蓬勃发展和新消费持续涌现，传统优势产业纷纷开辟新赛道。河南传统优势产业新赛道布局初见成效，但整体上新产业新业态新模式培育相对滞后，瓶颈制约明显。河南省传统优势产业规模大、占比高，均蕴含着新赛道的发展潜力，依托传统优势产业衍生新赛道，更具核心竞争力和地方根植性，应是河南培育产业新赛道的主攻方向。不同产业新赛道布局路径不同，河南应在食品、装备、材料、服装、中医药等五大优势领域找准切入口，培育新赛道，重点在集聚新要素、培育新赛手、布局新场景、厚植新生态、打造新载体、拓展新渠道等六个方面着力，加快实施换道领跑战略，重塑传统产业竞争新优势。

---

* 赵西三，副研究员，河南省社会科学院工业经济研究所副所长，研究方向：产业经济学，河南工业经济及产业发展。

关键词： 新赛道 新消费 新国潮 产业转型

新技术加速渗透、新经济蓬勃发展和新消费持续涌现，为传统产业转型升级提供了新支撑，各地纷纷推进优势产业向新赛道拓展，开拓市场新蓝海，形成了一批新的产业增长点，为区域经济高质量发展注入新动力。河南工业增加值位居全国第五，传统产业优势明显，尽管一些企业开始布局新赛道，但总体上与新技术、新经济、新消费等融合深度不够，转型升级步伐相对滞后，亟待更新理念、转换思路。省委第十一次党代会提出实施"十大战略"，其中换道领跑战略剑指产业新赛道，换道领跑不应只重视新兴产业、未来产业培育，对于优势明显的传统产业，要通过嵌入新技术、拓展新业态、探索新模式培育形成新赛道，更能为河南协同推进稳增长和调结构提供新的产业支撑点，使河南进入全球全国产业链供应链价值链的关键环、中高端。

一 河南优势产业培育新赛道态势分析

（一）河南优势产业新赛道布局初见成效

近年来，聚焦产业高端化、智能化、融合化、服务化，河南陆续出台相关政策措施，加快推动传统产业依托信息技术和互联网创新发展模式，支持企业加快开辟新赛道。2016年以来，河南陆续出台《河南省深化制造业与互联网融合发展实施方案》《河南省发展服务型制造专项行动指南（2017-2020）》《河南省智能制造和工业互联网发展三年行动计划（2018-2020）》，催生制造业与互联网融合新模式，加快发展柔性化定制、共享生产平台、总集成总承包、产品全生命周期管理、现代供应链等新业态。2021年，顺应数字经济发展与数字新基建推进，进一步完善提升思路、创新政策举措，河南省出台了《"企业上云上平台"提升行动计划（2021-2023 年）》《2021 年河南省制造业数字化转型揭榜挂帅活动实施方案》等，积极开展国家新一代信息技术与制造业融合发展试点示范、国家工业互联网试点示范、国家大数据产业发展试点示范、国家服务型制造示范等工作。2021 年 10 月，河南省发布《实施换道领跑战略工作方案》，强调充分利用新一代信息技术"高位嫁接"传统产业，实现制造模式新变革和"材料+装备+品牌"大提升，推动产业链向中高端延伸。

面对市场需求变化，企业借助政策支持加快培育新业态新模式，开辟新赛道，取得了一定成效。2021 年，中信重工机械股份有限公司基于"5G+工业互联网"的"离散型重型装备智能工厂"、长垣市产业集聚区的"工业互联网平台+起重装备产业集群试点示范"等 2 个项目入选国家工信部工业互联网试点示范项目，中铁工程装备集团有限公司、河南省大信整体厨房科贸有限公司等 4 个项目入选工信部首批服务型制造示范名单。一些优势企业立足行业特点创新发展模式，如郑州千味央厨食品股份有限公司挖掘细分赛道，顺应中央厨房模式，深化餐饮场景融合，打造一系列美食图鉴，在餐饮供应链赛道上突飞猛进，于 2021 年 7 月正式登陆 A 股市场，成为"餐饮供应链第一股"；万杰智能由面制主食机械生产成功转型为智能餐厅服务商，"万杰远程数字中心"支撑设备共享模式创新，在全国投入运营智慧未来面馆 100 多家，成为"互联网+智慧餐厅"的标杆企业。还有一些企业如 UU 跑腿、锅圈食汇、九多肉多等获得多轮融资，成为行业新赛道上的领跑者，这些企业率先探索新赛道，形成了示范效应，为河南制造业换道加速注入新动力。

（二）河南优势产业培育新赛道制约明显

尽管河南一些企业在布局新赛道上取得积极成效，但是，与沿海地区甚至中西部一些新经济活跃的省市相比，总体上新赛道开拓不够，新产业新业态新模式培育相对滞后，新旧动能转换比较缓慢。比如浙江发力新制造，以"产业大脑+未来工厂"重塑制造业新优势，新制造模式快速普及；四川培育新经济，七大新产业、六大新业态、四大新模式、五大新场景等蓬勃发展，致力于建设成为全国重要的新经济发展先导区和经济新动能策源地；湖南孕育新消费，茶颜悦色、墨茉点心局等新消费品牌快速崛起，带动了食品产业的转型升级，其他如陕西的"硬科技"、贵州的"大数据"等，各地都培育形成了新赛道标志性品牌群体，为区域经济发展注入了新动能。比如2021年12月，天猫发布"新品牌创业地图"，如图1所示，在1600个重点新品牌数量分布中，长三角、珠三角是新品牌集中地，郑州没有进入前十。新品牌不仅是热门赛道，也是商业创新力的代表，成为区域综合竞争力的重要参考指标之一。比较而言，河南在新赛道上缺乏地标性品牌，各大消费互联网平台公布的新品牌排行榜里河南品牌出现不多，个别企业在新赛道上的布局没有形成集群效应、品牌效应，带动力不强。2021年河南规模以上工业增加值中高技术制造业、战略性新兴产业占比分别仅为12%、24%，而传统产业、高耗能产业占比仍高达48.4%、38.3%。河南制造业亟须换道加速，以培育新赛道加速传统产业转型、新兴产业成长和未来产业布局，拓展产业发展新空间。

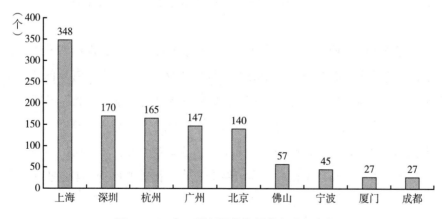

图1　2021年天猫新品牌数量前十城市分布

注：1600个新品牌是根据其在天猫淘宝平台的产品力、搜索量、复购率、粉丝数、品牌力等综合维度筛选出的。

资料来源：《天下网商》公众号。

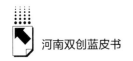
河南优势产业培育新赛道面临着诸多制约。一是创新要素不足，前沿新技术嵌入是传统产业开辟新赛道的关键支撑，但河南省研发投入强度不高，缺乏创新创业人才，各领域真正站在前沿的技术人才不多。区域创新能力与经济大省地位不匹配，2021年12月，中国科技发展战略研究小组联合中国科学院大学中国创新创业管理研究中心发布的《中国区域创新能力评价报告2021》中，河南排名全国第14。二是产业链创新链对接不紧密，高等院校、科研机构等集聚了一些高端人才，但与企业对接不紧密，产学研合作相对落后，科技成果转化率偏低，没有形成市场导向、需求驱动的创新体系。三是企业层次低，一般来说细分行业前几位的企业创新能力强，对新技术、新业态、新模式比较敏感，河南省很多企业行业排名靠后，有些甚至没有研发机构和科技人才，产品开发多以模仿为主，创新性开拓性不够。四是产业生态不优，缺乏创新创业需要的风险投资、孵化服务、工业设计、数字创意等新要素，新业态、新模式需要的互联网平台发展滞后，营商环境对高素质人才的吸引力不强。

二　河南优势产业培育新赛道的路径探析

河南省传统产业规模大、占比高，伴随着新技术嵌入、新消费升级，各细分领域均蕴含着新赛道的发展潜力，传统产业与前沿技术、跨界创新、颠覆模式"高位嫁接"，不仅可以催生出新业态新模式，还有可能形成新兴产业、未来产业。依托食品、材料、装备等传统优势产业衍生新赛道，更具核心竞争力和地方根植性，应是河南省培育产业新赛道的主攻方向。但是，不同产业新赛道布局路径不同，企业应结合实际，找准本行业、本企业在新赛道上的切入点。

（一）食品：聚焦新消费培育新食品

当前，我国食品消费升级明显提速，新消费崛起势不可当，年轻一代成为新消费主力，植物基、咖啡茶饮、方便速食、新乳业、健康养生等食品类不断出新，汉口二厂、北冰洋等老品牌焕发新活力，良品铺子、元气森林、妙可蓝多、茶颜悦色、百草味等新品牌强势崛起，各类地方特色小吃破圈成为新IP，具有健康、营养、方便等特点的功能性食品和个性化的绿色食品成为主流。河南食品产业营业收入规模曾多年位居全国第二，双汇、三全等品牌曾经引领行业创新，但是2019年河南食品产业营业收入已经下滑到全国第四，低于山东、四川、广东。近年来，尽管涌现出卫龙辣条、千味央厨、蜜雪冰城、九多肉多等新兴食品品牌，但是河南食品整体上没有跟上新消费趋势。河南应高度重视新消费背景下食品产业转型升级，聚焦营养化、年轻化、方便化，嵌入合成生物学、替代蛋白、减糖等技术，引进培育创意、设计、策划类高端要素，融合文创元素，高位嫁接资源，通过技术革新、品质创新、概念叠加、跨界联名等方式创新品类、重塑品牌，对接"IP+食品""文化联名""品质速食""网红食品"等新概念打造新品爆款，把资源优势转化为产业链优势、规模优势转化为品牌优势，打造河南新食品品牌和新消费品牌群体。

（二）装备：聚焦智能化培育集成商

当前，装备制造呈现集成化、智能化、平台化、服务化加速的趋势，"装备+平台+服务"一体化模式成为主流，系统集成商和综合解决方案提供商的主导地位进一步强化，如三一重工、徐工集团、陕鼓集团等通过搭建工业互联网平台，提升装备智能化、集成化水平，行业"链主"地位更加稳固，成为国家装备制造业的顶梁柱。河南在现代农机、盾构机、特种机器人、起重机、煤炭机械、节能环保装备以及轴承等领域具有技术与产品优势，其中国家农机装备创新中心是全国第12个、河南省首个国家级制造业创新中心，新能源无人驾驶拖拉机实现突破，打造了农机大数据平台；中铁装备累计出厂盾构机超过1100台，市场占有率连续9年国内第一，产销量连续4年世界第一，超前布局完成第三代、第四代掘进机技术积累，掘进机远程监控服务平台"装备云"运行良好；长垣县桥门式起重机占全国市场60%以上，"长垣起重机指数"成为经济景气指数之一。但河南省高端装备

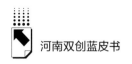

整体上存在着系统集成不足、平台支撑不够、服务增值不强等问题，应该对智能成套新装备重点领域进行梳理，聚焦高端化、智能化、成套化、平台化、服务化，培育一批"装备+平台+服务"一体化系统集成商和综合解决方案提供商，带动关键配套水平提升。

（三）材料：聚焦高端化培育新材料

新材料是高新技术的先导、装备制造的基石，是"发明之母"和"产业粮食"，更是国家科技水平前瞻性指标，也是中国制造"卡脖子"最为严重的领域。我国高端新材料主要依赖进口，尚未突破技术垄断，或者没有实现规模化生产，根据工信部2018年的统计，在130多种关键基础化工材料中，我国32%的品种仍为空白，52%的品种仍依赖进口。近年来，我国在新材料领域加大投入力度，在电子信息材料、改性工程塑料、生物医用材料、新能源材料、纳米材料、稀土材料等领域实现突破，长三角、珠三角地区以及湖北、四川等地培育形成了一批特色新材料产业集群。河南是材料大省，在有色、化工、钢铁、建材等领域具有较强优势，但是产业链条短，主要集中在原材料产品生产，深度开发、链条延伸不够，对前沿领域研发布局不足，原创性研究和颠覆性产品开发少，聚焦高端化向新材料、前沿材料拓展空间广阔。重点围绕先进基础材料、电子级新材料、先进金属材料、新型功能材料、高性能尼龙材料、节能环保新材料等领域，积极参与材料基因工程，建设一批新材料中试验证基地和应用示范平台，支持优势材料企业立足细分行业做深做精，开发系列品种，拉长产业链条，提升新材料产业链核心竞争力，建设材料强省。

（四）服装：聚焦新国潮培育新品牌

近年来，"国货复兴""国潮崛起"现象在各领域涌现，服装更是新国潮流行的重点领域，Z世代青年群体正在用个性审美缔构一个追求高性价比、追风中国传统文化的服装消费新时代，李宁、安踏、鸿星尔克、回力等服装国货老牌再获年轻人青睐，中国传统文化与现代潮流元素深度融合，服装设计呈现全新的文化审美，对接传统美学元素，呈现出传统与潮流融合的新视觉效果，国产品牌以颠覆式的产品设计和品牌设计向高附加值攀升，依托消费互联网平台，裂帛、芥末、初语、例外、谜底等独立设计师品牌持续涌现，必要、网易严选、小米有品等服装产销新模式日益活跃，C2M、小单快返、直播工厂等新制造模式渐成主流，服装这条庞大而分散的产业链正在加速重构。河南纺织服装产业规模位居全国第六，郑州女裤一度引领时尚潮流，近年来，虽然河南出现了逸阳、梦舒雅、娅丽达等服装新品牌，销量一度位居各大消费互联网平台前列，但是由于产品缺乏设计感和品牌年轻化滞后，河南服装产业整体上没有跟上新国潮趋势。河南服装业应顺应新国潮发展趋势，通过引入创新设计人才、独立设计师等要素，挖潜中原传统文化元素，培育一批新国潮品牌，通过消费端倒逼生产环节数字化转型、智能化改造，导入C2M等新制造模式，重塑服装产业链，再造服装价值链。

（五）中医药：融合新技术布局大健康

生命健康产业涵盖现代医药、医疗器械、健康养生等领域，具有价值高、链条长、潜力大等特征，呈现"精准化、高效化、智能化、预防化"新趋势，整体向"全面预防+精准治疗+健康管理"方向发展。近年来，分子生物学、合成生物学、细胞生物学、基因技术、脑科学等加速演进，并与信息技术深度融合，驱动生命健康产业发展进入快车道。中医药以其独特优势在生命健康领域发挥着重要作用，河南中医药产业具有较好基础，全省中药材种植面积、产量、产值均居全国前3位，培育了六味地黄丸、羚锐通络祛痛膏等一批科技含量高的中药大品种。河南应放大"中医药"优势，加快中医药产业与生物技术、基因技术、信息技术等深度融合，开发应用一批自主可控、填补空白的重大成果和产品，发挥治未病优势拓展健康管理领域，如肠道健康管理、亚健康管理、营养管理等生命健康服务新业态，推进智慧诊疗、健康管理等重点领域应用示范，促进生命健康产业精准化、智能化、预防化发展。加大中药制剂、中药配方颗粒和中药新药研发及推广应用力度，积极培育"药食同源"产品、豫产美妆（化妆品）新产品，形成新

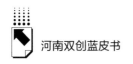

增长点。加快构建中药资源数据库，推广应用生物技术和新型育种栽培技术，发展名贵稀有中药材种植。

三　河南优势产业加快布局新赛道的对策建议

聚焦比较优势，突破瓶颈，在集聚新要素、培育新赛手、布局新场景、厚植新生态、打造新载体、拓展新渠道等方面着力，在产业新赛道上加速领跑，形成先进制造业发展新优势。

（一）集聚链接新要素

培育产业新赛道需要工业设计、数字创意、品牌策划等高端人才，但是此类人才对生活品质、行业圈层要求较高，多集聚在沿海城市，当前河南对此类人才吸引力不强，要转变观念，不一定非要把人才吸引过来，也可以把创新触角延伸过去，树立"链接即拥有"的理念，支持企业在沿海城市设立研发中心、设计中心、创意中心、营销中心、品牌运营中心等功能中心，利用沿海地区高端要素为河南制造业培育新赛道服务。同时，发挥郑州作为国家中心城市优势，集聚链接高端要素，引导市县优势企业在郑州布局区域总部、研发中心、营销中心，集聚工业设计、科技服务、信息服务等新兴产业，吸引沿海设计类、品牌服务类、数字服务类企业在郑州开设分支机构，打造域内外高端要素的连接纽带，为全省企业开辟新赛道提供支撑。

（二）培育企业新赛手

新赛道需要新赛手，河南可以通过三个渠道培育新赛手：一是培育壮大"专精特新"企业群体，支持企业聚焦细分行业持续加大创新投入，不断开发迭代产品，始终站在行业前沿，加大对国家级和省级"专精特新"企业支持力度，在研发投入和扩产投资上给予资金奖励和"绿色通道"支持。二是培育新生代企业家，产业新赛道主要靠企业家引领，面对需求快速变化和数字经济加速渗透的新趋势，迫切需要提升河南企业家素质，大力培育新生代企业家群体，引导"企二代"转型发展，开展新生态企业家培训，聚焦智能化、工业互联网、新经济、新零售、商业模式创新等领域提升培训层次，助力企业家开辟企业第二增长路线。三是培育创业型企业，支持科研人员、大学生、返乡人才等重点人群创业，培育一批活力企业，尤其是依托数字经济平台实现"轻创业"，在农副产品、食品、手工艺品、文创产品等河南优势领域培育新品牌。

（三）开发布局新场景

顺应产业跨界融合发展新趋势，加快布局一批新场景，引导企业开辟新赛道。一是开发文化旅游场景，挖潜河南丰富的文化旅游资源优势，推动传统产业与黄河文化、中原文化、非遗资源等融合，支持食品、服装等企业嵌入中原文化元素，探索"食品+文化IP""食品+旅游IP""服装+中原文化""服装+非遗"等融合模式，开发一批国潮新产品，抢占年轻人市场。二是开发布局数字化场景，围绕智慧城市、制造业智能化改造、服务业数字化转型、智慧农业、智慧物流、智慧文旅、新零售等开发应用场景，为电子制造、数字经济企业提供发展机会，引进培育壮大数字经济，为消费者提供多样化、个性化、场景化的产品和服务。三是定期发布新场景清单，借鉴成都新经济机会清单经验，定期梳理发布河南新场景新赛道机会清单，为企业提供机会，打造招商引资的新平台。

（四）厚植产业新生态

借鉴成都市打造产业生态圈的做法与经验，支持各地依托开发区聚焦重点产业领域打造产业生态圈，打造一流产业生态，推动产业链、创新链、供应链、要素链、政策链"五链"深度耦合。聚焦河南相对短缺的要素加大培育引进力度，补齐短板与缺环。一是培育壮大创意设计产业，创意设计是赋能型产业，创意设计要素缺乏严重制约河南企业新赛道发展，聚焦打造"设计河南"，支持基于新技术、新工艺、新装备、新材料、新需求的工业设计产业发展壮大，加快发展数字创意，鼓励利用数字技术、互联网、软件

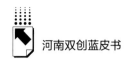
等支撑装备、材料、工艺、系统的开发和利用，以设计赋能产业升级。二是引进培育风险投资产业，风投是支持创新创业的重要支撑，河南省风投产业相对滞后，应积极引进国内外创投机构、风投基金等，支持本省风险投资基金发展，提升政府引导基金的规模和运营水平，鼓励与域外风投机构联合设计子基金，鼓励发展天使投资，培育一批天使投资人，助推河南省新业态、新模式发现和发展。

（五）打造空间新载体

新赛道需要高端要素，需要高品质空间载体。一是培育"双创载体"，加快大学科技园、科创园、孵化器、加速器、众创空间、中试基地等高品质空间载体培育，集聚创新创业要素和生产性服务业，为企业开辟新赛道提供全方位、全过程服务。二是标准化推广"智慧岛"，提升郑州"智慧岛"空间载体能级，打造双创载体模板，引导各地复制"智慧岛"模式，打造激发本地创新创业活力的高端要素集聚区，形成区域创新创业小气候。三是积极引入高端科创园区运营主体，支持各地园区与深圳湾科技生态园等全国知名双创园区运营平台对接，以委托运营、合作运营、团队导入等形式，提高运营水平。四是支持各开发区建设创新创业核心区，集聚高端要素和生产性服务业，为园区优势产业链上的企业开辟新赛道提供服务。

（六）拓展在线新渠道

数字经济蓬勃发展，为企业拓展新赛道提供了新的平台支撑，大多数新品牌、新消费是依托消费互联网平台快速崛起的，河南企业在这方面总体上相对滞后，在线化、定制化亟待提升。一是推进企业数字化转型，实施企业"上云上平台"行动，提升深度用云水平，引导企业从设备上云向管理上云、运营上云升级。二是引导企业与消费互联网平台、工业互联网平台及大数据分析平台等对接，如对接天猫"小黑盒"、京东C2M智能工厂等平台，鼓励企业积极利用在线数据加快新产品开发，打造市场爆款，培育新品牌，开拓新市场。三是突出以商业模式创新带动技术创新，尤其是在消费品领域，往往是商业模式创新带动技术创新，河南企业商业模式创新不足，可以加强培训，引导企业对接商业模式创新服务机构，开展商业模式创新案例研究及推广。四是支持企业设立电子商务部门，拓展在线渠道，积极对接网红直播资源，培育直播工厂标杆企业，形成示范带动效应。

参考文献

任保平、苗新宇：《新经济背景下扩大新消费需求的路径与政策取向》，《改革》2021 年第 3 期。

朱岩：《以消费升级带动产业链数字化转型》，《国家治理》2021 年第 6 期。

杜平：《"新消费+新制造"联手稳定内需动力》，《浙江经济》2019 年第 18 期。

赵西三：《加速抢占制造业新赛道》，《河南日报》2021 年 8 月 4 日。

阿里研究院：《2021 线上新品消费趋势报告》，2022 年 1 月。

波士顿咨询：《2021 中国新消费市场洞察报告》，2021 年 12 月。

B.4
数字化转型赋能河南制造业
高质量发展研究[*]

刘晓慧[**]

摘　要： 工业4.0时代，数字化转型对河南制造业体系重塑、优势再造、换道领跑、效率提升均有重要意义，已成为河南制造业高质量发展的核心驱动力。河南制造业数字化转型基础条件良好，在政策体系、灯塔工厂、试点示范、基础设施、应用实效等方面取得了新进展，正处于由试点示范迈入全面推进的新阶段。但同时数字化转型赋能河南制造业高质量发展还面临着数字经济发展和数字融合应用水平偏低、中小企业和工业互联网相对落后、人才队伍建设和企业管理变革滞后等难题。河南释放数字化赋能制造业高质量发展的乘数效应，需要快速导入工业互联网、加强中小企业数字化赋能、建设跨界融合型人才队伍、构建新模式新业态应用场景和加大企业管理变革力度。

关键词： 数字化转型　制造业　高质量发展　工业互联网

一　数字化转型是河南省制造业
高质量发展的关键支撑

作为新兴工业大省，目前河南已经进入工业化进程中后期，处于产业升

---

* 本文为2022年河南省科技厅软科学项目"'两个确保'下河南省制造业优势再造的路径选择及政策建议"（项目编号：222400410361）的研究成果。

** 刘晓慧，硕士，黄河科学学院河南中原创新发展研究院教授，研究方向：产业创新。

级和结构调整的重要节点。制造业高质量发展是高质量建设现代化河南、高水平实现现代化河南的重要基石。面对"两个确保"的新要求，河南推动制造业高质量发展更加迫切。充分发挥数字化转型的引领作用，推动基于数据驱动的制造业价值链重构，是加紧推动河南制造业高质量发展的重要路径。

（一）数字化转型是河南制造业体系重塑的发力点

建设现代化河南要求构建与之相匹配的现代化制造业体系。工业 4.0 时代下，数字化是重塑制造业体系不可或缺的驱动力。截至"十三五"期末，河南规模以上制造业增加值达 1.65 万亿元，居全国前五、中部首位。站在历史新起点，河南制造业大而不强、大而不优、大而不新的问题愈加凸显。构筑传统产业、新兴产业、未来产业融通发展的新型制造业体系，是河南加快建设先进制造业强省的重要基石，对于奋力实现"两个确保"具有重大战略意义。河南的装备、汽车、食品、材料、轻纺五大传统产业提质升级，高端装备、新材料、新能源等七大新兴产业培育壮大，以及量子信息、类脑智能等六大未来产业前瞻布局，都离不开数字经济的支撑。河南要走出一条特色的制造业高质量发展之路，必须坚持以数字化转型为引领的战略导向。

（二）数字化转型是河南制造业优势再造的关键环

在国内外复杂多变的发展环境下，《河南"十四五"制造业高质量发展规划》对制造业发展提出了"九高"的新要求。面对新的更高要求和竞争焦点的转变，加快河南制造业优势再造尤为迫切。当前，高端化、智能化、绿色化、服务化成为制造业高质量发展的主要方向，而这些都要以数字化为重要基石。作为颠覆式重构制造业的新手段，数字化能够加速制造业产业链各个环节的高度融合，提升产业链现代化水平；驱动制造企业的生产方式、商业模式和创新范式发生深刻变革，促进制造业向服务端拓展，孕育新产业、萌生新业态、孵化新模式；倒逼制造企业组织架构、业务流程、决策机制调整，大幅提升企业现代化管理能力与智能制造水平。面对传统优势逐步

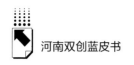
减弱的困境和新技术加速渗透的形势，数字化赋能正成为当下河南推动制造业优势再造的关键抓手。将数字化转型作为制造业高质量发展的关键增量，全面提升数智赋能制造业的发展水平，河南制造必将赢得区域竞争新优势。

（三）数字化转型是河南制造业换道领跑的主引擎

当前，全国区域竞争的主要赛道在制造业。换道领跑战略对于河南加快建设先进制造业强省、奋力实现"两个确保"具有重要的现实意义。实施换道领跑战略，推动制造业高质量发展，是河南省委省政府做出的一项重要部署。数字化转型能够为河南制造业在新赛道上跑出"加速度"提供动力引擎。在传统发展路径和模式难以为继的背景下，河南制造业换道领跑尤为迫切。河南制造业换道领跑要求统筹推进未来产业前瞻布局、新兴产业抢滩占先、传统产业嫁接提质、产业生态圈层培土奠基。数字化转型通过融合赋能传统制造业，助推新兴产业和未来产业能级提升，加快制造业创新生态体系建设，从而为河南制造业高质量发展开辟新赛道。《河南省"十四五"制造业高质量发展规划》列出的数字化转型任务明确将实施"数字化转型"战略，坚持以新一代信息技术赋能制造业高质量发展，分步开展数字化制造普及、网络化制造示范和智能化制造探索，培育新业态新模式。这为河南制造业换道领跑指明了清晰的方向。

（四）数字化转型是河南制造业效率提升的突破口

数字化转型能够帮助制造企业整合优化产品和工艺设计、原材料供应、产品制造和市场营销与售后服务等主要环节，破解制造业生产经营过程中的数据孤岛问题，实现信息交互共享、数据互联互通，有效降低生产经营成本、提升资源配置效率。多项研究和实践也证明，数字化能够帮助制造企业降本增效。工信部智能制造试点示范项目数据显示，在数字化、智能化转型后，相关制造企业的生产效率平均提升 37.6%，运营成本平均降低 21.2%，能源利用率平均提升 16.1%。根据清华大学全球产业研究院的测算，在不考虑新冠肺炎疫情影响的情况下，数字化转型可使制造企业成本降低 17.6%，营收增加 22.6%。IDC（国际数据公司）2020 年的调研数据显示，成功开展数字化转型的中小企业销售额和员工工作效率均提高了 50%。

二 数字化转型赋能河南制造业 高质量发展成效显著

河南省是我国重要的制造业大省，规模总量较大，产业门类齐全。凭借海量数据和丰富应用场景的优势，河南加快制造业数字化转型取得明显的成效，为制造业高质量发展奠定了良好的基础。

（一）多方合力为制造业数字化转型保驾护航

围绕建设"数字河南"和先进制造业强省的目标，2020 年以来河南省人民政府、河南省发改委、河南省人大等多部门相继出台了专项规划、方案、条例等（见表 1），全方位部署了制造业数字化转型的路线图和时间表，明确了河南制造业数字化转型的发展方向和重点任务，完善了制造业数字化转型的顶层设计、政策体系、法律法规等。中国信通院 2021 年发布的《中国数字经济发展白皮书》显示，省级层面已有广东、浙江、贵州、上海、北京等 14 个地区设立了省级大数据管理机构，河南也是其中之一。2022 年河南省省级制造业高质量发展专项资金 11.7 亿元，其中直接涉及工业数字化转型的安排资金为 9850 万元，占比超过 8%。

表 1 2020 年以来河南省相继出台的数字经济和制造业发展相关文件汇总

文件名称	发布文号	发布机构	发布日期
《2020 年河南省数字经济发展工作方案》	豫发改数字〔2020〕409 号	河南省发展和改革委员会	2020 年 6 月 1 日
《河南省推动制造业高质量发展实施方案》		河南省工业和信息化厅	2020 年 8 月 17 日

续表

文件名称	发布文号	发布机构	发布日期
《河南省推进"5G+工业互联网"融合发展实施方案》		河南省工业和信息化厅	2020年9月4日
《河南省数字政府建设总体规划（2020-2022年）》	豫政〔2020〕35号	河南省人民政府	2020年12月11日
《2021年河南省数字经济发展工作方案》	豫发改数字〔2021〕177号	河南省发展和改革委员会	2021年3月22日
《2021年河南省制造业数字化转型揭榜挂帅活动实施方案》	豫制造强省办〔2021〕14号	河南省制造强省建设领导小组办公室	2021年9月16日
《河南省"企业上云上平台"提升行动计划(2021-2023年)》	豫制造强省办〔2021〕15号	河南省制造强省建设领导小组办公室	2021年9月16日
《河南省数字经济促进条例》	豫人常〔2021〕78号	河南省人民代表大会常务委员会	2021年12月28日
《河南省"十四五"新型基础设施建设规划》	豫发改数字〔2022〕52号	河南省发展和改革委员会	2022年2月9日
《河南省"十四五"数字经济和信息化发展规划》	豫政〔2021〕51号	河南省人民政府	2022年2月16日
《河南省"十四五"制造业高质量发展规划》	豫政〔2021〕49号	河南省人民政府	2022年1月26日

（二）数字经济总量和综合竞争力处于全国第二梯队

近几年，河南省加大数字化领域投入，大力推动新型基础设施建设，快速壮大数字核心产业，积极促进产业数字化转型，数字经济稳步发展、前景广阔。2020年，河南省数字经济规模接近1.6万亿元，排名全国第10、中部第2，数字经济占GDP比重超过29%。从数字经济内部来看，数字产业化和产业数字化总体上呈"二八"结构。2020年，河南省数字产业化规模突破2500亿元，占数字经济的比重约为19%；产业数字化规模接近1.3万亿元，占数字经济的比重约为81%。中国信通院发布的《中国区域与城市数字经济发展报告》（2020年）显示，2019年河南数字经济竞争力指数70.78，排名全国第13、中部第3，竞争力指数低于湖北（73.47）、安徽

（72.14）。腾讯研究院发布的《数字化转型指数报告2021》表明，2020年河南数字化转型指数低于广东、上海、北京、江苏、浙江、四川、山东七地，跻身全国前十、居中部首位。

（三）树立世界级数字化制造和智能制造标杆

灯塔工厂是指达沃斯世界经济论坛和麦肯锡咨询公司共同遴选的数字化制造业全球化4.0的示范者，也被称为智能制造"奥斯卡"。自2018年开始至2022年初，通过八批全球灯塔工厂评选，全球已经有103家灯塔工厂，其中37家位于中国。2022年3月30日公布的第八批全球灯塔工厂中，郑州海尔热水器互联工厂在列，成为全球首座热水器行业端到端灯塔工厂。至此，加上在第七批中入选的富士康（郑州）工厂，河南共有2家全球灯塔工厂，数量与湖北［施耐德电气（武汉）和美的（荆州）工厂］、安徽［联合利华（合肥）和美的（合肥）工厂］相当，湖南仅有博世（长沙）工厂1家。河南的这2家全球"灯塔工厂"通过运用新一代信息技术大幅度提高了经济和运营效益，也为河南制造业数字化创新提供了有益经验。

（四）制造业数字化转型试点示范和平台建设多领域推进

目前，河南加快建设国家大数据综合试验区，国家级和省级数字化转型相关试点门类比较齐全，涉及工业互联网、服务型制造、智能制造、绿色制造、大数据产业、"两业"融合和5G应用场景等多个领域（见表2）。这些试点示范和创新中心为河南省制造业数字化转型积极探索新机制新模式，成为河南省加快数字经济与制造业融合发展的先锋军。2021年，河南有5个方案、6个案例分别入选国家工业互联网App优秀解决方案、国家工业互联网平台创新领航应用案例。截至目前，河南省累计打造全球"灯塔工厂"2家、国家创新中心1家、国家工业设计中心2家、省级工业互联网平台25家、省级制造业创新中心18家、省级数字化转型促进中心15家、省级智能车间（智能工厂）571家、国家制造业单项冠军30家、国家级专精特新"小巨人"企业207家、省级制造业头雁企业和重点培育头雁企业169家。

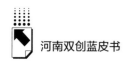

表2 截至2021年底河南省拥有的省级及以上制造业数字化转型相关试点一览

级别	名称	累计数量(个)
国家级	国家工业互联网试点示范	10
	国家服务型制造示范	19
	国家智能制造试点示范	17
	国家制造业和互联网融合发展试点示范	32
	国家大数据产业发展试点示范	18
	国家先进制造业和现代服务业融合试点单位	4
	国家绿色制造示范	157
省级	省级5G应用场景示范项目	71
	省级先进制造业和现代服务业融合试点单位	61
	省级制造业高质量发展综合评价试点县市	31

（五）制造业数字化基础设施建设取得新进展

工业互联网平台、算力中心、数据中心和5G基站等数字新基建的加快推进为河南制造业高质量发展提供了"硬支撑"。目前，河南建有国家工业互联网标识解析二级节点1个、国家工业互联网试点10个、省级工业互联网平台25个、国家超算中心1个，建设郑州国家级互联网骨干直联点，建成郑州、洛阳、开封3个国际互联网数据专用通道，建成洛阳、漯河、许昌、新乡、郑州等工业互联网标识解析二级节点，建成中国移动（河南）数据中心、中国移动（河南郑州）数据中心、中国联通中原数据基地等3个超大型数据中心以及中国电信郑州高新数据中心。工信部数据显示，截至2020年底河南省5G基站累计建设数量达4.54万个，位列全国第7、中部首位，高于中部的湖北（3.1万个）、江西（3万个）、安徽（2.94万个）、湖南（2.9万个）、山西（1.6万个）。目前，河南乡镇以上和农村热点区域实现5G网络全覆盖，数字基础设施建设规模和水平均位居全国前列。

（六）制造业数字化转型多项指标稳步提升

信息化和工业化融合发展水平的持续提升，是加快制造业数字化转型的重要基础。2018~2021 年河南省两化融合发展水平指数从 51.2 增加到 54.4，规模以上工业企业数字化研发设计工具普及率从 71.1% 增加到 77%，生产设备数字化率从 45.6% 增加到 49.8%，关键工序数控化率从 35.7% 增加到 51%，智能制造就绪率从 5.7% 增加到 10%。尤其是数字化研发设计工具普及率一直超过 70%，持续高于全国平均水平，智能制造就绪率提升一直在加速。2020 年，河南工业互联网产业规模 1904 亿元，居全国第 5 位。

（七）制造企业数字化转型效应逐步显现

随着产业数字化应用加速向千行百业拓展，越来越多的河南制造企业把业务系统迁至"线上"、将设备产品搬上"云端"，实现提质降本增效。实施数字化转型后，河南制造企业生产效率提升幅度在 30% 以上，产品质量合格率平均提高 10%，业务收入实现新的突破。比如，打造全领域智能制造架构后，宇通客车新能源工厂生产线生产效率提升 52%，资源利用率降低 36%，产品下线一次交接通过率提升 41%，运营成本降低 34%，产品研制周期缩短 51%。森源重工实现由"卖产品"向"卖产品+服务"转变，环卫系列产品直接销售收入从 2018 年的 16.9 亿元上升到 2020 年的 28.6 亿元，2020 年实现服务类业务收入 7.8 亿元。安钢集团 2021 年营业收入达 763 亿元，再创建厂 60 多年来新纪录。南阳纺织集团有限公司生产效率提升 30%，万锭用工人数由 120 人降到 25 人。金牛彩印集团公司生产用工减少 20%，工作效率提高 30%。

三　直面数字化赋能河南省制造业 高质量发展的痛点难点

根据相关调研数据，超过 50% 的中国制造企业的数字化转型尚处于单点试验和局部推广阶段，河南更是如此。河南制造业数字化转型虽然取得一定成效，但尚处于起步阶段，对标国内先进地区仍有一定差距，制约因素和

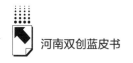
短板弱项较为突出，数字技术在制造业应用的广度和深度都有相当大的拓展空间。

（一）数字经济发展水平与领先地区仍有较大差距

2020 年，河南省数字经济规模近 1.6 万亿元，与全国第一梯队的广东 5.2 万亿元、江苏超过 4.4 万亿元、山东和浙江 3 万多亿元差距明显；数字经济规模占 GDP 比重不足 30%，与北京（55.9%）、上海（55.1%）、广东（46.8%）、浙江（46.8%）、江苏（43%）相比差距较大。2020 年河南数字产业化规模突破 2500 亿元，占 GDP 比重约为 4.7%，显著低于全国 7.3% 的水平，远低于北京、江苏、广东 15% 以上的水平，与天津、上海 10% 以上以及浙江、重庆、四川、山东、福建、湖北、陕西等 5%～10% 水平也有较大差距。2020 年河南产业数字化增加值接近 1.3 万亿元，占 GDP 比重为 24.4%，比该指标值最高的上海低将近 20 个百分点，与福建、浙江、天津、北京、山东、湖北、辽宁、重庆、广东、河北等地区超过 30% 的水平也有较大差距，低于全国平均水平近 7 个百分点。

（二）数字融合应用整体水平有待进一步提升

中国两化融合发展数据地图显示，2018～2020 年河南两化融合发展水平指数在全国排名从第 11 位降至第 13 位。2018～2020 年河南省除了规模以上工业企业数字化研发设计工具普及率高于全国平均水平之外，规模以上工业企业生产设备数字化率、关键工序数控化率、智能制造就绪率等指标一直低于全国平均水平。腾讯研究院发布的《数字化转型指数报告 2021》表明，2020 年河南数字化平台指数排在全国第 6 位，但数字化应用指数位列全国第 9，数字化基础设施指数未进入全国前十。

（三）工业互联网发展应用水平仍有较大的提升空间

工业互联网是促进制造业数字化转型的重要突破口。国家工业互联网大数据中心平台发布的《工业互联网发展应用指数白皮书（2020）》显示，河南工业互联网发展应用指数为 45.77，排在广东、北京、江苏、浙江、山东、四川、上海、福建之后，跻身全国前十，但仅为排在首位的广东的六成左右（见图 1）。在工业互联网的应用范围方面，河南省得分为 44.71，位居全国第 8、中部第 1，但与排名全国前三的四川省（75.94）、广东省（72.10）、山东省（71.33）的差距仍然比较大。

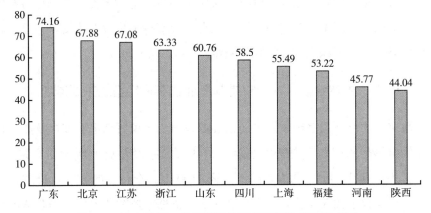

图 1　2020 年我国工业互联网发展应用指数 TOP10 榜单

资料来源：国家工业互联网大数据中心平台发布的《工业互联网发展应用指数白皮书（2020）》。

（四）数字化对制造业中小企业的赋能效应仍然不高

数字化是制造企业未来竞争力的核心。中小企业是推动"两化"融合的重要力量，是制造业产业链供应链不可或缺的组成部分。中小制造企业数字化转型效果直接影响河南制造业数字化转型的成效。由于行业不同、规模不同、场景多样、需求复杂，制造业中的中小企业个性化、非标准化程度非常高，通用性的数字化解决方案通常难以广泛推行。这也导致了数量庞大的中小企业成为制造业数字化转型的重点和难点。中国电子技术标准化研究院发布的《中小企业数字化转型分析报告（2020）》显示，我国 89% 的中小企业处于数字化转型探索阶段，8% 的中小企业处于数字化转型践行阶段，仅有 3% 的中小企业处于数字化转型深度应用阶段，只有 15% 的中小企业建

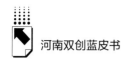

立了数字化人才培养体系。中信重工、宇通集团等河南头部制造企业的人才保障、资金投入和技术能力较强，数字化转型积极性较高、起步较早、推进较快，已经是河南制造业数字化转型的先行者。而量大面广的中小制造企业由于受到软硬件落后、资金人才支撑不足、管理基础薄弱等因素的制约，虽有着迫切的数字化转型诉求却又举步维艰，存在不愿转、不敢转、不想转、不会转等一系列问题。这当中既有高层认识不清、趋势把握不准、战略站位不高、对政策了解不深等主观因素，也有资金支持不足、人才支撑不够、融合环境不优、上云深度不足等现实困难。

（五）跨界融合型人才短缺是制造业数字化转型的主要掣肘

数字人才堪称数字经济发展的核心竞争力。多项研究报告都提及数字化人才供给不足的问题。中国信通院发布的《数字经济就业影响研究报告》指出，2020年中国数字化人才缺口接近1100万，全行业的数字化推进，需要更广泛的数字化人才引入，人才需求缺口依然在持续放大。清华全球产业研究院调研结果显示，61.8%的受调研企业认为数字化专业人才的缺乏正在阻碍它们实现转型，同时，63.4%的企业认为缺乏数字人才也是未来三年内推动数字化转型的最大阻碍。《新职业—大数据工程技术人员就业景气现状分析报告》显示，2021年大数据人才缺口达到250万。此外，数字化人才流动的马太效应也对河南数字经济的持续发展造成不利影响。东部地区吸引更多数字人才向其聚拢，而中西部地区难以留住高层次人才。数据显示，河南虽然具有显著的人口规模和劳动力供给优势，但高技能人才只占从业人数的4.6%。既懂生产制造又懂数字技术的复合型人才缺乏成为当前以及未来河南制造业数字化转型的首要挑战。

（六）制造企业管理变革滞后于数字化转型整体进程

制造企业数字化转型不仅面临缺资金、缺人才等重重困难，而且出现了缺乏整体规划、缺乏企业文化等问题。清华大学全球产业研究院发布的《中国企业数字化转型研究报告2020》表明：39%的企业数字化战略规划模糊，48%的企业未明确组织架构调整。就郑州制造业数字化转型来说，在实施的200家重点企业智能化改造诊断服务中，仅有25.38%的企业有较为完整的智能制造整体规划。企业管理层面的这些薄弱环节，容易导致企业数字化转型战略方向模糊、落地艰难。数字化时代，制造企业在加快生产方式、企业形态、商业模式变革的同时，亟须加快推进组织架构调整，构建与数字化转型高度契合的制造企业管理新体系。

四 强化数字化转型赋能河南制造业高质量发展的建议

当前，越来越多的国家和地区将数字化转型作为推进制造业转型升级的重要抓手。在标兵渐远、追兵将至的竞争格局下，河南制造业亟待实现由大变强的蜕变，加快数字化转型势在必行。今后，河南要全方位多角度推动数字技术与制造业融合走深向实，聚焦智能制造引领、工业互联网创新发展和新模式新业态培育，实现制造企业研发、设计、制造与运行维护模式的转变，放大数据要素对制造业转型升级的倍增作用。

（一）开展工业互联网快速全面导入行动，赋予制造业高质量发展的利器

积极发展新型数字基础设施，能够有效地缩短河南与先进地区制造业的差距，为河南制造业发展培育技术优势。工业互联网是数字经济与实体经济深度融合的重要基石，是新一轮工业革命的关键支撑。河南要强化工业互联网作为关键新型基础设施的作用，把工业互联网作为制造业高质量发展的主抓手，着力推动制造业产业基础高级化和产业链现代化。一是建设可靠、灵活、安全的工业互联网基础设施，形成全方位全链条全要素的制造业数字化支持。只有加快大数据、云计算等算力基础设施建设，推广"5G+工业互联网"协同应用，推动区块链、人工智能、数字孪生、边缘计算等新技术与工业互联网深度融合，才能更好地满足工业互联网对数据采集精度、传输速度、

存储空间和计算能力的较高要求。二是加快建设覆盖制造业重点行业、优势集群的"1+N+N"工业互联网平台体系（1个跨行业、跨领域综合性平台，N个垂直细分行业平台，N个优势产业集群区域平台），形成以平台为载体、龙头企业引领带动、中小企业协同配套的制造业产业生态格局。培育有竞争力的工业互联网平台企业，建立工业互联网平台梯度培育机制，做强做优基础性通用型工业互联网平台，做专做精特色性专业型工业互联网平台。

（二）实施中小企业数字化赋能提升工程，壮大制造业高质量发展的主体

着力推动企业上云上平台和引进培育数字化服务商，建立完善中小企业数字化赋能体系，是河南制造业高质量发展的当务之急。首先，强化中小企业数字化转型的服务支撑，破解中小企业转型乏力的难题。设立省市县三级制造业数字化转型赋能中心，为中小企业提供咨询服务，建设一批制造业数字化转型的公共服务平台和载体，大力推动"上云用数赋智"服务惠及广大中小制造企业。鼓励有条件的制造业链主企业打造产业链供应链数字化平台，聚焦产业链中小企业"订单、成本、质量、交期"等核心业务痛点，通过开放平台和数字化资源等多种形式加速中小企业数字化，提升产业链供应链上下游协同转型效率。其次，为中小企业选树可学习、可借鉴、可复制的河南制造业数字化转型典型样板，制定"三步走"行动计划。打造一批中小企业"上云上平台"标杆企业，形成一批制造业"双创"平台试点示范项目，总结一批数字化改造环节、落地路径及典型应用场景经验。启动数字赋能中小制造企业"三步走"行动计划，实现实施本地信息化—打破"信息孤岛"—深度"上云上平台"的跃升，渐进式推进中小企业从关键环节到全业务全流程全链条的数字化。最后，结合细分行业属性为中小企业制订数字化普及应用方案。持续扩容"河南省企业上云供给资源池"，组织一批工业互联网平台和数字化转型专业服务机构，为制造业中小企业量身定制个性突出、场景多样的数字化应用产品，提供成本低、易部署、见效快、实用性强的轻量化数字化解决方案。

（三）加快建设跨界融合型人才队伍，补齐制造业高质量发展的短板

数字化转型中的基础设施建设与经营管理变革工作都离不开数字化人才。数字化人才是促进制造业数字化转型的核心动力。高素质复合型人才数量缺口大，人才培养不能满足产业发展需求，是河南制造业数字化转型进程受阻的"卡口"问题。河南需要加快培养和引进懂制造的高端数字化人才，实现制造业劳动力由量到质的转变，强化制造业高质量发展的智力支持。一是完善制造业数字化人才培养生态体系。要鼓励引导高校、职业院校、技工院校等开设与工业互联网、人工智能相关的专业，切实加强政产学研联动和跨学科联合培养，培育实操动手能力强、理论基础深厚的复合型制造业人才。二是加强制造业从业者数字化技能培训。通过政企协作，利用新媒体和社交网络等多元方式，推动传统制造业人才的数字化技能提升，培养一批符合产业需求的制造业数字化人才。三是创新人才引进和考评模式，引进智能制造方面的高精尖人才，加强制造业战略人才储备，鼓励大中小制造企业实现人才资源共享。面对内部缺乏相应的人才培养方式和方法的局面，制造企业需要适当引入外部人才资源来帮助新技术、新产品、新管理模式落地与推广。

（四）加快发展新模式新业态应用场景，凸显制造业高质量发展的实效

鼓励龙头企业、骨干企业发展数字化制造新模式新业态，大力开展智能化生产、个性化定制、网络化协同、服务化延伸、服务型制造、数字化管理等，推动数字经济与制造业的融合走向纵深，实现从单项应用向综合集成、协同创新场景发展。支持装备制造、食品制造、汽车制造、电子信息制造等河南传统优势制造业开展多领域创新应用，实现生产过程远程跟踪控制、远程监控诊断、供应链协同、智能识别质量管控、行业数据建模等，打造中西部制造业数字化应用"灯塔工厂"，推动河南2家全球"灯塔工厂"的"灯塔经验"走向千行百业，带动全省制造业加速转型。围绕制造业行业关键

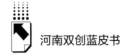
工序、关键环节，搭建省市县一体化应用的智能制造公共服务平台，分行业完善智能制造标准体系和服务保障体系，打造一批智能制造标杆企业和产业集群。建设自学习、自感知、自适应、自控制的智能生产线、智能车间、智能工厂、智能制造单位，实现全要素、全环节的动态感知、互联互通、数据集成和智能管控。

（五）深化企业经营管理系统性变革，强化制造业高质量发展的保障

数字化转型不仅是一种技术转型，而且是涉及经营理念、发展战略、组织架构、生产运营等的一项复杂的系统性工程。数字化转型的推进往往伴随着企业组织架构、业务流程、决策机制、运作机制的调整。一是制定清晰的制造企业数字化战略规划，确保高层管理者、中层运营者、基层执行员工全身心地投入数字化转型。通过自上而下的企业文化变革和内外部意识宣导与培养，让不同层级管理者对数字化转型工作达成统一的认知。做好数字化转型战略的拆解并用更易理解的方式传达给基层员工，提高基层员工参与度，避免转型道路上不必要的内耗。二是培养企业决策和管理基于数据驱动的大数据思维，构建与数字化匹配的制造企业组织架构，建立数据驱动型运行管理机制。无论是大型头部企业还是中小型企业，若想数字化转型成功，都需要对自身定位有深入理解。在推进组织架构调整前，先要对自身业务模式的核心内容及流程进行端到端的梳理，并围绕核心业务流程进行组织架构及管控方式的优化，从而提高整体管理与运营的效率，加强制造企业组织架构与数字化转型战略的协同。为了积极应对数字化转型中的变化，董事会需要遴选新生代数字化人才，吸纳具备数字化建设经验的董事会成员。

（六）全面提升制造业数据治理能力，优化制造业高质量发展的环境

数据是制造企业信息系统的基础。制造企业数字化转型建设离不开准确可靠的数据。数据治理是保证制造企业数据准确可靠的有效手段。制造业成

功实现数字化转型离不开数据治理水平的提高。只有全面提升数字治理能力，才能为制造业数字化转型营造安全有序的发展环境。一是制造企业明确数据治理的目标和范围，搭建好主数据管理平台，做好数据资产盘点，最终形成管理制度与文化。二是制定数据采集、共享开放、确权、流通、交易、安全等多方面的相关制度，打造分类科学、分级准确、管理有序的数据治理体系和数据资源全生命周期安全保护机制，持续不断地监控与优化数据质量，深入挖掘数据价值。三是积极引导推动工业设备数据接口开放，构建完整贯通的高质量数据链，促进区块链等技术在数据流通中的应用，实现数据资源的共享共治与应用场景的互联互通。

参考文献

河南省人民政府：《河南省"十四五"制造业高质量发展规划》（豫政〔2021〕49号），2022年1月26日。

河南省人民政府：《河南省"十四五"数字经济和信息化发展规划》（豫政〔2021〕51号），2022年1月26日。

赵西三：《开创制造业高质量发展新局面》，《河南日报》2021年10月14日。

赵西三：《数字经济驱动中国制造转型升级研究》，《中州学刊》2017年第12期。

刘晓萍：《分类施策推进制造业数字化转型》，《河南日报》2021年10月27日。

王长林：《以制造业数字化转型为抓手　推动河南数字经济高质量发展》，《大河财立方》2020年11月18日。

于晴：《以高标准引领制造业高质量发展》，《河南日报》2021年9月22日。

朱铎先、毕延洁：《中小制造企业数字化转型之道》，《中国信息化》2021年第9期。

B.5
河南粮食产业与畜牧产业
竞协发展的路径优化研究

高　昕*

摘　要： 本研究借鉴粮畜生产协调度指标，构建河南粮食产业与畜牧产业竞协发展指数，依据统计年鉴数据，对2011~2020年河南粮食产业与畜牧产业竞协发展状况进行测度。结果表明：在时序维度上，河南粮食产业与畜牧产业竞协发展水平呈现出波动性变化态势，考察期内，粮食产业发展质量效益高于畜牧产业，畜牧产业发展亟待加快跟进粮食产业发展；在空间维度上，18个省辖市发展不均衡现象显著，传统产粮大市畜牧产业发展滞后于粮食产业。因此，河南农业应在市场机制作用下，优化空间布局、调整产业结构，着力破解人才、资金、技术、土地等生产要素制约，提高资源配置效率，以科技创新驱动农业发展方式转型升级。

关键词： 河南　粮食生产　畜牧产业　竞协发展　路径

　　粮食产业和畜牧产业是现代农业的重要构成，都属于农业内部产业，二者有差异但又相互联系，存在着竞争与合作的关系。国外对产业融合发展的研究多是基于配第—克拉克定理、库兹涅茨法则、钱纳里的标准结构以及霍夫曼经验定理，从宏观视角对产业之间的演化博弈规律进行剖析，视产业融

---

　　* 高昕，博士，中国（河南）创新发展研究院副教授，研究方向：农村农业发展。

合为由技术关联效应而形成的产业边界收缩的过程[1-2]。国内学界基于结果论、过程论、目的论和性质论等维度，对农村一二三产业融合发展的内涵外延、实现模式、发展水平、动力机制、影响因素、价值效应等开展了丰富的研究[3-5]。目前，国际上公认，种植业与畜牧业之间有机融合可以视为一种生态循环农业发展模式[6]，对于增强作物与牲畜之间的互补性[7]、保护农业生态环境[8]、提高资源利用效率[9]、提高农业竞争力具有重要的意义。

河南既是我国的粮食生产大省，也是畜牧产业大省。近年来，河南立足粮食大省、畜牧大省的实际，大力实施"四优四化"工程，不断优化农业生产结构和产品结构，粮食产业与畜牧产业加速转型升级，供给质量水平不断改善。但在加快建设现代农业强省的进程中，河南仍面临着农村产业融合不充分、结构调整不平衡的突出问题，全省粮食产业与畜牧产业共同面临着延伸产业链、提升价值链、打造供应链的紧迫任务。粮食产业与畜牧产业作为农业供给侧结构性改革的重点领域，二者之间的竞争协同关系不仅是农业产业结构调整的一种表现，更是大食物观下粮食安全战略的重要内容。因此，探讨河南粮食产业与畜牧产业的竞协关系对于河南建设现代化农业强省具有重要的现实意义。

一　河南省粮食产业与畜牧产业协同发展的现状

优化空间布局、调整种养结构、改善种植结构一直是河南农业内部产业结构调整的重点。进入新时代以来，河南立足省情农情，以农业供给侧结构性改革为主线，以"四优四化"为重点持续加大调整农业内部产业结构的力度，粮食产业与畜牧产业逐步朝着优质化、品牌化、绿色化、特色化方向发展。

（一）河南粮食产业发展状况

河南地处中原腹地，素有"中原粮仓"之称，粮食生产始终是河南的一大优势、一张王牌。近年来，河南把保障国家粮食安全作为发展粮食产业的重要基石,不断加快科技创新驱动,持续推动主食产业化,大力推进粮油精深加工,粮食产能稳步提升,粮食产业不断壮大,逐步实现了由"天下粮仓"到"国人厨房"再到"世人餐桌"的转变。"十三五"时期,全省粮食播种面积始终保持在10000千公顷以上,粮食总产量始终保持在6500万吨以上(见图1),对全国粮食产量的贡献率稳定在10%左右。2021年,受严重洪灾影响,全省粮食产量虽较2020年略有下降,但全年粮食产量仍然达到了6544万吨,位居全国第二,其中,夏粮产量、播种面积、单产分别达到3803万吨、5692千公顷和6682公斤/公顷,均居全国第一。目前,河南主要农作物已经实现良种全覆盖,农业综合机械化率、科技进步贡献率分别达到98%和68%,均高于全国平均水平。

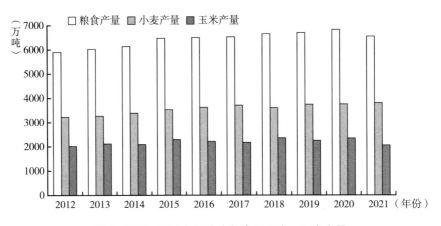

图1　2012~2021年河南省粮食和小麦、玉米产量

资料来源:《河南统计年鉴2021》。

作为全国口粮生产第一大省,河南在扛稳粮食安全重任基础上,坚持以"粮头食尾""农头工尾"为抓手,围绕产业链、价值链、供应链"三链重构",不断推动粮食产业提质增效。截止到2021年底,全省粮食产业总产值达到2600亿元,居全国前列,粮食标准仓房仓容达9500多万吨,居全国第一。全省已经形成产值超万亿规模的食品工业,粮油加工转化率达到88%,主食产业化率达到65%,规模以上农产品加工业实现营业收入1.18万亿元,

利润总额、上缴税金、从业人员数均占全省规模以上工业总额总数的三成以上。河南面粉加工能力和产量居全国第一，工业化馒头、挂面、方便面等年产量均占全国1/3，速冻食品年产量占全国2/3。河南粮食产业规模不断扩大的同时，也面临着诸如创新动能缺失、龙头企业偏少、品牌效应不足等现实挑战。

（二）河南畜牧产业发展状况

河南既是我国的粮食生产大省，也是我国的畜牧产业大省。连续多年来，其畜牧业产值占全省农林牧渔业产值比例接近1/3。近年来，河南省按照"强猪、壮禽、扩牛、增羊"的思路，加快畜牧业生产区域化布局和产业结构优化，形成资源共享、优势互补、特色突出、竞相发展的格局，打造出了一批全链条、全循环、高质量、高效益的畜牧产业化集群，生猪产业、母牛养殖、肉牛育肥、特色养殖、奶业格局不断完善。生猪、肉牛、奶牛、家禽、肉羊五大优势产业发展迅速，肉类、禽蛋、奶类产量稳居全国前列。2021年，全省猪牛羊禽肉总产量641.17万吨，其中，猪肉产量426.78万吨，牛肉产量35.53万吨，羊肉产量28.87万吨，禽肉产量149.98万吨，禽蛋产量446.42万吨，牛奶产量212.15万吨，分别占全国总产量的7.21%、8.06%、5.09%、5.62%、6.30%、13.10%和5.76%。截止到2021年底，全省生猪存栏4392万头、能繁母猪存栏400万头、生猪出栏5802万头，分别居全国第一位、第二位和第三位。2021年河南全省外调生猪及猪肉折合生猪2758万头，居全国首位。目前，全省畜禽规模化养殖率达70%左右，其中生猪规模比重在75%左右，"豫牧"品牌培育步伐不断加快，全省通过绿色认证畜产品35个，通过国家地理标志产品9个，纳入河南农业品牌目录36个，已培育出双汇、牧原、华英、花花牛等多个畜产品知名品牌。与此同时，在畜牧业供给侧结构性改革加快推进背景下，河南畜牧产业发展也面临着产业结构不够优化、精深加工相对较少、产销衔接不够紧密、竞争优势不够明显、资源约束日益加剧、疾病风险依然突出、质量监管难度增大的突出矛盾和制约。

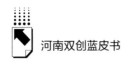
二 河南粮食产业与畜牧产业竞协发展水平测度

粮食产业与畜牧产业竞协发展实质上是在市场机制和政府调控的共同作用下，对土地、劳动力、资本、技术、政策等生产要素竞争协调过程中形成的一种关系，在表现形态上可从二者之间的产出数量、转换关系、结构效益等视角进行分析。

（一）测度方法的选择

为进一步分析河南省粮食产业与畜牧产业竞协发展的演进规律与发展趋势，本文借鉴姚成胜等所构建的粮畜生产协调度指标[10-11]，构建河南省粮食产业与畜牧产业竞协发展指数，对其粮食产业与畜牧产业的竞协发展的历史演进和现状进行定量分析。河南粮食产业与畜牧产业竞协发展指数的计算公式为：

$$C_i = (S_i - G_i)/G_i \tag{1}$$

其中，C_i 为河南省 i 年（2011~2020 年）或 i 地区（18 个省辖市）粮畜生产协调度；S_i 为河南省 i 年或 i 地区粮食产业中的剩余粮食总量；G_i 为河南省 i 年或 i 地区猪肉、禽肉、蛋类等耗粮型畜产业生产所消耗的粮食数量，二者统一采用"万吨"作为计量单位。其中，剩余粮食总量 S_i 的计算公式为：

$$S_i = TG_i - TD_i \tag{2}$$

其中，TG_i 为河南省 i 年或 i 地区的粮食总产量，TD_i 为河南省 i 年或 i 地区粮食的直接消费数量，其计算公式为：

$$TD_i = AU_i \times UP_i \tag{3}$$

其中，AU_i 为河南省 i 年或 i 地区居民的人均粮食消费量，UP_i 为河南省 i 年或 i 地区常住人口数。

公式（1）中猪肉、禽肉、蛋类等耗粮型畜牧产业生产所消耗的粮食数量的计算公式为：

$$G_i = \sum_{j=1}^{3} T_{ij} \times W_j \qquad (4)$$

其中，T_{ij} 为河南省 i 年或 i 地区猪肉、禽肉、蛋类三大类耗粮型畜牧产业生产数量；W_j 为三大类耗量型畜牧产品的耗粮系数。依据已有研究成果，本文把猪肉的折粮系数[12]设定为 3.65，禽肉和蛋类的折粮系数[13]均设定为 1.85。

（二）数据来源与处理

本文使用的河南粮食总产量与猪肉、禽肉、蛋类总产量等数据源自《河南统计年鉴》（2012~2021 年）；河南常住人口数量和人均粮食消费量数据源自《中国统计年鉴》（2012~2021 年），其中，由于 2011~2014 年河南人均粮食消费量统计数据缺失，因此采用全国平均值来替代。原始数据统计如表 1 所示。

表 1　2011~2020 年河南省粮食产业与畜牧产业相关数据统计

年份	人均耗粮（千克）	人口数量（万人）	粮食产量（万吨）	猪肉产量（万吨）	禽肉产量（万吨）	禽蛋产量（万吨）
2011	139.5	9461	5733.92	405.67	105.59	370.13
2012	142.6	9532	5898.38	431.57	114.60	379.00
2013	148.7	9573	6023.80	452.99	113.48	380.58
2014	141.0	9645	6133.60	476.63	108.34	370.81
2015	127.3	9701	6470.22	466.45	108.97	372.30
2016	125.1	9778	6498.01	449.04	110.05	379.56
2017	124.5	9829	6524.25	466.90	118.97	401.18
2018	123.4	9864	6648.91	479.04	121.94	413.61
2019	132.2	9901	6695.36	344.43	145.24	442.42
2020	150.9	9941	6825.80	324.80	148.05	449.42

资料来源：《河南统计年鉴 2021》，《中国统计年鉴》（2012~2021 年）。

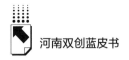

依据表1数据，按照公式（1）～（4）计算，可得2011～2020年河南粮食产业与畜牧产业竞协发展指数，如图2所示。

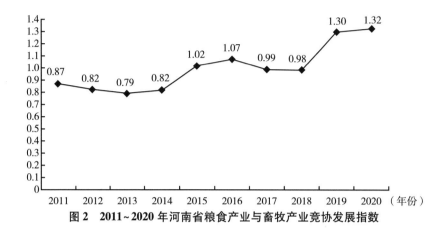

图2　2011～2020年河南省粮食产业与畜牧产业竞协发展指数

2011～2020年河南粮食产业与畜牧产业竞协发展指数测度表明：第一，河南粮食产业供给保障能力较强。2011～2020年，河南省粮食产业与畜牧产业竞协发展指数均高于0.70，这表明河南粮食产能完全能够满足畜牧产业耗粮需求，同时也表明河南畜牧产业发展尚有较大提升空间。第二，河南粮食产业与畜牧产业竞协发展年际不平衡，10年中竞协发展指数呈现波动性上升态势，指数最低的年份为2013年（0.79），最高年份为2020年（1.32）。其发展过程大致可以分为三个阶段：2011～2014年二者之间的竞协发展指数均低于0.90，说明这一时期河南粮食产业与畜牧产业处于基本协调状态，粮食生产数量能够在保障基本口粮、国库存粮的基础上，有一定数量的剩余，耗粮型畜牧产业发展相对不足；2015～2018年河南粮食产业与畜牧产业之间处于相对冲突状态，畜牧产业发展相对粮食产业发展而言，在规模速度上均表现出一定的不协调性；2019～2020年，河南粮食产业与畜牧产业之间的冲突更为明显，这表明粮食产业发展的规模与速度远大于和快于畜牧产业。

从时序维度看，河南粮食产业发展在数量规模上要优于畜牧业，这可能得益于河南作为全国粮食生产核心区，近年来持续加大粮食生产的科技投入，高标准农田建设、良种广泛投入使用等促使粮食单产水平、粮食生产总量都有效提高，从而相比于畜牧产业而言，其优势较为明显。另外，之所以呈现波动性的特征，可能与畜牧业发展受市场变动、动物疫病等客观因素的不确定影响有关。近年来，非洲猪瘟、禽流感等动物疫病的蔓延对河南畜牧业发展产生了极大影响，这可能是导致河南粮食产业与畜牧产业竞协发展指数波动的一个主要原因。

为进一步解析河南省粮食产业与畜牧产业竞协发展的空间分布格局，依据统计数据（见表2），笔者通过计算获得2020年这一时间截面河南省18个省辖市粮食产业与畜牧产业竞协发展指数，如图3所示。

表2 2020年河南省18个省辖市粮食产业与畜牧产业相关数据统计

省辖市	城镇人均耗粮（千克）	城镇人口（万人）	农村人均耗粮（千克）	农村人口（万人）	粮食产量（万吨）	猪肉产量（万吨）	禽肉产量（万吨）	禽蛋产量（万吨）
郑州市	125.0	989	138.1	273	146.41	5.68	39.23	11.84
开封市	211.0	251	112.3	233	313.07	21.75	118.08	35.65
洛阳市	130.9	459	165.4	247	251.88	10.71	53.48	16.15
平顶山	222.8	266	198.8	232	234.46	17.78	58.08	17.54
安阳市	172.5	290	171.1	257	383.77	12.17	66.00	19.93
鹤壁市	199.3	96	135.7	61	126.60	7.30	49.28	14.88
新乡市	161.2	360	157.2	265	485.91	18.96	93.95	28.36
焦作市	125.5	222	125.2	130	212.38	6.97	43.77	13.21
濮阳市	126.3	189	151.5	189	297.94	7.51	90.03	27.18
许昌市	113.3	235	151.2	204	303.54	17.64	57.16	17.26
漯河市	122.3	130	148.1	107	190.65	16.87	56.01	16.91
三门峡	131.3	117	167.5	87	74.09	6.22	18.77	5.67
南阳市	179.4	491	177.9	480	719.71	38.72	131.92	39.83
商丘市	150.3	361	186.0	421	741.91	24.71	183.98	55.54
信阳市	156.3	313	232.7	311	574.56	18.57	138.45	41.80
周口市	158.2	384	144.0	518	934.30	39.20	165.74	49.98
驻马店	142.3	309	156.9	391	809.97	51.61	115.43	34.85
济源市	106.1	49	114.8	24	24.64	2.41	9.47	2.86

注：基于数据可获得性，2020年河南省各省辖市粮食直接消费量采用"城镇人口消费量和农村人口消费量加和"方法获得，二者分别采用人均消费量与人口数量的乘积来计算；由于禽肉产量统计数据缺失，因此结合各省辖市禽蛋产量，借用全省禽肉与禽蛋产量比，折合生成各省辖市2020年禽肉产量。

资料来源：《河南统计年鉴2021》。

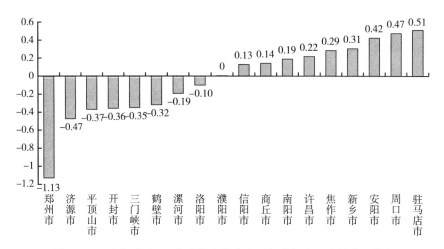

图3　2020年河南省18个省辖市粮食产业与畜牧产业竞协发展指数

由图3可知，在空间格局上，2020年河南省18个省辖市粮食产业与畜牧产业竞协发展呈现出非均衡分布状态。根据各省辖市的竞协发展指数，我们可以将河南省粮食产业与畜牧产业竞协发展空间格局分为三类：第一类是区域竞协发展指数小于-0.30，主要包括郑州市、济源市、平顶山市、开封市、三门峡市和鹤壁市等6个省辖市。其中，郑州市粮食产业与畜牧产业发展冲突最为典型，本地粮食生产远远不能满足畜牧产业发展需求。其他5个省辖市也在不同程度上存在粮食生产不能满足畜牧业发展需要的情况。第二类是区域竞协指数大于-0.30、小于0.30，主要包括漯河市、洛阳市、濮阳市、信阳市、商丘市、南阳市、许昌市和焦作市等8个省辖市。这8个省辖市又可以分为两类：一类是粮食生产能力不足以支撑畜牧产业发展，主要有漯河市和洛阳市；另一类是粮食生产能力基本满足畜牧业发展需求，主要包括濮阳市、信阳市、商丘市、南阳市、许昌市和焦作市。第三类是区域竞协指数大于0.30，包括新乡市、安阳市、周口市和驻马店市等4个省辖市。这4个省辖市的粮食生产能力相对畜牧业发展具有明显的优势，另外也说明其畜牧业发展与粮食生产存在一定的不平衡性。

空间维度的测度结果表明，河南粮食产业与畜牧产业竞协发展与区域资源禀赋、经济发展基础等密切相关，周口市、驻马店市、新乡市等作为河南产粮大市，粮食生产基础条件优越，从而表现出粮食供给对于畜牧产业发展而言相对过剩，而郑州市、济源市由于粮食生产条件相对不足，所以其粮食产能远远不能满足畜牧业发展需要。

三 河南粮食产业与畜牧产业竞协发展的路径对策

当前，河南粮食产业与畜牧产业正处于转型升级的关键时期。绿色发展、市场竞争、资源约束的外部压力对二者的结构、布局、质量、效益等都提出了更高的要求，这既是行业求生存的适应性调整，也是社会经济和产业发展阶段规律的使然。2022 年中央一号文件提出，全力抓好粮食生产和重要农产品供给，大力开展绿色高质高效行动，提升粮食单产和品质，稳定生猪生产长效性支持政策。这为河南省实现粮食生产与畜牧产业协同发展进一步指明了方向。推进粮食生产与畜牧产业协同发展，不是要把粮食生产与畜牧产业简单对接联合，而是在推动资源要素共享的前提下，围绕经济社会发展的需要，实现二者开放化、融合化、协同化发展，进而实现产值倍增、效益提升的目的。

（一）加强规划引领，优化区域结构

针对当前河南粮食产业与畜牧产业区域发展不均衡的突出矛盾，要充分发挥政府的宏观调控职能，加强规划引领，优化粮食产业、畜牧产业发展的空间布局、生产结构和产品结构。结合河南"十四五"发展规划实施，综合考虑各县、市、区的地理特点、资源禀赋、产业基础、发展水平等因素，合理布局粮食产业与畜牧产业。在粮食主产区，进一步加大畜牧产业发展步伐，重点针对南阳、周口、新乡等省辖市，依托现有生猪、禽类等产业基础，以集约化发展为方向，建设一批现代化养殖基地、畜产品加工基地。在郑州、济源、平顶山等地，要优化功能布局，适当调整畜牧产业发展规模。

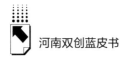

（二）坚持市场导向，提升发展质量

以市场需求为导向，主动适应消费结构升级的要求，推动粮食产业和畜牧产业朝着优质化、品牌化、绿色化、特色化方向发展。在稳定粮食产能的基础上，深入实施优质粮食工程，让"河南小麦"的品牌效应持续彰显。以河南牧原等龙头企业为牵引，培育一批品牌效应好、市场份额高、竞争能力强的畜牧企业，带动河南畜牧产业整体提质增效。同时，加快推动种植、养殖、加工等产业链的有机衔接，以产业链延长提升价值链、保障供应链，协同推动粮食产业和畜牧产业迈向中高端。

（三）坚持创新驱动，变革农业生产、经营、管理方式

坚持以科技创新为引领，推动农业发展方式转变。围绕制约河南粮食生产和畜牧产业发展的"卡脖子"技术难题，完善高等院校、科研院所、企业等多主体参与的协同攻关体制，以种质资源保护、开发、应用为核心，推动农业生产方式转变。充分发挥现代信息技术的作用，大力推广智慧种植、智慧养殖，以信息化手段推动农业管理方式转变；完善分散农户与龙头企业的利益联结机制，推动小农户与大市场有机衔接，转变农业经营方式。

（四）优化政策体系，强化农村金融、财税、土地支持

探索完善以种粮面积或产量为依据的粮食补贴方式，提高农民种粮积极性。完善产粮大县利益补偿机制，提升粮食主产区综合生产能力。不断放活农村金融市场，探索"政府、银行、保险"合作贷款模式，发挥多方协同作用，引导社会资本、工商资本加大对种养业的投入力度。鼓励金融机构、保险机构创新金融、保险产品服务，支持金融机构结合种养业发展实际，将土地经营权、养殖场站、活体畜禽等逐步纳入质押抵押目录，有效破解农村产业融资难、融资贵的难题。

参考文献

［1］ Rosenberg N. Technological Change in the Machine Tool Industry，1840-1910［J］. *Journal of Economic History*，1963：414-443.

［2］ 路征：《第六产业：日本实践及其借鉴意义》，《现代日本经济》2016年第6期。

［3］ 程莉：《中国农村产业融合发展研究新进展：一个文献综述》，《农业经济与管理》2019年第2期。

［4］ 芦千文：《农村一二三产业融合发展研究述评》，《农业经济与管理》2016年第4期。

［5］ 朱信凯、徐星美：《一二三产业融合发展的问题与对策研究》，《华中农业大学学报》（社会科学版）2017年第4期。

［6］ Russelle M. P.，Entz M. H.，Franzluebbers A. J. Reconsidering Integrated Crop-livestock Systems in North America［J］. *Agronomy Journal*，2007，99：325-334.

［7］ Herrero M.，Thornton P. K.，Notenbaert A. M.，et al. Smart Investments in Sustainable Food Production：Revisiting Mixed Crop-livestock Systems［J］. Science，2010，327：822-825.

［8］ Wilkins R. J. Eco-efficient Approaches to Land Management：A Case for Increased Integration of Crop and Animal Production Systems［J］. Philosophical Transactions of the Royal Society：Biological Sciences，2008，363：517-525.

［9］ Thierry B.，Amaury B. B.，Rodolphe S.，et al. Agroecological Principles for the Redesign of Integrated Crop-livestock Systems［J］. *European Journal of Agronomy*，2014，57：43-51.

［10］ 剧小贤：《河南省畜牧业发展与粮食生产协调状况测度分析》，《黑龙江畜牧兽医》2018年第4期。

［11］ 姚成胜、朱鹤健：《福建省粮食生产与畜牧业发展协调状况的时空变化研究》，《农业现代化研究》2009年第3期。

［12］ 刘晓宇、辛良杰：《中国生猪耗粮系数时空演变特征》，《自然资源学报》2021年第6期。

［13］ 钞贺森、田旭、于晓华：《肉类消费结构、饲料安全和粮食安全——农业"供给侧改革"的一个参照系》，《农业现代化研究》2017年第5期。

B.6
低碳经济背景下河南新能源
产业创新问题研究

王巧玲*

摘 要： 低碳经济是 21 世纪的关键词，也是整个世界经济发展的大势所趋。在"低碳经济"背景下，河南需要优化能源结构，大力发展新能源产业，这是实现可持续发展的必然选择。笔者通过对河南光伏产业、风电产业、新能源汽车和生物质能产业等新能源产业进行分析，发现河南新能源产业的整体发展水平并不高，特别是光伏、风电的核心技术和生物质能源的利用效率还有待提高。本文在构建河南新能源产业发展影响因素指标体系的基础上，指出企业自主创新能力的提高、市场相关新能源领域人才的引进、政府对核心新能源技术的支持政策是河南省新能源产业发展的关键。

关键词： 河南省 新能源产业 低碳经济

低碳经济的特点是"低能耗"、"低排放"和"低污染"，发展低碳经济本质是通过技术和政策的创新，提高能源利用效率。要想实现经济的可持续发展，走绿色发展之路，需要对低碳技术进行推广，普及低碳技术，通过新能源来替代过去的化石能源。新能源产业以新能源的开发和利用为主，是在新能源开发利用领域涉及的所有企业和单位的集合。

---

* 王巧玲，黄河科技学院副教授，研究方向：区域经济、产业经济。

新能源产业的实质就是技术革命，新能源成为继信息技术之后带动全球经济复苏的引擎，是新的经济增长点。在 21 世纪，大力发展新能源与可再生能源势在必行，发展新能源可以保障我国能源供给安全，优化能源结构，大力发展战略性新兴产业，是实现能源与经济双向可持续发展的重要战略。

一 河南新能源产业概况

近年来，随着河南省经济的快速发展，化石能源使用暴露出越来越多的问题，如能源消耗高、污染大等资源环境问题日益突出。加强资源环境约束，发展绿色生产和消费，进行能源生产和消费革命势在必行。河南省太阳能、风能、生物质能等能源资源种类齐全，综合优势显著。通过技术进步来提高能源利用效率，大力推广新能源产业，也是解决当下河南省环境、资源和经济三者之间矛盾的必然选择。

（一）光伏产业

作为新能源产业之首的光伏产业，是新能源产业的重中之重，也是我国七大战略性新兴产业之一。我国有一半的省份都在打造新能源光伏产业基地，上百个城市做了新能源光伏产业发展规划。

河南的光伏产业主要聚焦在豫西、豫北和豫南地区。重点城市有洛阳、安阳、鹤壁、南阳、平顶山和郑州。河南光伏产业发展的基础较好，技术优势和发展潜力也比较突出。另外，河南省政府也高度重视光伏产业的发展，并出台了相关政策来支持和调整这一产业。河南光伏龙头企业集中在洛阳和安阳，如阿特斯光伏电力（洛阳）有限公司、四季沐歌（洛阳）太阳能有限公司、洛阳单晶硅集团有限责任公司、河南安彩光伏新材料有限公司、河南安彩太阳能玻璃有限责任公司、河南盛达光伏科技有限公司等。

2014 年河南光伏发电累计装机容量仅 23 万千瓦，2014～2019 年装机容量迅速提高，从 23 万千瓦增加到 1054 万千瓦，增加了近 45 倍。截至 2021 年 10 月，全省光伏发电累计装机容量达到 1374 万千瓦（见图 1）。

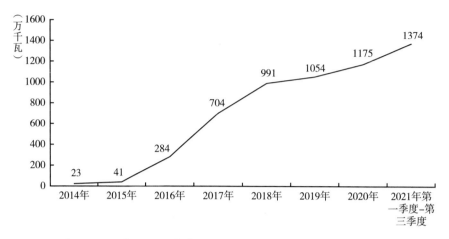

图 1 2014 年至 2021 年第三季度河南省光伏发电累计装机容量

资料来源：中国新能源网，http：//www.newenergy.org.cn/。

表 1 2021 年上半年全国各省（区、市）光伏发电装机容量排名

排名	省（区、市）	装机容量（万千瓦）	排名	省（区、市）	装机容量（万千瓦）
1	山东	2606.0	17	湖北	735.2
2	河北	2365.6	18	辽宁	412.1
3	江苏	1764.6	19	湖南	407.0
4	浙江	1621.6	20	云南	393.3
5	青海	1590.7	21	黑龙江	338.9
6	安徽	1459.5	22	吉林	338.3
7	山西	1337.2	23	广西	239.2
8	内蒙古	1309.3	24	福建	222.4
9	河南	1271.1	25	四川	192.3
10	宁夏	1240.0	26	天津	169.6
11	新疆	1233.5	27	上海	151.0
12	陕西	1143.5	28	海南	143.0
13	贵州	1056.6	29	西藏	136.5
14	甘肃	977.8	30	重庆	68.4
15	广东	860.0	31	北京	65.3
16	江西	820.1			

资料来源：中国新能源网，http：//www.newenergy.org.cn/。

表1显示，2021年上半年，河南光伏发电装机容量达到1271.1万千瓦，排名第9，但占全国比重不高，只占4.7%。2021年上半年我国有13个省份光伏发电装机容量超过1000万千瓦，最大的省份是山东、河北和江苏，装机容量分别为2606万千瓦、2365.6万千瓦、1764.6万千瓦，这三个省份的装机容量占全国的25%。

（二）风电产业

在各种新能源产业中，风电产业的资源潜力最大，技术也相对成熟。作为中国的内陆省份，河南的风能资源还是相对比较丰富的。河南70米高度年平均风速在5米/秒以上，风能资源潜在开发量可达1100万千瓦以上，是我国中部地区风电开发潜力较大的地区。

河南风能资源主要分布在丘陵和山区或过渡地带：豫北太行山东部（安阳、鹤壁和新乡）的山地和山前丘陵高地；豫西三门峡、洛阳境内的崤山山脉和黄河南岸的山体；郑州、平顶山、南阳、驻马店一带山区与平原过渡地带的山体和丘陵高地；大别山区和桐柏山的局部山区；豫西伏牛山、熊耳山和外方山的局部山地；太行山南部（济源、焦作）局部山体。其中，河南省中部山区向平原过渡的低山丘陵（海拔为200~700m），是风能资源开发价值最好的区域。河南在我国中部地区属风电开发潜力较大的省份之一。风能资源年变化规律一般是冬季、春季较好，夏季、秋季较差，3~4月为最高值，8~9月为最低值。

河南风电项目主要建设在豫西沿黄山地、豫北沿太行山区域、豫西南伏牛山、豫南桐柏山大别山等区域，打造四个百万千瓦级风电基地。重点在濮阳市濮阳县、安阳市内黄县区域打造平原低风速风电示范项目。

2020年我国风电装机大省有内蒙古、新疆、河北、山西、山东等，河南在全国排在第七位。2020年河南风电装机容量达到1100万千瓦，风电年发电量达到190亿千瓦，占全省可再生能源发电量的35%。全省累计并网容量已经达到467.82万千瓦，全省在建容量530.45万千瓦。目前全省并网容量超过10万千瓦的省辖市（直管县）有：安阳（60万

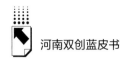
千瓦）、滑县（46.2 万千瓦）、南阳（40 万千瓦）、三门峡（33.7 万千瓦）、洛阳（19.2 万千瓦）。

（三）新能源汽车产业

河南是汽车工业大省，新能源汽车产业也非常有特色，在新能源客车、专用车等领域走在全国前列，形成了以宇通客车为代表的龙头企业，也形成了以郑州、洛阳、新乡、许昌、安阳等地区为代表的新能源汽车配套产业。河南有 14 家新能源汽车整车生产企业：郑州宇通、上汽郑州、东风日产、开封奇瑞等，另外还有 14 家改装企业，年产量在 145 万辆。产品体系比较健全，有客车、SUV、SVP、轿车、载货汽车、专用汽车和微型客车等。河南汽车行业的领军企业当属宇通集团，其也是全球规模最大的新能源商用客车企业。宇通集团拥有国家电动客车电控与安全工程技术研究中心、国家级企业技术中心等 6 个国家级研发平台。河南汽车零部件产业主要集中在郑州、中牟、开封等地，形成了产业集群。近几年，转向器、减振器、传动轴、气缸套、电线束、插接件、滤清器、汽车水泵等零部件生产企业快速集聚成长，逐步形成了中部地区有影响力的汽车及零部件生产基地。截至 2021 年 11 月，河南新能源汽车销量超过 21 万辆，郑州、濮阳、洛阳等多个城市的新能源汽车市场渗透率超过 30%，高于全国 20% 的平均水平。2020 年郑州新能源汽车销量超过 3 万辆，说明目前消费者对新能源汽车还是非常关注、认可和接受的，特别是在油价节节上升的情况下，新能源汽车就成了首选。

河南省人民政府在加快新能源汽车产业发展实施方案中提出，到 2025 年，河南新能源汽车年产量将超过 30 万辆，力争达到 50 万辆，燃料电池汽车示范运营总量力争突破 1 万辆，建成千亿级郑开新能源汽车产业集群；届时充换电设施规模、运营质量和服务便利性都会显著提升，全省建成集中式充（换）电站 2000 座以上、各类充电桩 15 万个以上。

（四）生物质能源产业

生物质能源除了占比比较大的秸秆，还有农业剩余物、林业剩余物、畜禽粪便等。河南是我国中部重要的农业大省，2020 年粮食产量 6825.80 万吨。近年来，河南粮食产量基本占全国的 10%，是名副其实的中原粮仓。2020 年河南省粮食种植面积 10738.79 千公顷，粮食种植面积占全国的 9% 左右。粮食的大面积种植给河南带来了数目非常可观的秸秆、纤维素等生物质能源，具有良好的物资基础开展清洁能源开发。河南农作物秸秆资源总量非常大，特别是南阳、驻马店和周口三个地区，生物秸秆总量占全省的 1/3；河南每年有 8000 多万吨的农业废弃物资源，占全国的 10%，每年农作物秸秆产量 8 亿多吨，可作燃料利用的有 3 亿~4 亿吨，折合 1.5 亿~2 亿吨标准煤，相当于我国每年原煤产量的 10%。如果把河南的 8 亿吨秸秆等农业废弃物用作成型燃料，可以替代标准煤约 4000 万吨，减排二氧化碳 8000 万吨，减排二氧化硫 80 万吨。

农业剩余物是指稻谷、小麦、大豆、玉米、棉花和烟叶等农作物的副产品。但农业剩余物资源分布比较散并且能量密度不高、储存运输也不方便，目前大规模应用还受到制约。虽然这些年，河南在生物质能源利用率方面不断提高，但依然存在大量资源没有被充分利用的现象，造成了一定的浪费和环境污染。2020 年，河南非化石能源占一次能源消费比重为 11.2%，低于全国平均水平（15%），说明河南化石能源比重还比较高，在能源利用和结构改革方面还需要加强调整。

河南在"十四五"规划中提出了相应的解决措施，把提升生物质能源的开发利用水平、建设国家先进生物质能源化工产业示范基地作为"十四五"能源发展规划、能源中长期发展规划的重要组成部分。

二　河南新能源产业存在的问题

河南作为我国中部地区重要的省份，丰富的自然资源和区位优势为其新能源产业发展提供了良好的保障。但应该看到，河南新能源产业的整体发展水平并不高，特别是光伏、风电的核心技术和生物质能源的利用效率还有待提高。

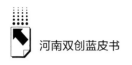

（一）光伏产业缺乏核心技术

光伏产业具有高投入、高技术、高风险和高附加值的特点。光伏产业技术的提升需要革命性的突破。我国把光伏新能源产业定位为战略先导产业，发展前景较好，但目前技术上还未获得突破性进展。国产的设备自动化程度低，自动化程度高的设备生产技术掌握在德国、日本和美国等国家手中。光伏发电与传统能源相比还有一些劣势，比如能量密度低、占地面积大、转换效率低和系统成本高等，所以大规模的产业化应用道路还很漫长。

相比产能的扩张，光伏产业核心技术的引进和研发更重要，河南光伏产业发展应突出系统集成和产业化应用。现在的河南光伏企业大部分还是以来料加工为主，在核心技术上，比如高纯度硅的生产还是受制于人。省域光伏产业的上下游发展也非常不平衡，上游小下游大，低端企业多，短寿命企业多。据统计，河南光伏企业注销数量近170家，平均寿命不到2.5年。特别是2018年光伏新政发布之后，光伏企业注销数量骤增。但从数据上看，近60%的光伏企业存活不到2年，存活5年以上的企业占比不到15%，存活10年以上的企业更是寥寥无几。

（二）风电产业竞争优势不显著

目前，我国风电装机和风力发电主要集中在内蒙古、新疆、河北、甘肃、云南、山东、山西、宁夏、江苏等省份，和风电强省相比，河南的优势并不显著。河南风力发电量在全国排名第19，风力发电占全国的比重约为1.5%。内蒙古、新疆和河北三省区共占35%。风能发电具有间歇性、初始投入资金大、产业链条的利益分配不均衡等特点，相比火力发电竞争力不强。

河南风电产业起步较晚，2000年之后才开始，最近几年主要依赖进口国外的技术完成了快速扩张。虽然河南风电产业的自主创新研发能力有了一定的进步，但和国外先进风电技术还是存在较大差距。河南风电企业主要面对的是国内市场，向国外市场扩张困难，缺乏核心竞争力。另外，风电产业总体生产成本偏高，风电产业主要依托国家政策性电价补贴，其自主化生存能力差。

河南风电产业经历了十余年的井喷式发展，最高的时候风电企业达到400家。然而，生产布局呈现多而散的特点，普遍存在各自为政、技术共享平台落后，行业整体制造能力差，缺乏技术竞争力，关键技术和设备严重依赖进口等问题。

（三）新能源汽车产业核心技术有待突破

最近几年，国内新能源汽车发展势头迅猛，比亚迪、上汽、广汽和长城都取得了令人瞩目的成绩。河南本土新能源汽车品牌除了宇通客车，还有上汽荣威、海马新能源、郑州日产、东风启辰、小鹏、速达、捷途新能源等。河南目前新能源汽车保有量25万辆左右，对于河南来说，汽车工业的底子不如湖北、吉林、浙江，在全国还算比较落后的。新能源汽车核心零部件技术包括整车控制技术、电机驱动系统技术、电池系统技术、动力耦合技术等。虽然河南在新能源汽车技术方面取得了一些进步，但和国外或国内汽车强省相比，差距还是很大的。整车纯电驱动平台还是新能源汽车企业的短板，市场上的新能源汽车大多数通过原来的燃油车进行改装而成，技术含量和性能还需要提升。

需要重点突破的有高集成度的电池管理系统、电驱动系统、整车控制系统与节能、充电加注、排放与噪声控制、电池回收等关键核心技术以及整车集成技术等，未来需要提升整车正向设计开发、轻量化、智能化水平，推动电动汽车与智能电网、智能驾驶等融合发展。

（四）生物质能源利用率低

作为我国重要的农业大省，河南粮食产量一直占全国的10%以上，在全国排名第二。粮食的大量生产也给河南带来了丰富的秸秆、纤维素等生物质能源，具有较好的清洁能源开发物质基础。最近十来年，河南生物质能源的利用率得到提高，但仍有大量资源没有被充分利用，存在很大的浪费和一

定的环境污染。2020 年，河南包括生物质在内的非化石能源占一次性能源消费总量的 8.5%，依然处于相对较低的水平。这主要是因为生物质能源的利用需要大量的人力进行原料收集、采购和运输，成本较高；而农户大多居住比较分散，缺少大规模收购经营的条件。另外，很多生物质发电厂都是小规模经营，面临着资金不足的困难，行业竞争力比较弱；大部分企业的管理能力、技术水平有限，短期内突破行业的内在缺陷比较困难，不利于能源产业的发展。

根据客观问题及现状，河南也推出了相应的解决办法，如提高生物质能源的开发利用水平，建设国家先进的生物质能源化工产业示范基地，同时，有关部门还给予了政策和资金支持，为促进生物质能源产业的发展提供了保障。

三 河南新能源产业创新发展的影响因素

通过对国内外新能源产业发展的有关文献的解读，可以看出新能源产业要创新发展，影响因素众多，如经济发展水平、科技研发实力、地方政府的政策以及当地对于资源的需求程度等等。对于影响因素的定量分析，常用的有灰色关联度分析法、SCP（结构—行为—绩效模型）方法、SWOT 分析法等。本文拟用主成分分析法，通过相关性较强的指标重新组合，构建出综合性指标体系。规避了原始数据相关性的问题，还可以反映原有指标的大部分信息。

（一）评价指标体系构建

根据河南新能源产业发展的动力机制，把影响因素确定为资源、政策、经济发展和技术四个方面。其中，资源因素包括资源可开发量和资源利用潜力，分别用新能源生产总量和风电、核电及其他一次电力占能源生产总量比重作为评价指标。政策因素包括产业组织政策和产业技术政策，分别用地方财政金融监管支出和地方财政科技支出作为衡量指标。经济发展因素包括经济发展水平和新能源需求水平,分别用地区生产总值和新能源供需缺口作为衡量指标。技术因素包括政策性科研支持和资源开发利用技术及设备制造技术,分别用科研开发机构从业人数和大中型工业企业研究与试验发展经费内部支出作为评价指标(见表2)。

表2 河南新能源产业创新发展的影响因素评价指标体系构建

影响因素	影响动力	数据指标	单位	标识
资源	资源可开发量	新能源生产总量	万吨标准煤	X_1
	资源利用潜力	风电、核电及其他一次电力占能源生产总量比重	%	X_2
政策	产业组织政策	地方财政金融监管支出	亿元	X_3
	产业技术政策	地方财政科技支出	亿元	X_4
经济发展	经济发展水平	地区生产总值	亿元	X_5
	新能源需求水平	新能源供需缺口	万吨标准煤	X_6
技术	政策性科研支持	科研开发机构从业人数	人	X_7
	资源开发利用技术及设备制造技术	大中型工业企业研究与试验发展经费内部支出	亿元	X_8

(二)数据来源及相关处理

河南新能源产业各评价指标的数据范围为2011~2020年,数据来源于《河南统计年鉴》(2012~2021年)。因为原始数据计量单位不同,指标数值相差比较大,在进行分析之前,把原始数据进行标准化处理,将原始数据转化为均值为0、方差为1的标准化数据(见表3、表4)。

$$ZX_i = \frac{X_i - \max}{\max - \min}, i = 1, 2, \cdots$$

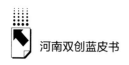

表3 各指标原始数据

年份	X_1	X_2	X_3	X_4	X_5	X_6	X_7	X_8
2011	615.65	3.9	16.83	56.59	26318.68	4676	13071	195.71
2012	452.29	3.7	25.06	69.64	28961.92	8696	13511	226.63
2013	485.92	3.7	28.72	80.00	31632.50	8776	15655	265.33
2014	460.04	3.9	27.71	81.25	34574.76	11094	14621	301.17
2015	547.48	4.9	40.92	83.25	37084.10	11170	15404	326.49
2016	572.01	5.9	34.95	96.10	40249.34	12628	15429	358.41
2017	871.59	8.5	18.99	137.94	44824.92	11908	14897	401.58
2018	1070.41	11.0	19.83	155.67	49935.90	12964	14189	405.72
2019	1421.95	13.8	12.99	211.07	54259.20	10304	14754	463.05
2020	1706.09	16.4	32.38	254.28	54997.07	12354	15839	516.90

资料来源：《河南统计年鉴2021》。

表4 各指标标准化数据

年份	ZX_1	ZX_2	ZX_3	ZX_4	ZX_5	ZX_6	ZX_7	ZX_8
2011	-0.46198	-0.78599	-1.02514	-0.99693	-1.34764	-2.2974	-1.81307	-1.4603
2012	-0.8307	-0.82882	-0.08854	-0.79978	-1.09257	-0.69983	-1.33422	-1.16009
2013	-0.75479	-0.82882	0.32798	-0.64326	-0.83486	-0.66804	0.99904	-0.78428
2014	-0.81319	-0.78599	0.21304	-0.62438	-0.55093	0.25315	-0.12624	-0.43627
2015	-0.61586	-0.57182	1.71638	-0.59416	-0.30878	0.28335	0.72588	-0.1904
2016	-0.5605	-0.35766	1.03698	-0.40003	-0.00333	0.86277	0.75309	0.11955
2017	0.11566	0.19917	-0.77933	0.23207	0.43822	0.57664	0.17412	0.53873
2018	0.5644	0.73459	-0.68373	0.49992	0.93143	0.9963	-0.59637	0.5789
2019	1.35782	1.33425	-1.46215	1.33688	1.34863	-0.0608	0.0185	1.13563
2020	1.99912	1.89108	0.7445	1.98967	1.41983	0.75388	1.19928	1.65853

（三）主成分分析

将原始数据标准化后，本文利用IBM SPSS22软件对新的变量进行主成分分析（见表5、表6、表7）。

表5 变量的共同度

公因子	起始	提取
Zscore(X_1)	1.000	0.944
Zscore(X_2)	1.000	0.981
Zscore(X_3)	1.000	0.866
Zscore(X_4)	1.000	0.973
Zscore(X_5)	1.000	0.973
Zscore(X_6)	1.000	0.750
Zscore(X_7)	1.000	0.838
Zscore(X_8)	1.000	0.988

提取方法：主成分分析。

表6 解释的总方差

成分	起始特征值			提取平方和载入		
	总计	方差百分比(%)	累计百分比(%)	总计	方差百分比(%)	累计百分比(%)
1	5.437	67.965	67.965	5.437	67.965	67.965
2	1.877	23.469	91.434	1.877	23.469	91.434
3	0.436	5.454	96.888			
4	0.218	2.725	99.613			
5	0.020	0.252	99.865			
6	0.007	0.090	99.955			
7	0.003	0.039	99.994			
8	0.000	0.006	100.000			

提取方法：主成分分析。

根据 SPSS 默认提取特征值大于1的原则，从表6可以看出，提取两个主成分，解释总方差为91.434%。

表7 成分矩阵*

类别	元件	
	1	2
Zscore(X_1)	0.918	-0.319
Zscore(X_2)	0.960	-0.244
Zscore(X_3)	-0.058	0.929
Zscore(X_4)	0.970	-0.180
Zscore(X_5)	0.984	-0.065
Zscore(X_6)	0.693	0.519
Zscore(X_7)	0.543	0.737
Zscore(X_8)	0.992	0.060

提取方法：主成分分析。

* 为提取2个成分。

结合表7的成分矩阵，可以判断有8个主要公共因子能够解释所有变量的方差的比重。本文新能源生产总量的共同度为0.918，可以理解为2个公共因子能够解释新能源生产总量的方差的91.8%，其他以此类推。

根据每个主成分的方差，即特征根，结合SPSS分析结果，本文选取前两个特征根。以两个成分矩阵的得分除以相应特征根的平方，可以得到两个主成分的特征向量以及综合主成分系数 $A = 0.67956A_1 + 0.23469A_2$（见表8）。

表8 两个主成分的特征向量及综合主成分系数

A_1	A_2	A
0.39	-0.23	0.21
0.41	-0.18	0.24
-0.02	0.68	0.14
0.42	-0.13	0.25
0.42	-0.05	0.28
0.30	0.38	0.29
0.23	0.54	0.28
0.43	0.04	0.30

这两个主成分的特征向量值即为主成分与变量的线性表达式的系数，即两个主成分的函数表达式：

$$F_1 = 0.39ZX_1 + 0.41ZX_2 - 0.02ZX_3 + 0.42ZX_4 + 0.42ZX_5 + 0.30ZX_6 + 0.23ZX_7 + 0.43ZX_8$$
$$F_2 = -0.23ZX_1 - 0.18ZX_2 + 0.68ZX_3 - 0.13ZX_4 - 0.05ZX_5 + 0.38ZX_6 + 0.54ZX_7 + 0.04ZX_8$$
$$F = 0.21ZX_1 + 0.24ZX_2 + 0.14ZX_3 + 0.25ZX_4 + 0.28ZX_5 + 0.29ZX_6 + 0.28ZX_7 + 0.30ZX_8$$

在 F 式中，指标的系数越大，说明这个指标对河南新能源产业的影响越大。

通过将 2011~2020 年河南省各年份指标数据代入 F 的函数表达式，进一步得出河南新能源产业发展综合成分值及排名，如表 9 所示。

表 9　河南新能源产业发展综合成分值及排名

年份	综合主成分 F	排名	第一主成分 F_1	排名	第二主成分 F_2	排名
2011	-2.67	10	-3.20	10	-2.16	10
2012	-1.82	9	-2.47	9	-0.59	7
2013	-0.86	8	-1.57	8	0.93	3
2014	-0.73	7	-1.28	7	0.59	4
2015	-0.03	6	-0.72	6	2.00	1
2016	0.34	5	-0.07	5	1.69	2
2017	0.52	4	0.87	4	-0.31	6
2018	0.88	3	1.55	3	-0.76	8
2019	1.44	2	2.71	2	-1.76	9
2020	2.92	1	4.19	1	0.38	5

从河南新能源产业发展综合主成分得分及排名看，河南新能源产业发展综合成分值是逐年提高的，也就是说，河南新能源产业发展能力越来越高。影响河南省新能源产业发展的因素中，排名靠前的是新能源需求水平，也就是能源供需缺口，资源可开发、可利用技术及设备制造技术，政策性科研支持等。

（四）实证分析结论

河南新能源产业发展受到资源、政策、经济发展和技术等多种因素共同

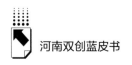

影响，并且新能源产业发展综合能力逐年提高，河南新能源产业的发展受政府、企业和市场共同作用。

常规能源越来越不能满足人们日益扩大的能源需求，这是大势所趋，特别是传统化石能源对生态环境的污染引起人们的担忧。日益激化的市场矛盾会对河南新能源产业发展产生遏制作用，技术水平、人才结构也成为新能源产业发展的制约。

根据实证分析结论，技术因素对河南新能源产业发展作用比较显著，相关企业要提高自主创新能力，继续引进新能源领域的专业人才，科研院所对新能源核心技术的不断突破才是河南新能源产业发展的关键。

四 河南省新能源产业创新发展的路径

新能源产业创新发展最关键的是提高光伏、风能、新能源汽车产业的核心技术。技术的创新不是一朝一夕、立竿见影的，而是需要多方位地规划和引导，需要长远布局。因此，政府对新能源产业创新发展的支持政策也是一个极为关键的因素。

（一）构建新能源产业协同创新体系，加强创新机制建设

通过政府的协调筹划，完善新能源产业管理平台和体系，建立新能源科研体系。深入实施新能源科技创新战略，以创新为主题，坚持招龙头、补配套的原则，大力发展新能源装备制造业。培育和完善科技创新体系，加大产学研联合开发力度，形成产业链完善、创新能力强的战略性新兴产业。

加强创新机制建设，鼓励新能源产业在发展过程中自主研发，推动科技成果的应用和保护。也可以通过政府的牵线搭桥，多开展一些国际交流会，和欧美德等国家及地区进行技术上的探讨或研究，建设完善的创新和保护机制。

（二）积极推进低碳技术创新

低碳技术首先是替代技术，既可以用太阳能、核能、风能、生物质能等

可再生能源代替不可再生能源，也可以用水电、天然气代替传统的煤炭和石油。常见的节电技术、节水技术、节煤技术等都属于低碳技术的范畴。低碳技术还包括清洁煤技术，也就是煤炭从开采到利用的全程净化和煤粉气化等技术，这些都是把煤转化为清洁燃料的技术。低碳技术可以说引领全球发展模式的改革，是实现节能减排的有力武器。

河南要大力发展循环可再生能源技术，需要加大资金投入和科研支持力度。河南可以成立可再生能源技术研发中心，积极与高校合作，提升自主研发能力。通过引进国外先进技术和设备，减少可再生能源在生产利用中的能耗和碳排放，争取把发展可再生能源落实实施。

（三）培养创新型人才

当前河南新能源产业还处于起步阶段，很多技术依赖国外，如果想要实现自主创新的高技术，需要长久的人才培养。技术的创新归根结底需要培养创新型的人才，对河南来说，可以依托郑州大学、河南大学、河南科技大学等高等院校，可以整合省内科技创新资源，建设培训、研究和生产一体化的人才培养基地。合作高校可以根据新能源企业人才缺口，重点培养一批满足新能源产业技术要求的人才。

（四）拓宽投融资渠道

大多数新能源产业前期投入资金高，回报慢，仅仅依靠企业初创资金，很难进一步规模化发展。可以通过政府支持和市场机制的共同作用，创新新能源产业投融资体制改革，引导创业资本进入新能源产业领域，鼓励多重资本投资新能源领域。政府要积极主动帮助企业争取国家和省里的相应补贴与各类金融机构的支持，必要的话也可以吸引民间资本投资新能源项目。政府放宽投融资准入限制，有重点、有针对性地引进光伏发电、风电、水电、生物质能发电等新能源项目，进一步激发市场活力。提高产业聚集度，全力建设新能源基地。

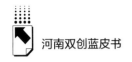

参考文献

李芩：《低碳经济背景下江西省新能源产业发展研究》，南昌大学硕士学位论文，2015。

耿复愚：《甘肃新能源产业发展的影响因素研究》，兰州财经大学硕士学位论文，2018。

胡轶：《福建新能源产业发展的影响因素及其应对》，福建师范大学硕士学位论文，2017。

刘亚丽、张振、白小军：《低碳经济视角下河南林木生物质能源发展策略》，《河南林业科技》2014年第9期。

王慧娟：《河南光伏新能源产业发展的战略思考》，《商业经济评论》2011年第5期。

王庆丰、范晓伟：《河南新能源光伏产业发展战略研究》，《能源技术与管理》2011年第5期。

B.7
以数字经济推动河南文旅产业创新发展

崔明娟*

摘　要： 文旅产业作为推动经济高质量发展的重要抓手，不断融入数字经济发展大局，已经成为不可阻挡的时代潮流。近年来，河南在文旅产业创新发展方面虽然取得了一定的成绩，但仍然面临着文旅融合发展观念滞后、文旅产品优质供给不足、文旅市场创新活力不强、文旅平台建设水平不高、数字文旅人才相对匮乏等现实问题。进入"十四五"时期，河南省已开启现代化建设新征程，文旅产业数字化发展的新局面正在打开，要把观念融合放在文旅产业创新的首要位置，着力打造更多优质文旅产品，充分激发文旅市场创新活力，大力推进公共文旅平台建设，加快培养专业化数字文旅人才，让数字文旅成为推动现代化河南建设的重要引擎，谱写新时代中原更加出彩的绚丽篇章。

关键词： 数字经济　数字文旅　河南省

当前，我国数字经济与实体经济正在加速融合发展，数字文旅迎来了前所未有的历史性"风口"，其发展可谓大势所趋、正当其时，已经成为当下河南省文旅产业实现全面复苏、寻求高质量发展的必经之路。进入新发展阶段，以数字经济赋能河南省文旅产业创新发展，为构建新发展格局背景下河南高质量推进文旅强省建设指明了方向、找到了路

---

* 崔明娟，河南中原创新发展研究院讲师，研究方向：创新创业发展、企业管理。

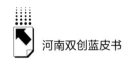

径，必将成为弘扬中原文化、讲好中原故事、建设出彩中原的重要载体。

一 以数字经济推动河南文旅产业创新发展的重要意义

站在新的历史起点，河南文旅事业要实现高质量发展，就必须紧紧抓住数字经济发展的机遇，紧扣新时代文化旅游融合发展主题，不断推动文化旅游与数字经济深度融合，促进文旅产业数字化、网络化、智能化发展，不断满足人民群众对美好生活的新期待。

（一）数字文旅为顺应产业数字化发展趋势提供新路径

近年来，河南省鼓励各地积极推进文旅产业数字化，利用数字化手段大力开发文旅新功能和新产品，支持举办丰富多样的文旅消费活动，不断释放数字化对文旅产业的放大、叠加、倍增作用。特别在新冠肺炎疫情防控常态化的大背景下，新一代信息技术的广泛运用，为文旅产业实现高质量融合发展提供了新动能，越来越多的文旅新模式、新业态应运而生。毋庸置疑，数字时代的来临，不但对文化和旅游产业带来极其重要的影响，同时也让两个产业之间的融合发展面临巨大变革。可以说，顺应数字产业化和产业数字化发展趋势，实现数字经济与文旅产业的深度融合，必将为河南文旅事业高质量发展插上腾飞的翅膀。

（二）数字文旅为高质量建设现代化河南提供新支撑

2021年10月26日，中国共产党河南省第十一次代表大会明确指出，要全面实施"十大战略"。"十大战略"其中就包含实施数字化转型战略和实施文旅文创融合战略，这充分说明，数字化转型和文旅文创融合已经被纳入现代化河南的发展大局之中，在未来必将承担起绘就现代化河南建设宏伟蓝图的历史使命。如今，数字化发展已经成为不可逆转的发展趋势，在河南正处于发展动能加速转换、发展势能加速跃升的关键时期，不断推动数字技术与文旅产业的深度融合，并将其作为引领性、战略性工程，既有助于全方位打造数字强省，又能加快文化和旅游强省建设，是全面建设社会主义现代化河南的关键之举。

（三）数字文旅为全面加速文旅产业转型提供新动力

随着数字技术手段的日益发展和普及，"文化+旅游+科技"的发展理念为文旅产业转型升级带来了新的发展契机，不仅催生了更多的文旅新业态、新模式，打造出更多样化的文旅消费场景，大大提升了优质文旅产品的供给能力，同时也为游客带来了更加智能化、人性化、高效化的文旅新体验，释放出巨大的发展潜能。在数字经济蓬勃发展和不断渗透下，河南文旅产业迎来了黄金发展期，也进入提质增速的新时代，可以说，文旅产业的数字化转型既是大势所趋，也是时代必然，是推动河南经济实现变革与突破的题中应有之义。进入新时代，河南作为典型的文化旅游大省，实现数字化转型资源优势得天独厚，以前瞻眼光布局数字文旅，既是让更多文旅资源"活起来"的关键举措，也是全面加速文旅产业转型升级的必由之路。

（四）数字文旅为加快赋能乡村振兴提供新机遇

近年来，随着生活质量的不断提升，人民群众对文化的追求、旅游的需求都在不断扩大，这无疑为带动乡村消费和经济增长、拓宽农民增收渠道、促进农民致富增收带来了一条"捷径"。如今，数字乡村战略已经被提到前所未有的高度，发展数字文旅必将成为解决乡村文旅资源承载能力有限、生产传播方式落后、产品同质化严重等现实问题的重要手段。新形势下，乡村振兴和数字文旅两者之间相互促进、相互影响，在本质上拥有共同的发展目标和资源依赖，这毋庸置疑将为数字乡村建设迎来难得的历史机遇。

（五）数字文旅为努力提升人民群众幸福感、获得感提供新手段

2021年，我国人均国内生产总值超过1.2万美元，居民的消费结构日

趋上游化，文化和旅游成为大众日常生活不可或缺的刚性需求。对于河南而言，社会主要矛盾也已经发生变化，现代化建设新征程正在全面开启，迫切需要弘扬中原文化、黄河文化，大力发展文旅产业，为河南建设文旅强省和幸福美好家园提供强力保障。进入新的历史阶段，文化旅游产业作为实现人民对美好生活向往的重要路径，必须围绕文旅融合的主线展开，要把"以人为中心"的发展理念放在首位，尤其是要乘着"互联网"东风，充分利用数字化手段，推出更多体现文化内涵、人文精神的特色文旅产品，不断满足人民群众美好生活和精神文化需求，持续提高人民群众的幸福感和获得感。

二 河南文旅产业创新发展的基本现状

近年来，河南一直将文化旅游产业纳入经济发展战略全局之中，以"让文化发展有活力、旅游发展有魅力"目标，不断推动文化旅游事业迈上新台阶、实现新跨越，更好地满足了人民群众对"诗和远方"的向往。

（一）文化旅游市场复苏回暖

自 2020 年以来，在新冠肺炎疫情影响之下，往日繁荣的河南文旅市场被迫按下了"暂停键"，文旅产业发展面临前所未有的严峻考验。为了尽快恢复文旅市场活力，河南省在全国率先推出"战疫情、健康行"活动，鼓励"河南人游河南"，统筹全省 500 余家 A 级景区全面开展 5G 直播、云预约、云锁客等线上营销，并举办了第二届全球文旅创作者大会、"老家河南·黄河之礼"、"老家河南·清凉一夏"、"豫见快手·嗨在洛阳"和"穿越壮美太行"国际徒步大赛等活动，保持市场声量不断。根据河南省文化旅游厅统计，2020 年河南省海内外游客接待量 5.83 亿人次，是 2019 年的65%；2021 年游客接待量 7.9 亿人次，是 2019 年的 88%。2020 年实现旅游总收入 5764 亿元，是 2019 年的 60%；2021 年实现旅游总收入 6079 亿元，是 2019 年的 63%（见图 1、图 2）。由此可见，近两年河南文旅市场虽然在一定程度上受到疫情冲击，但正在不断复苏回暖。可以说，疫情的持续蔓延，虽然让河南文旅产业暂时陷入困境，但同时带来了前所未有的发展契机，加速了文旅产业的优胜劣汰和结构调整，催生出更多新的文旅业态，助推"老家河南"文旅业春醒复苏。

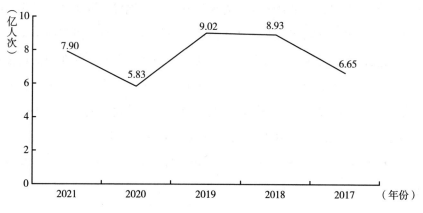

图 1　2017～2021 年河南省海内外游客接待量

资料来源：河南省文化旅游厅。

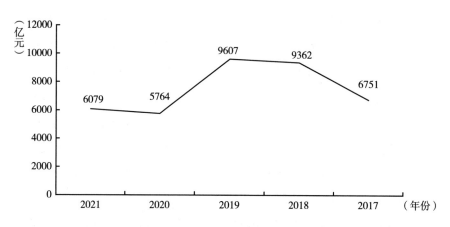

图 2　2017～2021 年河南省旅游总收入

资料来源：河南省文化旅游厅。

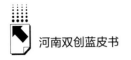
（二）文旅融合步伐日益加快

众所周知，"一部河南史半部中国史"。河南历史文化悠久厚重，自然山水"南雄北秀"，生态景观丰富多彩，名胜古迹和人文景致数不胜数。可以说，源远流长的中原文化，弥足珍贵的自然遗产，丰富独特的旅游资源，这些都是河南实现文旅融合发展的先天条件和巨大优势。近年来，河南省瞄准文旅市场需求，深入传承弘扬文化内涵和时代价值，打造更多河南特色文化旅游精品，文旅融合步伐日益加快。比如，河南周口西华县龙池头村依托自身的自然和文化资源，发展成为一个集宜居、生态、旅游于一体的美丽乡村，不仅高质量拉动了本村的居民增收、就地就业和返乡创业，也吸引了无数游客前来观光旅游，仅 2020 年龙池头村就接待游客 11 万余人，旅游综合收入 1000 余万元，真正实现了让农民的腰包鼓起来、生活富起来、获得感强起来。

（三）全域旅游发展实现突破

进入大众旅游时代，人们的生活方式与文旅需求都产生了巨大变化，全域旅游不仅是热门词汇，更上升为国家战略，是充分体现新文旅发展理念、优化文旅产业结构、推动文旅产业提质增效的新路径。截至 2021 年底，河南省一共有 7 个国家全域旅游示范区，21 个省级全域旅游示范区，41 个全国乡村旅游重点村，585 个省级乡村旅游特色村，184 个省级特色生态旅游示范镇，200 个省级休闲观光园区和 40 个省级乡村旅游创客基地（见表1）。结合全域旅游的发展要求，河南省各地不断加强全域整合发展思维，积极开展国家全域旅游示范区创建工作，打造全域协同发展体系，加快文旅市场全要素互动、全链条发展，全域旅游建设驶入快车道，许多乡村地区依靠发展全域旅游走出了一条脱贫摘帽的新路子，"旅游+"和"+旅游"产业格局不断发展壮大。

表1　河南省全域旅游示范区建设情况

年份	国家全域旅游示范区	省级全域旅游示范区	全国乡村旅游重点村	省级乡村旅游特色村	省级特色生态旅游示范镇	省级休闲观光园区	省级乡村旅游创客基地
2018	—	—	—	149	30	50	10
2019	3	—	10	150	52	50	10
2020	4	10	21	150	52	50	10
2021	—	11	10	136	50	50	10
合计	7	21	41	585	184	200	40

资料来源：河南省文化旅游厅网站。

（四）文旅品牌新名片更加耀眼

2020年河南省政府工作报告提出，叫响"老家河南"文化旅游品牌，大力发展全域旅游、乡村旅游、智慧旅游，培育一批文旅融合发展示范区、示范带、示范企业和重点产品。多年来，河南省文旅系统一直牢牢把握中原文化作为中华"根""魂"的重要定位，推出了"中华源·黄河魂"黄河文化之旅、中国古都文化之旅、中国功夫体验之旅、红色基因传承之旅、中原山水休闲之旅等一系列精品主题旅游线路，少林寺、龙门石窟、清明上河园、云台山等多家旅游景区的品牌影响力日益增强，"老家味道""老家礼物""老家乡村""老家客栈"等一系列"老家"品牌支撑更加强大，描绘出一幅"诗和远方"的壮美画卷，点燃了文旅融合这个强劲助推器，让得天独厚的文旅资源更加"璀璨夺目"。此外，文旅融合催生的"夜游经济"、创新的"文旅+演艺"模式发展势头迅猛，"只有河南·戏剧幻城"、黄帝千古情、银基国际旅游度假区等新业态迅速崛起，龙门石窟、清明上河园、隋唐洛阳城等景区持续领跑，河南卫视"洛神水赋""龙门金刚"等节目大放光彩，"老家河南"这一文旅品牌名片更加"夺目耀眼"。

（五）公共文化服务能力显著提升

当前，河南省处于由文化大省向文化强省转变、实现中原更加出彩

121

的关键时期，公共文化服务作为一项润物细无声的文化事业，是大力提升文化旅游软实力、不断满足群众对文化生活需求的关键手段。① 截至2021年底，河南省建成各级图书馆166个、文化馆205个、博物馆357个、乡镇文化站2478个、村级综合性文化服务中心5万多个，各级免费开放单位服务7000多万人次，举办各类活动20多万场，受益群众8000多万人次，公共文化服务能力显著提升，为河南省文化旅游高质量发展提供了有效保障。此外，在大力建设公共文化服务设施的同时，河南省还持续打造"中原文化大舞台""群星耀中原""书香河南"等全省性公共文化品牌活动，依托"文化豫约"平台实现"菜单式"公共文化服务，利用数字化手段加强公共文化"沉浸式""互动式"体验服务，大大增强了人民群众对公共文化服务的获得感。

三 新形势下河南文旅产业发展面临的主要困境

进入新发展阶段，河南省文旅产业发展虽然迎来了巨大的发展机遇，但仍存在着诸多制约因素，高质量实现文旅融合发展依然任重而道远。

（一）文旅融合发展观念滞后

"宜融则融，能融尽融，以文促旅，以旅彰文"已经成为近年来全国各地文旅融合发展的普遍共识。这几年，河南各地"八仙过海、各显神通"，持续深入挖掘优秀文化，开发紧跟市场需求的文旅项目，着力将厚重的历史文化资源优势加快转变为发展优势，积极探索适合自身发展的文旅融合之路。然而，不可否认，许多地方在实践过程中仍然受到传统思想文化的影响，难以跳出历史文化"资源陷阱"，在文化旅游融合方面观念不够解放，存在着文化和旅游"两张皮"现象，把文旅融合视为文化资源与旅游资源的简单相加，最后呈现出"纵有历史文化千年、名人典故无数，仍是千城

---

① 数据来源：2022年河南省文化和旅游公共服务工作会议。

一面、千村一面、千景一面"的同质化景象，不仅没有特色和个性，更不能深入打动人心，这归根结底还是对文旅融合发展理念理解不到位。正所谓，"好看的皮囊千篇一律，有趣的灵魂万里挑一"，要实现真正的文旅融合，应该在观念、思路、资源、区域、业态等多方面下功夫，实现有机融合，不能只靠概念炒作，必须从文化内容和精神情感上深度挖掘，寻找真正能引起现代人共鸣的精神力量，才能讲好故事、谋好项目、做好产品，开创文旅融合的美好局面。

（二）文旅产品优质供给不足

如今，中国文化旅游产业正在进入品质消费的时代，新生代90后和00后已经成为文化旅游产业发展的核心消费群体，他们对文旅产品的需求更加多样化、个性化、泛娱乐化，聚焦文旅消费新趋势，紧紧抓住年轻一代的消费特征，进一步丰富优质文旅产品供给，已成为推动文旅产业稳步创新发展的关键。近年来，河南省虽然围绕着"老家河南"这一文旅品牌，推出了《禅宗少林·音乐大典》《大宋·东京梦华》等一批经典文旅项目，但这些文旅项目不仅数量有限，在全国的品牌影响力也不够突出，少林寺、龙门石窟等知名景区大多还是以观光游览为主，缺乏休闲、度假、体验类的文旅项目。另外，郑州、洛阳、开封等文化名城也并没有彰显出独特的城市IP形象，对传统文化、历史遗产、人文资源等方面的挖掘转化不够，内在的文化认知和体验较少，个性化、精品化、沉浸式体验较为缺失。据华经产业研究院统计，2020年河南5A级旅游景区拥有量为14家，在全国排名第3，占全国5A级旅游景区总量的5%，而旅游收入排名却在全国第10，相比于旅游收入排名前5的浙江、湖南、江苏、广西和四川来说，河南在最终的旅游效益输出上仍然存在一定差距，这充分说明河南传统文化优势的转化能力较弱，真正具有吸引力的优质文旅产品数量有限（见图3、图4）。

（三）文旅市场创新活力不强

目前，河南省政府虽然提出了构建"一带一核三山五区"的文化旅游

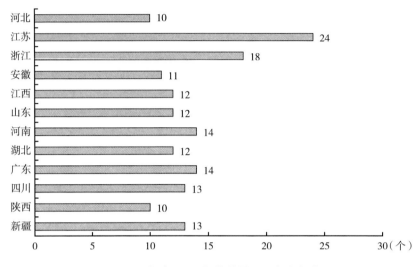

图3　2020年我国5A级旅游景区重点分布地区

资料来源：华经产业研究院《2020-2025年中国旅游行业市场运营现状及行业发展趋势报告》。

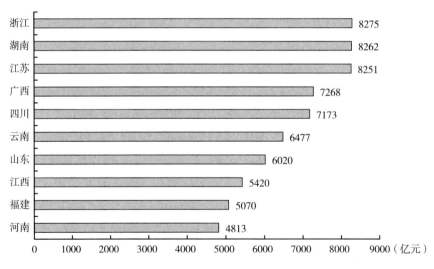

图4　2020年我国旅游总收入排名前十省份

资料来源：华经产业研究院《2020-2025年中国旅游行业市场运营现状及行业发展趋势报告》。

发展格局，为"老家河南"描绘了"诗和远方"的清晰蓝图，但要想把手里这张"好牌"打成全国乃至世界叫得响的"金字招牌"，其根本动力仍然在于不断创新。目前，对标国内大唐不夜城、宋城、迪士尼乐园等旅游演艺、主题乐园类景区，河南的文化旅游市场明显缺乏创新活力，在产品设计、特色资源开发、精品线路打造等方面缺乏场景化、品牌化、故事化、IP化的表达，主题公园、休闲街区、网红打卡地、高端精品民宿等新型业态发展也较为滞后，有些地区在发展"夜经济"时只停留在传统餐饮、购物等单一经营业态上，未能坚持因地制宜、因时制宜，千篇一律、照抄照搬，缺乏文化内涵和配套支撑。可以说，文旅产业是一项综合性、系统性的产业，开拓创新、大胆探索是文旅经济实现高质量发展的动力所在，河南要真正迈向文旅强省，就必须从根源上解决文旅市场创新活力不强的问题，通过各种创新手段打造出更多丰富化、个性化、品质化的文旅产品，让"老家河南"文化品牌绽放更加独特耀眼的光芒。

（四）文旅平台建设水平不高

文旅产业的高质量融合发展，离不开强有力的平台支撑。当前，河南的文旅资源犹如珍珠般镶嵌在中原大地上，但文旅产品却呈现出点状式、碎片化、分散化发展状态，大多数景点仍然依赖传统的发展模式，并未真正形成融合发展的新局面。这很大程度上是因为相关的文旅平台建设不到位，以至于景点之间存在壁垒，不仅缺乏统筹规划，存在"信息孤岛"现象，而且产品宣传手段单一，文旅市场潜力开发受限，文旅供需矛盾依然突出。比如禹州的钧瓷、南阳的玉雕、淮阳的泥塑、洛阳的洛绣和朱仙镇的剪纸等民间艺术，都是极具地方文化特色的旅游资源，在国内虽已形成文化旅游品牌，但既没有专业的宣传推广平台，也缺乏大型的文化展示平台，导致其知名度不高。另外，河南在公共文化服务平台建设方面虽然初有成效，但与文旅产业的结合度还是比较低，公共服务平台与全省各大景区及文旅项目的有效联动不够，而且每个平台基本是只发挥自身功能，没有实现互联互通、平台共建、资源共享，无法实现文旅资源配置效率最大化，全省"一站式"文旅

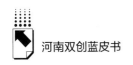

智慧服务平台建设水平也有待进一步提升，通过"一部手机游河南"来助力河南各个城市"青山绿水、经济繁荣、生活智慧、民生幸福"的美好愿景尚未实现。

（五）数字文旅人才相对匮乏

构建新发展格局背景下，AI、5G、大数据、物联网和人工智能等新一轮技术的发展变革，正在成为推动文旅产业高质量发展的重要动力，助推文旅产业发展走上数字化、个性化、智能化的发展道路。进入智慧文旅时代，文旅行业也装上了新技术引擎，通过借助新技术、融合多产业等来满足消费者的个性化需求，高端数字文旅人才已经成为最稀缺的资源，是实现文旅产业创新发展的关键所在。目前，河南受到传统文旅产业发展模式的束缚，科技与文旅的融合程度较低，旅游人才队伍中仍以导游、酒店服务员等技能型人才为主，缺乏产品设计、项目管理、游客体验、小语种等高素质、实战型、创新型的复合人才，在文旅融合、夜游经济、旅游演艺、文化会展等新兴产业及业态方面对口人才更加少之又少，培养兼具数字化技术和文化旅游业务融合能力的复合型人才迫在眉睫。

四 以数字经济推动河南文旅产业创新发展的相关建议

"十四五"时期，河南省文旅产业数字化发展的新局面正在打开，以数字经济推动文旅产业创新发展，将河南省得天独厚的历史文化资源加速转化为文化旅游产品，已经成为让文化旅游"美"起来、文旅品牌"亮"起来、文创资源"活"起来的战略要求。

（一）把观念融合放在文旅产业创新的首要位置

文旅产业融合发展的基本前提就是强化融合发展的观念，只有从思想深处认识到文旅融合的必要性和紧迫性，坚持创意驱动、科技赋能，将数字化技术融入文旅产业发展的各个环节，才能真正推动文化和旅游深融合、真融合。一是要坚持以文促旅，以弘扬中原文化、黄河文化为主线，深入挖掘地域历史文化特色，通过数字化改造、品牌化提升、多元化培育、特色化创新，推出一批具有全球影响力的文化旅游精品线路，积极打造世界文化旅游胜地。二是要坚持以旅彰文，加快传统业态数字化信息化改造，创建一批数字景区、数字度假区、数字酒店和数字旅行社，布局一批彰显中原文化底蕴、承载现代生活方式的乡村旅居目的地，重点打造一批富有文化底蕴的世界级景区和度假区，用旅游的方式传播文化，让文化看得见、摸得着、品得出味道。三是要坚持和合共生，积极培育文旅融合新业态，开拓文化旅游消费新领域，支持鼓励开展夜间消费，实施旅居乡村工程、"千村万味"行动、研学旅游建设工程、品牌红色旅游工程等，布局康养旅游工程、考古旅游工程、实景娱乐旅游工程、科技文旅建设工程等，打造更多具有河南特色的精品文旅消费品牌。

（二）以数字化技术为手段，着力打造更多优质文旅产品

在数字文化经济时代，高品质的文化创意和休闲度假体验已经成为文旅消费主流，可以说，依托数字化技术为广大消费者提供更优质的文化旅游产品既是大势所趋，也是时代必然。一是进一步深化文旅产业数字化融合创新，加快推进互联网、大数据、人工智能等数字化手段在文化旅游领域的转化和应用，优先布局文化旅游新基建，打造一批数字文旅智慧产业园区，建设文旅融合数字创意中心，推动重大文物、文化遗产、自然遗产等资源实现数字化保护展示。二是聚焦"行走河南·读懂中国"品牌形象，不断拓展数字化营销新渠道，为消费者提供更加精准到位的文旅服务，借助门户网站、搜索引擎、社交媒体、网红平台等各种数字化新媒体手段，打造集保护传承、创意设计、沉浸体验、线上销售、资讯信息等于一体的数字化文旅推广平台。三是以"创意+科技"激活优秀传统文化，鼓励旅游城市、旅游景区、博物馆等创作一批沉浸式旅游演艺产品，重点扶持老家河南、天下黄河、华夏古都、中国功夫相关题材的数字内容创作项目。

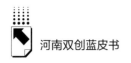

（三）以智能科技为引擎，充分激发文旅市场创新活力

在体验经济时代，文旅产品由欣赏美丽风景向体验美好生活转变的关键，在于其独具特色的文化内涵和无可替代的极致体验。一是要把传统业态转型升级、优势业态直道冲刺、新兴业态抢滩登陆、未来业态谋篇布局系统贯通起来，以创意设计和科技应用赋能消费场景，推动文化场馆、文博单位、景区园区、主题公园、城市街区、旅游村镇等文化旅游消费场景创新。二是要整合物联网、云计算、人工智能等多项技术，打造更加个性化、生动化的沉浸式场景，全面优化升级游客视、听、闻、触多感官体验，引导建设一批智能停车场、智能酒店、智能餐厅、无人商店等城市服务设施，实现票务、导览、展示等文旅消费全流程、一体化的数字化服务，不断激发文化和旅游服务新效能。三是要积极进行数字业务和线上业务拓展，把握"新基建"推进的机遇期，探索"科技+文旅"多方面、多层次的融合路径，开拓文旅产业发展新空间，为扩大数字文旅消费奠定坚实的资源基础和技术基础，借力数字化转型增强文旅市场发展韧性。

（四）以智慧服务为导向，大力推进公共文旅平台建设

"十四五"期间，随着数字技术与公共服务的深度融合，数字赋能公共文旅服务的积极效应将得到进一步释放和彰显，公共文旅服务也会更加精准化、高效化和智能化。一是充分利用移动互联网、大数据、人工智能等新兴科技手段，以"开启智慧文旅，畅享品质生活"为愿景，建立健全互联互通、便捷高效的立体式公共文旅服务网络平台，筛选整合优质文化旅游资源，努力打通公共文旅服务"最后一公里"，让老百姓一机在手就能享受到一站式、全方位的公共文旅服务。二是将数字文化建设和基层综合性文化服务中心建设结合起来，推动公共文化全民共建共享，不断完善公共文化场馆数字化建设，打造更多优质线上文化空间，实现公共文化服务的全覆盖，推动公共文化全民共建共享。三是建设公共文旅服务大数

据中心，对各类公共文旅场馆设施建设、产品供给、服务效能等进行动态监控、精准分析、智慧评估和科学决策，全面推动公共文化管理和服务智慧化升级。

（五）以产业融合为抓手，加快培养专业化数字文旅人才

如今，数字文旅融合已经是大势所趋，产业转型发展、消费需求变化以及各种新业态新模式的涌现，必然将对行业从业人员提出更新更高的要求，为此河南省要做好相关应对工作。一是高校要积极引导文化和旅游系统人才培养变革，将理论研究、人才培养、艺术生产、融合创新各个环节贯穿起来，鼓励职业院校与文旅企业共建实训基地。二是政府要出台相关政策引导数字化人才投身文旅产业发展，建立文旅人才引进培育目录，推进文旅人才支持计划，将符合规定条件的文旅相关职业技能培训项目列入政府补贴范围，为高层次数字文旅人才提供良好的发展环境。三是充分发挥相关企业、行业协会、培训机构等各类主体在文旅产业数字人才培养中的重要作用，推动文化和旅游人才内部交流、双向挂职、跨行业流动，鼓励开展线上线下文旅融合培训教育，推动数字教育资源、数字技能培训、数字产品和信息服务等高质量发展和开放共享，全面提升全行业从业者的数字化素养。

参考文献

薛莹、刘文祥：《河南文旅产业融合发展探析》，《绿色科技》2022 年第 1 期。

吴梦凡、白冰倩：《河南省数字文旅产业高质量发展研究》，《合作经济与科技》2021 年第 9 期。

张妍：《"双循环"新格局中数字文旅创新发展探析》，《旅游纵览》2021 年第 23 期。

刘晓萍：《河南文化旅游业高质量发展的问题探析》，《当代经济》2019 年第 12 期。

张苗茨：《加快数字化转型，做大做强数字文旅产业》，《中国旅游报》2021 年 11

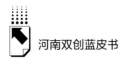

月 9 日。

李亚男:《数字经济背景下文旅企业创新的实现路径研究》,《当代经济》2021 年第 9 期。

张飞:《文旅融合:历程、趋势及河南路径》,《中国旅游报》2020 年 6 月 5 日。

河南省人民政府:《关于印发河南省"十四五"文化旅游融合发展规划的通知》, 2021 年 12 月 31 日。

B.8
激发现代流通业双创活力，
助力河南经济高质量发展

宋　瑜*

摘　要： 流通产业中的业态十分丰富，蕴含巨大的双创潜力。激发现代流通产业双创活力，把流通产业打造成大众创业、万众创新的新平台和新载体，是河南经济高质量发展的必然要求和构建新发展格局的重要支撑。本文从现代流通体系的内涵着手，研究河南建设现代流通体系的政策背景和重大意义，分析河南建设现代流通体系的优势和成绩。通过研究河南现代流通产业促进双创发展的现状，本文提出河南现代流通产业在促进双创发展过程中存在的问题。从加强现代流通产业的建设、优化营商环境、培育市场主体、积极培育流通新业态等方面给出策略建议，为激发河南现代流通产业双创活力提供参考。

关键词： 现代流通产业　创新创业　河南省

一　河南现代流通产业发展的背景和意义

现代流通产业是一个涉及商流、物流、信息流、资金流，并能够充分利用现代信息技术的广泛系统。发展现代流通产业是打通经济发展的各个环节、提升经济运行效率的必然要求，是河南经济高质量发展和中部崛起的重

---

* 宋瑜，黄河科技学院河南中原创新发展研究院讲师，研究方向：区域经济、区域金融。

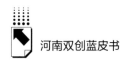
要内容。发展现代流通产业已经成为党和国家的重大经济战略之一，中央政府和河南地方政府近年来都有许多的政策出台，为河南现代流通产业发展提供了较好的环境。

（一）现代流通产业的丰富内涵

流通的含义非常广泛，包括生产与消费过程中涉及的所有经济活动，涵盖第三产业绝大多数行业。现代流通理论认为，商流、物流是流通业的核心，商流可以解决商品的所有权转移，物流可以完成商品的空间移动。但是流通业不仅包括商流、物流，还包括信息流以及资金流，信息流是信息的传递，起着沟通协调、辅助决策的作用；资金流完成资金的转移，在流通中有着关键作用。同时人才流也应该是流通的重要内容，无论是商流、物流、信息流还是资金流，无一例外都需要人才流来具体实施。

现代流通产业是运用互联网、人工智能和大数据等新技术，涵盖多种新业态新模式的综合流通系统。随着我国经济由计划经济向市场经济的转变，我国的流通行业也逐渐具备了现代流通的基本特点。

分工日益专业化。专业化分工可以提高生产效率，与现代流通体系形成互相促进的良性循环。

市场作用的发挥日益充分。在整个流通过程中，市场交易起着关键的作用，决定了流通的顺畅。市场基础性作用的发挥日益充分，成为现代流通体系的又一特征。

社会环境日趋良好。成熟的市场环境、发达的交通体系、日益完善的法律法规、商业信用体系的建立、人们商业意识和消费习惯的养成等都为流通体系的发展提供了支持。

物流体系日渐完备。网络化、国际化、融合化、专业化是我国物流行业越来越明显的发展态势。物流设备电动化、智能化水平提高，物流平台集中化、扁平化发展，运输环节不断数字化转型升级，物流体系日渐完备。

大企业为主导、中小微企业活跃。各个行业中普遍存在少数大企业主导的情况，例如家电企业由国美、苏宁等占据主要市场份额；电商企业由阿里、京东、字节跳动等占据主要市场份额。同时，中小微企业是经济发展的重要支柱，中国第四次经济普查显示，截至 2018 年，我国有中小微企业法人单位 1820 万家（按地区、单位规模分组的企业法人单位数），占全部企业的 99.82%。

电子商务等创新模式快速发展。随着网络和通信技术的快速发展，电子商务成为越来越多人选择的高效率购物、工作、生活方式。

全球性的互通有无。改革开放四十年，我国的经济早已成为世界经济不可缺少的一部分。国内的大街小巷随处可见诸如家乐福、沃尔玛等外资企业的身影。通过亚马逊、网易考拉等平台，人们既能方便地买到海外的商品，又能将国内的产品远销海外。流通已经是全球范围内的流通，有了更广阔的市场。

（二）河南建设现代流通体系的政策背景

在我国社会主义市场经济建立和发展的几十年中，流通市场也经历了彻底的大变革。流通中的各个环节不再是计划经济中的以配合国家计划为主，而是初步建立起了现代流通体系，逐步融入自由市场经济。2003 年，党的十六届三中全会通过《中共中央关于完善社会主义市场经济体制若干问题的决定》，指明了之后一段时间内流通行业的改革方向。党的十八大以来，我国对流通业发展更加重视，进一步明确了流通业的功能定位。相关管理部门出台了较多的支持政策，为流通行业的规范、快速发展提供了保障。2012年国务院发布《关于深化流通体制改革加快流通产业发展的意见》，把流通业定位为"基础性"和"先导性"产业。2019 年，国务院办公厅发布《关于加快发展流通促进商业消费的意见》，指出了我国流通业在过去数年所取得的巨大进步和存在的问题，给出发展方向。2021 年 2 月，商务部强调现代流通体系的重要性以及建设现代流通体系的"六个提升"。中央"十四五"规划和 2035 年远景目标纲要也明确了现代流通体系的重要性。建立健全现代流通体系已经上升成为我国的重要国策。

2014 年，河南省人民政府发布《关于加快流通产业发展推进现代商品

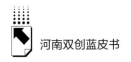
市场体系建设的意见》，对河南流通体系的发展提出了要求，计划到2020年，河南省内基本形成统一开放、竞争有序、安全高效、城乡一体、内外贸融合的现代流通体系，流通产业在经济社会发展中的重要性不断提高。2017年，河南省人民政府发布《关于深入实施"互联网+流通"行动计划的意见》，指出现代流通体系建设紧迫性，提出流通行业要更加充分地利用互联网技术，为河南省增加消费新业态，并在就业创业领域做出更大贡献，推动河南经济更好更快地发展。

（三）河南建设现代流通体系的意义

在社会再生产过程中，流通是连接生产与消费的桥梁，桥梁是否畅通，直接关系国民经济是否可以正常运转。同时，流通环节的效率在相当程度上决定了整个社会经济运行的效率。高效的现代化流通体系，可以更快速地把更大规模的生产和消费联系起来。在现代市场经济中，流通的作用更加突出。流通效率和生产效率同等重要，是提高国民经济总体运行效率的重要方面。现代流通体系的构建是市场经济繁荣发展的题中之义。

习近平总书记强调要构建以国内大循环为主体、国内国际双循环相互促进的新发展格局。"双循环"体系的构建重在循环过程的畅通，这就需要高效率的现代流通体系提供强有力的支撑。河南加快建设现代流通体系，也是习近平总书记对河南的要求和期望。2014年5月，习近平总书记视察河南时强调，要建成连通境内外、辐射东中西的物流通道枢纽，为丝绸之路经济带建设多做贡献。2019年9月，总书记视察河南时指出，河南要积极融入共建"一带一路"，加快打造内陆开放高地。总书记的指示为河南加快建设现代流通体系指明了方向，加重了砝码。

河南建设现代流通体系是高质量发展的必然要求。高质量发展的根本在于经济的活力、创新力和竞争力，供给侧结构性改革是根本途径，流通效率的提升是必然要求。在微观上，高质量发展要建立在生产、生产力等要素效率提高的基础之上，而非靠要素投入量的扩大。在中观上，要重视产业结构、市场结构、区域结构等的升级，把宝贵资源配置到最需要的地方；通过技术创新和商业模式创新，增强产业竞争力。在宏观上，则要求经济均衡发展。无论哪个层面，都需要顺畅高效率的流通体系的支撑。

河南建设现代流通体系也是中部崛起和中原出彩的题中之义。2014年5月，习近平总书记在河南考察时指出，实现"两个一百年"奋斗目标、实现中华民族伟大复兴的中国梦，需要中原更加出彩。建设现代物流体系，助力经济更好更快发展，筑牢让中原更加出彩的物质基础、激发让中原更加出彩的动力活力。

二 河南现代流通体系建设现状

河南作为中部崛起的重要省份，在发展现代流通产业时，有着天然的地理区位优势，在过去的发展中也取得了很多成绩。郑州"米"字形高铁网、国家级流通试点、国际会展名城、物流中心、自贸区等的建设都为河南现代流通体系的完善提供了基础。河南的物流总量不断加大、物流成本逐渐降低，并领先于全国平均水平，也在很大程度上反映出河南现代流通体系的进步。

（一）河南建设现代流通体系的区位优势

河南是我国的中原大省，素有"天地之中""九州腹地，十省通衢"的美誉，作为我国承东启西、承接南北的中部省份，河南有着天然的地理区位优势，是我国重要的综合交通枢纽和人流物流商品流信息流中心，也是我国重要的农业和工业生产基地。河南建设现代流通体系基础良好。

河南处于"一带一路"中承前启后的重要位置。省会郑州是国内最重要的交通枢纽之一，各条铁路线、航空线、公路、邮路等在这里汇集。同时，商丘、洛阳、南阳等地作为重要的铁路、公路交通枢纽，也为河南流通业的发展提供了便利。天然便利的地理区位、完善的综合运输通道布局，是河南发展的重要优势，为其建立现代流通体系提供了重要基础。

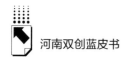
（二）河南建设现代流通体系取得的成绩

1. 交通基础设施建设成绩显著

河南打造的"米"字形高铁网，让河南的交通优势更加凸显。目前，郑州的"米"字形高铁网络 3 小时经济圈已经基本建成，除济南方向尚未通车外，都已通车运行，覆盖了 7.9 亿人口，将华北、华东、华中、西北、西南等地都串联起来（见图 1）。从郑州出发，河南人民 3 小时便可达北京、武汉、西安等城市，5 小时可通达 70% 的省会城市。

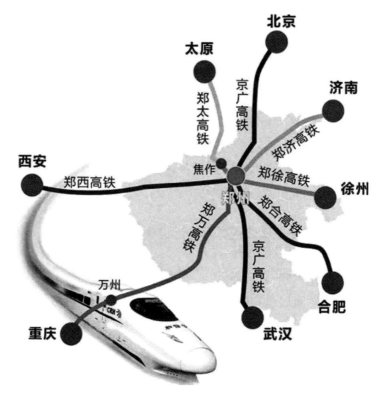

图 1　河南"米"字形高铁网示意

在高铁网络不断建设完善的同时，普通铁路的发展也没有丝毫的懈怠，亚洲最大的编组站以及国内最大的铁路集装箱场站都位于河南郑州。在对外贸易方面，河南的铁路运输也不断发挥着重要的作用。截止到 2020 年底，中欧班列（郑州）自开通以来已经完成 3886 班开行。随着 2021 年 1 月 20 日一班来自波兰卡托维兹的列车驶入郑州陆港，中欧班列（郑州）已经开通九条国际线路，无论是运输量还是运输线路都在国内排名前列。越南河内至德国汉堡的货运线路的运营开通，使河南郑州更是成为串联东盟和欧盟的重要支点。

2020 年，郑州新郑机场完成了 64 万吨的货物以及邮件的吞吐量，完成旅客进出港 2140 万人次，在全国各大型机场之中排名靠前，并且增长速度排名第一，在中部省份的各大机场之中双双排名第一。随着 2021 年 1 月 26 日中国—匈牙利货运枢纽项目的签署，河南机场集团将首次在欧洲设立境外货站，同时这也是我国民航业首次设立境外货站，未来新郑机场将在"一带一路"建设之中继续发挥重要的作用。

公路方面，2021 年全省高速公路项目建设拟完成 800 亿元投资，是 2020 年计划投资 360 亿元的两倍多，为实现 2025 年高速公路 1 万公里通车目标提供坚强保障，也为河南现代流通体系的通畅提供了强大的公路交通支撑。

2. 积极推进国家级流通试点和国际会展名城建设

2021 年 9 月，郑州市被确定为商贸流通标准化专项试点城市，河南万邦国际农产品物流股份有限公司、云速通跨境电子商务有限公司、大张实业有限公司等 3 家企业被确定为试点企业。国家级流通试点的确定，可以促进河南省商贸流通新标准形成以及流通业标杆树立，为实现国际国内双循环的大目标提供更好的支撑。国家级流通试点的确定也说明河南足够重视流通行业的发展和标准化并且具有不错的商贸流通产业基础。

值得一提的是，省会郑州正在积极建设国际会展名城，推进郑州国际会展名城建设已被写进河南省"十四五"规划。规划提出，"以'枢纽+开放'体系为依托的贸易流通业发展，带动现代物流、商务会展、设计创意、商品交易等产业发展、功能提升"。一座城市会展业的蓬勃发展，离不开城市的发展，正是河南商贸流通业发展了，郑州商贸流通顺畅了，才会有国际

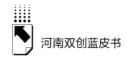
会展中心的出现。

3. 物流中心和自贸区建设成果凸显

物流作为现代流通体系中的重要一环，也是近年来河南建设现代流通体系的重要方面。郑州国际物流园区位于国家郑州经济技术开发区东部，成立于 2010 年 9 月，当时省会郑州正值大力建设国际物流中心之际。园区与郑州航空港、国际陆港形成了"铁、公、机"联动发展的态势，是郑州乃至全省大物流产业链中的重要一环，要建设产城融合的信息化物流新城区，主要功能涵盖国际物流、区域分拨、城市配送。可以整合和带动区域经济的高质量发展。

河南自贸区、郑州航空港经济综合实验区、郑洛新国家自主创新示范区、郑州跨境电商综合试验区等开放平台和创新载体，为河南先行先试，形成各种协同创新、实现联动突破带来政策性机遇。河南近年来不断完善陆空集疏网络、畅通流通系统通道，正在中部地区形成愈发明显的建设现代流通体系的先发优势。

4. 物流业发展成效明显

流通体系中，商流和物流是核心，而物流是连接商品流各个环节的重要通道。物流通道的顺畅、物流成本的降低是建设现代流通体系的重中之重。2020 年，河南全省社会物流总额高达 160608.9 亿元（见图 2），按可比价计算，增速达 5.0%，高于全国平均增速 1.5 个百分点。

河南的物流成本不断降低，2019 年河南社会物流总费用占 GDP 的比例为 13.6%，低于全国社会物流总费用占 GDP 的比例（14.7%）。2020 年河南社会物流总费用占 GDP 的比例为 13.5%，比上年下降 0.1 个百分点，并持续低于全国社会物流总费用占 GDP 的比例（14.7%）（见图 3）。河南在物流总额不断上升的同时，社会物流总费用占 GDP 的比例则持续下降，意味着全省物流成本正在不断降低，并且在全国范围内处于较为领先的水平，这对于河南省建设现代流通体系提供了良好的基础，物流的通畅为整个流通体系的顺畅运转打下了基础。

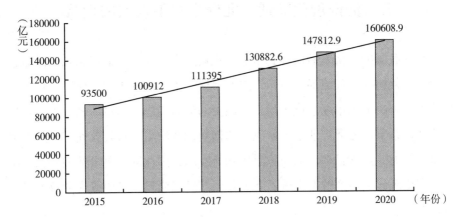

图2　2015~2020年河南省社会物流总额

资料来源：国家统计局、中国经济普查年鉴。

图3　2015~2020年全国和河南省社会物流总费用占其GDP的比例

资料来源：2016~2020年河南省物流业运行情况通报、2016~2020年全国物流业运行情况通报。

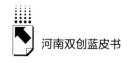

三　河南现代流通产业促进双创发展的现状

当前我国的经济发展已经到了生产规模非常巨大、流通体系相对滞后的阶段，必须构建现代流通体系，以提升整体经济的循环效率。所以现代流通体系主要解决更大市场规模下生产和消费的流通问题。这也就决定了，在现代流通体系下，流通产业蕴含着巨大的创新创业潜力。现代流通产业是更加新型的产业，包含很多新的技术手段和新业态，因此蕴含更多的创新创业机会。河南现代流通产业对促进就业的作用已经很明显，其中蕴含的双创潜力也非常大。

（一）现代流通产业中的双创潜力

为了对流通产业创新创业问题进行系统有针对性的研究，提高研究效率，结合目前国内相关领域的研究情况，我们主要研究两大部分：商业和相关服务业。商业主要包括批发零售业和餐饮业等流通业的主体部分，相关服务业主要包括为商业服务的仓储业、交通运输业、邮电通信业、包装业等流通业的外延部分。

1. 现代流通产业规模日益增大

现代流通业包括所有涉及流通活动的企业主体，涵盖了第三产业中的绝大多数行业，因此创新创业的空间十分巨大，通过分析第三产业的发展情况也可以在很大程度上看出流通行业的发展情况。河南是人口大省，解决就业创业问题，发展第三产业是重要方向。随着河南第三产业生产总值占全国的比重不断上升，从 2000 年的 4% 上升到 2020 年的 4.8%，河南流通领域中就业创业空间也越来越大（见图 4）。河南省生产总值中第三产业的占比从 2010 年的 28.6% 增长到 2020 年的 48.7%，第三产业的生产总值从 2010 年的 7354 亿元增长到 2020 年的 26768 亿元，这也意味着涵盖第三产业中绝大多数行业的流通产业，生产规模持续扩大，蕴含着巨大的双创潜力（见图 5）。2021 年河南流通行业发展良好，全年全省批发和零售业增加值 4468.02

亿元，比上年增长 6.1%；交通运输、仓储和邮政业增加值 3378.36 亿元，增长 18.2%；住宿和餐饮业增加值 1114.17 亿元，增长 6.4%；信息传输、软件和信息技术服务业增加值 1408.28 亿元，增长 16.2%。2021 年全省货物运输总量 25.46 亿吨，比上年增长 16.2%；货物运输周转量 10439.88 亿吨公里，增长 20.1%；机场货邮吞吐量 70.65 万吨，增长 10.2%；快递业务总量 43.56 亿件，增长 40.5%；快递业务收入 319.17 亿元，增长 28.2%。

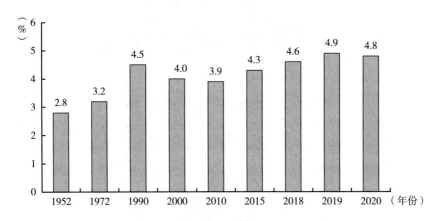

图 4　1952~2020 年河南省第三产业生产总值占全国的比重

资料来源：相关年份的《河南统计年鉴》。

2. 现代流通产业业态更加新颖

在信息化快速发展的背景下，业态丰富的流通产业又出现了直播带货、跨境电商等大量的新业态，这些新业态本身就是创新，更为大众创业、万众创新提供了适宜的土壤。

"十四五"期间，河南要着力打造中西部地区电子商务创新引领区和中西部地区电子商务物流枢纽。近年来，河南省电子商务发展迅速，全省网上零售额持续较高（见图 6）。2016~2020 年，全省累计跨境电商进出口额达 6408.8 亿元，年均增长 35.3%，跨境电商规模、应用水平、跨境电商综试区建设水平均稳居中西部首位。2021 年河南省商品、服务类电子商务交易额为 11526.13 亿元，同比增长 21.8%，高于全国平均增速 2.3 个百分点，

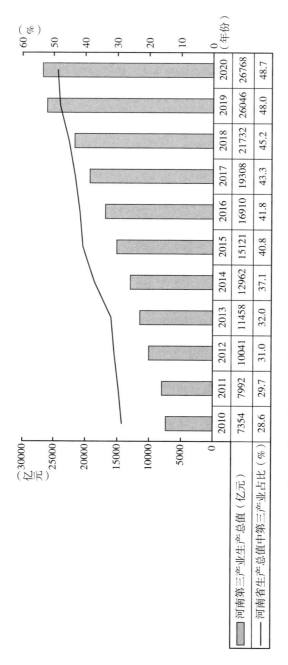

图5 2010～2020年河南省第三产业生产总值及其占比统计

	2010	2011	2012	2013	2014	2015	2016	2017	2018	2019	2020
河南第三产业生产总值（亿元）	7354	7992	10041	11458	12962	15121	16910	19308	21732	26046	26768
河南省生产总值中第三产业占比（%）	28.6	29.7	31.0	32.0	37.1	40.8	41.8	43.3	45.2	48.0	48.7

资料来源：《河南统计年鉴》（2010～2020年）。

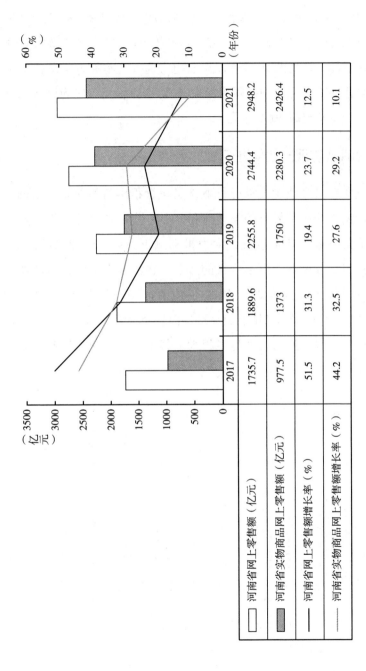

	2017	2018	2019	2020	2021
河南省省网上零售额（亿元）	1735.7	1889.6	2255.8	2744.4	2948.2
河南省省实物商品网上零售额（亿元）	977.5	1373	1750	2280.3	2426.4
河南省网上零售额增长率（%）	51.5	31.3	19.4	23.7	12.5
河南省省实物商品网上零售额增长率（%）	44.2	32.5	27.6	29.2	10.1

图 6　2017～2021 年河南省网上零售额统计

资料来源：《河南统计年鉴》（2017～2021 年）。

143

保持快速增长态势。其中，跨境电商持续增长。2021 年河南省跨境电商进出口交易额为 2018.3 亿元（含快递包裹），同比增长 15.7%。2022 年 3 月 10 日发布的《河南省"十四五"电子商务发展规划》，提出了全省的电子商务发展的具体目标：计划到 2025 年，全省电子商务交易额力争突破 1.98 万亿元，年均增速 15% 以上；网络零售额突破 0.55 万亿元，年均增速 15% 以上；跨境电商交易额突破 3000 亿元。

（二）河南现代流通产业促进双创发展

流通产业涵盖第三产业的大部分行业，又包含很多新的业态，双创空间十分巨大。河南作为中部崛起的重要省份、"一带一路"的重要节点省份，对流通产业的发展也非常重视，大力推动电子商务等新业态的发展。流通产业对经济发展和就业做出了巨大的贡献。在河南省就业人员产业结构中，第三产业就业人员数从 2010 年的 1346 万人增长到 2020 年的 2218 万人，占比从 2010 年的 26.1% 增长到 2020 年的 45.4%，这也说明了流通产业在过去的十年中对就业的贡献越来越大，其中蕴含的创新创业空间也越来越大（见图 7）。

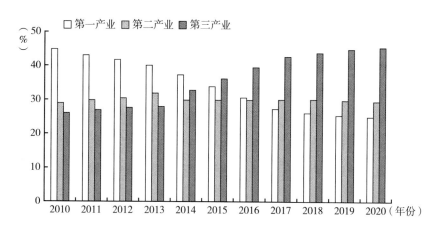

图 7　2010~2020 年河南省就业人员产业结构

资料来源：《河南统计年鉴》（2010~2020 年）。

　　流通产业中的各行业就业人员数和增长幅度也非常可观。截止到 2019 年底，河南省就业人数共计 6561.76 万人，比 2010 年就业总人数增加 520.3 万人，增长率 8.61%；其中批发和零售业增长率达 67.24%、交通运输仓储及邮政业增长率达 25.42%、住宿和餐饮业增长率达 75.38%、信息传输及软件和信息技术服务业增长率达 124.09%。从 2010 年到 2019 年，流通产业的就业增长率远高于总体的就业增长率（见表 1）。流通产业的就业以及创新创业潜力正在被激发出来，并且自 2020 年以来，很多实体经济发展模式受限，电商等新业态发展迅速，流通产业对就业和创新创业的贡献更加突出。2021 年全年全省批发和零售业增加值 4468.02 亿元，比上年增长 6.1%；交通运输、仓储和邮政业增加值 3378.36 亿元，增长 18.2%；住宿和餐饮业增加值 1114.17 亿元，增长 6.4%；信息传输及软件和信息技术服务业增加值 1408.28 亿元，增长 16.2%。

表 1　2010 年和 2019 年河南省部分流通行业就业人员数和增长率

单位：万人，%

类别	河南省总就业人数	批发和零售业就业人数	交通运输仓储及邮政业就业人数	住宿和餐饮业就业人数	信息传输及软件和信息技术服务业就业人数
2010 年	6041.46	481.71	213.14	165.97	34.25
2019 年	6561.76	805.59	267.33	291.08	76.75
2019 年相比 2010 年的增加值	520.30	323.88	54.19	125.11	42.50
2019 年相比 2010 年的增长率	8.61	67.24	25.42	75.38	124.09

　　资料来源：《河南统计年鉴》（2010 年、2019 年）。

四　河南现代流通产业发展存在的问题

　　商贸流通体系的畅通决定着经济发展的活力。流通体系是扩大内需和促

进消费的重要载体。河南作为中部大省，随着国家中部崛起战略的实施，取得了长足的发展，现代流通体系的建设也初见成效。但是现代流通体系的建设还相对滞后，存在诸如基础设施不完善、营商环境有待改善、市场主体发育不健全等问题。现代流通体系的落后，会直接影响其双创能力。

（一）基础设施不完善

近年来，河南的基础设施建设不断加强，取得了很明显的进步，但是对于建设现代流通体系来说，流通体系的配套软硬件设施依然不够完善。随着河南现代流通体系建设的不断推进，流通需求日益激增，商品流、物流、信息流对效率的要求也越来越高。相对而言，配套设施匮乏，建设进度落后，拉低了河南流通产业的整体效率。现代流通业对于流通过程中的信息化水平要求较高，虽然河南省流通企业已经基本普及计算机网络办公和管理，但是大部分缺乏信息化体系的建设。计算机和网络在日常操作中只被用作基础的信息传输工具，缺乏相应的信息系统作为支撑，难以互联互通，实现信息共享。员工职业能力参差不齐，服务意识较差，服务内容单一，智能化水平低，缺乏统一的服务标准。

（二）营商环境有待改善

河南发展现代流通体系，就要进一步改善发展环境。目前，河南流通领域的"放管服"改革正在进行，但是与现代流通体系的标准还有一定的差距。在河南流通产业中，还存在许多诸如企业办事难、融资难、物流项目"用地难"、货运车辆进城难、末端配送难等细节问题，都是建设现代流通体系亟待解决的。政府的服务理念需要升级，政务服务水平需要提升，省级法规、标准、信用等制度体系亟须完善，流通信用监管机制仍需健全，金融服务支撑能力不足。这些问题都制约着现代流通产业的发展，也制约了现代流通产业中双创活力的激发。

（三）市场主体发育不健全

市场主体是现代流通产业中的基础因素，主体发育成熟，现代流通产业才能健康发展。市场主体发育不充分，直接导致河南流通市场发展受阻。目前河南的流通市场中，市场的资源配置作用尚未充分发挥，主体活力尚未被充分激发。传统商贸形式仍然占比较高，亟待转型升级。具有河南特色的大品牌、大企业不多，并且经营模式创新程度不足，中小流通企业信息化水平仍需提高，发展环境还需更加宽松。

（四）创新支撑不足

现代流通产业是较为先进的产业，创新能力是其应有之义。随着现代流通体系的大力建设，河南现代流通产业的创新能力不断增强，但仍有较大的提升空间。而提升创新能力需要多方面的支持支撑，如金融支持是产业和企业发展的重要条件，河南目前还没有完备的流通产业金融支持政策，流通企业融资市场和融资渠道仍然不够畅通，金融机构中相应的金融产品和服务方式不能满足现代流通体系快速发展的需求；信息、物流等专业人才的支持也是现代流通体系完备的必要条件，河南流通产业中，专业人才较为缺乏，这也会直接影响流通产业的现代化进程和创新创业能力。

（五）新业态潜力有待开发

随着信息技术的发展，流通产业中出现了众多的新业态。河南流通产业有着自身优势，但是具有河南特色的新业态发展滞后，新业态的发展潜力尚有待挖掘。河南流通产业对大数据、区块链、物联网等信息技术的应用不足，也直接影响了新业态的开发。流通领域中的传统企业发展模式较为单一，亟待转型；消费领域的新业态也需要更多的平台和技术等方面的支持。电子商务在农业领域的应用还需要更加大力地推进，以更好地发挥河南传统优势，把优势与新技术、新业态结合起来，才能建设更完备的现代流通体系和激发流通领域的双创活力。

五　激发河南现代流通产业双创活力的策略建议

高效的现代流通体系能够在更大范围把生产和消费联系起来，扩大交易

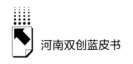
范围，推动分工深化，提高生产效率，促进财富创造。国内循环和国际循环与河南经济的高质量发展都离不开高效的现代流通体系。流通领域双创能力的提升，更是需要现代流通体系建设水平的提升。

（一）提升建设水平，加强双创能力

河南建设现代流通体系，激发现代流通体系的双创活力，需要打牢基础设施建设这个基础。突出城市核心商圈的引领辐射作用，提高规划、建设水平，对城市进行有机更新，推动城市商圈提质增效、转型升级，为流通产业发展打造牢固的基础。提升县域流通产业发展水平，打通河南流通产业的末端堵点。强化现代综合交通运输体系支撑，形成统一开放的交通运输市场，优化完善综合运输通道布局。河南要建设高效的现代流通体系，还必须加强流通标准化建设。在国家标准的基础上，完善省内标准，制定更加切合河南流通产业实际的商贸物流、农产品流通、电子商务等重点领域的省级标准和行业规范。标准的制定应由政府主导，同时鼓励高校、科研院所、企业等社会主体积极参与，并在河南流通领域内推广和落地执行，为河南流通产业高质量发展提供依据。推进流通领域电子交易结算、信息技术平台等信息化设施的建设，加快信息共享和信息资源的开放进程。充分发挥大数据、物联网、区块链等高新技术对流通领域的推动作用，提升流通领域的信息化水平。

（二）优化营商环境，提升双创潜力

河南建设现代流通体系，更好地激发双创潜力，应该加快转变政府职能，简政放权，进一步优化河南流通领域的营商环境。理清政府与市场的关系，既要管理好，也要服务好。深化流通领域"放管服"改革，不断优化企业和居民的办事流程，提升流通领域的运转效率。鼓励有条件的城市或行业企业先行先试，形成可推广的有效经验，加快全省流通领域的现代化进程。加快流通领域信用体系建设，探索建立行业内的信息共享机制和信用评价机制，对相关企业的信用信息进行记录和评价，以此引导企业良性发展。

健全市场监管体系，创新市场监管模式，进一步发挥大数据、物联网等高新技术在监管中的作用，充分保障流通领域内企业和消费者的正当权益。推进法治化营商环境建设，维护市场的公平和规范；提升监管的效能，形成流通领域透明公平、良性竞争、和谐共赢的法治营商环境。营商环境好了、市场环境好了，河南才能真正建立起现代流通体系，河南流通产业才能充分激发现有企业的活力，并吸引更多的主体创新创业，从而促进河南经济的高质量发展。

（三）加快培育市场主体，激发市场活力

河南建设现代流通体系，激发双创活力，应该坚持市场为主导，强化企业的市场主体地位。河南流通产业应充分发挥市场的资源配置作用，用这只"看不见的手"调控市场运行，维护市场效率。企业是市场中最重要、最活跃的主体，企业主体地位受到尊重才能激发市场活力。加大力度培育一批具有河南特色的商贸流通主体，并营造适宜的政策和市场环境，支持骨干企业做大做强，发挥品牌的力量，利用网络信息技术，打造一批具有国际国内影响力的本土品牌企业和平台。鼓励流通领域内中小企业优化产业结构、提升科技含量，更好地满足消费新需求。推动"中华老字号""河南老字号"创新工艺，适应新的市场需求。构建流通领域大中小微企业和谐共进的市场环境，最大限度地激发市场活力，为流通领域创新创业提供更加广阔的空间。

（四）强化创新支撑，激发创新活力

河南建设现代流通体系，激发双创活力，应坚持创新引领，顺应信息化的发展趋势，建立完善的创新体制机制，转变流通发展方式，推动河南流通产业可持续、高质量发展。河南流通产业加快创新发展，需要在政策、金融等方面给予充分的支持，应增强对流通领域创新的支撑能力，利用财政金融政策，为流通企业减税减负，对流通企业进行充分扶持。鼓励流通企业合理利用各种融资途径，为企业融资提供担保、补贴等支持，鼓励金融机构创新金融产品和服务方式，适应现代流通体系下企业的新需求。政策上还要加大

对创新的保护力度，完善知识产权保护制度，健全维权援助体系，为创新提供有力支撑。河南流通产业的创新发展还需要健全服务体系，推动现代物流、在线支付等新型服务体系建设，建立创新成果交易机制，积极推进新型商贸服务交易平台建设。加强流通领域专业人才培养，尤其是信息技术和物流等专业人才，为河南现代流通产业的发展提供人才支撑。有了充分的支撑，河南流通领域的创新活力才能更充分地被激发，为双创提供有利条件。

（五）积极培育新业态，激发双创活力

河南建设现代流通体系，激发双创活力，应积极培育现代流通新业态，促进业态繁荣发展。积极实施"互联网+流通"行动，用信息技术推动流通新业态发展。鼓励发展生活消费品、生产资料、生活服务等各类专业电子商务平台，带动共享、协同、融合、集约等新兴模式发展。促进流通领域跨界融合发展，推动传统流通企业转型升级，支持传统商业模式增加体验、互动等新场景，向复合型和"商品+服务"的混合型业态转型。引导传统销售模式与信息技术结合，大力发展电子商务新业态，并在更广泛的领域内推广电子商务模式。支持消费领域内的业态创新，发展社区团购、网络众筹、定制预售等个性化的消费新模式，促进线上消费与线下消费的有机结合。发挥河南作为农业大省的优势，依托现有的现代化农业基地和流通企业，建设新型农产品交易平台，培育农产品流通的新业态。推进电子商务向农村发展，打造具有地方特色的农产品电子商务产业链。积极培育更丰富的新业态，流通领域的双创活力也能更加充分地被激发。

参考文献

郝玉柱：《双循环新发展格局下统筹推进现代流通体系建设观点综述》，《中国流通经济》2020年第11期。

闵伟琼：《新发展格局下现代流通体系建设面临的挑战与对策》，《商业经济研究》2021年第9期。

史良洪：《统筹江苏现代流通体系建设》，《唯实》2021年第7期。

祝合良、杨光、王春娟：《双循环新发展格局下现代流通体系建设思路》，《商业经济与管理》2021年第4期。

刘伊萌、宁远、韩磊：《我国现代流通体系软件建设存在的问题及对策研究》，《中国集体经济》2021年第29期。

冯椿：《我国商贸流通业发展的就业促进效应研究》，《商业经济研究》2020年第13期。

包振山、徐振宇、谢安：《技术创新、产业结构升级与流通业发展》，《统计与决策》2022年第5期。

苏娟：《基于省际面板数据的流通业增长对就业的放大效应分析》，《商业经济研究》2020年第10期。

李方靓：《省域商贸流通创业规模与经济增长的关系研究》，《商业经济研究》2019年第2期。

B.9
后疫情时期河南房地产
行业的创新发展研究

魏　征[*]

摘　要： 新冠肺炎疫情已经肆虐全球两年多，人们原有的生活方式被打乱，各行各业的生产经营均受到疫情的影响，作为国民经济中非常重要的一个行业——房地产行业受到的冲击更甚，叠加政府在政策方面对房地产行业的规制，许多房企举步维艰。2021年河南省遭遇了百年一遇的洪涝灾害和新冠肺炎疫情的双重冲击，房地产行业受到的影响巨大，房企为了自救，创新了发展模式，本文对此进行了研究分析，并对房地产行业未来的发展进行了展望。

关键词： 房地产　发展模式　创新　河南省

2020年的最后一天，银保监会针对银行涉房贷款管理的"四道红线"政策横空出世，这是继2020年9月针对房企融资的"三道红线"之后，又一具有"王炸"性质的文件，在供给端和需求端的两面夹击之下，2021年房地产行业的日子并不好过。在过去的2021年，房地产行业从去杠杆控制风险到制造风险，叠加疫情的影响，以中国恒大为代表的百强规模房企接连出现债务违约问题，有一些企业直接破产清算，尤其进入第三季度后，房地产行业面临着明显的下行压力，央行例会定调"两维护"，政治局会议提出促进房地产行业良性循环，政策面开始吹暖风，以前针对房地产行业的严厉

---

[*] 魏征，河南中原创新发展研究院讲师，研究方向：区域经济、房地产经济、创新创业。

政策开始变得温和，房地产下行压力较大的城市开始解绑政策稳预期，19城出台"限跌令"，40余城通过财税托市。但是由于过往的政策"用药过猛"，比如即使在房企频频暴雷的2021年全国各省市依然出台了超过250次的政策加码，单单深圳就出台了20多次加码调控政策，因此全国房市比较低迷。2021年夏天河南北部部分城市遭遇了百年一遇的洪涝灾害，水灾叠加新冠肺炎疫情，对房地产行业发展造成了严重影响，房地产企业为了能够生存下来，对其发展模式进行了一系列的创新。

一 2021年全国房地产行业发展的回顾

2021年是具有历史意义的一年，房地产调控政策之严厉前所未有，房地产企业受到的压力前所未有，房企暴雷的次数比往年总和都多，房地产行业经历了20多年的快速发展，销售额增速首次出现大幅度下降。据国家统计局网站消息，2021年全国房地产开发投资147602亿元，比2020年增长4.4%，比2019年增长11.7%，两年平均增长5.7%。2021年，商品房销售面积179433万平方米，比2020年增长1.9%，比2019年增长4.6%，两年平均增长2.3%。

（一）行业去杠杆的定调贯穿全年

2021年3月5日，两会政府工作报告定调：坚持"房子是用来住的，不是用来炒的"定位，稳地价、稳房价、稳预期，解决好大城市住房突出问题。4月30日，中央政治局会议召开，强调坚持"房子是用来住的，不是用来炒的"定位，增加保障性租赁住房和共有产权住房供给，防止以学区房等名义炒作房价。7月26日，被纳入"三道红线"试点的几十家重点房企，已被监管部门要求买地金额不得超过年度销售额的40%，不仅包括房企在公开市场拿地，还包括其通过收并购方式获地的支出。三季度后，房地产企业暴雷的声音从恒大开始蔓延，但是中央政府并未出台刺激措施，而从央行发布的消息来看，对房企要求有所放松，9月24日，央行第三季度例会定调"两维护"：维护房地产市场的健康发展，维护住房消费者的合法权益。12月6日，中央政治局会议强调，要推进保障性住房建设，支持商品房市场更好地满足购房者的合理住房需求，促进房地产业健康发展和良性循环。12月中央经济工作会议定调：要坚持"房子是用来住的，不是用来炒的"定位，加强预期引导，探索新的发展模式，坚持租购并举，加快发展长租房市场，推进保障性住房建设，支持商品房市场更好地满足购房者的合理住房需求，因城施策促进房地产业良性循环和健康发展。12月11日，发改委副主任兼统计局局长宁吉喆解读中央经济工作会议时强调，要加强居民基本住房保障。房地产是国民经济的支柱产业，住房更是居民的消费热点。12月20日，央行公布1年期LPR降至3.8%，下调5个基点，但是5年期以上LPR仍保持4.65%不变。

（二）"房住不炒"的定调没有改变

地方调控政策高频化、精准化。2021年全年70余省市、超过250次政策加码房地产行业，这在历史上实属罕见。其中，深圳、广州政策加码多达20次，深圳重点强化信贷资金管控，并以"深房理"被查处作为政策加码的最高峰；广州分区域精准化调控房地产行业，天河、黄埔、南沙等热点区域依据市场实际情况，有针对性地调整政策措施；上海多管齐下严堵政策监管漏洞，政策加码达到13次。聚焦房地产行业调控政策内容，主要涉及限购、限贷、限价、限售、房地产交易税费、二手房参考价、新房积分摇号和预售资金监管这8个方面。在房企暴雷后，北京、厦门、石家庄等强化预售资金监管。预售资金监管划分为重点监管资金和非重点监管资金，重点监管资金主要用于工程建设，按照施工进度分批次提取；非重点监管资金则不限于工程建设，取用政策各城市差别较大。石家庄政策力度最大，被列入"黑名单"的房企，监管比例为监管资金总额的120%，主体结构封顶仅能支取50%的重点监管资金。

（三）土地成交量大幅下降，土地价格创新高

2021年全国300城土地市场成交建筑面积较2020年同期下降超过了

25%，尤其是三四线城市，卖地收入同比下降 14.1%。但 2021 年全国 300
城土地成交楼板价迎来大幅上涨，增至 3069 元/平方米，创下历史新高。下
半年以来受土拍规则升级和房企融资渠道再度收紧的影响，房企资金压力大
增，拿地的积极性也大幅降低，溢价率较二季度明显下降，尤其是四季度，
整体溢价率已经跌至 3%，较二季度下降了 14 个百分点，土地市场明显转
冷。地价的明显上涨，一方面是由于成交结构调整，一线城市成交面积占比
由 2020 年的 2%增至 3%；另一方面也要归功于二季度土地市场热情高涨，
因此平均地价被大幅拉高。从溢价率来看，在政策严控下，三轮土地竞拍过
后通过比较，土地的溢价率呈现逐渐下降的趋势。综合而言，2021 年集中
供地的热度呈现"先扬后抑"的走势，首轮火热后，在政策打压和企业自
身现金压力之下，二、三轮集中供地进入"冰冻期"。

（四）房地产企业投资力度分化较为明显

按两轮投资力度的变化，可将房企分为两大类：一类是拿地力度大降的
房企，以融创、新城、中骏、德信、新希望等民企为代表，这些房企在第二
轮集中供地中，投资金额甚至不足 10 亿元，与首轮积极投资态度形成鲜明
的对比。另一类则是拿地力度不减反增的房企，从统计结果来看，此类房企
全部是国企和央企，包括中海、保利置业、华发、金隅等。30 强以前的房
企在二轮供地中拿地收敛程度更为明显，主要原因有二：一方面规模房企在
首轮集中供地时，已经抢先纳储，投资需求得到一定的满足；另一方面则是
在政策的持续收紧下，"禁马甲"等政策限制了规模房企大幅揽地。

（五）住房需求呈现结构性变化

2021 年住房需求结构呈现以下几方面变化和特征：第一，三房稳居成
交主力地位，四房成交比重增长但增幅收窄，二房成交占比止跌回升，尤其
是三四线城市消费降级，二房成交占比显著增长。第二，面积段中枢下移趋
势强化，2021 年成交比重增幅最大的是小户型的物业，其中 70~90 平方米
产品成交比重回升，相比之下 120~140 平方米产品成交占比由升转降，反

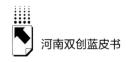

映需求降级更趋小型化。第三，户型小型化趋势进一步强化，120平方米以下三房、140平方米以下四房市场份额持续扩大，房价高企的一线城市户型紧凑化愈发明显，100平方米以下三房占比超过64%。第四，二手住宅一房成交比重显著回升，四房成交占比延续增长态势，三房成交占比止跌回升，180平方米以上大户型成交比重明显回升。

（六）房企融资呈现先紧后松的趋势

2020年针对房企的"三道红线"和贷款集中度"四道红线"政策出台后，2021年房市整体呈现房企融资供需两端持续收紧的态势。2021年1~3月，房地产融资合规审查方面的政策监管持续加强，上海、北京、深圳等地严查经营贷款违规入市；4月，上海证券交易所和深圳证券交易所同时发布公司债指引，进一步强调防范房企债券违约金融风险，严控城投公司、弱资质企业发行公司债；6月有消息称，中国人民银行已将"三道红线"试点房企商票数据纳入其监控范围，要求相关房企将商票数据每月上报。到第三季度，中国人民银行表示房地产企业"三道红线"监管和房地产贷款集中度管理制度都已经进入常态化实施阶段，未来将继续完善房地产金融管理长效机制。前三季度政策持续收紧下，部分房企陆续爆发了债务违约，同时海外评级机构频频下调中国房地产行业及部分企业的评级。在此背景下，为维护房地产市场平稳健康发展，中央及部委、金融机构等向外界释放有关房企融资政策偏正面消息。12月6日，中央政治局会议通告提出，要推进保障性住房建设，支持商品房市场更好地满足购房者的合理住房需求，促进房地产业健康发展和良性循环，这是中央层面首次对房地产行业释放利好信号，随后多个省市试探性地放松对房地产的限购、限售等调控政策。

二　2021年河南省房地产行业的发展总结

2021年第一季度，省内房企抓住春节置业的大好时机，加大推盘力度，市场迎来了短暂的"小阳春"，整体表现态势良好；第二季度，中央政府对房地产调控政策依旧层层加码，各大房企暴雷的新闻不断，人们的置业理念开始变得更加理性，省内重点城市新增供应逐步放缓，市场开始变冷；第三季度，郑州及周边的安阳、鹤壁、新乡等市遭遇了重大洪水灾害，水灾后疫情伴随而至，叠加中央进一步加码房地产调控政策，导致购房者观望情绪提升，河南本土的建业、康桥、鑫苑等知名房企爆出停工、延期交房等新闻，房地产崩盘论的声音不绝于耳，各大房企的销售额大幅度下滑，债务违约的情况越来越多；第四季度，各大房企为了自救，不断推出优惠政策，加快资金回笼，为了维护房地产行业的平稳健康发展，中央层面的暖风政策频吹，积极的宏观政策信号频发，房企开始了年度销售冲刺模式。

（一）房地产开发投资完成情况

2021 年 1~12 月，全省房地产开发投资 7874.35 亿元，同比增长 1.2%（见图 1），比 2019 年 1~12 月增长 5.6%。其中，住宅投资 6696.09 亿元，增长 3.8%。洛阳、许昌、周口、濮阳开发投资总额持续升高，其余城市稳中略增。

1~12 月，房地产开发企业房屋施工面积 62688.17 万平方米，同比增长 7.3%，其中，住宅施工面积 48580.05 万平方米，增长 8.1%；房屋新开工面积 13652.89 万平方米，下降 3.3%，其中，住宅新开工面积 11297.67 万平方米，下降 0.6%；房屋竣工面积 6841.90 万平方米，增长 26.4%，其中，住宅竣工面积 5374.78 万平方米，增长 25.6%。

1~12 月，房地产开发企业土地购置面积 631.20 万平方米，同比下降 24.1%；土地成交价款 417.40 亿元，下降 17.6%。

（二）商品房销售和待售情况

2021 年 1~12 月，全省商品房销售面积 13277.19 万平方米，同比下降 5.8%，比 2019 年 1~12 月下降 6.9%。其中，住宅销售面积同比下降 4.5%，办公楼销售面积下降 43.7%，商业营业用房销售面积下降 19.1%。商品房销售额 8657.71 亿元，同比下降 7.5%，比 2019 年 1~12 月下降

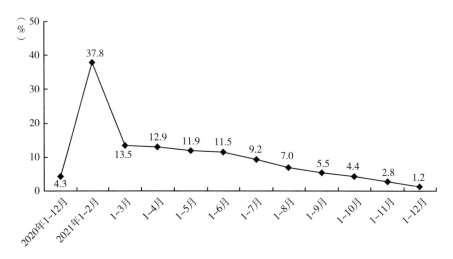

图 1　2020~2021 年全省房地产开发投资同比增速

资料来源：河南省统计局。

3.9%（见图 2）。其中，住宅销售额下降 6.1%，办公楼销售额下降 47.0%，商业营业用房销售额下降 13.9%。其中，河南省本土房企 TOP20 在 2021 年 1~12 月实现总销售额 2159.4 亿元、总销售面积 2594.9 万平方米，其中 TOP20 门槛值为 18.9 亿元、28.7 万平方米，TOP10 门槛值分别为 72.0 亿元、68.5 万平方米。销售金额方面，建业集团以 574.2 亿元成为销售金额榜冠军，正商集团以 302.3 亿元位列第二，康桥集团以 227.8 亿元位列第三。销售面积方面，建业集团、正商集团和昌建控股分别以 762.6 万平方米、334.1 万平方米和 195.4 万平方米位列榜单前三。

2021 年 12 月末，全省商品房待售面积 2766.98 万平方米，比 11 月末增加 144.54 万平方米。其中，住宅待售面积增加 96.31 万平方米，办公楼待售面积增加 6.93 万平方米，商业营业用房待售面积增加 6.90 万平方米。

（三）土地市场成交情况

2021 年 1~12 月，河南全省共成交各类用地 3856 宗，合计建设用地

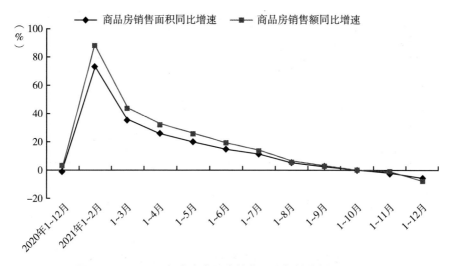

图2　2020~2021年全省商品房销售面积与销售额同比增速

资料来源：河南省统计局。

面积 13641.23 万平方米，规划建筑面积 23620.38 万平方米；其中住宅及商业/办公用地成交 2028 宗，成交用地面积 5824.63 万平方米，总规划建筑面积 13545.88 万平方米。2021 年 1~12 月全省共成交住宅用地 1457 宗，总用地面积 4866.00 万平方米，规划建筑面积合计 11768.72 万平方米。商丘、洛阳以高供销总量排名靠前，多数城市均呈现明显的供过于求，且溢价率持续走低，流拍数量大于溢价数量，土地市场下行趋势明显。随着市场的波动，典型房企进行战略收缩，回归郑州主城区混战的房企越来越多。

（四）房地产开发企业到位资金情况

2021 年 1~12 月，房地产开发企业实际到位资金 8212.68 亿元，同比增长 1.9%（见图3），比 2019 年 1~12 月增长 3.7%。其中，国内贷款 547.92 亿元，下降 2.1%；自筹资金 4632.80 亿元，下降 0.2%；定金及预收款 1961.87 亿元，增长 3.9%；个人按揭贷款 974.20 亿元，增长 8.5%。

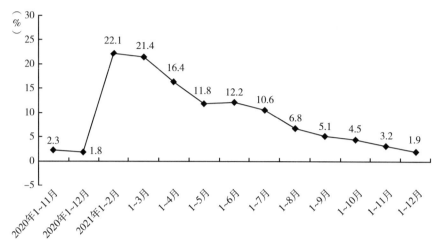

图3　2020~2021年全省房地产开发企业到位资金同比增速

资料来源：河南省统计局。

三　房地产行业发展的创新之处

（一）实行集中供地政策，以期"稳地价—稳预期"

2021年2月18日，住建部发文对22个重点城市实施土地供应两集中，即集中发布出让公告，集中组织出让活动，2021年住宅用地公告不超过3次。22个重点城市包括4个一线城市——北京、上海、广州和深圳以及杭州、宁波等18个热点二、三线城市。8月11日，自然资源部对集中供地提出四个明确要求，预示着从控"名义地价"上升到控"实际地价"：其一，参加商品住宅用地竞买的企业应当具有房地产开发资质。其二，房企参与土地竞拍和开发建设过程中，其股东不得违规对其提供借款、转贷、担保或其他融资便利，并将"建立购地资金来源审查制度"由可选项改为统一实施的政策措施。其三，单宗地溢价率不得超过15%，绝不允许通过提高起拍价格调整溢价率，严控城市楼面地价新高。其四，在达到地价或溢价率上限时，不得以竞配建等方式增加实际地价，可通过一次性合理报价、摇号、更高更优品质建设方案等方式确定竞得人。2021年上半年，除6月份受郑州市首批集中土地竞拍带动，全省成交总量及成交楼面单价整体升高外，其余月份保持平稳发展的态势；2021年下半年，受市场大环境及各城市供应结构影响，7~10月全省土地成交规模和成交楼面价环比持续下滑，11月和12月分别受二批次和三批次土地竞拍带动，全省成交总量及成交楼面单价提升明显，但整体热度不及首批土地竞拍。

（二）行业下滑趋势下，房企整体经营逻辑发生转变

近年来房地产行业监管不断收紧、叠加市场降温，项目去化率表现不佳，多数企业销售承压、短期资金压力较大。房地产行业的主旋律已经从规模扩张向努力活下去转变，优化企业的管理流程，降低经营成本，降价促销加快资金周转速度等举措决定企业的生存。2021年，众多房企在保证货量供应的同时，继续积极营销、促进销售去化及现金回笼。相应地，行业调整期下，市场资源也在向优势企业集聚，财务稳健、现金充裕的国企、央企将继续保持发展优势。新常态下，高杠杆、高负债运营模式无法持续。长期来看，未来房企经营逻辑将加速向"以销定投"转变，更好地平衡财务杠杆，以增强企业自身的抗风险能力，实现稳健、高质量发展。整体战略以谨慎经营、防范风险为主，并积极适应新的政策与市场环境。坚持主业、精细化管理，"降本增效"向管理要效益、缓解流动性压力、抵御行业寒冬。在目前的行业盘整期，企业更应该回归产品、持续关注产品升级迭代，加强产品力打造、提高产品适销性，在日趋加剧的行业竞争中保持发展优势。

（三）战略规模收缩下，房企拿地策略转变

2021年开始，房地产行业步入寒冬时期，全国性房企开始战略收缩，在河南省内谨慎布局，2021年万科完成计划任务的98%，碧桂园和保利均完成83%，河南本土的龙头企业建业只完成计划的65%，正商完成63%，永威、东方经典完成率更低。在业绩完成率如此低的情况下，房企调整拿地策略，全国性品牌房企和省内品牌房企纷纷布局轻资产代建模式，2019年

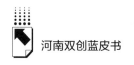

建业集团分拆中原建业同年收购中民筑友，正式开始轻资产运营，中原建业于 2021 年在香港上市，现已成为全国第二大代建房企。河南本土第二大房企正商集团也开始布局轻资产运营模式，业务规模在不断扩大。同时，康桥也加入代建的队伍。

四 促进河南房地产行业健康发展的政策建议

（一）房地产企业要提高认识，主动适应

无论是针对房企的"三道红线"还是针对银行的"四道红线"都与近年来中央政府对房地产业的定调"房住不炒"、"不把房地产当作短期经济的刺激工具"、"稳地价、稳房价、稳预期"一脉相承，主要方向还是"稳存量、控增量"，牢牢守住不发生系统性及区域性风险的底线，也就是在保持稳定的情况下能够逐步降低杠杆。虽然郑州市在 2022 年 3 月 1 日发布了 19 条利好房地产的政策，驻马店市已经把首套房首付比例调整为 20%，开封市取消了限售年限等，但是所有的调控放松是在"房住不炒"的前提下对一些过于严厉的调控政策进行的纠偏，中央政府的政策工具的组合运用都是为了继续维持房住不炒，租购并举，稳地价、稳房价、稳预期，因城施策，因而能保证整个行业的健康稳定发展。所有房企要坚决拥护中央房地产调控政策，主动适应这一政策，努力使自己的发展目标符合国家的调控要求，为经济的高质量发展做出一份贡献。

（二）房地产企业要收缩战线，聚焦主业

随着城镇化的推进，我们国家的城镇化率超过 60%，城镇化的速度会有所放缓，进入后城镇化时代，房子不再是稀缺品，所有的地产人知道建房子有天花板，纷纷转型谋求多元化发展，但房地产企业转型成功的案例尚少。在以往融资宽松的环境下，房企能够便捷融资，发展了许多叫好不赚钱的项目。比如，河南省的龙头房企——建业集团，为了企业的可持续发展，努力为业主打造闭环式的生活方式，陆续开展了 12 大业态，最近两三年来

疫情叠加 2021 年豫北部分城市水灾影响，其文旅产业受疫情影响严重，企业债台高筑，经营困难。随着"三道红线"及"四道红线"在全行业推开，很多地产商面临"巧妇难为无米之炊"的窘境，省内的知名房企名门、鑫苑、康桥、正商等，票据逾期，信用评级下调，造成的融资困难已经影响企业的正常运行。因此，适当收缩战线，聚焦主业，减少不可控投资是正确的选择。建业集团已经对足球板块进行调整，引入其他合作伙伴，不再由建业完全负担足球板块的开支。同时，要调整企业负债结构，尽量降低杠杆，减少融资成本，还可以调整资产和土储结构来增加流动性。

（三）房企要积极拓展融资渠道，保证企业的可持续发展

房地产行业是一个资金消耗量很大的行业，现在中央政府为了抑制房价的过快上涨，从需求端和供给端对房企的融资渠道进行围堵，很多房企的现金流堪忧，这就需要房企坚持审慎的财务管理制度，加快销售资金回笼，保证企业的现金流安全及可持续发展，同时要积极开拓新的融资渠道。建业集团和正商集团分别与郑州银行建立战略合作伙伴关系，并签订了 100 亿元的授信额度，助力企业的持续发展，同时要积极参与 REITs（公开募集基础设施证券投资基金）的发行，为公司拓展更多的融资渠道。

（四）房企要积极引入战略投资者，借力借势

近年来许多房企引入战略投资者，虽然他们引入战投的目的不尽相同，更多的是出于合作的目的，实现互利共赢，但是对整个房地产行业的发展产生了较大影响。

引入战投的方式主要有两种：一是险资战投。与一般资金相比，保险资金具有资金来源稳定、成本较低、期限较长等优势。近年来，华夏幸福、中国金茂、碧桂园等房企纷纷引入险资，部分险资企业已持有多家房地产上市企业股份。目前，中国平安已经成为华夏幸福、中国金茂、碧桂园的第二大股东，到 2019 年末中国平安持有这三家地产公司的股份比例分别达到25.16%、15.18%、8.93%。

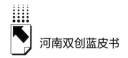
二是国资战投。房企引入国有企业作为战略投资者，在国资背景的加持下，民营房企可以借助国有企业在融资、土地资源获取方面的优势，加强信用评级，有助于企业拓展融资渠道，降低融资成本，达到合作共赢，实现快速发展。在"宝万之争"中，最终以宝能的黯然退出结束。万科引入深圳地铁集团，深圳地铁集团持有万科 28.69%的股份，成为万科第一大股东，至此万科稳坐全国地产企业前三的宝座。绿城引入中国建通建设集团，2022年前三月的销售额已经进入全国房企 TOP10。2022 年初，建业集团与中国电建建立战略合作伙伴关系，这将助力建业集团的发展。

（五）房地产企业要慎重进行城市业务布局

进入后城镇化时期，经济发展速度趋缓，肆虐了两年多的新冠肺炎疫情对各地的经济发展影响很大。对河南而言，其虽然有着庞大的人口基数，但是如果就业不振，房地产行业的发展会受到很大影响，这就要求房企在整体市场遇冷的情况下，要紧紧跟随政策导向，慎重进行业务布局，如郑州、洛阳、南阳等高价值城市积极进取，同时基本面表现优秀且前期市场平稳的城市可把握市场需求择机进入，对部分表现亮眼的县城市场要重点关注。

参考文献

顾海峰、张元姣：《货币政策与房地产价格调控：理论与中国经验》，《经济研究》2014 年第 1 期。

胡晓：《我国房地产价格上涨背后的制度性因素——兼论房地产价格泡沫》，《中央财经大学学报》2014 年第 7 期。

河南省统计局，http：//tjj. henan. gov. cn/。

郑州市住房保障和房地产管理局，http：//www. zzfdc. gov. cn/。

潘月、苏义坤：《二线城市房地产价格因素分析——以长春市为例》，《经济师》2016 年第 1 期。

B.10
河南跨境电商综试区建设发展的
创新探索和实践

王岳丹　王小艳*

摘　要： 从 2012 年我国开展跨境电商零售进口试点、2015 年启动跨境电子商
务综合试验区（以下简称"跨境电商综试区"）建设以来，跨境电
商作为国际贸易新业态新模式蓬勃发展的同时，也受到社会各界的
广泛关注。近年来，郑州综试区跨境电商产业发展迅猛，创新发展
的成就显著，已经成为引领和带动河南省及全国跨境电商创新发展
的"风向标"。本文简要概述了综试区的发展历程和设立意义，梳理
总结河南省郑州市、洛阳市、南阳市三个综试区跨境电商发展的现
状和创新做法，并分析了河南跨境电商综试区产业发展存在的问题，
最后提出了对河南跨境电商综试区高质量发展的建议。

关键词： 河南跨境电商综试区　郑州模式　河南跨境电商

一　跨境电商综试区发展历程及意义

（一）综试区发展历程

为持续深化改革、扩大对外开放，推动国际贸易自由化、便利化，以新

---

* 王岳丹，河南国际数字贸易研究院办公室副主任，《中国跨境电商发展报告》作者之一，研
究方向：跨境电商、数字贸易、数字经济；王小艳，河南国际数字贸易研究院院长助理兼综
合研究部部长，《中国跨境电商发展报告》副主编，研究方向：跨境电商、国际贸易、数字
贸易。

业态新模式为抓手，促进产业转型升级，激发市场活力，国务院于 2015 年启动了首批跨境电商综合试验区建设，截至目前，全国共批复设立了六批 132 个综试区城市（见表 1）。根据批复内容，综试区城市应主要围绕跨境电商交易全流程涉及的技术标准、业务流程、监管模式和信息化建设等方面先行先试，从制度、管理、服务方面进行创新探索，以此破解跨境电商发展过程中面临的体制性、机制性障碍，构建跨境电商健康良性发展的产业链和生态圈，推动全国跨境电商可持续发展，并形成一整套引领全球跨境电商发展的标准规则体系，为推动全球跨境电商行业发展提供有力支撑。

表 1 中国跨境电子商务综合试验区批复历程

批次	批复时间	城市
第一批(1 个)	2015 年 3 月	杭州
第二批(12 个)	2016 年 1 月	天津、上海、重庆、合肥、郑州、广州、成都、大连、宁波、青岛、深圳、苏州
第三批(22 个)	2018 年 7 月	北京、呼和浩特、沈阳、长春、哈尔滨、南京、南昌、武汉、长沙、南宁、海口、贵阳、昆明、西安、兰州、厦门、唐山、无锡、威海、珠海、东莞、义乌
第四批(24 个)	2019 年 12 月	石家庄、太原、赤峰、抚顺、珲春、绥芬河、徐州、南通、温州、绍兴、芜湖、福州、泉州、赣州、济南、烟台、洛阳、黄石、岳阳、汕头、佛山、泸州、海东、银川
第五批(46 个)	2020 年 4 月	雄安新区、大同、满洲里、营口、盘锦、吉林、黑河、常州、连云港、淮安、盐城、宿迁、湖州、嘉兴、衢州、台州、丽水、安庆、漳州、莆田、龙岩、九江、东营、潍坊、临沂、南阳、宜昌、湘潭、郴州、梅州、惠州、中山、江门、湛江、茂名、肇庆、崇左、三亚、德阳、绵阳、遵义、德宏傣族景颇族自治州、延安、天水、西宁、乌鲁木齐
第六批(27 个)	2022 年 2 月	鄂尔多斯、扬州、镇江、泰州、金华、舟山、马鞍山、宣城、景德镇、上饶、淄博、日照、襄阳、韶关、汕尾、河源、阳江、清远、潮州、揭阳、云浮、南充、眉山、红河哈尼族彝族自治州、宝鸡、喀什地区、阿拉山口

资料来源：网上公开资料收集。

（二）综试区设立意义

我国 2012 年开展跨境电商零售进口试点，2015 年启动跨境电商综试区建设，跨境电商综试区不仅是跨境电商零售进口试点的升级版，有效激发跨境进口消费需求，稳定传统外贸进口市场；同时也是我国贸易新业态创新发展的"试验田"，在探索新型监管制度、重塑国际贸易新规则新秩序方面发挥着重要作用。

1. 综试区是跨境电商零售进口试点的升级版，有利于激发跨境电商市场潜能

近年来，跨境电商零售进口试点围绕跨境电商零售进口（B2C）探索创新取得了突破性进展，推动跨境电商零售进口模式在通关、检验检疫、财税、外汇等方面形成了一整套成熟且完整的监管流程和体系，并在全国复制推广。与跨境电商零售进口试点的侧重点不同，跨境电商综试区作为跨境电商零售进口试点的升级版，主要围绕跨境电商企业对企业（B2B）创新发展，同时兼顾跨境电商 B2C 发展。自 2015 年全国首个跨境电商综试区——杭州综试区批复以来，以杭州、郑州、深圳为代表的前两批综试区，为政府和企业创新实践应用做出重要贡献。因此近年来，国家持续释放跨境电商综试区扩容红利，先后共批复六批 132 个综试区城市，除西藏外，基本覆盖全国各省、自治区和直辖市。我国跨境电商综试区建设的深入推进、相关配套政策体系的不断健全，有利于持续激发跨境电商市场主体活力，进一步优化和完善我国跨境电商行业的产业生态，有效释放跨境电商行业的市场潜能。

2. 综试区是建立新型监管体制的抓手，有利于促进跨境电商健康可持续发展

跨境电商综试区的建设，一方面，有利于推进政府监管部门"互联网+监管"改革，有力推动政府监管部门顺应数字经济时代发展趋势，加强互联网、大数据等新一代信息技术在监管执法中的应用，提高政府监管服务效能，实现"信息互换、监管互认、执法互助"；另一方面，有利于推进跨境电商的深层次改革。跨境电商在零售进口试点阶段实现了快速发展，且在零售进口领域探索并获得了一系列创新成果。但跨境电商出口领域存在的财税制度不健全、平台物流支付尚未实现自主可控等影响行业长远发展的深层次

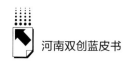

问题仍旧存在。因此，在综试区建设阶段，要求各综试区城市从加强制度规则方面切入，重点聚焦跨境电商批发出口（以下简称"跨境B2B"）领域的法律法规和政策制度"瓶颈"，探索开展跨境B2B出口的监管流程方式、财税汇政策制度、标准规则等方面创新。

3. 综试区是稳增长促转型的重要举措，有利于构建"双循环"新发展格局

当前世纪疫情和百年变局交织，在贸易保护主义、单边主义抬头，逆全球化思潮上升，国际市场不稳定不确定性日益增强的背景下，我国传统外贸严重受阻，跨境电商作为国际贸易新业态新模式逆势增长，2021年全球跨境电商交易额预计达1.25万亿美元[①]，近5年来我国跨境电商规模增长近10倍，2021年达1.69万亿元，同比增长15%。跨境电商已成为推动我国外贸增长的新动力、外贸转型发展的新路径，连续9年在政府工作报告中被提及。跨境电商的发展对于推动构建"双循环"新发展格局具有重大作用和意义，不仅为全球中小微企业开展出口业务、拓展国际市场降低了门槛和成本，为外循环发展增势赋能，同时也成为拉动我国进口消费和内需增长的新引擎，有利于内循环的稳定健康运行。

4. 综试区是数字贸易的主要应用，有利于融入和重构国际贸易新秩序

跨境电商以互联网信息化技术为基础，是数字贸易的主要应用形式，对加速推动全球数字贸易和数字经济的发展进程意义深远。尤其在全球新冠肺炎疫情反复、国际贸易国际交往受限的不利背景下，跨境电商凭借其独特优势，通过数字化链条为全球范围内的供需双方架起了一座桥梁，保障了国际贸易通道通畅运行，加速推进以跨境电商为代表的数字贸易新业态已经成为全球共识。同时，数字技术在国际贸易新业态和模式中的广泛应用，颠覆了通行的国际贸易规则体系，加速了国际数字贸易标准和规制的重构。跨境电商综试区的建设在促进我国跨境电商规模扩大的同时，有利于充分发挥我国作为位居全球第一梯队国家的引领优势，抢抓以跨境电商为代表的国际数字贸易标准和规则制定的主导权，增强我国在全球贸易体系中的话语权。

---

① McKinsey & Company：《中国跨境电商市场研究白皮书》，2020年8月。

二　河南跨境电商综试区发展现状

近年来，河南省围绕"贸易强省"建设，持续培育打造对外贸易新优势、着力推进全省对外贸易高质量发展。"十三五"期间，河南省货物进出口额累计 2.78 万亿元，是"十二五"时期的 1.57 倍，规模居中部地区首位；跨境电商进出口额累计 6408.8 亿元，年均增长 35.3%，居中西部首位；对外投资累计超 100 亿美元，是"十二五"时期的 1.46 倍。2020年以来，复杂多变的国内外经济政治环境和新冠肺炎疫情等突发事件，对全省全国外贸发展带来前所未有的风险和挑战，河南省全力以赴保企业、保订单、保市场，强支持、稳预期、增信心，大力发展新型业态，强基础、扩增量，多管齐下培育新的外贸增长点。2021 年河南外资外贸再创新高，进出口额突破 8000 亿元，达 8208.1 亿元，同比增长 22.9%，高于全国进出口增速 1.5 个百分点，进出口总值居中部第一、中西部第二、全国第 10 位。目前，在豫世界 500 强企业达到 189 家，中国 500 强企业达到172 家①。

自郑州市、洛阳市、南阳市三个跨境电商综试区陆续批复以来（见图1），河南全省跨境电商产业发展迅猛，业务量持续保持全国前列。2021 年，河南跨境电商交易额 2018.3 亿元，同比增长 15.7%（见图 2），全省跨境电商发展水平居全国前列、中西部首位。其中，郑州、洛阳、南阳综试区跨境电商交易规模分别为 1092.5 亿元、61.7 亿元、134.2 亿元②，形成了装备制造、铝制品加工、电线电缆、工程机械、办公家具、仿真花、光学仪器等十多个跨境电商特色产业带。全省跨境电商的发展规模、应用水平、综试区建设水平持续提升，成为河南省拓展对外贸易渠道、优化贸易结构、扩大对外开放、促进经济和产业转型的新动力。

---

① 以上数据来源于河南省"十三五"商务工作总结报告。
② 以上数据来自河南省商务厅网站。

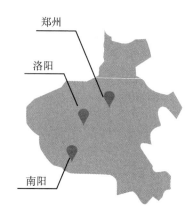

图1 河南跨境电商综试区城市分布

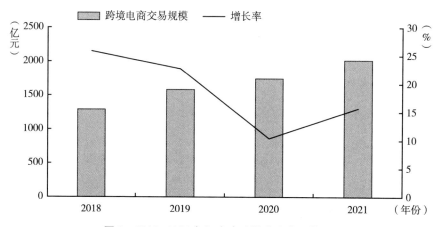

图2 2018~2021年河南省跨境电商发展情况

资料来源：河南省商务厅。

三 河南跨境电商综试区创新经验及主要做法

河南省地处内陆腹地，不沿边靠海，近几年全省跨境电商的快速发展都离不开省委省政府的高度重视和全力推动，也受益于各级相关部门的通力协作、狠抓落实。一是高度重视、高位推动。自郑州综试区批复以来，由省领导挂帅，组建跨境电商综试区专项工作组全力推进；省主要领导持续关注跨境电商发展工作，对跨境电商发展和综试区建设工作做出重要批示。二是部门合力、高效推动。先后印发了《关于河南自由贸易试验区和跨境电商综试区省级专项资金管理暂行办法》《郑州—卢森堡"空中丝绸之路"建设专项规划（2017-2025 年）》《河南省加快推进"四路协同"发展工作方案》等一系列文件，统筹"空中、陆上、海上、网上"四条通道资源，全力支持全省跨境电商快速发展。

（一）加强顶层规划设计，确立全省跨境电商发展战略布局

明确构建"三平台七体系"主要任务、推动实施跨境电商"三步走"战略。郑州市作为全省首个跨境电商综试区城市，对推动全省跨境电商产业发展发挥引领和带动作用。基于郑州作为全国首批跨境电商零售进口试点之一的发展基础、成熟模式和先行优势，河南省政府印发《中国（郑州）跨境电子商务综合试验区建设实施方案》，明确了以郑州综试区为核心，"立足郑州、梯次推进、带动全省、分阶段共同发展"的总体要求，三阶段逐步带动，助推全省跨境电商产业发展。确立了以促进产业发展、扩大出口作为主攻方向；以 B2B 模式为重点、B2C 模式为补充的功能定位。明晰了构建"单一窗口"综合服务平台、"综合园区"发展平台、人才培养和企业孵化平台，跨境电商信息共享体系、金融服务体系、智能物流体系、信用管理体系、质量安全体系、统计监测体系、风险防控体系"三平台、七体系"的主要任务。同时提出了"一区多园、一园多点、多主体运行、多模式发展"的跨境电商新格局的发展目标。

（二）创新驱动产业发展，发挥先行先试试验田作用

一是监管制度。河南省以贸易便利化为导向，在全国首创"电子商务+行邮监管+保税中心"的跨境电商网购保税进口（1210）模式，即买即提的"网购保税+线下自提"新零售模式、跨境电商零售进口退货中心仓模式、"一区多功能"监管和服务模式，国内首个获批利用跨境电商探索药品零售

进口等，打造了全国综试区创新发展的"郑州样板"。二是业务流程。郑州综试区率先利用"三单比对"，推动通关作业无纸化。启动建设河南国际贸易"单一窗口"，实现企业通关数据共享共用、申报—查验—放行"三个一"。创新实施"简化申报、清单核放"、抽查制度"双随机"等措施，有效提高跨境商品通关效率，实现日均 1000 万包、通关速度 500 单/秒的"河南速度"。三是商业模式。河南探索发展"一馆多模式""一馆多业态"跨境电商 O2O 新零售商业模式，实现跨境商品"即买即提"。四是标准规则。近年来，河南省以改革创新为驱动推动全省高质量对外开放，持续进行创新探索，《郑州模式：E 国际贸易—中国解决方案》受到世界贸易组织（WTO，2017 年）、世界海关组织（WCO，2017 年）关注和热议。

（三）夯基筑巢引凤归来，多措并举强化平台载体支撑

一是推动跨境电商示范园区建设。从 2018 年起，河南省积极开展跨境电商示范园区认定工作，调动园区招商建设的积极性，打造园区标杆，发挥园区载体的示范性、引领性和带动性。目前，全省共认定省级跨境电商示范园区和人才孵化平台 40 家。二是积极引进和培育市场主体。吸引亚马逊、阿里巴巴等境内外知名跨境电商企业相继落户并开展业务，UPS、DHL、顺丰等物流企业加速布局。培育了世界工厂网、致欧、万国优品等一批本土跨境电商重点企业和全速通、豫满全球等跨境电商服务商，全省跨境电商产业链条日益完善、企业集聚推动产业发展的效应逐步显现。三是积极培育本土产业链。目前，河南省已培育形成发制品、机械制造、化妆毛刷、户外用品等一批跨境电商特色出口产业集群，郑州致欧的小型家具、伊赛尔的对讲机、钟桦电商的家用饰品等出口欧美多个国家，年成交额超亿元。四是优化完善国际运输网络布局。推动通达系、顺丰等速递企业在河南设立中心仓和区域中心总部，为电商与快递协同发展奠定基础。支持全省 77 家跨境电商企业在 43 个国家和地区共设立 183 个海外仓①。搭建了境内以郑州为核心，

---

① 数据来源于河南省"十三五"商务工作总结报告。

境外以埃德蒙顿、纽约、烈日等主要城市节点为中心，覆盖欧美、东盟等全球主要贸易市场的航空运输网络。

（四）聚力打造载体标杆，优化河南跨境电商产业生态

为发挥郑州作为全省跨境电商创新发展主阵地的作用，加快河南自贸试验区建设、促进跨境电商长足发展、打造郑州国际商都、引领全球贸易规则制定，2017 年，河南省提出建设 E 贸易核心功能集聚区，从跨境贸易新业态、新模式、新规则等方面进行创新探索，积极打造具有国际影响力的新型业态功能集聚区、制度创新示范区。河南省依托河南保税物流中心、出口加工区、郑州国际陆港等开放平台，高标准谋划推动 10.51 平方公里的 EWTO 核心功能集聚区建设，研究出台跨境电商"零费区"专项扶持政策，探索跨境电商监管通关、税收征管、业务模式、人才培养等模式，创新集成邮件、快件、口岸、退货中心仓等功能，探索实施跨境电商 O2O 自提模式，吸引 1200 余家企业集聚，涵盖商品近 22 万种，法人注册企业多达 105 家，全球业务关联企业 4 万余家，产业规模已超 500 亿元，业务辐射全球主要经济体，服务 5000 余万终端消费者。[①]

（五）理论实践并驾齐驱，构筑跨境电商品牌体系和创新高地

跨境电商作为全省对外开放创新发展的重要内容，在理论研究和应用实践领域都取得了长足的进步。一是应用层面。河南省从跨境电商监管端和市场端的双需求出发，首创跨境电商网购保税进口（1210）通关监管模式，既为全国打造了跨境电商的发展样板，在全国综试区应用，又抑制了"灰色通关"，实现了跨境电商产业阳光化、便利化，打造了中国跨境电商的国际品牌，受到 WCO 组织认可，并被 WTO 组织定为中国方案和中国蓝本。二是理论研究层面。基于河南省作为全国跨境电商创新发展策源地的基础优势，河南打造全球（郑州）跨境电子商务大会的会展品牌，搭建了全球跨

---

① 数据来源：E 贸易核心功能集聚区 2021 年年度工作总结。

境电商行业交流和合作平台。同时，河南省政府推动创建了致力于跨境电商、数字贸易等新兴业态的专业研究机构——河南国际数字贸易研究院，创研打造了《中国跨境电商综试区城市发展指数报告》和《中国跨境电商发展报告》研究报告品牌，积极发挥智库智力支撑作用，服务全省全国跨境电商创新和高质量发展。

四　河南跨境电商综试区发展存在的问题

近年来，在全省首个综试区——郑州综试区创新发展的带动下，河南跨境电商综试区发展量质齐升，发展成绩有目共睹。但随着综试区城市的不断扩围，河南跨境电商综试区在快速发展的同时，也面临内部合力不足、外部压力陡增，产业带动不充分、创新发展乏力等问题。

（一）省内跨境电商综试区联动发展动力不足

目前，河南全省共拥有郑州、洛阳、南阳三个跨境电商综试区城市，其中，郑州作为全省省会、省内首个跨境电商试点城市，发展起步早、基础条件好、资源优势多、创新能力强。近年来郑州市在探索跨境电商创新发展方面成绩卓著，跨境电商发展规模和水平不断提升，稳居全省全国前列。但郑州市跨境电商综试区建设发展红利"溢出效应"较小，除全省通用的国家贸易"单一窗口"外，郑州模式（1210模式）仅在南阳卧龙综保区复制应用，"网购保税+线下自提"模式、跨境电商进口退货中心仓等郑州创新成果并未覆盖全省综试区城市。此外，得益于郑州得天独厚的政策、区位交通、营商环境等优势，郑州市跨境电商独挑全省大梁。2021年，河南省跨境电商进出口规模2018.3亿元，其中，郑洛宛三地分别占比54.13%、3.06%、6.65%，全省跨境电商综试区发展"一方独大、发展不均衡"等问题较为显著。

（二）对本土产业的带动作用仍不充分

近年来，依托郑州机场和郑州国际陆港枢纽口岸优势，河南跨境电商规模快速增长。但由于河南本土的外向型出口商品较少，全省跨境电商零售出口以全国揽收、集货出境模式为主，本地产品出口规模占比较小，且以纺织、塑料、家具及零配件等附加值较低的商品为主，大物流带动大贸易、大贸易带动大产业的发展格局尚未形成。此外，郑州电子信息、装备制造、汽车、铝加工等优势产业与跨境电商"日用消费品"的匹配度较低，洛阳钢制家具、装备制造、偃师布鞋等产业与跨境电商的融合应用有待提高，南阳食用菌、艾草制品等产业跨境贸易潜能尚待挖掘。总体而言，跨境电商促进和带动全省优势产业发展的作用尚未显现。

（三）综试区持续扩容发展压力陡增

按照我国先易后难、先试点再推广的渐进式改革发展路径，跨境电商综试区已经成为各地跨境电商发展的重要载体和抓手。随着跨境电商综试区城市的不断扩容，综试区城市间企业招商竞争日益激烈。一是跨境电商进口方面。在跨境进口平台小红书战略调整、聚美优品因假货风波事件基本暂停跨境业务、考拉海购被阿里收购后，国内跨境电商进口领域已形成几大头部平台垄断的局面。据艾媒咨询数据，2021年排在前2位的阿里系的天猫国际（26.7%）和考拉海购（22.4%）合计共占49.1%，排在第3~5位的是京东国际（11.3%）、苏宁国际（11.2%）、唯品国际（10.5%）[①]。国内跨境电商进口平台经过近年来的发展，已经形成"总部+区域仓储中心"布局模式，除去交通区位优势和政策支持力度外，企业布局调整的动作较小。二是跨境电商出口方面。近年来新增跨境电商企业数量持续上涨，但疫情冲击下跨境电商平台政策日益收紧，跨境电商出口行业加速洗牌，跨境电商第一股环球易购破产清算，跨境电商平台墨灿、Vova倒闭；此外，新注册的跨境电商出口企业仍处于成长期，壮大需要较长时间的培育。因此，综试区跨境电商企业招商面临"招不来、用不好、留不住"难题。

---

① 《2020-2021中国进口跨境电商行业研究报告》，艾媒咨询，2021年3月。

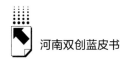

（四）创新发展难度提升评估考核压力增大

我国跨境电商历经十年的发展，已由初期探索突破迈入改革创新的深水区，随着跨境电商综试区建设的全面推进，进口领域监管模式和服务等方面标准规则创新已基本成熟，跨境电商零售出口监管、税收、外汇等政策领域探索也基本完成。目前，各综试区创新探索主要集中在跨境 B2B 出口税收、外汇等政策，以及跨境电商零售进口药品试点等方面，多属于微创新，原创性和颠覆性创新突破口径基本收紧。因此，各地综试区探索创新的难度日益加大。此外，近年来，商务部调整了综试区的扩容方向，逐步由全面开放向优胜劣汰、择优遴选阶段转变，加强对综试区年度评估考核，建立综试区考核退出机制。2021 年商务部已启动首次年度考核，虽然未对外公布考核结果，但是据有关人士介绍，商务部已经对十多个考评结果较差的城市进行谈话警示。同时商务部例行会议上，再次透露出要进一步完善评估退出机制，促进优胜劣汰，令各综试区城市惴惴不安。

（五）跨境电商专业人才匮乏的问题依旧存在

鉴于跨境电商产业复合性强，从业人才需要具备英语交流、计算机操作、线上平台及社交媒体运营技能与国际贸易知识和法律知识等多领域专业素养。随着我国跨境电商行业规模的持续增长，市场需求与人才供给严重失衡，跨境电商复合型人才缺口巨大。有关机构预测，我国跨境电商专业人才缺口达 450 万，并以每年 30% 的速度持续扩大[1]。由于郑州市高校跨境电商学科开设不足，缺乏具有实操性教学的专业培训学校和基地，对跨境电商人才"新鲜血液"培育不足。此外，郑州市跨境电商企业多从传统企业转型升级而来，对引进培养具备跨境电商专业知识的人才重视不够，导致跨境电商人才与跨境电商高速发展态势不相匹配，跨境电商人才"一将难求"已经成为制约郑州市跨境电商可持续发展的重要因素。

---

[1]　深圳市行云跨境电商研究院：《2020 中国跨境电商市场发展报告》，2020 年 9 月。

五　河南跨境电商综试区高质量发展的思考

面对世纪疫情、百年变局和"三重压力"，河南跨境电商综试区高质量发展任重道远。河南跨境电商综试区发展应以推动本土产业发展、打造本土品牌为关键，以持续创新为驱动，加强统筹谋划和内育外引，为全省跨境电商高质量发展、构建"双循环"新发展格局增势赋能。

第一，统筹谋划，竞合协同发展。进入新时期，全国城市竞争格局正在发生深刻变化，"抱团""组团"发展成为大势所趋。2022年政府工作报告也提出，要"稳步推进城市群、都市圈建设，促进大中小城市和小城镇协调发展"，河南跨境电商也应紧跟发展趋势、加强统筹谋划。一方面，以推动本地优势产业与跨境电商融合发展为关键，整合全省国家级、省级外贸转型升级示范基地，深入走访调研全省外向型产业发展现状，精准制定覆盖郑洛宛、辐射全省的跨境电商产业专项规划，梳理出台全省跨境电商重大项目和重点企业培育名录，延续全省产业链"链长"工作制，构建全省优势产业"链长+工作服务站"工作推进机制，加快优势产业转型。另一方面，结合郑州、洛阳、南阳三个综试区城市的发展方向、战略定位和产业基础，充分发挥各地资源禀赋优势，从顶层设计、体制机制、产业结构、招商引资等方面着手，加强主管单位传统外贸和电子商务部门职责定位和协调协作，强化各综试区重点任务的综合考评工作和考核奖励机制，推动省内三个综试区的错位互补、联动协同发展。

第二，内育外引，双向驱动。一方面内部培育。一是加大金融、合规运营和政策引导力度，支持本地跨境电商进出口企业、平台做大做强。二是梳理和整合全省特色产业带资源，搭建全省供应链资源共享平台，实现贸易商运营销售能力与产业带优质商品资源对接。三是支持生产型企业、贸易型企业运用大数据、5G、VR等信息化技术手段，丰富线上商品展示展销形式，鼓励企业品牌化发展，组建跨境电商专业运营团队，助推企业工贸一体化发展。另一方面，外部引进。出口方面，持续加大招商引资和政策支持力度，

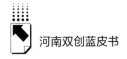

优化和提升营商环境，承接受疫情及全球经济疲软影响，沿海发达城市生产型企业整体向中西部地区的迁移；鼓励和扶持本地工业企业通过引进和提高技术工艺，利用互联网信息技术进行数字化转型，打造适应跨境电商业务开展的柔性生产供应链，实现传统工业企业向"智能化生产加工基地"转型。进口方面，瞄准国内外贸易企业，精准招商，不断拓展商品交易的品类、数量，进一步巩固河南省国际进口商品集疏中心地位。

第三，持续创新驱动，深化跨境电商 B2B 出口创新。继续发扬河南跨境电商零售进口试点的改革创新精神，推动设立创新发展处、组建河南省跨境电商协会，致力于跨境电商、市场采购、海外仓、外贸综合服务、离岸贸易、保税维修六种外贸新业态创新发展研究，发挥行业协会政企桥梁纽带作用。以"全省一盘棋"为原则，探索推动全省跨境电商 B2B 出口试点和许昌市场采购贸易试点融合应用。强化专项小组职责定位，全力督促推进跨境电商零售进口药品试点规模发展和经验推广。支持各综试区开展跨境电商 B2B 出口创新，深化研究跨境电商 B2B 出口税收、外汇、产业转型等方面的发展瓶颈和政策诉求。充分发挥中国（河南）自由贸易试验区制度创新优势，推动河南制度型开放高地建设。

第四，树立品牌，打造跨境电商展会品牌和产学研高地。继续以高水平、高规格、高标准的"三高"标准办好全球跨境电商大会，推动其上升为国家级展会；继续支持研究型智库品牌建设，打造一批权威性、国际化、专业化的跨境电商理论研究平台。开展"跨境电商人才培训提升行动"，强化"政产学研用培"六位一体人才培养模式，以郑州市内高职院校为试点，探索建立校企合作办学长效机制，共建跨境电商双元制培训基地，共同制定学生培养计划，企业以招生、实训、综合技能培训为主，学校以理论培训为主，打通双元制职业教育与高等教育学历提升体系，建立"双元制"应用型教育教学新机制。持续优化和完善教育管理、教学经费、学历提升等流程和机制，加快市内院校推广应用。推动企业、教育机构、商协会合作共建跨境电商人才培训基地，创办"理论+实践"跨境电商产业学院。

参考文献

王岳丹、李晓沛：《跨境电商国际规则制定及国际数字贸易规则体系构建》，张大卫、喻新安主编《中国跨境电商发展报告（2020）：跨境电商供应链的变革与升级》，社会科学文献出版社，2020。

李娴：《基于组合预测模型的跨境电子商务发展分析》，《中国商论》2018 年第 9 期。

郭玮：《跨境电商人才建设"杭州模式"分析》，《现代商业》2020 年第 18 期。

朱晓雅、邢小军：《新冠疫情对我国跨境电商行业的影响及对策研究》，《中国商论》2021 年第 18 期。

李宁、陈婉梅、芦红：《构建新发展格局视野下的中国对外贸易新优势培育研究》，《价格月刊》2021 年第 9 期。

邵莺凤：《产业集群成长机理：基于浦江水晶产业集群的个案研究》，浙江工商大学硕士学位论文，2007。

杨玲：《河南跨境电子商务发展动力机制与创新研究》，《创新科技》2017 年第 10 期。

张绍乐：《河南跨境贸易的发展阶段、成就与可持续发展对策研究》，《管理工程师》2019 年第 6 期。

林园春：《新形势下 EWTO（电子世界贸易组织）核心功能集聚区建设研究》，《黄河科技学院学报》2021 年第 9 期。

吴俊红：《"一带一路"倡议背景下中国出口跨境电商物流面临的问题及原因分析》，《现代商业》2020 年第 11 期。

B.11
农产品电商助力河南省数字
乡村创新发展研究[*]

豆晓利　赵　品[**]

摘　要： 数字乡村建设作为国家数字经济布局的重要组成部分，是加快农
业农村现代化的必由之路。农产品电商与数字经济有着天然的紧
密联系，发展基础日渐雄厚，功能日趋多元。近年来，河南省在
数字乡村建设方面做了大量探索，从政策指向、农村互联网普
及、试点示范等多维度出发，形成以农产品电商带动数字乡村建
设的局面，但由于数字乡村建设整体上仍处于起步阶段，农产品
电商发展仍然存在不少亟待弥补和突破的短板与制约。未来应以
农产品电商为突破口，加快电子商务进农村综合示范项目等项目
建设，推进农产品电商数字化转型，加强农产品电商人才储备，
提升农产品电商组织化水平，延伸农产品电商产业链，助力河南
数字乡村建设驶入快车道。

关键词： 农产品电商　河南省　数字乡村

近年来，在世界范围内，无论是数字农业领域的投资还是技术应用推广
方面，无疑都迈进了一大步。特别是，麦肯锡的最新报告指出，如果在农业

* 本文为2021年度河南省高等学校重点科研项目"农产品电商模式创新助力河南数字农业农村
建设研究"（项目编号：21B790005）的阶段性研究成果。

** 豆晓利，河南中原创新发展研究院副教授，研究方向：农业农村发展；赵品，郑州市农业技
术推广中心农艺师，研究方向：农业农村发展。

中成功实现数字化互联互通，到 2030 年将为全球 GDP 增加 5000 亿美元的额外价值。[1]2019 年 5 月，中共中央办公厅、国务院办公厅印发了《数字乡村发展战略纲要》，对我国数字乡村发展进行了战略部署。2019 年 12 月，农业农村部等部委编制印发了《数字农业农村发展规划（2019－2025年）》，对实施数字乡村战略进行了全面设计。对于农业大省河南省来讲，数字乡村建设必然有着更为特殊及重要的意义。2020 年 4 月，河南省人民政府办公厅印发了《关于加快推进农业信息化和数字乡村建设的实施意见》，明确提出了"用 3~5 年时间，推动全省农业信息化和数字乡村建设取得重要进展，力争走在全国前列"的目标。

一 数字乡村的主要特点

数字乡村最早于 1997 年由美国科学院、工程院两院院士正式提出，它是将信息作为农业生产要素，用现代信息技术对农业对象、环境和全过程进行可视化表达、数字化设计、信息化管理的现代农业。[2]数字乡村属于数字经济的一部分，是数字经济在农业农村领域的重要实践，其最基本的特征是把数字化的农业知识与信息作为关键生产要素。[3]《数字乡村发展战略纲要》开篇更是用极为简洁的语言明确了数字乡村的关键要义："数字乡村是伴随网络化、信息化和数字化在农业农村经济社会发展中的应用，以及农民现代信息技能的提高而内生的农业农村现代化发展和转型进程。"因此，大力发展数字乡村，已经成为我国推动乡村振兴、建设数字中国的重要组成部分，是我国由农业大国迈向农业强国的必经之路。[4]

从现有对数字乡村的概念诠释，可以看出数字乡村具有如下几个显著特点。

（1）数字乡村是数字经济的一部分。从本质上来说，数字乡村属于数字经济的一部分，数字经济涉及各产业领域，数字乡村是数字经济在农业农村领域的重要实践。

（2）数字乡村是一个集合概念。从目前的理解来看，数字乡村是由智

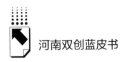
慧农业、物联网、大数据、精准农业等多个概念集合而成。当然，由于数字乡村仍然处于发展早期阶段，其概念构成并不是完全统一的，且随着时间的变化，也会不断地调整和丰富。

（3）数字乡村是农业现代化的高级阶段。传统农业以人和地为核心生产要素，显著特征是凭经验种地、靠天吃饭。现代农业以农业生产的高度专业化、规模化、企业化为标志，数字经济能够将前沿技术应用到农业生产和经营领域，将会加速传统农业向现代农业转型。

（4）数字乡村覆盖农业全产业链。数字乡村并不简单涉及农业生产端或者销售端等单一产业链条，而是涉及农业生产、加工、销售、流通等产前、产中和产后全产业链条。从这个意义上来说，数字乡村有利于促进农业各产业链的深度融合。

（5）数字乡村的重点是信息技术在农业领域的应用。与单个方面的农业农村信息化有所不同的是，数字乡村建设就是要通过推进现代信息技术的综合应用，实现农业全产业链信息化和农村社会全方位信息化。

因此，未来的发展趋势是，数字日益成为重要的战略资源，数字技术日益成为创新驱动发展的先导力量，数字经济日益成为实现高质量发展的新动能。数字乡村作为数字经济的重要组成部分，是实现农业现代化的重要途径。

二 农产品电商助力数字乡村发展的内在逻辑

关于"十四五"期间数字农业农村的推进思路、重点任务和建设内容等政策安排，农业农村部表示，下一步将进一步扩大政企合作范围，加强与电商企业、互联网企业合作，充分发挥其人才、技术、管理、渠道等优势，共同推进数字农业建设。由农村农业部信息中心与中国国际电子商务中心联合发布的《2021 全国县域数字农业农村电子商务发展报告》提出，农产品电商已经成为统筹疫情防控和经济社会发展新的重大举措，成为数字农业农村经济发展的领头羊。下文从以下几个方面具体说明为什么要以农产品电商助力数字乡村发展。

（一）农产品电商与数字农业农村有着天然紧密联系

早在 20 世纪 90 年代，也就是大数据、云计算、区块链等新技术还没有出现时，关于数字经济的理解，更多会涉及互联网技术以及在互联网技术的基础上出现的电子商务。因此，有些学者认为，这一时期的"数字经济"所指的基本就是"互联网经济"[5]。随着技术的变迁，数字经济的内涵日益丰富，但是仍然是基于互联网平台展开的。近年来，国家政策文件多次提到数字农业、数字乡村的概念，许多农村电商从业者在思考电商与它的关系。例如，魏延安认为，农产品电商属于数字乡村的一部分，而数字农业与农产品电商的关系更大一些。数字农业可以看作农产品电商进一步发展的基础，农村电商则是数字农业发展的重要推动力，农村电商的繁荣也必将带动数字乡村的加快发展。[6]《2021 全国县域数字农业农村电子商务发展报告》指出，"十四五"期间，农村电商的巨大潜能将加速释放，数字化生活消费方式变革将重塑县域农村大市场，电商创新发展将助力农业农村数字化转型驶入快车道。[7]

（二）农产品电商基础设施条件日趋成熟

农产品电商是随着电子商务的兴起而出现的，如果以 1994 年作为农产品电商的开始时间，那么中国农产品电商已经经历 27 年的发展历程，农产品电商不断创新，涌现出 B2B、B2C、B2B＋C、F2B2C、O2O、C2B/C2F 等多种应用模式，形成了综合性的电商、垂直性的电商、社交电商、体验性电商以及各种物流配送供应链，各种支付结算和网络金融等多种多样的农产品电商体系。特别是近年来国家电子商务进农村综合示范工程等多项重大工程全面推进，农村地区网络基础设施逐步完善，为数字农业农村发展提供了良好的基础。数据显示，2019 年，中国网民数量达 8.54 亿人，其中农村网民数量达 2.25 亿人，全国农产品网络零售额达 3975 亿元，农村地区收投快递超过 150 亿件，占全国快递业务总量的 20% 以上，电商进农村综合示范县达 1231 个，各类涉农电商平台达 3

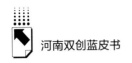

万多个，全国农村网商突破 1300 万家①。因此，历经二十多年的发展，农产品电商已经具备助力数字农业农村快速发展的基础条件。

（三）农产品电商功能日趋多元

中国食品（农产品）安全电商研究院院长洪涛认为，农产品电商进入数字化转型新阶段。数字农产品电商不仅利用大数据，而且综合利用互联网、云计算、区块链、人工智能等多种信息技术，使农产品电子交易更加便利，成本更低，效益更高。[8]农业农村部农业信息中心主任王小兵等认为，农产品电商的作用不仅仅是促成产销对接的买卖，它的根本作用在于实现农业的标准化、组织化、规模化、品牌化，这涉及农业生产、交易乃至农村生活方式等各个环节，因此，未来农产品电商模式创新需要从网销端向农业产业链、供应链、价值链展开，向农业生产的数字化、农村生活的在线化、农村政务的电子化等方向拓展延伸。[9]可以看出，未来新一轮农产品电商模式创新的方向与数字农业农村建设的目标任务其实是一致的。

三 河南省数字乡村建设的进展与问题

近年来，河南省在数字乡村发展方面做了大量探索，从政策指向、农村互联网普及、试点示范等多维度出发，创造以数字乡村带动现代农业转型发展的基础与条件。根据农业农村部信息中心发布的《2020 全国县域数字农业农村发展水平评价报告》，2019 年全国县域数字农业农村发展总体水平达 36.0%。其中，河南省为 36.4%，略高于全国平均水平。总体来说，河南省数字乡村建设具有广阔的前景和发展潜力。但是，同时也应该看到，河南省数字乡村建设仍然处在起步阶段，仍然存在不少短板与制约有待弥补和突破。

---

① 数据来源：《中国互联网发展报告 2019》。

（一）出台数字乡村发展系列相关政策，但政策效果还有待时间检验

为了贯彻落实国家《数字乡村发展战略纲要》以及《数字农业农村发展规划（2019–2025 年）》等数字农业农村发展的战略部署，河南出台了一系列相关政策文件，以推动数字乡村快速发展（见表 1）。

其中，2019 年 3 月 1 日，中共河南省委、河南省人民政府出台了《关于坚持农业农村优先发展深入推进乡村振兴战略的意见》，提出要实施数字乡村战略。2020 年 4 月，河南省人民政府办公厅出台了《关于加快推进农业信息化和数字乡村建设的实施意见》，提出"用 3~5 年时间，推动全省农业信息化和数字乡村建设取得重要进展，力争走在全国前列"。2021 年 2 月 25 日，河南省农业农村厅发布《2021 年全省农业农村工作要点》，提出要提升乡村产业数字化水平、提升乡村数字化治理能力、发展农业农村数字产业、建设河南省农业农村大数据服务平台等。2021 年 4 月 14 日，河南数字乡村建设推进会提出，全省上下要在统筹推进"五化"（城乡信息一体化、乡村产业数字化、乡村治理数字化、农民生活数字化、乡村数字产业化）发展上下功夫，确保用 3~5 年时间，创建 60 个以上数字乡村示范县，推动全省农业信息化和数字乡村建设取得重要进展，力争走在全国前列。

可以看出，河南省关于数字乡村发展的政策思路是非常清晰的，即从数字乡村一系列基础设施的建设，到数字技术的推广应用，再到大数据平台的建立，以及数字化和农业生产生活的深度融合，"取得重要进展""走在全国前列"等关键词在以上诸战略中频繁出现，足以看出河南省在推进数字乡村发展方面是有极大的信心和工作力度的。但是，也应该看到，数字乡村发展的规划、任务与工程等的落地都需要时间，并不是一朝一夕就能完成的，其间可能遇到各种困难，这就需要政府相关部门做好政策的跟踪评估工作，确保政策能够落地，达到预期目标。

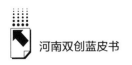

表 1 2019~2021 年河南省数字乡村发展的相关政策文件及重要会议

时间	政策文件及重要会议
2019 年 3 月 1 日	《关于坚持农业农村优先发展深入推进乡村振兴战略的意见》
2020 年 4 月 10 日	《关于加快推进农业信息化和数字乡村建设的实施意见》
2021 年 2 月 25 日	《2021 年全省农业农村工作要点》
2021 年 4 月 14 日	河南数字乡村建设推进会

（二）农村互联网快速普及，但城乡差距仍然较大

早期数字经济的概念几乎与互联网经济等同，随着时代发展，数字经济的内涵虽然在不断拓展，但是，互联网的普及仍然是数字乡村发展的基础条件。2013 年以来，河南省通信管理局每年都会发布《河南省互联网发展报告》，反映近年来河南省在互联网发展方面取得的成效（见表 2）。

2013~2019 年，河南省互联网得到快速发展和普及。其中，互联网用户规模逐年增加，全国排名也从第 6 位上升至第 4 位。互联网普及率也由 2013 年的 61.7% 上升至 2019 年的 91.3%，高于全国平均水平的 70.4%。特别是，2019 年，手机网民规模占比达到 98.3%，移动互联网已经成为网民普遍的上网途径。

但是，通过数据也可以观察到，河南省城乡互联网发展差距一直未曾缩小。以网民规模这个指标来看，2013 年，河南省城镇和乡村网民规模占比分别为 62.0% 和 38.0%，2019 年分别为 68.3% 和 31.7%。可以看出，近年来，农村网民规模绝对数量只有微弱增加，占比反而下降了，全省网民规模的增加主要来自城镇。这虽然与全国情况是基本一致的①，但是仍然反映了河南互联网普及率存在较为显著的城乡差距。

---

① 根据第 47 次《2020 年中国互联网络发展状况统计报告》数据，截至 2020 年 12 月，我国农村网民规模达 3.09 亿，占网民整体的 31.3%；城镇网民规模达 6.80 亿，占网民整体的 68.7%。

表2 2013~2019 年河南省互联网规模发展相关数据统计

年份	互联网用户规模(万户)	互联网普及率(%)	网民规模(万人)		手机网民规模(万人)
2013	5657(5)	61.7	5803	城镇:3598	数量:4886
				乡村:2205	占比:84.2%
2014	5672(6)	65.3	6147	城镇:3604	数量:5520
				乡村:2543	占比:89.8%
2015	6626.9(5)	77.9	7355	城镇:-	数量:6877
				乡村:-	占比:93.5%
2016	8145(6)	82.8	7960	城镇:-	数量:7750
				乡村:-	占比:97.4%
2017	9670.8(5)	85.2	8121	城镇:5578	数量:7918
				乡村:2543	占比:97.5%
2018	11199.6(4)	89	8541	城镇:5935	数量:8400
				乡村:2606	占比:98.1%
2019	11016.8(4)	91.3	8798	城镇:6005	数量:8630
				乡村:2793	占比:98.3%

注：括号里的数字表示在对应年份河南在全国的排名。

资料来源：河南省通信管理局发布的2013~2019 年《河南省互联网发展报告》。

（三）农业产业数字化潜力较大，但显著落后于第二、第三产业数字化水平

根据中国信息通信研究院发布的《中国数字经济发展白皮书（2020）》，2019 年，我国数字经济规模已达35.8 万亿元，占国内生产总值（GDP）比重达到36.2%。其中，农业、工业以及服务业数字经济增加值占行业增加值比重分别为8.2%、19.5%、37.8%。可以看出，农业数字经济发展水平显著低于行业平均水平。根据《2020 年全国县域数字农业农村发展水平评价报告》，中国农业生产数字化水平为23.8%。2021 年5 月召开的"2021 数字乡村论坛（中国·郑州）"提出到2025 年河南全省农业生产数字化水平提高到30%以上。可以看出，河南作为全国重要的农业大省，农产品资源丰富，农村市场广阔，建设数字乡村具有较大潜力，但

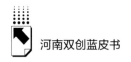

是，目前来看，河南农业生产数字化水平仍然较低，显著低于第二、第三产业的数字化水平。

（四）与互联网企业平台初步展开了战略合作，但合作广度和深度有待拓展

河南作为全国重要的粮食主产区，是数字技术应用的最佳平台。近年来，河南也积极与相关企业平台展开战略合作，先后与阿里巴巴、华为、拼多多、猪八戒网等多家企业签订了战略合作协议。其中，2020 年 7 月，省农业农村厅与阿里巴巴签署战略合作协议，共同推进河南省"数字乡村"项目。目前，已经有武陟县等十余个县与阿里巴巴集团合作推进数字乡村建设。2020 年 9 月，省农业农村厅与华为集团签署战略合作协议，重点在共建河南数字乡村示范县标准及试点落地等方面开展良好合作。2020 年 10 月，省农业农村厅与拼多多达成战略合作，重点打造集合河南农业全产业链消费品的线上平台，共同推动河南农产品上线，探索河南省"互联网+"农产品出村进城发展模式。2021 年 5 月，猪八戒网农业总部落户河南，共同打造乡村振兴的河南示范样板。可以看出，河南省展现出了与互联网企业平台就共同推进数字乡村建设开展合作的热情与诚意。但是，也应该看到，目前的合作多数处于初步阶段，在合作的具体内容、广度、深度、维度等方面还需要政企双方共同探索。

（五）数字技术在某些优势农业产业领域得到应用，但未能全面普及推广

数字乡村的发展依赖数字技术的进步，比如地理信息系统、全球导航卫星系统、遥感卫星图像、通信技术等，具体应用到农业播种、施肥、灌溉、喷洒农药、收割、包装、运输、营销等各个环节。当前，数字技术在一些产业领域得到较为成熟的应用，具体到农业产业领域，在一些重点地区和优势产业中得到了应用。例如，漯河市临颍县是豫中南地区最大的小辣椒产销基地，种植面积达 44.3 万亩，该县依托辣椒现代农业产业园于 2019 年开始建

设 5G 智慧辣椒种植基地，安装了包括控制系统、辣椒种植专家系统、农产品追溯系统等设施设备，由于 5G、物联网等数字技术的融入，基地的辣椒生产实现了智能化、精准化、标准化，品质和效益均得到大幅度提高。但是，总体来说，一方面，一些核心数字技术仍然处于研发阶段，还未取得重大突破；另一方面，一些已经成熟的数字技术因受到土地经营规模、基础设施条件、人员素养等诸多方面的限制而未能普及推广。

（六）数字乡村试点效应初步显现，但经验和效果有待总结与评估

根据国家数字乡村试点工作的要求，河南省认真部署各层级试点工作。其中，漯河市临颍县、鹤壁市淇滨区、三门峡市灵宝市、南阳市西峡县被定为首批国家级数字乡村试点地区。同时，河南确定了鹤壁市等 10 个市、县作为首批试点，开展了省级数字乡村示范县创建工作。2021 年又进一步选定了 20 个县（市、区）开展数字乡村示范，并总结了一批可复制可推广的数字农业发展典型案例。试点地区经过率先实践与探索，已经初步形成一些新模式。例如，鹤壁市走出了一条数字引领农业现代化发展之路，形成"鹤壁模式"，如今，"鹤壁模式"已经叫响全国，农业农村部、河南省农业农村厅等多个政府部门领导到鹤壁调研，全国多个县域到鹤壁取经。又如，临颍县通过建立以"一云、两中心、三平台、N 个系统"为重点的智慧平台，打造可复制、可推广的数字乡村"临颍样板"。可以看出，各试点地区都在积极探索以数字农业农村建设助力乡村振兴发展的路子。但是，同时也应该看到，以上试点仅仅进行了短短几年的探索与尝试，其经验是否成功，是否可复制推广等等，都还有待专业的机构进行持续的跟踪评估。

四 以农产品电商助力河南数字乡村
发展驶入快车道的对策建议

河南数字乡村发展基础条件较好，但是在数字化关键技术的攻克等方面还有不少短板。未来，河南数字乡村发展应该以农产品电商作为重要突破

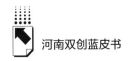

口,促进现代信息技术与农业农村经济社会发展的深度融合,倒逼农业实现标准化、规模化、组织化、品牌化,助力河南数字乡村发展驶入快车道。

(一)以电子商务进农村综合示范项目等促进数字乡村基础设施不断完善

国家很早就已经启动农产品电商的战略布局和重点工程项目的推进工作,河南根据国家战略要求,积极开展各项工作,一些领域是走在全国前列的。其中,河南于 2017 年被农业农村部确定为信息进村入户示范工程整省推进示范省,自该项工作推进以来,河南已建成益农信息社 4 万多个,基本上覆盖全省的行政村。河南有国家级电子商务进农村综合示范县 34 个,省级 42 个。光山县、宁陵县、鲁山县等 20 个县分别于 2019 年、2020 年被评为全省农产品电商十强县。以上重点工程几乎覆盖了河南省的县域,政府提供了大量财政资金补贴用于全省农业农村信息化服务水平、县乡村三级物流配送体系、公共服务水平等方面的提升,为河南数字农业农村建设提前打下了良好的基础。未来,河南应在原有的重点工程基础上,进一步推出一批以农产品电商为引领的重大工程项目,补齐数字农业农村发展的基础设施短板,强化农产品电商和农业产业发展的联动作用。

(二)以农产品电商数字化转型促进数字乡村技术水平不断提升

农产品电商已经进入高质量发展新阶段,且正在从县域农产品电商向数字化转型。数字化转型需要进一步促进电子商务和大数据、物联网、区块链、人工智能等现代化信息技术的深度融合,以降低农产品电子交易的成本,提升其效率,增强其便利性,也只有这样,农产品电商发展才会具有持久的生命力。这也必将促进数字乡村技术水平的提升。未来,政府应通过财政补贴、税费减免等方式,诱导和鼓励农产品电商平台企业在数字化转型过程中从销售端向产供销全链路数字化转变,通过自主创新、联合攻关等,攻克农业产业链各环节特别是一些关键环节的技术难题。

（三）以农产品电商人才储备为数字乡村发展提供人才支撑

农产品电商的快速发展为农村增添了活力，也快速提升了农村人才素养。政府层面，依托各类农产品电商重点工程项目为本地农户开展包括手机应用技能培训、新型职业农民培训、农村实用人才带头人培训、返乡下乡人员创业培训等一系列电子商务人才培训活动，一些示范县已经形成较为成熟的电商培训体系。同时，吸引了一大批外出务工人员、大学生、退伍军人等返乡创业。企业层面，电商企业平台下沉，一大批优秀电商人才到农村开拓业务，也带动了农村电商人才的成长。电商业态层面，直播电商、社交电商、兴趣电商等新模式新业态规范快速发展，造就了一大批公众号博主、带货主播、微商等电商人才。数字乡村建设更加需要技术、管理、生产、营销等多个领域的人才支撑。未来，应在已有的人才培养体系基础上，进一步完善数字农业农村人才体系建设框架，特别是要在培养数字技术带头人，帮助分散的农户进行技术化改造，与院校、科研机构以及社会培训机构合作形成线上线下相结合的灵活多样的授课方式，打造关键数字技术领域的专业化人才队伍等方面重点着力。

（四）以农产品电商组织化水平提升促进数字乡村转型提速

近年来，中国通过集体产权制度改革等扩大了土地流转规模，但是，就目前的发展阶段来说，"大国小农"仍然是我国的基本国情农情。数据显示，我国有承包耕地的农户2.07亿，通过土地流转经营30亩以上的农户数仅占全国总农户数的5%，户均规模仅相当于欧盟的1/40，美国的1/400[10]。河南又是典型的农业大省，截至2018年底，河南省行政村有8.5万个农民专业合作社、119.4万户社员、9.2万户专业大户、2.9万个家庭农场，规模经营的耕地面积达到1295.6万亩，占耕地面积总数的12.6%①。正是因为如此，组织化程度低是我国特别是河南省农业经济问题的根源所

---

① 数据来源：《河南省农村经济社会发展报告2019》。

在，也是数字乡村建设需要破解的关键难题。农产品电商因为有电商企业、平台、物流、农户、消费者等多方参与，具有高效生产组织的功能，在发展模式上也最具创新性。因此，应通过探索电商企业、农户以及其他经济主体之间新型利益联结以及分工协作机制，把分散的农户吸纳到产业化发展轨道中，让农户能够享受到组织体系带来的收益增值，继而助力从传统农业向数字农业农村转型提速。

（五）以农产品电商产业链延伸促进乡村三产融合数字化水平提升

虽然从功能上看，农产品电商日趋多元，可以触及农业农村生产生活的多个环节。但是，从目前的实践来看，农产品电商仍然主要聚集在网销层面。有一些电商企业平台已经开始从单纯的网络交易平台向农业生产全产业链服务平台转型，例如，阿里巴巴在全国建立了五大产地仓、1000个数字农业基地、120个盒马村。京东推出"京心助农"计划，计划培养100万农业电商人才，共建10万个农产品直播基地。但是，从实际效果来看，仍然存在电商和农业两张皮的现象，懂电商的不懂农业，懂农业的不懂电商。因此，未来要进一步引导农产品电商从网销端向生产端、加工端、流通端延伸，通过农产品电商把农产品的生产、交易、支付、配送、消费等都联系起来。农产品作为农业农村发展的核心，农产品的数字化问题解决了，与之相关的农业农村的数字化问题就会相应解决，也更有利于农村一二三产业深度融合。

参考文献

［1］钟文晶等：《数字农业发展的国际经验及其启示》，《改革》2021年第5期。

［2］王小兵：《数字化助推农产品电商进入高质量发展新阶段》，《中国商报》2019年第7期。

［3］阮俊虎等：《数字农业运营管理：关键问题、理论方法与示范工程》，《管理世界》2020年第8期。

［4］农业农村部信息中心课题组：《数字农业的发展趋势与推进路径》，《中国农业

文摘·农业工程》2020 年第 5 期。

［5］ 陈永伟：《2020：数字经济如何破题》，《经济观察报》2020 年第 1 期。

［6］ 魏延安：《当前农村电商的七个问题》，《中国信息界》2019 年第 10 期。

［7］ 农业农村部信息中心、中国国际电子商务中心：《2021 全国县域数字农业农村电子商务发展报告》，2021 年 9 月。

［8］ 洪涛：《2020 年中国农产品电商趋势大预测》，《农业工程技术》2020 年第 10 期。

［9］ 王小兵、康春鹏：《探索中国特色数字乡村发展道路》，《中国领导科学》2021 年第 3 期。

［10］ 央广网，https：//me. mbd. baidu. com/r/H233CO9LVu？f = cp&u = fded0933cla b26aa。

B.12
河南省种业高质量发展研究

高亚宾　袁永波*

摘　要： 种业是农业发展的基础条件，是新时代现代农业的"芯片"，更是国家农业战争和综合区域竞争中至关重要的战场。本文首先分析河南省种业发展的成绩和存在的问题，在研究产业发展趋势和借鉴先行地区经验的基础上，提出抓好种质资源开发、商业化育种创新体系建设、龙头骨干企业培育、金融人才要素支撑强化、生态发展环境优化等五大重点任务，着力打造现代种业强省，为保障国家粮食安全和谱写新时代中原更加出彩的绚丽篇章贡献力量。

关键词： 种质资源开发　商业化育种　种业生态

　　农业是国家稳定发展的根本，种业是农业发展的基础条件，是新时代现代农业的"芯片"，也是国家农业战争和综合区域竞争中至关重要的战场。2021年我国人口达到14.126亿，每年对粮食消耗量巨大，世界上没有哪个国家能满足我国口粮需求，我们也不能因此受制于人，习近平总书记曾指出："保证粮食安全必须把种子牢牢攥在自己手中。要坚持农业科技自立自强，从培育好种子做起，加强良种技术攻关，靠中国种子来保障中国粮食安全。"[①] 经过改革开放四十多年的发展，我国水稻、小麦、大豆、油菜等大宗农作物实现了品种自主选育，蔬菜自主选育市场份额接近九成。河南省是

---

*　高亚宾，河南省宏观经济研究院副院长，高级经济师，研究方向：产业经济、城镇化与城市经济；袁永波，河南省项目推进中心高级经济师，研究方向：区域经济和项目谋划。
①　习近平主持召开推进南水北调后续工程高质量发展座谈会并发表重要讲话。

国家粮食生产的核心区，在小麦、水稻、棉花等种业领域比较有优势，新时期打造现代种业强省意义重大。

一 河南省种业发展现状

河南省是国家重要的粮食生产核心区，在2021年之前实现粮食总产量"十七连增"。不仅解决了本省用粮需求，每年还调出600亿斤原粮和加工制成品，为保证国家粮食安全做出了突出贡献，直接带动种业产业健康发展。2021年全省粮食总产量6544.19万吨，因特大洪涝灾害首次减产。

（一）政策环境进一步优化

习近平总书记在南水北调后续工程高质量发展座谈会上指出："要坚持农业科技自立自强，从培育好种子做起，加强良种技术攻关，靠中国种子来保障中国粮食安全。"① 河南省作为农业生产大省和粮食生产核心区，长久以来高度重视种子产业发展，近年来先后出台了《关于加快推进现代农作物种业发展的实施意见》《关于深化种业体制机制改革提高创新能力的意见》《河南省加快转变农业发展方式实施意见》《河南省"十三五"现代农业发展规划》《河南省高效种养业转型升级行动方案》《河南省农业种质资源保护与利用发展规划（2021-2035年）》等文件，优惠政策体系更加健全，行业监管能力持续增强，为现代种业发展创造了良好的环境。

（二）产业规模进一步扩大

近年来，随着农业对优质种子需求的持续增加，河南省种业产业规模持续扩大，企业效益明显改善。2019年全省拥有种业企业572家、数量位居全国第一，占全国企业总量比重达到8.95%；从业人员达到9658人，位居全国第四；种子企业总资产达到110.16亿元，位居全国第九，是2015年总资产的

---

① 习近平主持召开推进南水北调后续工程高质量发展座谈会并发表重要讲话。

1.45 倍，年均增长 9.7%；种子企业销售收入和利润分别达到 71.66 亿元和 4.50 亿元，位居全国第二、第四，年均增长 0.26% 和 3.6%（见图 1、图 2）。

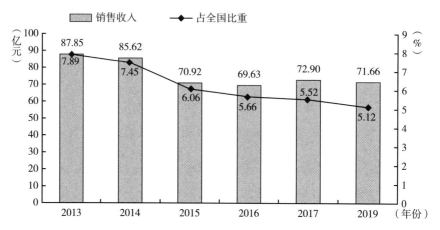

图 1　2013~2019 年河南省种子企业种子销售收入及占全国比重

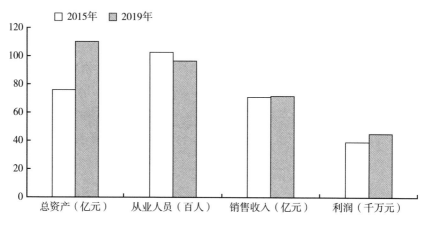

图 2　2015 年和 2019 年河南省种子企业规模发展情况

（三）创新能力进一步增强

设立国家生物育种产业创新中心，河南农科院、河南农大等种业科研单位和秋乐种业、豫玉种业、金博士种业等龙头企业持续加大研发投入，2019

年全省研发投入达到 2.49 亿元，年均增长 1.9%，位居全国第 7；科研人员数量达到 1868 人，位居全国第二；博士数量 102 人，位居全国第四；国家审定品种 244 个，位居全国第二，是 2015 年的 2.5 倍；省审定品种 146 个，位居全国第六，是 2015 年的两倍多；专利申请量、授权量分别是 619 件和 375 件，分别位居第四和第三，年均分别增长 25.6% 和 19.8%（见图 3、图 4、图 5、图 6）。经过多年技术积累和创新发展，河南省小麦、玉米、花生等育种产业拥有较强竞争力，多个玉米和小麦品种先后获得国家科技进步一等奖。

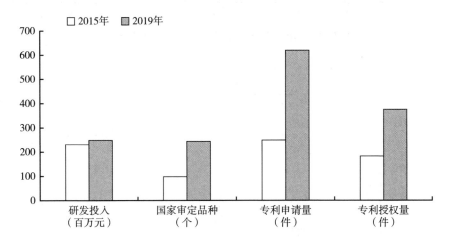

图 3　2015 年和 2019 年河南省种子企业创新发展情况

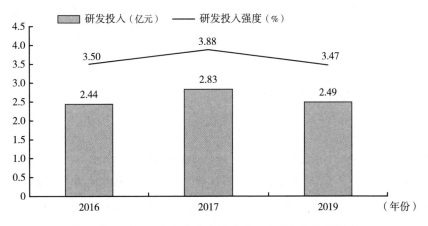

图 4　2016～2019 年河南省种子企业研发投入规模及强度

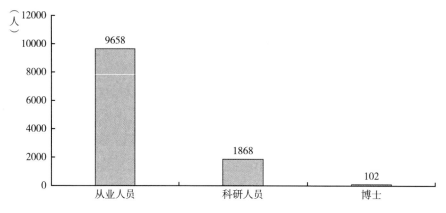

图5　2019年河南省种子企业从业人员分类

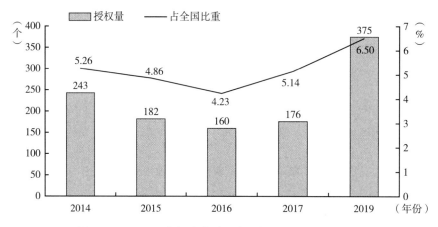

图6　2014~2019年河南省种业专利授权量及占全国比重

（四）优质种子进一步推广

河南省小麦、玉米、水稻、大豆、棉花、油菜、花生、马铃薯等8种农作物繁育种子面积超过500万亩（包括企业省外育种基地），生产种子20亿千克以上，不仅满足本省需求，还是黄淮海地区重要的种源。河南省小麦育种产量占全国总产量40%左右，龙头企业在甘肃、新疆等地建设育杂交玉米种基地，年育种产量约0.9亿千克，花生年产种4500万千克，约占全国总产量的30%。平顶山市、济源市、焦作市温县、安阳市滑县、周口市夏邑县、驻马店市正阳县成功创建国家区域性良种繁育基地，成为全省农作物育种发展引领区。

二 河南种业发展存在的主要问题

近年来，河南省种子行业实现较快健康发展，但仍存在一些深层次的问题，亟待我们创新发展破解。

（一）河南省种业发展慢于全国

受制于多重因素，河南省种业企业销售收入占全国比重持续降低，"十三五"时期以来累计下降近3个百分点，以现代种业骨干企业为核心的农作物育种市场化创新体系尚未真正建立，良种繁育基地建设水平不高，带动优势特色农产品生产及精深加工的三产融合发展模式未有效建立，以种业为主导产业的农业产业园区尚属空白。

（二）种业企业整体实力有待加强

河南省种业企业数量较多，但整体竞争力不强，不管是销售收入还是营利规模都难以进入全国十强，繁育推一体化企业和行业信用企业影响力较弱，经营范围大多以常规传统种苗为主，产业集中度不高，优势企业、特色品种品系和基地等资源品牌影响力薄弱。

（三）种业科技创新能力整体要加强

种业育、繁、推脱节，高端生产要素向企业流动体制机制不畅，企业商业化育种主体地位还未有效建立，种质资源收集保存和特性挖掘利用不够，真正从事育种企业较少，河南种业研发投入强度仅为的全国6成、欧美企业的1/3，实用专利较多、更高价值发明专利相对较少。

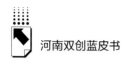
（四）种业监管机构和队伍实力有待加强

由于农作物育种侵犯知识产权收益和处罚不对等，再加上地方监察部门专业能力不足，市场上仍存在侵犯品种权、制售假劣种子等现象，特别是近年来规模化经营扩大，对农作物品种和个性化服务提出了更高要求，农作物自留种趋势加重，生产经营"白皮袋"种子、假冒侵权套牌等行为有所抬头。

（五）高端要素支撑能力不足

高端人才难以引进且现有人才东南飞趋势尚未有效转变，政府基金、科技金融、供应链金融等金融创新发展相对滞后，河南无一家主板上市企业，现有企业在新品种研发、繁育生产加工、品种推广服务、行业兼并重组、构建现代种业企业等等方面与发达地区均有较大差距。

三 产业趋势和国内先进地区经验

近年来国际种业风起云涌，国内多地均高度重视并大力发展种业，在创新投入、品种审定、制种示范、企业培育、优化生态等方面均取得积极进展，河南省要对标先进借鉴经验做强种业产业。

（一）产业发展趋势

1. 种业企业兼并重组持续推进

欧美国家工业化城镇化起步较早，欧美发达国家种业市场化较早，种质资源普查收集丰富、育种技术研发积累丰厚、制种示范推广模式成熟、大规模兼并重组企业成熟、产业一体化经营模式成熟，经过三次大规模并购浪潮形成"两超、四强"龙头企业发展格局，占据了国际种业市场主要份额。《中华人民共和国种子法》全面实施以来，国内企业纷纷开展兼并重组工作，中国化工以430亿元完成对瑞士先正达公司的收购；中信集团入主隆平高科，兼并收购了国内十几家种业企业，并参股陶氏益农在巴西玉米种子业务，与中化集团合资设立先隆生物科技有限公司。2019 年我国销售收入前五大企业销售收入仅占行业的 11.4%，远低于美国第一轮并购 45%的水平，龙头企业兼并重组还有较长的路要走。

2.种业创新转化能力持续提升

跨国种业公司研发投入占销售收入的 10%以上，其中排在首位的拜耳作物科学 2020 年度研发投资达 20 亿欧元。而同期我国种业呈现销售企业数量多、研发企业数量少、销售费用占比多、研发投入占比少的两多两少现象，但是近年来骨干种业企业技术研发不断增加、投入强度持续提高，骨干企业研发投入占销售收入的 7.9%，隆平高科研发强度持续提升，达到 12%，接近国际平均水平，以企业为核心、产学研相结合的商业化创新体系将加速构建。

3.新技术应用能力持续增强

目前全球育种进入"生物技术+人工智能+大数据信息技术"育种 4.0时代，利用大数据、云计算、量子计算等新一代信息技术和算法，融入基因编辑技术、合成生物学技术、人工智能模拟技术、机器学习建模技术、生物信息学技术、组学大数据技术，实现人工智能预测同源基因表达，为育种提供精准的数据分析结果和决策依据，大幅降低育种周期和成本。国内成立了中国种业大数据平台，将品种审定、知识产权保护和市场监管等进行综合治理，实现种业行业信息互联互通和质量可追溯，从而实现监管低成本和购种无忧虑。

（二）先进省份和龙头企业经验做法

1.全国三大制种基地之一：甘肃省

甘肃作为全国三大种业基地之一，日照时间长、昼夜温差大、灌溉隔离条件好、种子颗粒饱满、病虫害较少，是理想的制种基地，其中玉米种子占全国总产量、蔬菜花卉种子占全国出口总量的 50%以上，成为全国最大的玉米、脱毒马铃薯和瓜菜花卉制种基地。

一是充分发挥自然资源优势，积极引进制种企业。先后引进 16 家中国

种业信用骨干企业（全国 57 家）并设立生产基地，截至 2020 年底甘肃省种子企业 601 家，建成种子成套加工线 413 条，种子年加工能力 6 亿公斤以上。张掖市、张掖市临泽县、张掖市甘州区、武威市凉州区、酒泉市肃州区、张掖市高台县、金昌市永昌县、武威市古浪县等地被认定为国家级杂交玉米种子生产基地，定西、酒泉、张掖、平凉及山丹、民乐、陇西被认定为国家区域性良种繁育基地。①

二是积极推进产业园区建设，打造国内知名平台。先后建成敦煌种业戈壁农业产业园、肃州区国家现代农业（种业）产业园、酒泉蔬菜种子产业园等发展平台，如肃州区国家现代农业（种业）产业园全力打造以蔬菜、花卉、玉米等农作物制种为主导产业的国家优势特色种业示范区，累计建成制种基地 10 万亩，改扩建种子生产加工线 9 条，种子年加工能力 2.5 亿公斤，玉米制种品种 350 个，蔬菜、花卉、瓜类制种品种超过 4600 个。

三是建立健全种业服务体系，创新能力不断提高。质量监督检测和市场监管能力不断提高，种业市场发展环境不断优化，企业研发积极性主动性更强，成果转化水平不断提高。先后设立了农作物品种试验网络以及省市县三级种子质量检测机构和监管机构，积极开展市场专项检查、联合执法，狠抓案件督查督办，规范种子市场秩序，为种业发展提供优良环境，近年来省审定主要农作物新品种 464 个，位居全国前列；登记非主要农作物品种 1878 个，居全国第二。

2. 专利授权名列前茅地区：江苏省

2019 年江苏省种子企业数量 138 家，位居全国第 14，种业企业资产位居全国十名开外，但是种业企业销售收入位居全国第八，研发投入、省审定品种均居全国第十位，国内专利申请量和授权量居全国第一位，江苏在专利申请、成果转化等方面走在全国前列。

一是体制机制改革有序推进，政策环境持续优化。江苏省印发实施了

---

① 《农业部关于认定国家级杂交水稻和杂交玉米种子生产基地的通知》《农业农村部关于认定第二批国家区域性良种繁育基地的通知》。

《种子条例》《加快现代种业发展和深化体制改革意见》,对种业扶持资金和政策进行明确,设立了商业化育种能力建设和农业重大品种创制攻关等种业专项,推动科研院所种业基础研究和下属单位商业化育种分离专业化发展,15家省级科研单位与下属企业实现剥离,引导脱钩企业按照市场化运作,推动种业科研成果权益改革,成果转化加速向科研团队和个人倾斜,高端人才、高端要素、高端设备等创新资源加速向企业集聚,企业质量效益明显提高。

二是创新能力持续增强,产业竞争力明显提高。建成一批国家级农作物遗传育种改良中心、核心育种场、育种创新基地和院士工作站、工程技术创新中心,产学研融合发展深度推动,16家科研单位参加国家重大良种攻关,以企业为主体的市场化创新体系建设成效显著,3家种业企业被认定为农业产业化国家重点龙头企业,7家企业入围中国种业50强,2家企业进入蔬菜种业20强,选育审定主要农作物位居全国前列,实现了优质企业高效创新发展。

三是"放管服"改革持续推进,监管能力持续增强。市场监管能力持续增强,加强了省、市、县种子监管机构专业力量,全面开展种业事中事后监管,通过连续6年专项行动,严厉打击制售假劣种子和侵犯品种权行为,种业行业违法成本持续提高、侵权案件逐年下降,市场秩序实现根本性好转,种子质量抽样合格率99%左右。

3. 种业上市企业龙头:隆平高科

隆平高科从属于湖南省农业科学院,到目前最大的股东是中信集团,从国有科研单位转制成了市场化现代企业,打造成国内领先的"育繁推一体化"种业企业,并在2000年上市,在袁隆平院士带领下其杂交水稻育种全球领先,并在部分粮食和蔬菜领域国内领先。

一是持续增加科技研发投入,科研转化效率持续提高。自2009年开始公司持续加大技术研发投入,从2009年的300万元增长到2020年的将近5亿元,累计提高了16倍左右,2018~2020年累计投入12亿元;研发投入占营业收入比例稳定在10%左右,大幅超过国内同行水平。隆平高科构建了

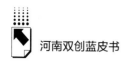
国内领先的商业化育种体系和测试体系，主要农作物种子的研发创新能力居国际国内领先水平，多次获得国家、省科技进步一等奖。该公司转基因技术研发和储备国内领先。

二是制种保障能力较强，大数据新技术开始应用。隆平高科采用"公司+代制商（大户）"的委托代制模式和"公司+基地+农户"的自制模式以及公司流转/租赁土地自办基地模式，公司杂交水稻、玉米、小麦年制种面积超过42万亩，有效保障了国内农业优质种子生产需求，并且有水稻、蔬菜等部分种子实现出口。借助大数据、云计算、互联网等技术，隆平高科新建了种业数字云平台，全面深度融入育种、制种、售种及售后服务全产业链，实现种业新技术、新产品与农业经营主体的扁平化对接，提供种业全产业链大数据服务。

三是积极开展全球化战略，推动优势领域走出去。充分发挥杂交水稻、玉米、蔬菜等农作物品种研发技术优势，结合国家"一带一路"倡议进行优势产能、技术和标准输出，其中水稻方面推向了印度、菲律宾、越南等东南亚和南亚国家，玉米方面推向了巴西等南美洲国家，其中与中信农业基金携手收购陶氏益农在巴西的特定玉米种子业务，巴西玉米种子业务市场份额位居世界前三。同时，积极开展亚洲、非洲和拉丁美洲等国家和地区的技术援助，先后承担十多个国家援外技术合作项目，带动了优势种子输出。

四　河南省建设现代种业强省的对策

贯彻落实习近平总书记"要下决心把民族种业搞上去"的指示精神，突出抓好种质资源开发、商业化育种创新体系建设、龙头骨干企业培育、金融人才要素支撑强化、生态发展环境优化，加快建设现代种业强省，为河南省国家创新高地建设提供支撑。

（一）加强种质资源保护与开发利用

作为育种基础材料和源头，河南省要拿出更大决心、投入更多资金，狠抓收集利用，做好优质特色种质资源的保护收集、鉴定开发、分享利用，将育种原料优势做成河南省现代种业产业优势。

一是加快推进农业种质资源普查和收集。加大政府投入力度，围绕珍稀类、特色类、原生类、濒危类、偏远类等种质资源，集中开展全省农作物种质资源普查收集工作，将更多优质特色种质资源收集起来保护好。鼓励相关科研院所和龙头企业走出去，到种质资源丰富地区开展普查工作，实现跨区域种质资源共普共收共用。加强与农作物种质资源优势地区和起源地国家的合作，加强资源引进交换和技术交流，共享研究成果。探索设立省、市、县三级种质资源普查领导小组，各级种子管理站和龙头企业协同推进，推动优质种质资源普查和收集。

二是加快建设种质资源保存设施。争取财政投入更多资金，加快现有种质资源保护设施改扩建，适时新建一批各类种质保护设施，积极推动国家区域性（河南）农作物种质资源保护利用中心库建设。探索政府购买服务和企业市场盈利方式，支持农业科研院所和骨干龙头企业建设一批农业种质资源保护设施，做好种质资源设施建设和相关设备购置工作。支持种质资源库市场化运行，满足科研院所和种业企业创新需求，分发小麦、玉米、水稻、棉花等特性种质资源。实施种质资源储存库装备提升行动，增强保存保障能力。

三是加快提升种质资源基础研究水平。加强种质资源保存设施科技实力，引进高端人才和专业设备，开展种质资源挖掘利用工作，支持设立专业化资源鉴定评价与基因发掘平台，挖掘关键基因和调控因子，筛选一批高产、多抗、广适育种新材料。鼓励种业骨干企业加强与种质资源保存机构的战略合作，加大自建种质保存设施资源开发力度，为研发、繁育、推广新品种提供坚实基础。支持科研院所建设和联合种质资源保存设施，研发种质资源开发利用关键核心技术，开展鉴定评价标准和技术规范研究。

（二）建立健全商业化育种创新体系

以国家生物育种产业创新中心为引领，实施现代种业转型升级发展工程，强化企业核心地位、科研单位支撑地位、产学研合作纽带地位，推动商业化育种体系建设，打造全球生物育种创新引领型新高地和具有国际竞争力的种业航母集群。

一是构建企业商业化育种主体地位。引导企业加大技术研发投入，骨干企业将研发投入占营业收入的比例提高到10%以上。积极推动创新团队、优质种质资源、新型育种技术工艺、天使风投资金等高端要素向种业骨干企业集聚，实现高效集聚和优化配置，研发高价值的植物新品种和专利，构建模块化、流程化、工业化和信息化的商业化育种体系。围绕增产、专用、绿色、安全等性能，加快培育适应市场需求的农作物新品种。支持骨干企业创建高新技术企业，加大研发投入抵扣力度，对于成功创建国家和省级研发平台的予以财政奖励。支持新品种申报并通过国家审定验收，鼓励新品种推广更新换代，给予新授品种权、专利权和大规模推广品种予以补贴扶持。

二是深化科研院所体制机制改革。围绕"卡脖子"技术，加大政府资金支持力度，引导河南农业大学和河南农科院、鹤壁市农业科学院等科研院所从事种业基础性公益性研究。支持河南农业大学"双一流"建设，支持作物学、林学、生态学、风景园林学、农业工程、植物保护、园艺学、生物学等学科创建"双一流"学科。支持省农科院、地市农科院等科研单位重振重建，鼓励科研院所和农业高校下属商业化育种部分整体改制发展，建设现代院所，赋予创新团队充分的资金分配管理权，对于创新成果转化充分保证。

三是深入推动产学研融合发展。依托国家生物育种产业创新中心，聚焦生物育种、体制机制创新和育种产业化，以省农科院为龙头引进行业上下游企业、科研院校、骨干企业及相关金融资本、知识产权机构，通过产业创新联盟等新组织形式，定期开展学术交流、需求发布、成果转化、标准制定、产权保护等会议论坛，解决关键种质材料、核心育种工艺、薄弱制种环节等供给问题，建设基础研究和工程化、产业化桥梁，打造全球生物育种创新引领型新高地。支持神农实验室做大做强，发挥省农业科学院、河南农业大学牵头单位、郑州果树研究所等优势种业科研院校和牧原食品、秋乐种业等种业龙头企业优势，推动智力资源、企业资源、设备资源共建共享，突破育种理论和重大关键技术，联合开展生产工艺攻关、研发设备攻关和新品种研发，打造产教融合示范基地和成果转化基地。鼓励企业与高校、科研院所共建创新研发平台，深化"实验室工厂化"和"工厂实验室化"创新模式，推动关键技术产学研联合攻关。

（三）加快培育发展现代种业企业

坚持市场化发展方向，引导企业兼并重组、加大创新研发投入、采用推广现代育种技术，做好全产业链生态建设，积极培育大型育繁推一体化企业，到2025年培育30家以上知名种业。

一是强力推动企业整合发展。顺应国际种业大规模重组趋势，鼓励种业企业间、农化企业间、平台公司间兼并重组，实现优势资源、优势资本、优势品牌整合作用，打造龙头企业引领、中小企业专业化发展态势。重点围绕具有发明技术专利的公司和完善营销渠道的企业，引导秋乐种业、豫玉种业、金博士种业等龙头企业开展兼并重组业务，完善种业产业链和进入育种新领域。鼓励现有省级投资平台和省级化工、农业龙头企业通过入股等方式进入种业领域。支持中小型企业在各自优势领域做精做专。大力支持种业企业创建中国种业信用骨干企业，对于成功创建者给予补贴。

二是壮大育繁推一体化种业企业。对标国际国内龙头企业，鼓励秋乐、豫玉、金博士等种业龙头做大做强，强化新品种研发和生产繁育优势领域，补强市场网络营销、多渠道融资模式和售后服务等薄弱环节，打造繁育推一体化现代种业企业。支持骨干企业建设种子繁育推广基地，持续更新品种、繁育生产工艺和减产赔付机制，提升良种繁育基地发展水平。鼓励繁育推龙头企业建设开放创新平台，将中小企业纳入龙头企业创新链、供应链、资金链，实现产业链企业创新协同和联合发展。借助"一带一路"倡议走出去，鼓励建设国际育种中心和良种繁育基地，向东南亚、非洲、南美洲、中亚等国家和地区输出优势品种、研发技术和品种标准。

三是鼓励企业采用新型育种技术。顺应国际种业大数据和生物技术育种

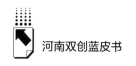
新趋势，推广"生物技术+大数据+人工智能"育种新技术，推动种业的数字化、精准化和智能化。在生物技术方面，在分子标记、转基因、基因编辑育种等育种3.0的基础上，要突出农林物种遗传改良基础理论、基因进化多样性与组学分析、优异种质与基因深度发掘、分子设计与标记辅助育种、种质分子指纹图谱构建、诱变技术与生物技术育种等育种技术。在人工智能和大数据信息技术方面，支持建设大数据研发中心，采用高通量测序、遥感技术、物联网、区块链、人工智能技术，通过适应种质特性的存储、计算、处理与分析，在降低成本的基础上提高农作物育种精准度和产出率。

（四）强化金融人才要素支撑

加大种业融资模式创新，强化政策性金融服务引导作用，突出金融机构支柱性资金供给支撑，支持企业在资本市场直接融资，多措并举，为种业企业提供便利的低成本的资金供给。

一是强化政策性金融服务的引导作用。政策性金融方面，争取中国农业发展银行、国家开发银行和中国进出口银行等政策性银行的支持，为种业企业开展投、贷、债、租、证等金融服务，为种质资源库建设、企业商业化育种、良种基地建设、种子收储体系、国际合作等提供长期支持。种业发展基金方面，建议设立河南现代种业产业基金，由省政府、省农科院、农业大学、龙头企业、省级投融资平台等共同出资，采取市场化运作模式，促进政府资本、产业资本、金融资本和社会资本协同运作。鼓励省投资集团、省建投等省级投融资平台注资种业龙头企业。

二是强化各类金融机构的支柱性作用。实施上游环节的知识产权资本化模式。要充分完善担保制度、证券制度和信托制度，引进定价分析和配套担保专业企业，对种业企业的知识产权资产进行市场认可以及可交易的定价，开展知识产权质押融资模式和证券化模式，争取风险投资、商业银行等各类金融机构资金。实施下游环节的种业保险模式。发挥保险公司的保障作用，可引进中国人保、平安保险等保险龙头企业，支持联合产业基金、担保基金、龙头企业，开展制种险和财产险，为企业制种、加工储运、质量、大田种植、农产品价格等领域提供保险服务。延伸服务，探索种业保险和信贷联动模式，为低风险种业企业提供资金支持。实施种业供应链金融模式。支持设立豫农种业网，推动河南省种子协会、种业产业基金、农业类担保基金、保险公司、风险投资基金、骨干龙头企业、金融豫军等联合注资，通过市场化专业化管理，协同发挥各自优势，打造全产业链发展生态圈，为种业上下游企业提供强有力的金融支撑和各类咨询服务。

三是强化各类上市平台的规范性作用。鼓励种业骨干企业到沪市、深市、创业板等上市融资，鼓励中小研发企业到中小板、科创板、中原股权交易中心等上市，引导地方政府设立企业上市奖励资金。引导企业建立现代化的企业制度，完善现代财务制度、人事制度、销售制度和企业文化，加强与会计师事务所、法律事务所、证券机构等单位的深度合作，为上市企业提供精准完善的配套服务。

（五）优化现代种业生态环境

种业发展需要全方位的政策环境支撑，不断优化财政、金融、人才等领域扶持措施，培育良好产业发展生态，强化高端人才支撑、财税政策支撑、行业监管支撑，促进行业规范高质量发展。

一是强化高端人才支撑。支持河南农大"双一流"学科建设，培养更多高学历的专业技术人才。强化院士、教授、学术带头人等作用，加强技术队伍建设和管理人才培养。依托河南国家创新高地和郑州国家中心城市建设，出台更加有力的政策和创造条件，大力实施"中原英才计划"，在种业领域引进更多院士、杰出青年、长江学者等，大力培养中原学者、中原领军人才等。支持种业企业实施高端人才引育工程和企业家素质提升行动，引进一批创新团队，加大现有技术人才培养力度，造就勇于创新、兴企有为的国际化企业家队伍。

二是强化财税政策支撑。持续研究出台更加有利于种业产业发展的政策意见，对于现有国家和省里的优惠政策要加快全部落实，让更多种业企业享受到实惠、增强发展预期和信心。探索设立省现代种业高质量发展专项资

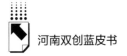

金，重点支持创新团队引进、育种基础研究、种质资源保护、良种繁育基地建设等。支持创建以种业为主导产业的国家农业产业园、农业科技园，鼓励创建农作物国家区域性良种繁育基地，并对建设和运营成本予以补贴。加大对骨干企业省内繁育基地和南繁基地建设补贴力度，采取流转土地补贴、繁育风险保险等手段，降低企业繁育制作农作物种子运营风险。

三是加强种业行业规范管理。充实人员力量，加强业务辅导，不断提高省、市、县（区）种子管理机构监管能力。深入开展种子市场检查，积极开展新品种知识产权保护行动，加强典型案例宣传警示，坚决依法打击制传假、劣种子违法行为，结合信用体系建设完善种子质量全过程可追溯体系。强化种子协会服务管理能力，推动全省种业持续、稳定、协调、健康发展。探索设立河南省种业云平台，举办国际国家级种业博览会和高峰论坛。

参考文献

吴晓玲：《2016 年中国种业发展报告》，中国农业出版社，2016。

余欣荣：《2017 年中国种业发展报告》，中国农业出版社，2017。

张桃林：《2018 年中国种业发展报告》，中国农业科学技术出版社，2018。

周云龙：《2019 年中国种业发展报告》，中国农业科学技术出版社，2019。

张桃林：《2020 年中国种业发展报告》，中国农业科学技术出版社，2020。

河南省种子管理站、河南省种子协会：《河南省种子产业发展报告》，中国农业出版社，2020。

张国志：《种业发展的金融服务模式研究》，中国金融出版社，2018。

黄毅：《国际种业垄断与中国粮食安全研究》，湘潭大学出版社，2019。

侯军岐等：《中国种业调研报告》，中国农业出版社，2018。

彭玮：《现代农作物种业发展路径研究》，中国社会科学出版社，2015。

陈燕娟：《种业发展和农业国际合作》，中国经济出版社，2020。

邓岩、陈燕娟：《中国种业发展战略研究》，中国农业出版社，2020。

陈俊、陈玛琳、龚晶：《新型现代种业体系建设技术路径研究》，中国农业科学技术出版社，2020。

区 域 篇

Regional Study

洛阳"双创"：数字经济赋能
乡村振兴路径研究

摘 要： 2021 年，中央"一号文件"提出，要"实施数字乡村建设发展工
程"，数字乡村建设成为乡村振兴新引擎。洛阳市作为中原城市群
副中心城市，在信息化与农业农村现代化的历史交汇期，顺应数字
经济发展趋势，依托数字化转型赋能乡村全面振兴。本文以洛阳市
"一区二县"（孟津区、宜阳县和洛宁县）为例，调研数字经济赋能
洛阳乡村振兴的现状，探索创新路径解决乡村振兴进程中面临的现
实问题。转变数字经济理念，创新数字经济发展模式，运用数字技
术，合力推动洛阳乡村振兴和农业农村现代化发展更上一层楼。

关键词： 创新创业 数字经济 乡村振兴

* 钱翼，洛阳师范学院助教，研究方向：工商管理、农业经济管理；刘玉来，博士，洛阳师范
学院商学院院长，教授，研究方向：工商管理、农业经济管理。

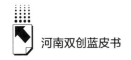

随着我国乡村振兴战略的逐步实施，数字经济成为赋能乡村振兴的重要力量。洛阳市紧跟全国数字经济发展趋势，围绕农业发展的实际需求不断探索与尝试，立足农副业、手工业、乡村民俗旅游等特色产业，以国家乡村振兴战略为实施纲领，因地制宜，出台符合洛阳特色的政策部署，引领数字经济背景下的洛阳乡村振兴稳步发展。

一　洛阳市数字经济赋能乡村振兴发展基础

在2020年农业农村部对全国县域数字农业农村发展水平的评价中，河南省县域数字农业农村发展总体水平为36.38%，略高于全国平均水平36%，与东部地区发展总体水平仍有差距，具有较大上升发展空间。河南省发布《河南省乡村振兴战略规划（2018-2022年）》，搭建"13616"战略框架主线，从"产业兴旺、生态宜居、乡风文明、治理有效、生活富裕"5个方面设计26项具体指标，多方位推动河南乡村振兴战略落地实施。《2022年河南省数字经济发展工作方案》推进农业数字化试点，实施数字乡村建设行动，推动数字乡村建设，加速现代信息技术在农业农村领域的普及应用和深度融合。

洛阳作为中原城市群副中心城市，为加强政策引导，营造数字赋能"软环境"，深入开展数字化赋能行动，加快互联网、大数据、5G技术的应用、融合与发展，制定了《洛阳市数字化转型行动计划（2021-2025）》、《洛阳市加快5G发展深化应用引领行动计划（2020-2025年）》等一系列政策文件，进一步健全政策体系，支持企业加快实施产业数字化转型，构建了全市"1+3+N"的产业数字化政策体系。洛阳市深入开展数字化赋能行动，积极推动互联网、大数据、5G技术体系建设和应用赋能，加快打造数字经济新高地，2021年全市数字经济产业营业收入突破600亿元。

乡村振兴重在乡村产业振兴，为加快发展乡村产业，洛阳市制定了《乡村产业振兴行动计划》（以下简称《计划》），通过顶层设计创新机制的实施建设，推动洛阳数字化信息基础建设、数字化乡村产业发展、数字化乡村治理、数智化民生服务，引导洛阳市数字乡村建设。《计划》提出 2022 年全面推进洛阳市乡村产业振兴，重点发展八大类乡村产业、培育四大平台载体、实施六大行动，确保乡村振兴稳中有序、稳中求进、稳中向好。2021 年洛阳市乡村振兴投入总额、增速均居全省第一；洛阳农村人居环境整治成绩全省第一；落地乡贤返乡创业项目 558 个；52 个市级试点村招募运营商 37 个；孟津区朱寨村荣获"中国美丽休闲乡村"称号，宜阳县获评全国村庄清洁行动先进县等，硕果累累。

洛阳市在数字经济发展和乡村振兴进程中积累了宝贵的经验，2018 年洛阳市孟津县（现孟津区）被确定为河南省乡村振兴示范县市（区），2021 年洛阳市汝阳县入选省级数字乡村示范县，加快了其他县区乡村振兴建设的速度，为全市乡村振兴发展提供了宝贵经验，但整体而言，洛阳数字经济与乡村振兴的融合发展仍处于积极探索和发展阶段，在诸多方面仍存在不足，面临乡村产业发展质量较低、数字赋能乡村产业效果不明显、乡村数字技术应用人才缺失等问题，如何有效促进数字经济与乡村振兴的融合，为数字乡村建设提质增效，为乡村产业发展蓄势赋能，还需要更多发展之策、实践之道。

二　洛阳市数字经济赋能乡村振兴发展的典型案例

（一）数字经济赋能乡村农业特色产业发展

孟津区（原孟津县与吉利区）利用独特优势，探索出一条适合乡村振兴发展的最优道路——"网红经济"。依托强大的互联网体系和 5G 网络，孟津区紧跟潮流发展网红经济扩大品牌影响力。

"孟津梨"为孟津区会盟镇特产，栽培历史悠久，古为贡品，因其"甜水脆圆红"，又被称为"洛阳金橘"，先后获得国家地理标志商标、国家地理标志农产品和国家无公害农产品三个"国字"号招牌，入选 2020 年第一批全国名特优新农产品名录。2019 年会盟镇启动"黄河名优淘宝村"惠农

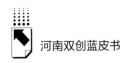

工程，依托电子商务企业和平台，围绕产品销售、品牌经营、农副产业发展等方面，科学规划，合理布局，极大拓宽农产品销售渠道和促进镇域经济增长。目前，会盟镇"孟津梨"种植面积已突破1.2万亩，品种达30多个，年产量近9000万公斤，销售收入至上亿元。

花椒产业是宜阳县特色农业产业的支柱之一，是"宜阳不一样"品牌战略中的重要组成部分。宜阳县发展确立了"三花一草一药一果"的农业发展格局，探索运用"合作社+"新模式，按照"种植户+基地+合作社+电商平台+公司+院企"六位一体的合作模式，促进乡村农业特色产业发展。宜阳县以合作社为载体，融入数字经济和实体经济，加快花椒产业规模化发展，当前全县花椒种植面积13万亩，挂果超10万亩，产量近6000万斤。宜阳县上观乡通过水蜜桃种植合作社，以"合作社+种植户"的模式，通过扶贫电商、直播带货、线下团购等方式进行销售，带动本地农户及周边村镇居民实现增产增收。目前宜阳县内水蜜桃种植面积达3970公顷，年产量9万多吨。

（二）数字经济赋能乡村农旅融合

宜阳县是洛阳市的一个卫星城市，从地理位置上来说，宜阳县有得天独厚的旅游资源和丰富的乡村特色。宜阳县在灵山游客服务中心建立宜阳县电子商务公共服务中心，运营面积约4000平方米，是宜阳县创建国家级电子商务进农村综合示范县工作的重要组成部分。同时，设立跨境电子商务公共服务中心，现有建筑面积5500平方米，可容纳跨境电商、对外贸易、物流支付等各类企业100余家。目前跨境电子商务公共服务中心可支持淘宝、京东、亚马逊、YouTube等国内外多家电商平台对国内外产品进行直播销售。依托数字化的服务中心和独特的灵山旅游资源，在面对众多游客的同时，把旅游资源转化为农特产品销售资源，将宜阳县独具特色的农副产品进行推广和销售，为宜阳农旅融合提供了技术支持和发展平台。

（三）数字经济赋能乡村传统文化产业发展

为促进孟津区特色农特产品网上销售，依托电子商务进农村示范县工程，孟津区整合优质农特产品资源加速打造"三彩孟津"区域公共品牌，发挥了良好的带动效应。孟津区南石山村"三彩小镇"项目重点培育龙头企业，打造"产学研游娱"五位一体的特色三彩企业，发扬传承传统文化，打造特色三彩品牌，开发全新文旅体验，举办陶瓷专题展览，组织科研学术交流，形成多元一体的产业链，为孟津区乡村振兴提质增速。目前镇域三彩企业 68 家，劳动就业 1000 余人，全国市场占有率达 95% 以上，产品达 3500 余种，年产值 3.5 亿元。

（四）数字经济赋能乡村新型产业发展

孟津区在"网红经济"新经济模式的引领下涌现出很多新产业，推动传统产业转型升级。以发展农村电子商务为精准扶贫和产业富民的主抓手，加大与区域"农、特、文、旅"优势资源结合力度，积极推动电子商务进农村工程。2021 年孟津区成功创建 2 个淘宝镇和 8 个淘宝村，共有店铺 670 家，线上交易额累计 3.5 亿元。其中新入选 1 个淘宝镇：城关镇淘宝镇；3 个淘宝村："白鹤黄河特产淘宝村"、"横水特色农产品淘宝村"和"会盟黄河名优淘宝村"，孟津"一镇一村"淘宝村创建实现完美闭环。孟津区电商产业园自成立以来，积极实施"电商直播"和"实体商户"以及当地企业的融合发展，实现线上交易额近 5 亿元，数字经济赋能乡村振兴已见成效。

2019 年之前，洛宁县是全国贫困县。因为没有广告没有宣传，该县特色产品销售一度是采取自产自销的老模式。随着现代数字经济与互联网的快速发展，洛宁县特色产品逐渐有了名气，从乡村走向全国，洛宁县抓住数字经济驱动乡村振兴的契机大力培育特色品牌，立足全县产业特点，结合涉农产品传播规律，以消费者为导向，制定"洛水山肴""食尚洛宁"县域特色品牌培育计划；以品牌定位为基础，提升品牌知名度与美誉度；以产业应用为导向，规范品牌使用标准；以产业带动为目标，突出核心产业品牌内涵，带动全县产业的品牌化，以品牌附加值驱动产业高质量发展。依托电商云平台，建立线上"洛宁特色馆"，联动淘宝、京东等线上渠道，构建核心服务

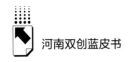

平台、骨干销售平台相互促进的农产品线上渠道，提升产品的线上营销能力与服务能力，实现产品销售向粉丝消费转型。

三　洛阳市数字经济赋能乡村振兴的现实问题

（一）乡村网络基础设施建设不完备

党的十九届四中全会明确提出，数据与土地、资本、人力和知识管理并驾齐驱，成为新的生产要素。网络基础设施建设薄弱落后，数据运用犹如空中楼阁，无法发挥其预测预警、优化资源配置的功能。洛阳地处中原，农村网民数量和互联网使用率偏低；农业生产数字化程度不高，数字技术的普及、推广和运用不足以支撑现代化的农业生产发展。城乡在 4G/5G 网络平均下载速率、宽带用户数量、互联网普及率等方面存在明显差异。中国互联网络信息中心发布的第 49 次《中国互联网络发展状况统计报告》数据显示，截至2021 年 12 月，我国城镇地区互联网普及率为 79.5%，农村地区互联网普及率为 57.6%，城乡地区互联网普及率差值虽较 2020 年 12 月缩小 0.2 个百分点，但差距仍然明显。网络基础设施建设可打通数据资源获取、分析和应用三大环节，是数字技术运用和数字经济发展的支撑。当前洛阳乡村网络基础设施的建设不够完备，不利于数字技术应用于乡村产业发展，当前数字资源的收集、挖掘、利用和开放程度等与其所蕴含的经济效益不成比例，优化乡村数字信息环境迫在眉睫。

（二）数字经济赋能乡村产业发展质量偏低

自实施乡村振兴战略以来，洛阳市坚持农业农村优先发展，落实落细"151"工作举措，推动城乡基础设施一体化、要素流动自由化、产业发展融合化。积极推进质量兴农、绿色兴农、品牌强农，围绕"一县一业""一镇一特""一村一品"，快速构建起集休闲农业、乡村旅游、电子商务为一体的乡村产业发展新形态，依托数字经济，增强洛阳乡村产业振兴驱动力。

但是在提速的同时，部分乡村产业间联结度和融合度不够，且缺乏对产业振兴方面的认识和方法，导致无法实现乡村产业高质量发展。一方面，乡村产业布局广而不精。乡村产业种类单一、基础薄弱，人口老龄化、村庄空心化程度日益严重，青壮年劳动力外出多，数字化复合型专业人才流入少，缺乏支持乡村产业发展的技术能力和可靠的人才保障。另一方面，乡村产业链融合多而不深。在实践中，一些乡村产业起步晚、起点低，同一化程度高，难以快速实现特色发展。乡村产业发展应因地制宜，发挥优势，彰显特色，扎实推进乡村产业链融合布局。

（三）数字经济赋能乡村产业效果不佳

数字经济为乡村产业振兴发展提供了新的契机，为乡村产业生产经营、产业技术提升、经营方式转变等方面提供有力保障。但目前，数字经济赋能洛阳乡村产业发展效果并不理想。第一，数字技术的普及、推广和运用不足以支撑现代化的农业生产发展；缺乏正确合理高效的数据资源利用手段和科学的数据分析方法，趋势性决策分析有偏差。第二，一些农民保守、安于现状的思想意识及获取新技术主动性不足，阻碍了数字技术在乡村的推广和实施。在具体运用中，农民因其知识素质和技能素养与数字技术运用的高要求存在差距，不能恰当地运用数字技术，使数字经济的赋能进程受到限制和约束。第三，各部门协同效能有待加强。数字经济与乡村振兴的驱动多以政府顶层设计要求和政府资金投入为主，社会资本投入不足；乡村由于受地理位置约束、经济业务单一、招商引资项目少等原因，融资渠道少、成本高、融资难等；数字化专门人才短缺，人才发展空间、薪资待遇等方面受限，人才引进机制和社会保障体系不够完善；农民参与数字经济建设和乡村振兴的积极性有待提高。数字乡村各主体协同参与并和谐发展的体制机制有待普及和磨合。

（四）数字经济赋能乡村振兴措施与引导机制不完善

2019年后，国家相继印发《数字乡村发展战略纲要》《数字农业农村发

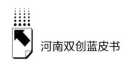

展规划（2019-2025 年）》《2020 年数字乡村发展工作要点》等政策纲领。以国家发布的政策纲领为指引，洛阳市已出台相关文件规划，为乡村数字产业发展夯实政策基础。乡村数字产业发展不仅需要政策支持，还需要金融、行业等多方协同合作扶持，但目前，与之相应的措施还未落到实处，发展机制也尚未完善，数字经济赋能乡村振兴进程中依然面临很多的现实问题。应加快落地系统科学的保障措施，助力深化数字经济与乡村振兴的融合与发展。

从洛阳市目前的实际发展进程来看，虽然政策部署已经出台，但执行过程中仍存在较多问题。第一，顶层设计引导机制不够完善。多数优惠政策仅针对特定项目类型给予资金支持，划定优惠对象，乡村产业发展容易出现盲目且粗放的问题以及为了优惠而"振兴"的短期行为，无法实现集约化精细化的产业发展。第二，引导机制缺乏长效性。数字化乡村产业高质量发展不是一蹴而就的，需要具有创新性和长效性的体制机制保驾护航。创新能力和内生动力不足，创新人才缺乏，创新型成果转化率不高，加之农村产业发展的自身特色，导致乡村产业发展形式单一，特色不特，发展缓慢。

乡村治理和政务服务数字化程度低，缺乏专门的组织机构进行管理和深化。政府及相关部门上下级之间缺乏融通联动，不能及时共享反馈信息，未能形成数据化分析管理模式。对发展中出现的问题，不能及时发现、对症下"药"；针对不同主体，不能提供个性化的创新保障机制。

四 洛阳市数字经济赋能乡村振兴的创新路径

基于上述现实问题的调研，洛阳市将在"1+3+N"的产业数字化规划基础上，围绕网络基础设施、产业发展、乡村治理、公共服务，完善乡村网络基础设施建设，提升数字经济赋能乡村振兴发展的质量和效果。

（一）加强顶层设计，统筹政务领导规划

推动"互联网+党建"，促进社会治理"上情下达，下情上达"。推动

"互联网+政务"，抓好"一网通办""一网通享""一网通管"，促进"一网安全""一网协同""一网创新"，落实"四双机制"，严格落实"13710"工作制度，提高智慧治理水平。建设提升为农服务中心，改造提升基层供销合作社，建强村级经济合作组织。推进自然村村民理事会、民调委员会全覆盖，提升村民自治水平。发展"互联网+医疗"，在乡村医疗机构中大力推广数字技术，实现远程医疗和优质医疗资源全区域共享。推动"互联网+教育"，拓宽知识获取渠道，开阔受教育者视野，运用数字技术积极应对新冠肺炎疫情对不同阶段学校教育的影响，加快实施乡村学校互联网建设和教育宽带网络提速，推进优质数字教育资源进入乡村。

（二）加强基础设施建设，助力数字平台构建

加强完善乡村网络基础设施建设是"数字乡村"建设的必要条件。为尽力完善偏远山区、乡村的数字基础设施建设，洛阳计划提速建设智慧洛阳云平台、城市运营中心，新建5G基站1000个，实现乡镇以上建成区5G网络全覆盖，进一步完善乡村数字基础设施。其次，推进共建共享乡村数字基础设施。依托大数据、物联网、人工智能，提高智能手机、电商平台使用频率，转变农民思想意识，精准提供数字服务，以内需推动数字平台建设。紧密结合农产品特色与数字化宣发手段，与抖音、腾讯等平台加强合作，启动爱奇艺"洛阳IP联动计划"，策划"风起洛阳探秘神都"活动，构建洛阳视频营销矩阵群，利用流量构建农产品电商信息服务平台。

（三）加强人才管理，重视乡村数字化文化建设

人才是数字经济赋能乡村振兴进程中的关键要素，发挥着重要作用。洛阳以发展壮大乡贤经济为抓手，大力实施乡贤返乡创业培训行动计划，加快市级信息平台正式运行，以返乡创业乡贤领办企业，带动就业。充分发挥书记、驻村工作队、大学生村官等主体作用，充分发挥高校和科研单位智慧与技术优势，提供智库支持。另外，要注重提升农民数字化素养。通过通俗易懂的方式为村民进行网络知识普及。通过数字化手段向外输出洛阳传统文化

和民俗文化，选择、传承、保护和发扬传统文化，将乡村优秀文化通过数字化形式加以呈现，将乡村产业文化通过数字经济转化成产业资源，利用新媒体形式和网络进行推广和宣传，全面高效提升乡村数字化文化建设。

（四）建立数智机制，提升数字服务水平

在数字经济赋能乡村振兴的进程中，秉持"团结就是力量"，凝聚"政商产学研"多方力量，全面展开各方融通机制，多维度发展乡村产业，动态分析并扫清发展障碍；建立乡村数智化专管部门，铺设数字化信息共享平台，打通洛阳市及各县域上下贯通机制，共享各乡村管理服务主体和部门在治理过程中的数据资源，打破各方沟通壁垒，尤其是农民与各管理部门之间的沟通障碍，让乡村建设者参与乡村振兴发展决策；加强数据化联动管理，结合乡村数字化程度，建立数字化便民服务平台，提高乡村治理效率，降低政务服务成本，积极形成适用于数字化乡村振兴的创新型管理模式。

（五）发展乡村金融，建立数字化融资体系

通过政府层面搭建乡村数字化可持续发展服务中心，通过数字产业和金融机构创新路径，探索多方合作培育项目，共同为乡村小微企业或项目提供金融服务，拓宽普惠金融服务范围，助力乡村产业和人才振兴。加大乡村金融项目的投资和招商力度，形成多元化、持续化的数字乡村新金融模式。未来将通过政策化解乡村数字化建设融资难题，释放乡村数字经济效能，促进政府、金融机构和乡村多方主体共同参与，以多种方式提供资金支持，大力促进农业农村经济的数字化转型。

（六）创新发展路径，促进乡村产业融合

推动互联网+大数据+数字经济+乡村实体经济深度联动融合，加强数字乡村产学研合作，借助数字智库，联合攻关数字乡村建设中的重大难题，搭建学术交流平台、创新乡村数字发展模式，赋能乡村振兴。数字乡村产业融合发展可以增强乡村数字化建设试点的普及和宣传，推广创新路径，整体提

升"数字乡村"建设水平。

在创新发展路径中，注重因地制宜，结合自身特色发展。习近平总书记在河南调研时指出，地方特色产业发展潜力巨大，要善于挖掘和利用本地优势资源，加强地方优质品种保护，推进产学研有机结合，统筹做好产业、科技、文化这篇大文章。结合洛阳市乡村产业发展的实践和经济发展的一般规律，盘点不同乡村资源禀赋，紧密联系自身优势，围绕"一县一业""一镇一特""一村一品"，整合资源，发展特色文化、特色产业、特色旅游等特色项目。在此过程中，应当避免乡村产业形态的同一化。利用数字技术夯实农业基础，推广运用智慧农业技术，积极推动数字化"无人农场"建设，提高粮食产量和质量，实现智慧生产、精准生产；打造地区特色品牌，成立大数据运营中心，通过大数据分析，精准定位社会需求，结合自身优势资源，以共同发展为前提，结合自身特色，发挥首创精神，促进农业、文化旅游业、数字化产业等融合，动态分析发展效果，维持可持续、高质量、数字化发展势态。

五　小结

随着数字经济市场规模和影响力日益扩大，数字经济对乡村振兴的赋能作用日益增强，经济社会稳中求进，要求加快数字经济与农业农村一二三产业全面深度融合，提升数字经济赋能乡村振兴的质量及效果。在此过程中，通过对洛阳市数字经济赋能乡村振兴顶层设计的研究，分析"一区二县"典型案例及面临的现实问题，探寻适合洛阳发展的创新路径，从而促进乡村产业向数字化赋能的方向和道路转变，更好地实现数字乡村振兴。

参考文献

王凯：《河南省政府工作报告》，2022。

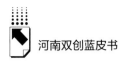

徐衣显：《洛阳市政府工作报告》，2022。

孟津区商务局：《孟津区电子商务"十四五"发展规划》，2021。

农业农村部：《2021 全国县域数字农业农村电子商务发展报告》，2021。

中国互联网络信息中心：《中国互联网络发展状况统计报告》，2021。

B.14
2021年开封市双创开展情况
及2022年前瞻与建议*

赵建吉**

摘　要： 本文从科技创新组织领导得到加强、科技投入持续加大、创新平
台建设巩固加强、创新主体规模持续扩大、创新制度得到优化完
善、创新文化氛围持续浓厚等方面，对开封市 2021 年双创开展
情况进行梳理总结；从深化"放管服"改革、优化"商事制度"
改革、推进"政务服务"改革、实施"资金监管"改革、落实
"人才引进"改革等方面，梳理了开封双创工作的体制机制改革
与创新；从发展环境更优、郑开科创走廊的双创策源地作用凸
显、对于现代化产业体系构建的支撑更为有力等方面对开封市
2022 年双创工作进行了前瞻；在此基础上，从高水平建设郑开
科创走廊、着力打造创新平台、加快培育创新型企业、强化招才
引智、深化科技金融融合发展、完善创新体制机制等六个维度提
出了 2022 年开封市深入开展双创工作、推动高质量发展的对策
建议。

关键词： 双创　创新驱动　高质量发展　开封市

---

* 本文为国家社会科学基金项目"黄河流域高质量发展的内涵、测度与对策研究"（项目编号：
20BJL104）、2022 年度河南省高等学校智库研究项目"河南实施制度型开放战略研究"（项
目编号：2022ZKYJ15）的阶段性研究成果。
** 赵建吉，博士，博士后，教育部人文社会科学重点研究基地河南大学黄河文明与可持续发展
研究中心教授，博士生导师，研究方向：区域创新与经济地理。

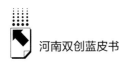

一 2021年开封市双创概况

2021年，面对新冠肺炎疫情突袭而至、汛涝灾害的冲击以及极为艰巨繁重的改革发展任务，开封市认真贯彻落实党中央、国务院决策部署，在市委的坚强领导下，深入推进创新驱动发展战略，以科技创新为引领，加快科技创新发展，全面深入实施"16136"战略目标，准确把握经济发展新常态的新要求和科技创新的新趋势，系统谋划建设创新发展新路径、努力优化创业环境，构建创新资源集聚、创新体系完备、基础设施完善、环境质量优良、产业特色突出的双创示范基地。

（一）科技创新组织领导得到加强

2021年，市委成立了以市委书记、市长为双主任的市科技创新委员会并召开了第一次全体会议，审议通过了《开封市科技创新委员会工作规则》《开封市科技创新委员会办公室工作细则》《关于优化创新生态推进高质量发展的实施意见》。同时，成立了以市长为组长，分管科技的副市长为副组长的全市推进科技创新"六个一流"工作领导小组，全市创新合力明显提升。在全省率先出台《科技创新"六个一流"实施方案》，印发了《开封市科技企业孵化器考核评价指标体系（试行）》《开封市科技企业孵化器认定管理办法》《开封市众创空间考核评价指标体系（试行）》等支持建设高水平科技孵化载体的政策措施。

（二）科技投入持续加大

建立金融资本支持企业创新发展，引导金融机构支持科技型中小企业研发，构建科技债权融资体系，优化政府和社会资本合作模式，实现信息共享，畅通融资渠道。着力引进银行总部、股权投资、基金、信托、融资租赁、保理等其他金融创新机构入驻，为不同发展阶段的科技型中小企业提供公共服务、金融服务。2021年，全市财政科技支出13.3亿元，同比增长

53.5%，增速全省排名第二，占一般公共预算支出比重达到 2.92%，同比提高 0.91 个百分点。2020 年全市研究与实验发展经费投入 27.97 亿元，增速 18.5%，投入强度为 1.18%。2021 年全市研究与实验发展经费投入将超过 30 亿元，投入强度达到 1.5% 左右。充分发挥 3000 万元的科技成果转化基金作用，鼓励引导企业加大研发投入，并加快科技成果转移转化（王予杰、常耀华，2021）。

（三）创新平台建设巩固加强

2021 年，开封市获批省级以上科研平台机构 31 个，获批的河南省心脏电生理研究国际联合实验室、河南省时空大数据技术创新中心等填补了开封市在该类平台建设上的空白。新培育市级工程技术研究中心 51 家、市级重点实验室 15 家、市级新型研发机构和技术转移示范机构 10 家、市级创新型科技团队 25 个、市级科技创新人才 33 人、市级农业特色产业科技示范基地 10 家。开封市城乡一体化示范区作为省级双创示范基地，拥有国家级科技企业孵化器、众创空间 2 家；省、市级科技型孵化器、众创空间 6 家；现有省、市级工程技术研究中心 42 家；市级企业重点实验室 6 家；省、市级新型研发机构 7 家；省、市级科技型小巨人企业及培育企业 7 家。在省科技厅组织开展的双创平台载体考核评价中，开封众创空间（国家级）、北斗众创空间获评优秀，绿地创领众创空间、开封市精细化工创业服务中心、兰考青创互联科技企业孵化器获评良好。

（四）创新主体规模持续扩大

2021 年，十一化建、开封炭素 2 家企业获批河南省创新龙头企业，优德医疗、亚普汽车、奇瑞汽车等 3 家企业成功获批河南省"瞪羚"企业。全年新培育高新技术企业 70 家，有效期内净增 38 家。全市高新技术企业营业收入首次突破 400 亿元，规上工业高新技术产业增加值增速达到 16%，增速位居全省第一。国家科技型中小企业入库数 401 家，同比增长 82%。新增高新技术企业 38 家、省级创新型龙头企业 2 家、"瞪羚"企业 3 家（李湘豫，2022）。落实创新型企业认定奖补资金 1110 万元，企业研发补助金额 3998 万元，同比增长 19.7%。2021 年，开封市省级及以上双创平台服务的创业团队达到 720 家，吸纳 660 余名应届大学毕业生，在孵企业总收入约为 28368 万元，新增在孵企业、新注册企业达到 93 家。培育出河南省锐达医药科技有限公司等高新技术企业 5 家、河南光坤能源科技工程有限公司等科技型中小企业 87 家，累计毕业企业 280 家，为经济社会高质量发展提供源源不断的动力（王喆，2022）。

（五）创新制度得到优化完善

市级科研项目经费管理和项目立项评审办法得到优化，科研项目申报要求持续精简。实行科研项目申报承诺制，简化科研项目管理，整合中期评估并实行一次性综合绩效评价验收。组建了开封市创新科技投资有限公司，筹备设立了科技创新投资基金，基金规模 2 亿元。2021 年为科技企业争取到省"科技贷"7000 余万元，同比增长 136%，预计 2021 年科技型企业贷款余额将超过 40 亿元。

（六）创新文化氛围持续浓厚

组织开展了 2021 年科技创新工作考核，评选出 2 个科技创新工作优秀县区、15 个优秀单位等一批创新典型并在 2 月 8 日的全市高质量发展大会上进行了表彰。打造开封双创品牌，聚焦高质量创新创造、高水平创业就业，举办创业创新大赛、"双创"活动周、开封投融资峰会等一系列活动，广泛开展企业家交流活动，彰显河南创新创业特色，全方位、多渠道展示全国创新创业工作成效，营造良好的创新创业创造新生态，纵深推进大众创业万众创新，助力经济高质量发展。第十届中国创新创业大赛河南开封分赛区暨第四届"中原人才杯"开封创新创业大赛成功举办，参赛企业数量同比增长 106.7%（赵海龙，2022）。开封市孵化项目在各类创新创业大赛中屡获佳绩，累计荣获第六届"创客中国"中小企业创新创业大赛 500 强、第十届中国创新创业大赛全国赛成长组优秀企业等国家和省级荣誉共 6 项。

二 开封市双创工作体制机制改革与创新

（一）深化"放管服"改革

开封市不断减少行政审批事项，简化规范办事流程，提请开封市人民政府向自贸试验区开封片区管理委员会下放第一批市级经济社会管理权限2358项，进一步推进省、市、区三级权限相对集中行使，实行了"一枚印章管审批"，从而简化办理流程，提高办事效率。

（二）优化"商事制度"改革

全面实施"五证合一、一证两址、一照一码"，推动整合工商登记和审批备案信息，建设电子营业执照管理系统，推进无介质电子营业执照应用，节约注册审批时间，实现平均0.5个工作日办结，截至2021年12月，新增市场主体6493户，新增企业2805户。

（三）推进"政务服务"改革

为深入贯彻落实习近平总书记关于黄河流域生态保护和高质量发展战略、区域协调发展的指示要求，郑州、开封片区管委会双方签署"自贸通办"授权协议，联合推出政务服务"跨区域通办"新模式，首批255项涉企行行政审批服务事项实施跨片区通办，清单调整为292项。"跨区域通办"新模式进一步提升了政务服务效能，让企业切实享受跨区域通办带来的改革红利。

（四）实施"资金监管"改革

放宽民间资本市场准入，扩大服务领域开放，推进非基本公共服务市场化、产业化、多元化，激发企业技术创新活力，进一步提高科技型中小企业研发费用加计扣除比例，探索实行信用评价与税收便利服务挂钩制度，将优

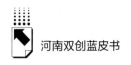
惠政策由备案管理和事前审批，逐渐向加强事中事后监管转变，提高中小企业优惠政策获得感。

（五）落实"人才引进"改革

按照《开封市中长期人才发展规划纲要（2010-2020 年）》《开封市加快人才集聚助推高质量发展若干措施（试行）》（汴办〔2018〕30 号）等文件精神，以"人人持证、技能河南"为契机，实施人才倍增计划，围绕产业升级、战略性新兴产业发展，谋篇布局，促进人才培养、评价、选拔、使用，更好地集聚创新资源，为实现"五翻番一覆盖"提供有力的智力保障。

三 2022年开封市双创工作前瞻

（一）发展环境更优

2021 年召开的河南省十一次党代会上，河南省委省政府提出了锚定两个确保、实施十大战略，而创新驱动、科教兴省、人才强省战略被列为十大战略之首，充分体现了省委省政府对于创新发展的高度重视。2021 年 7 月，河南省成立了河南省科技创新委员会，由省委书记、省长任主任。2022 年 1 月，中共河南省委、河南省人民政府发布了《关于加快构建一流创新生态建设国家创新高地的意见》《河南省"十四五"科技创新和一流创新生态建设规划》。《开封市国民经济和社会发展第十四个五年规划和二〇三五年远景目标纲要》提出了建设国家创新高地的目标，强调要坚持创新在现代化建设全局中的核心地位，把科技创新和制度创新作为全市发展的战略支撑，深入实施科教兴市战略、人才强市战略、创新驱动战略。

（二）郑开科创走廊的双创策源地作用凸显

郑开同城化是习近平总书记提出的国家战略，河南省政府发布了《把兰考县纳入郑开同城化进程打造全国县域治理"三起来"样板总体方案》，加快推动郑开同城化。在此背景下，郑开科创走廊的双创策源地作用凸显，将依托创新平台、企业、高等院校、科研院所，构建科研成果从平台到中试到工程化、产业化的完整创新链条，打造分工合理、协同联动的高能级创新走廊，对于开封高水平推进双创工作，构建"三核引领、四带协同、六区融合、十园支撑"的空间布局，打造全省沿黄科技创新带核心区、全国重要的科技创新策源地具有重要意义。

（三）对于现代化产业体系构建的支撑更为有力

2020 年，开封市全社会研发经费占生产总值的比例达到 1.05%、每万人口发明专利拥有量达到 2.12 件、科技进步贡献率达到 60%。根据《开封市国民经济和社会发展第十四个五年规划和二〇三五年远景目标纲要》，到 2025 年，研发经费投入强度将达到 2.64%，年均增速达到 33.8%，每万人口高价值发明专利拥有量达到 3 件，创新驱动发展水平实现更大飞跃。创新驱动的发展，对于改造提升传统产业、发展壮大新兴产业、前瞻布局未来产业提供了重要支撑。对于开封市而言，更需要加快推动双创发展，做大做强农副产品加工、精细化工两大千亿级产业集群；发展壮大汽车及零部件、装备制造、新材料新能源、现代家居、医药和医疗器械、纺织服装等五百亿级产业集群；大力培育新能源及智能网联汽车、新一代信息技术、生物医药、节能环保等战略性新兴产业；前瞻布局 5G、新型显示及超清视频、新一代光源等未来产业。

四　开封市深入开展双创推动高质量发展的建议

（一）高水平建设郑开科创走廊

聚焦郑开同城化发展，以郑开科学大道为轴线，与郑州联动发展打造百里创新创业长廊。加快西湖数字湾、中原数据湖、科教园区、职教园区建设，促进大学科技园提质升级。集聚高端创新要素，加快推动高能级产业空间载体、重大平台等建设，共建跨区域发展的产业生态圈，打造"三核引领、四带协同、六区融合、十园支撑"的产业布局。推动各县（区）争创国家级、省级高新技术产业开发区、农业科技园。实施科技强市行动，优化科技创新资源布局，引进重大科技创新平台。紧抓国家优化区域创新布局的机遇，结合开封优势，支持国家重大创新平台、重大科技基础设施、重大引智项目落户开封。重点在新一代光源、芯片制造、北斗应用、生命科学、生物医药、生物育种等产业领域，布局建设一批大科学装置、制造业创新中心，打造高水平创新基地。吸引国内外一流高校、科研机构或高层次人才团队、知名企业，采用多元投入和市场化运作模式，在开封设立新型研发机构。鼓励河南大学等高校优化学科布局，积极开展重大基础研究。支持高校、企业等公共创新平台和实验室晋升为国家级。加快关键技术攻关研发和成果转化，打造全省沿黄科技创新带核心区，并使其成为支撑全省、服务全国的创新策源地。积极对接郑洛新国家自主创新示范区，争取复制自创区各项政策。

（二）着力打造创新平台

一是架梁立柱组建开封市科学院。以新型研发机构定位，整合全市优质创新资源、重点创新平台组建科学院，发展成立河南省科学院开封分院。探索建立统分结合的双层领导体制，建立专业管理和协调机构。一方面保持重点平台、重点团队原属地管理不变，另一方面纳入市科学院统一领导。最大程度上发挥各重点研究平台的功能和价值，有效协调各重点研究平台之间的协作，激发平台活力，提升全市科技创新整体实力。

二是重构重塑实验室体系。构建以量子、绿色能源材料、种业三大实验室为引领，以炭材料、心脏电生理、医学遗传、菊花生物学等重点实验室为支撑的实验室体系，加快争创省级及以上重点实验室。

三是加快中试基地、产业研究院建设。面向产业发展需求，整合科技创新资源，加快建设碳基新能源材料、粮食装备、精细化工、农作物、橡塑制品等中试基地和铝加工、高效农业等产业研究院。2022 年实现省级中试基地"零"突破，市级中试基地达到3~5家。

四是全力建设开封"智慧岛"双创载体。按照双创基础支撑有力、配套服务能力突出等建设标准，依托城乡一体化示范区，组建市场化运营团队，以开封科创中心、大学科技园、中关村智酷人才与产业创新基地、绿地创领众创空间为立柱构筑宜业宜创的新型创新发展空间，打造开封"智慧岛"。

（三）加快培育创新型企业

一是建立完善培育体系。强化企业创新主体地位，促进各类创新要素向企业集聚，逐步形成以科技型中小企业—高新技术企业—创新龙头企业—"瞪羚"企业和独角兽企业为引领的创新型企业集群培育发展体系。以规上工业企业为重点，发展壮大国家科技型中小企业力量，市、县（区）联动建设高新技术后备企业库。实施创新龙头企业引领计划。对新认定的省级创新龙头企业、"瞪羚"企业等，将其纳入项目、人才、平台和科技金融重点支持范围。

二是实施规上工业企业产学研用贯通专项行动。围绕产业链布局创新链，对接高校院所优势创新资源，联合开展技术攻关和协同创新。建设科技成果转化平台，定期发布科技成果，推进创新要素融合、技术产业融合、区域合作融合。

三是实施规上工业企业研发活动全覆盖专项行动。贯彻落实《关于推动全市规上工业企业研发活动全覆盖的若干措施》，明确落实财政奖补政策、培育建设高水平研发机构、培育发展科技型企业、实施重大科技专项、培育引进高层次人才、搭建科技成果转化桥梁、发展创新创业孵化载体等措施。建立规上工业企业研发活动台账，逐家企业跟进，服务保障落实，2022年底前基本实现全市规上企业全覆盖。

（四）强化招才引智

一是大力引进高层次创新人才。建立乡情引才、项目招才、以才聚才、

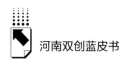

柔性用才工作机制，借助招才引智大会、"绿色通道"等载体平台，吸引更多急需人才、科研院所、重大项目、高端团队加速集聚。

二是加大柔性引才用才。支持、鼓励高校和科研院所科研人员以挂职、参与项目合作等方式从事科技创新工作。鼓励企业与河南大学、天津大学等高校签订合作协议，推动产学研用高度融合，加速科技成果转移转化。争创全国人才管理改革试验区。

三是培育壮大青年拔尖人才队伍。加大对优秀创新青年支持力度，在科研项目立项、科研经费等方面给予支持，完善青年人才科技支持措施，在高校深造、企业学习等方面支持更多青年人才成长为领军人才。

（五）深化科技金融融合发展

一是实施"汴科贷"业务。设立科技贷款风险准备金资金池，对开封市"汴科贷"业务进行科技贷款风险补偿，对省"科技贷"业务给予贷款贴息。

二是设立开封科创投资基金。发挥政府创业投资基金作用，引导社会资本支持新材料、新能源、智能装备制造等种子期、初创期科技企业融资发展，支持科技企业在多层次资本市场上市挂牌。

三是探索开展科技保险。围绕研发责任保险、关键研发设备保险、产品质量保证保险、小额贷款保证保险、"揭榜险"等探索开展科技保险。

（六）完善创新体制机制

继续深化科技领域"放管服"改革，扩大科研创新领军人才预算调剂权和经费使用自主权，对新产业新业态实行包容审慎监管。探索建立"揭榜攻关""揭榜转化"制度，改进科技项目组织管理方式。建立科技创新财政投入稳定增长机制，设立科技成果转化基金、科技贷款风险补偿准备金，培育国家文化和科技融合示范基地。推动科技金融服务和产品创新，积极发展科技保险、科技贷、科技担保、知识产权质押等，支持企业在创业板、科创板、新三板等上市融资。

参考文献

王予杰、常耀华：《立足新发展阶段 贯彻新发展理念 融入新发展格局——2021年全市财政工作展望》，《开封日报》2021年2月2日，https：//www. kf. cn/c/2021-02-02/377452. shtml，2021年2月2日。

王喆：《双创活力不断增强 开封市高度重视双创平台发展与建设》，河南省人民政府门户网站，https：//www. henan. gov. cn/2022/01-29/2392785. html，2022年1月29日。

李湘豫：《开封市政府工作报告》，河南省人民政府门户网站，http：//www. henan. gov. cn/2022/02-28/2405633. html，2022年2月28日。

赵海龙：《我市科技创新"六个一流"工作取得阶段性成效》，《开封日报》2022年3月7日。

B.15
双创引领郑州国家中心城市
建设的现状与对策分析*

徐艳红**

摘 要： 2021年郑州的双创环境、双创资源和双创成效均有较大幅度改善和提升，对受自然灾害和多轮疫情影响的郑州国家中心城市社会经济的稳定发展起到了重要的支撑作用。同时基础研究投入产出较低、高端智力资源较为缺乏、科技金融政策机制有待精准、制造业投入与发展目标不匹配等问题仍给郑州双创高质量发展带来了不小的挑战。为更有力支撑郑州国家中心城市现代化建设，本研究从提升基础研究领域实力、提升智力资源国际化水平、构建科技金融良好生态、保障科技创新的制造业基础等方面提出了提升双创水平的对策和建议。

关键词： 双创 郑州 国家中心城市

2021年国家中心城市郑州在持续加强疫情常态化管控的前提下，克服暴雨灾害、疫情多次反复的困难，经济运行持续向好，而其中"大众创业、万众创新"对社会经济良好发展起到了重要的引擎作用。习近平总书记强调，"要营造有利于创新创业创造的良好发展环境""要向改革开放要动力，

---

* 本文为河南省高等学校重点科研项目计划"科技创新引领黄河流域绿色发展的有效路径研究"（项目编号：22A790027）阶段性研究成果。

** 徐艳红，博士，郑州师范学院国家中心城市研究院讲师，研究方向：城市发展、城市生态。

最大限度释放全社会创新创业创造动能"。① 2022 年 2 月河南省人民政府发布《河南省"十四五"科技创新和一流创新生态建设规划》，要求"坚持把科技创新摆在发展的逻辑起点、摆在现代化建设全局中的核心地位，开启国家创新高地建设新征程"。郑州正处于国家中心城市现代化建设的关键阶段，河南省委明确要求郑州当好"国家队"，提升国际化，在国家中心城市中提质进位，在中原出彩中出重彩，在河南崛起中成高峰。要践行这一目标，"稳六保、促六稳"，郑州仍需要以科技创新打造高质量发展新动能，以科技创业带动高质量就业。

一　郑州双创发展的现状

《郑州市国民经济和社会发展第十四个五年规划和二〇三五年远景目标纲要》将"强化创新驱动"摆在各项规划任务的首位，强调"坚持创新全局核心地位，把科技创新作为国家中心城市核心功能来打造""优化载体布局、汇聚科创资源、完善创新生态""持续提升高新人才吸引力、尖端技术研发力、创新成果转化力，抢占高质量发展战略制高点"。以创新带动创业，促使创新创业成为郑州城市发展名片。2021 年是"十四五"的开局之年，为尽快融入和服务新发展格局，郑州在国家中心城市现代化建设中，深入贯彻新发展理念，持续优化双创环境、集聚双创资源，取得了一系列双创成效。

（一）双创环境

经济稳定恢复。2021 年，在国家中心城市现代化建设中郑州坚持"项目为王"，积极实施"万人助万企"，经济总量持续提升，全年完成地区生产总值 12691.0 亿元，较 2020 年提高 4.7%（见图 1），排在全国城市第 16 位、国家中心城市第 8 位。社会消费品零售总额 5389.2 亿元，增长 6.2%，

---

① 《习近平总书记参加福建代表团审议时的重要讲话》，2019 年 3 月 10 日。

高于 GDP 增长率，排在全国城市第 13 位、国家中心城市第 7 位，人均消费额 4.2 万元。[①] 其中 2021 年第三产业增加值 7470.04 亿元，较上年增长 5.6%，高于 GDP 同期增长率，成为经济增长的主动力。金融机构存款余额和贷款余额分别达到 26281.5 亿元和 31366.5 亿元，分别较年初增长 5.1% 和 10.3%。[②] 2021 年郑州在经历 "7·20" 特大暴雨灾害、多次疫情反复以及复杂外部环境的叠加冲击下，经济稳定恢复，表现出较强的韧性和潜力。

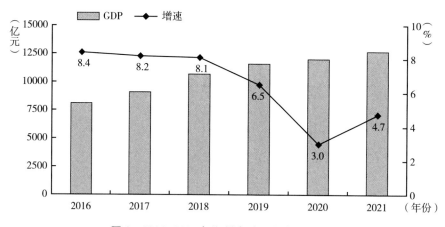

图 1　2016～2021 年郑州市地区生产总值变化

资料来源：郑州市统计局。

现代化产业体系逐步优化。2021 年郑州第三产业增加值占比 58.9%，较 2020 年低 0.1 个百分点。规模以上工业增加值持续快速增长，近两年增长率均高于全国和河南省平均水平（见图 2），2021 年增长率达到 10.4%，创近几年新高，分别高于全国和河南省 0.8 个、4.1 个百分点，产业化规模效应得到有效释放，生产效率大幅提升。其中，高技术制造业和工业战略性新兴产业增加值同比增长 26.5%、22.1%，占规模以上工业增加值的比重分别达到 32.7%、43.4%，城市工业经济呈高效高质量发展趋势。2021 年 9 月 29 日，郑州市人民政府发布《郑州市落实新时期促进集成电路产业和软

①　以郑州市统计局公布的《2021 年郑州市国民经济和社会发展统计公报》中常住人口计算。
②　根据郑州市统计局公布的数据，该增长率为比年初增长速度。

件产业高质量发展若干政策的工作方案通知》（郑政〔2021〕17号），从财税、投融资、研究开发、进出口、人才、知识产权、市场应用、国际合作、保障等政策方面提出相关落实措施，促进郑州信息产业发展，提升产业创新能力和发展质量。2019年郑州市非公有制企业增加值达到7265.28亿元，较2018年增加508.02亿元，占GDP比重达到62.7%[①]，非公有制经济发展质量和效益持续提升，成为经济增长的主要部分和双创发展的重要动力，同时证明郑州市场经济的自由度在持续扩大。2022年2月12日，郑州市人民政府办公厅颁布《关于进一步加大对中小企业纾困帮扶力度的实施意见》（郑政办〔2022〕10号），将进一步助力中小企业发展，激发其发展活力和创造力，为经济健康稳定发展营造良好的环境。

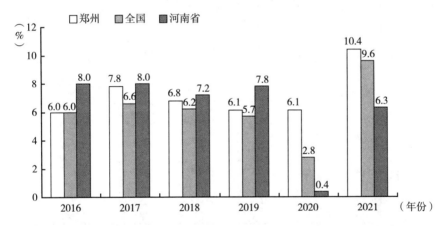

图2 2016~2021年郑州与全国和河南省规模以上工业增加值增长率对比

资料来源：郑州市统计局、河南省统计局和国家统计局。

开放合力持续增强。2021年郑州市克服了新冠肺炎疫情和国际环境的冲击，进出口总额完成5892.1亿元，较2020年增长19.1%，位居全国省会城市第5，外贸依存度达到46.43%（见图3）；实际利用外商投资48.6亿美元，与2020年相比增长4.4%。开放通道持续拓展，获批国家外贸转型升级

---

① 数据来源于《河南统计年鉴2021》。

基地（汽车及零部件）。其中，2021 年空中新开通国际定期货运航线 7 条，航空货邮吞吐量 70.47 万吨，比上年增长 10.22%，连续 5 年保持中部第 1、全国第 6；连续两年跻身全球货运机场 40 强。陆上开行班列 2002 班，货值 75.03 亿美元，增长 74.04%。网上跨境电商交易额 1092.47 亿元，比上年增长 17.35%，并获批全国首个跨境电子商务零售进口药品试点。海上海铁联运到发 17930 标箱，比上年增长 18.6%。新开放合作平台蓄势崛起，对接引入 19 家国际组织机构和世界 500 强企业，"2+2+9" 口岸服务体系服务能力不断提升。郑州一直是内陆地区口岸数量最多、种类最全的城市。国际交流日益密切，国际友好城市增至 12 个，新增 5 家国际科技合作基地，开辟 1 个国际化医疗试点专区，成功举办 11 个国际性展会。郑州日益开放的对外贸易政策加大了国际市场的参与程度。

图 3　2016～2021 年郑州进出口总额与外贸依存度变化情况

资料来源：2016～2020 年进出口总额数据来自郑州市统计局，2021 年数据来自郑州市商务局；外贸依存度根据地区生产总值计算。

创业环境持续改善。近年来，郑州市持续出台了 "1+N" 科技创新政策以及创业运营补贴、一次性创业（开业）补贴、创业担保贷款等多项政策优化双创环境，坚持量质并举壮大创新企业群体，不断完善新动能企业培育体系。自 2015 年起已持续 7 年举办的 "郑创汇" 国际创新创业大赛成为具有全国影响力的双创品牌，2021 年"全国大众创业万众创新活动周"主会场设在郑州，其间举办的"第九届中国创业者大会""新时期科技双创高质量发展论坛"等活动，为郑州双创发展注入新的活力；2021 年 12 月，郑州市妇联还创新举办了"2021 年郑州市巾帼创新创业大赛"，为广大女性创新创业搭建了平台，有效激发了女性创新创业热情。目前，郑州已形成涵盖创业辅导、资本对接等全链条创新孵化体系，双创生态圈的应用价值被有效激发。

（二）双创资源

科技投入力度持续加大。科技自主创新离不开基础研究经费的支持。近年来，郑州的研究与试验发展（R&D）投入强度持续提升（见图 4）。自 2019 年 R&D 投入强度首次突破 2.0% 后，2020 年 R&D 投入再创新高，达到 276.7 亿元，投入强度达到 2.31%。其中规模以上工业企业 R&D 投入达到 157.06 亿元，基础研究支出、应用研究支出和试验发展支出分别占 0.1%、2.62%、97.28%[①]。R&D 活动人员达到 10.90 万人，占河南省 R&D 活动人员的 35.80%。基础研究经费投入的持续增加对激发郑州创新创造活力，推动科技创新与经济发展深度融合，进而推进国家中心城市现代化建设提供了有力的支撑。为进一步加强与国家战略科技力量体系对接、与产业转型升级融合，2021 年郑州高校新增 3 个"双一流"学科，嵩山实验室、神农种业实验室、黄河实验室等 3 家省级实验室相继揭牌运行，中原科技城也在加速建设中。目前，郑州拥有国家级重点实验室、国家工程技术研究中心和国家级企业技术中心共 36 个，省级重点实验室、省级工程技术研究中心和省级企业技术中心 1207 个。郑州国家中心城市的创新策原动力逐步提升。

双创载体高质量发展。近年来，郑州市通过强化政策支撑、打造品牌活动、完善考核体系、提升孵化能力，全力推进众创空间、科技企业孵化器、加速器等科创载体建设，实现量质齐升。2021 年郑州新增 16 家省级创新创

---

① 数据来源于《河南统计年鉴 2021》。

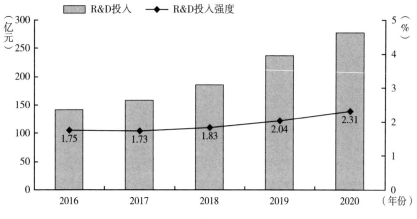

图 4　2016~2020 年郑州 R&D 投入变化

资料来源：郑州市统计局。

业孵化载体，截至 2022 年 1 月，全市拥有各类科技孵化载体 284 家，其中国家级孵化器 19 家、国家级众创空间 31 家，省级孵化载体 120 家，孵化载体面积达到 879 万平方米，在孵企业（团队）14964 家。2021 年 12 月科技部火炬中心公布的国家级科技企业孵化器年度评价结果中，郑州有 11 家评价优秀，较 2020 年增加 2 家；河南省 2020 年省级科技企业孵化器、国家级众创空间、省级众创空间考核评价结果中，郑州市分别有 7 家、8 家、18 家获评优秀，分别占全省的 53.8%、73.0%、90.0%。双创载体的质变给郑州双创发展提供了良好的生态环境和制度保障，已成为培育和扶植高新技术中小企业、促进科技成果转化的重要载体。

人才红利优势逐步凸显。自 2015 年以来，郑州持续出台了多项人才政策，人才吸引力持续增强。根据第七次全国人口普查公报，郑州常住人口达到 1260.1 万人，十年间人口净流入达到 397.4 万人，其中大学文化程度人口占 28.99%，较"六普"提高了 10.04 个百分点，排在国家中心城市第 5 位。高质量的人才是城市创新的原动力和核心竞争力，近三次人口普查对比中郑州市大学文化程度人口总数和比重均呈线性增加（见图 5），反映出郑州在人力资源方面有较强的创新竞争力。2021 年郑州普通高等学校在校学生数已达到 127.4 万人，在校研究生近 5.8 万人，比上年增长 50.5%，为郑州城市科技创新可持续发展提供了坚实的人才保障。2020 年郑州双创指数排在全国城市第 22 位[①]，其中双创资源能力维度位列第 8，首次进入十强，郑州人才政策的有效实施对人口素质红利的爆发起到了重要的推动作用。

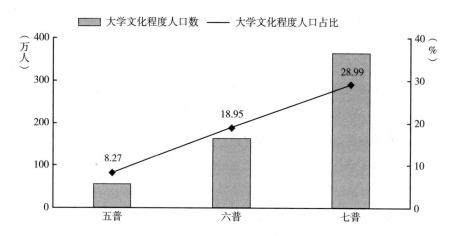

图 5　近三次人口普查中郑州大学文化程度人口数量及占比变化

资料来源：郑州市统计局。

资本市场实力逐年攀升。2021 年郑州市新增境内上市公司 3 家、境外上市公司 2 家，同时新增省定重点上市后备企业 18 家（含巩义市 12 家）。截至 2021 年底，全市境内外上市公司 54 家、新三板挂牌公司 184 家，省定重点上市后备企业 119 家。[②] 2021 年 12 月 6 日，郑州市出台《促进个转企小升规规改股股上市的若干意见》（郑政〔2021〕19 号），为促进个转企、小升规、规改股、股上市工作制定实施意见，引导有一定规模的企业改制设立为股份公司，优选一批"专精特新""隐形冠军"等高技术、高成长、高附加值的企业实施重点扶持。这一政策的实施对拓宽处于初创期科技含量较高、自主创新能力较强的中小企业的融资渠道，激发企业的可持续创新创造

---

① 数据来源于《中国双创发展报告（2020~2021）》，社会科学文献出版社，2021，第 13 页。
② 数据来源于河南省金融局。

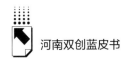
活力提供了重要的政策支持。2021 年，郑州的资本市场实力排在全国主要城市第 24 位、省会城市第 11 位，融资能力排在第 26 位[1]；金融科技竞争力排在第 19 位，较去年提升 3 位[2]，充分说明郑州的资本配置效率在逐步提升，对郑州双创能力的提升起到了重要支撑。

（三）双创成效

科技创新激发城市发展新动能。近年来，郑州坚持把创新摆在发展的逻辑起点、现代化建设的核心位置，创新能力不断提升。组织实施重大创新专项 160 余项，攻克了一批关键技术，带动形成诸如宇通新能源客车、安图生物、中铁装备等新兴优势项目。2021 年，技术合同成交额达到 306.5 亿元，较 2016 年的 27.0 亿元增长 10.4 倍（见图 6）。2021 年，全年专利授权量达到 6.29 万件，较 2020 年增长 1/4；万人有效发明专利约 19.29 件，较上年同期增长 2/5；PCT 国际专利申请 122 件，较上年同期增长 3/10，科技成果产出实现大幅度增长。国家专利审查协作河南中心、国家技术转移郑州中心、国家超算郑州中心获批建设，实现了全省国家大科学装置零的突破。

产业发展赋予城市发展新活力。郑州市高新技术企业的"底子"相对薄弱，但随着近年来政府的大力扶持，规模以上高技术产业增加值实现大幅增长。2017 年郑州的高新技术企业总数仅 856 家，2018 年突破 1000 家，2019 年突破 2000 家，截至 2022 年 2 月 22 日，全市高新技术企业有 4136 家，总体保持稳定向好发展态势。目前，郑州市拥有科技部科技型中小企业 9131 家，国家级专精特新"小巨人"企业 63 家，国家级制造业单项冠军示范企业 7 家；省级"专精特新"中小企业 399 家，省级企业技术中心 128 家，省级技术创新示范企业 57 家，省级科技小巨人企业 15 家，省级技术先

---

① 2021 年 4 月 23 日证券时报社中国资本市场研究院编制的《2021 中国内地省市资本市场实力榜》，对比样本城市数为 141 个。

② 2021 年 9 月 24 日证券时报·中国资本市场研究院联合新财富编制发布的《2021 中国内地城市金融科技竞争力榜》，对比样本城市数为 59 个。

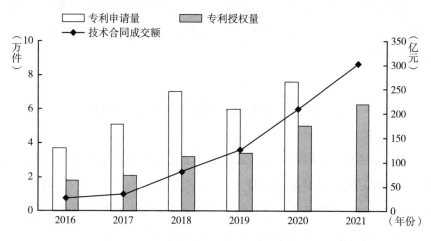

图 6 2016~2021 年郑州科技创新指标变化

资料来源：2016~2021 年数据来自郑州市历年国民经济和社会发展统计公报和统计年鉴；2021 年专利申请量数据暂未收集到。

进服务企业 3 家。① 同时郑州市进一步深化"放管服"改革，持续优化营商环境，市场活力和社会创造力不断被激发。根据中国社会科学院财经战略研究院与中国社会科学出版社最新发布的《中国城市竞争力报告 No. 19》，2021 年郑州的城市综合经济竞争力位列第 21；社会和谐竞争力排第 17 位，较 2020 年上升 10 个位次；经济活力竞争力排第 18 位，较 2020 年上升 3 个位次。②

绿色发展塑造城市竞争新优势。新发展阶段，郑州深入落实以科技创新推动绿色发展的理念，努力让经济发展与环境保护和谐共存。2020 年郑州人均公园绿地面积达到 14.5 平方米，在国家中心城市中的排名由 2016 年的第 9 位上升至第 5 位；空气质量持续改善，空气质量优良天数逐年增多，2021 年达到 237 天，较 2016 年增加 78 天；PM2.5 平均浓度 42 微克/立方米，比上年下降 17.6%，生态宜居性持续增强。2021 年 6 月 30 日，郑州市

① 数据来自企业预警通 2022 年 2 月 22 日更新数据。
② 2021 年 11 月 2 日，中国社会科学院财经战略研究院与中国社会科学出版社在北京共同发布的"中国社会科学院财经战略研究院创新工程重大成果"《中国城市竞争力报告 No. 19》。

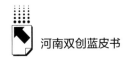

人民政府颁布了《关于实施"三线一单"生态环境分区管控的意见》（郑政〔2021〕13号），有力支撑了郑州环境管理系统化精细化水平提升和生态环境质量改善。

二 郑州双创发展的困境和挑战

郑州双创发展面临的核心问题，是如何有效集聚双创资源，提升双创价值实现能力，减轻和避免关键技术"卡脖子"的风险。郑州的科技创新正处于从弱势向赶超发展的关键时期，在国家区域科技创新中心城市建设的过程中，郑州双创发展还面临着多方面的困境和挑战。

（一）基础研究投入不够且投入产出比较低

基础研究是创新的源头，加强基础研究是提升原始性创新能力、积累智力资本的重要途径，是推进经济社会发展、提高城市创新能力和核心竞争力的重要抓手，同时也是推动科技型创业的核心基础。2022年2月科技部中国科技信息研究所发布的《国家创新型城市创新能力评价报告2021》中，郑州位列第21，其中基础研究不足是影响其排名的关键因素。郑州R&D投入强度在国家中心城市中排在第8位，不足西安的2/5，比与其经济体量相差不大的青岛和长沙仍低0.5个百分点左右。而在全球经济低迷、贸易摩擦加剧及疫情常态化的环境下，郑州更要加大基础研究资助强度，补短板锻长板，增强产业链控制力和竞争力。在国家中心城市队伍中，郑州拥有的"双一流"高校、国家重点实验室、高水平科研机构、国家级孵化器和大学科技园数量最少，承接国家创新基地战略布局缺乏相应的载体。科技创新平台的缺失、创新要素投入的不足、创新体制机制的不完善，导致郑州的国家科技成果、PCT国际专利等高水平科技创新成果产出不高，科技成果转化能力较弱。基础研究仍是郑州国家中心城市现代化建设的突出短板问题，对科技型企业的稳定发展造成了较大程度的制约。

（二）高端智力资源尤其是国际化人才缺乏

科技的竞争归根到底是人才的竞争，高水平人才不仅是创新的原动力，同时也是创业的主力军。成为全省创新策源地和国际区域科技创新中心是郑州现阶段重要的创新发展目标。新发展格局下，贸易、人才、资本等生产要素的国际化发展使得创新中心建设也要朝着国际化方向发展。与此同时，"国际化"也是郑州国家中心城市现代化建设 2035 年远景目标中的重要组成部分，而人才的国际化更是重中之重。郑州市在 2021 年 3 月 2 日出台了《引进外国专家项目及人才国际化培养实施办法（试行）》（郑科规〔2021〕1 号），以期在引进一批能够突破关键技术、发展高新产业、带动新兴学科的国外人才智力的同时，培育一批具有国际视野的中青年人才，这一举措将对人才的国际化提升起到重要的推动作用。但需要注意的是，国际化的创新市场要求其各项制度规则都与国际规则接轨，不仅要建立符合国际惯例的知识产权保护制度、技术交易制度，还需建立国际人才的评定制度和永久居住制度体系，才能让国际人才"走进来，留下来"。目前郑州高端智力资源的缺乏与郑州国家中心城市的发展定位形成明显反差，凸显了弥补智力资源短板的紧迫性。

（三）科技金融政策机制不够精准

中小微企业是创新型科技企业的主体，但由于缺乏科研资金，多处于被资助的地位，而科技成果难以科学化计量、科技成果交易难等因素，又造成其"融资贵、融资难"的困境。郑州市在 2017 年就颁布实施了《郑州市科技金融资助管理办法》（郑科〔2017〕72 号），2021 年 10 月河南省科学技术厅、河南省财政厅、河南省地方金融监督管理局、中国人民银行郑州中心支行、中国银行保险监督管理委员会河南监管局又联合印发了《河南省科技金融"科技贷"业务实施方案》（豫科金〔2017〕11 号），引导金融机构加大对科技企业的支持力度，改善科技创新的融资环境，促进企业技术创新增质提效。目前郑州市尚有 14964 家在孵企业、9131 家科技型中小企业，

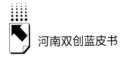
但由于各企业的成长阶段不同、软性资产千差万别，在科技金融产品的选择上，尤其是覆盖企业全生命周期的金融产品还不够优化，知识产权评估、流转制度和产业环境约束使其知识产权质押也困难重重，相关政策的实施落实还需精准到位。同时，政府、企业、科技服务机构之间的数据与信息公开、共享程度还不够，政企联动、银保联动、投贷联动的科技金融良性生态圈也亟须完善。以上问题在一定程度上制约了科技企业发展助推国家中心城市建设。

（四）制造业投入与发展目标不匹配

制造业是科技创新和产业创新的重要载体，美国"先进制造业战略"、英国"工业 2050 战略"、德国"工业 4.0 战略"、日本"互联工业战略"、韩国"未来增长动力计划"、欧盟最新提出的"工业 5.0 战略"以及"中国制造 2025 战略"等，其本质都是将信息化、数字化、智能化与制造业融合发展，促使新型高端制造业的技术创新与工艺创新紧密结合。近年来，郑州大力实施"制造强市"战略，努力构建具有郑州特色的先进制造业体系，致力于打造国家先进制造业基地。要建设国际化、现代化的国家中心城市，郑州必须在加快传统制造业淘汰升级的同时，加大对制造业的投资，保持双创的制造业基础。目前郑州已形成电子信息、汽车、装备制造、新材料、现代食品、铝及铝精深加工 6 个千亿级主导产业集群，制造业已成为郑州创业创新的重要产业基础。但当前郑州的制造业投资占比仍旧过小，而随着第三产业发展，房地产投资占比过大。从数据上看，2020 年，郑州第二产业固定资产投资比重为 12.4%，不足全国（28.7%）和河南省（28.5%）的一半；郑州第三产业固定资产投资比重为 87.3%。可见，与其他产业相比，制造业的投资比重依旧偏少，不利于郑州双创的蓬勃发展。

三　对郑州双创能力提升的几点对策建议

立足新发展格局，为更好地支撑郑州建设现代化国家中心城市，根据郑州双创发展基础和面临的挑战，结合国内外发达国家和先进城市科技创新经验，本文提出郑州双创能力提升的对策建议。

（一）提升基础研究领域实力

创新是发展的源泉，而基础研究是创新的重要活跃领域。郑州双创能力的提升应以提升基础研究领域实力为抓手。一是大力开展科研管理体系改革，创新科技成果、知识产权转化决策和权益分配机制，深化科技创新成果转化改革，完善科技评价制度，扩大科研院所科研自主权。二是推进政府投入向基础研究倾斜，持续加大基础研究投入力度，在积极发挥地方政府对基础研究经费投入作用的基础上，通过税收优惠扶持等措施引导企业增加基础研究经费，激发企业基础研究活力，并探索慈善捐赠等途径增加基础研究的投入。三是加大项目倾斜力度，支持青年博士人才开展基础和应用研究，探索建立符合科研规律的项目经费预算、审计和财务管理机制，激发青年人才创新创业活力。四是破除"政产学研"合作模式壁垒，政府引导企业与大学、科研院所等机构联合开展广泛合作，明确利益分享和风险分担机制，联合开展关键核心技术攻关，促进科技创新与产业紧密结合。五是加快完善郑州技术交易市场运行机制，积极打造中部地区创新资源汇聚高地和黄河流域技术要素流通枢纽。

（二）提高智力资源国际化水平

高水平智力资源是城市现代化建设的战略支撑，而以人才为中心的制度改革创新是促进科技创新、推动大众创业的基础。一是以组织部、科技局、人社局三驾马车形成内生合力，深化人才发展体制机制改革，破除人才引进、培养、使用、评价、流动、激励等方面的体制机制障碍，建立以创新价值、能力、贡献为导向的人才评价机制，优化发展环境，使人才能够留得住。二是采用国际通行的人才遴选机制，充分发挥国际化人才引进使用单位的主体作用，更好发挥市场在国际人才引入和配置中的决定性作用。三是实施更加开放的海外人才引进政策，为引进国际人才制定物质待遇、医疗保

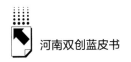

障、工作环境等方面的政策，优化引进国际人才服务，营造吸引国际人才的良好环境，以优厚的生活待遇吸引高端人才。四是编制国际人才引入专项规划，明确引入国际人才的目标、结构、重点、主要任务和保障措施等，精准选择高技术国际人才，健全以需求为导向的合理引才机制，杜绝引进国际人才的浪费。五是充分结合郑州高等教育人才优势，实施青年英才揽蓄计划，强化基础研究人才的国际化培养，加快培育一批拥有科研创新能力、科技成果转化能力和创业潜力的人才。

（三）构建科技金融良好生态

完善的科技金融融合机制对推进金融与科技互乘放大、推动企业孵化、实现科技企业高质量发展具有重要意义。一是成立"促上市领导工作小组"，将企业进行分级管理，构建梯度上市企业储备库，对拟上市企业进行分层管理和培育，根据企业发展阶段给予不同的政策、资金、资源等支持；对在孵企业进行分类管理，根据企业科技类型给予分类指导。二是发挥政府性融资担保作用，积极引导金融机构推出科技金融贷、纳税贷等不同类型的科技信贷产品，支持科技型中心企业以信用快速、便捷获得贷款资金支持，鼓励银行业金融机构加强差异化信贷管理。三是设置激励性政策措施大力引入金融科技公司、私募股权机构、金融持牌机构，鼓励相关机构以直接融资方式为企业发展提供金融支持，引导政策性担保公司降低担保费率。四是畅通科技金融融合通道，积极对接科技企业的金融需求，常态化举办培训沙龙，努力将政策落到实处。五是推动企业服务、专业服务范围扩大到全市各类所有制重点企业，打造科技企业服务的"私人定制"方案，多方位服务科技企业的金融需求。

（四）保障科技创新的制造业基础

现代产业发展依靠产业高水平升级，科技创新推动产业高水平升级。党的十九大报告指出，创新是引领发展的第一动力，而科技创新引领全面创新。一是加大对制造业企业的支持力度，增加对制造业企业的投入比重，并实施降低增值税税率、完善抵扣链条等制度性减税措施，支持制造业发展，巩固制造业在国民经济中的基础和支柱地位。二是围绕战略性新兴产业、高新技术等领域培育一批"独角兽"企业，加大技术创新基金扶持力度，制定信用贷款优惠支持政策，培育壮大制造业创新主体。三是强化制造业数字化转型升级，在研发设计、生产加工、经营管理、销售服务等深层次领域推动数字技术深化应用，实现重点制造领域全链条数字化、网络化、智能化。四是以高端化、智能化、集群化、绿色化为产业发展方向，聚焦电子信息、汽车、装备制造、现代食品、铝精深加工等优势主导产业，推进关键核心技术攻关，提升高精尖产业核心竞争力，注重形成鲜明的产业发展特色。五是大力引进头部企业和行业领军企业，聚合郑州都市圈各城市，跨区域布局上下游企业，统筹产业链供应链补短板锻长板，在发展自身的同时带动周边区域发展。

参考文献

班澜：《西安硬科技支撑硬实力的发展思路与举措——以西安高新区为例》，《国家中心城市建设报告（2021）》，社会科学文献出版社，2021。

陈金梅、李久佳、孙兰：《天津市"双创"金融现状及对策研究》，《创新科技》2020年第5期。

冯丽、李万勇：《郑州市人才与经济发展研究》，《市场研究》2020年第1期。

李廉水、张芊芊、王常凯：《中国制造业科技创新能力驱动因素研究》，《科研管理》2015年第10期。

王京生、陶一桃：《"双创"，何以深圳强？》，海天出版社，2018。

杨东：《监管科技：金融科技的监管挑战与维度建构》，《中国社会科学》2018年第5期。

叶光林：《郑州打造国家创新高地的战略性思考》，《中共郑州市委党校学报》2021年第5期。

周王安、蒋雯静、崔雯绚、彭祥佑：《国内四大城市"双创"政策分析》，《科技管理研究》2021年第17期。

B.16
以数字赋能驻马店创新发展研究

张新民*

摘　要： 数字赋能，推动经济社会不断创新，是高质量发展的动力源泉。本文系统分析了驻马店数字经济发展的现状、机遇、挑战，并从数字赋能智慧城市创新发展、数字赋能农业农村创新发展、数字赋能旅游产业创新发展、数字赋能战略性新兴产业创新发展等方向深入探讨了数字赋能驻马店创新发展的现实基础、存在的问题，提出了相应的对策建议，为推动驻马店经济社会高质量数字化创新发展提供参考和借鉴。

关键词： 数字赋能　数字经济　驻马店

一　引言

党的十八大以来，我国数字产业化和产业数字化稳步推进，数字经济正向更广领域、更深层次渗透融合，数字赋能成为创新发展的重要动力源泉。

表1　我国主要数字经济发展政策

年份	主要数字经济发展政策
2005	《国务院关于加快电子商务发展的若干意见》
2007	《电子商务发展"十一五"规划》
2013	《国务院关于印发"宽带中国"战略及实施方案的通知》

* 张新民，博士，驻马店产业创新发展研究院数字经济研究所教授，研究方向：数字经济、农村发展。

续表

年份	主要数字经济发展政策
2015	《国务院关于积极推进"互联网+"行动的指导意见》
2016	《国务院关于深化制造业与互联网融合发展的指导意见》 《G20数字经济发展与合作倡议》 《"十三五"国家战略性新兴产业发展规划》
2019	《数字乡村发展战略纲要》
2020	《中共中央、国务院关于构建更加完善的要素市场化配置体制机制的意见》

资料来源：课题组收集整理。

《国民经济和社会发展第十四个五年规划和2035年远景目标纲要》将加强关键数字技术创新应用，特别是高端芯片、操作系统、人工智能、传感器等关键领域的技术产品应用列为当前政策鼓励的重点，提出实施"上云用数赋智"行动，推动数字赋能全产业链协同创新发展。在后疫情时代，数字技术必将进一步快速发展和创新，持续推动经济社会高质量创新发展。

《驻马店市国民经济和社会发展第十四个五年规划和2035年远景目标纲要》提出全面推进数字产业化、产业数字化和城市数字化"三化融合"，建设数字经济强市，提升创新发展水平。

二 数字经济创新发展基础

驻马店把数字经济作为创新发展的动力，引进和培育发展数字经济核心产业推进智慧城市建设，实施数字经济七大工程，推进数字经济与实体经济深度融合，为数字赋能驻马店创新发展奠定了扎实的基础。

（一）网络信息基础设施实现跨越发展

截至2020年底，驻马店全市累计建成开通5G基站2092个，完成投资6.08亿元，5G用户已达到122.8万户；累计推动5G技术创新、场景应用

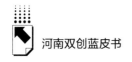

和产业发展项目 53 个。推动农村区域 4G、5G 网络和家庭宽带、高清电视等通信网络覆盖，加大城乡传输线路、汇聚机房等传输基础设施建设，奠定实现网络现代化的基础。

（二）智慧城市建设初见成效

驻马店加快推进智慧城市建设，按照强化共用、整合通用、开放应用的思路，重点开展社会治理、民生服务、生态宜居、产业发展 4 类智能化创新应用。依托政务数据共享交换平台，提供公民、社会组织、企业、事业单位等相关基本信息，推动数字政务不断向基层延伸，建设数字乡村，破除城乡数字鸿沟。

（三）新一代信息技术和产业数字化转型加快发展

驻马店市大力推动传统产业数字化发展。现代农业信息化应用水平大幅提升，建成了一批大田种植、设施园艺等物联网示范基地。商贸零售、餐饮住宿、文化旅游、交通物流等服务业新模式新业态不断涌现，平台经济、共享经济等快速发展，电子商务和移动支付应用持续深入，累计建成县级电子商务运营中心 9 个、乡级电子商务服务站 120 个、村级电商服务点 1691 个。

（四）社会数字治理能力持续提升

驻马店市人民政府通过与河南联通签署战略合作协议的方式，建设"驻马店政务云大数据中心"，总面积超过 3000 平方米，安全等级按照 T4 等级设计（最高等级），可用性达到 99.999%，提供超 5 星级的网络环境和运维服务；中国移动总投资近 4500 万元建设"驻马店市大数据云计算中心"，机房面积达 1400 平方米，可提供 280 个业务承载机柜，具有 5000T 的本地数据存储空间，共享省大数据云计算中心节点，可使用省中心节点 1300 台高性能服务器，40P 的数据存储空间，可实现 500 余个大中型项目的承载，全市已有 40 余家党政、企业单位入驻。

（五）社会服务信息化快速推进

驻马店市大力提升教育、医疗、社保、养老、就业、救助、扶贫、数字乡村、文旅等民生领域服务数字化水平，公众体验感、幸福感和获得感不断提升。教育领域深入推进"三通两平台"建设，积极推进数字校园、智慧校园、智慧课堂等建设。积极推进智慧医院、"互联网+医院"建设，深入开展"互联网+医疗健康"便民惠民服务，建成了全民健康信息平台，建成覆盖 184 家乡镇的 HIS 系统（统一使用云服务），市中心医院 2015 年建成远程医学中心，向下有 9 个县区医院能实现连接。大力推进数字乡村建设，全市共建成益农信息社 2326 个，实现全市行政村 100% 覆盖。

（六）一站式服务与数字政府建设成效显著

驻马店市大力推进数字政府建设，在政务基础设施统建共享、政务数据资源共享交换、政务服务协同联动、数字政务配套设施等方面取得了显著成就。全市 960 项行政审批及服务事项（其中行政审批 859 项，服务事项 101 项）已全部实现"网上可办"，"网上可办"率达 100%，全省地市排名第一；"一网通办"事项 853 项，"一网通办"率为 99.27%，"一网通办"下"最多跑一次"实现事项 740 项，实现率 77.08%，超额完成省定目标。2020 年全年，驻马店电子政务服务平台累计办件量 67.8 万件，在全省排名第三，万人办件量 971 件。

（七）网络安全保障体系不断健全

驻马店市持续推进网络安全工作的制度化、规范化和科学化建设，网络安全制度不断完善。驻马店定期组织各县区工信部门业务负责人和工业生产领域的企业信息安全相关负责人，召开全市工业控制系统信息安全检查动员会及培训会，累计培育企业人员二百余人次。2020 年组织全市 23 家重要工业控制系统运营单位完成 53 套重要工业控制系统安全自查和网上填报工作。

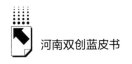

（八）信息化与工业化融合持续深入

持续扩大智能制造示范体系建设，着力构建以智能车间（工厂）为主导的智能制造发展格局，为企业提供切实可行的智能制造指导和服务。持续推动两化融合管理体系贯标，截至2020年12月，全市对标企业1058家，启动贯标企业49家，其中28家企业通过工信部两化融合贯标机构认证。大力培育省级智能工厂、智能车间和服务型制造示范企业，2020年驻马店成功培育省级智能工厂3家、智能车间6家，遴选市级示范企业13家。

三 数字赋能智慧城市创新发展

（一）数字赋能智慧城市创新发展的成效

1. 建设"一张网""一朵云""一个库"

建设完善全市统一电子政务外网、政务云平台及基础信息资源库，为新型智慧城市建设提供基础设施及数据资源支撑。市电子政务外网已实现市、县、乡三级覆盖，市直各部门均已接入电子政务外网。按照"同城双活、异地灾备"的思路，建设逻辑统一的驻马店市云计算中心，为全市各部门提供统一的政务云服务。初步建成人口、法人、信用、电子证照等基础信息资源库，汇聚数据4.3亿余条，为各部门开展业务提供数据资源支撑。

2. 提升"互联网+政务服务"能力

积极推动政务服务平台线上线下融合。驻马店率先在全省开展"一证通办"工作，构建推行政务服务"秒批"事项，在政务服务平台上，无须提前预约、排队、提交纸质材料，多项市民日常生活相关事项可以随时随地自主办理审批，真正实现了足不出户就可以办业务。

3. 建设"城市门户App"

"咱的驻马店"是驻马店市政府官方"城市门户App"，在疫情期间，积极发挥大数据优势，助力疫情科学防控、精准防控，先后上线了"天中健康码"、网课直播、口罩预约等服务，各项便民惠民服务为疫情防控做出了积极贡献。

4. 建立市新型智慧城市运行管理中心（市大数据中心）

按照政府采购项目管理相关规定，2020年3月，驻马店市政府采购网发布市新型智慧城市运行管理中心（市大数据中心）建设规划设计咨询服务公开招标公告，面向国内选取知名、权威的智慧城市设计单位进行项目建设实施方案设计。驻马店市以新型智慧城市运行管理中心项目建设为抓手，积极做好大数据归集共享工作，厘清电子政务外网、云资源管理现状，组织建立大数据中心数据归集、共享、开发、安全等规章制度，逐步完善大数据中心运行管理体系。

5. 不断扩展智慧应用

深化智慧教育应用工作。新冠肺炎疫情期间开展"停课不停学"线上教学活动，2021年初中九年级开展9门课程150个学时，平均每天在线学习9.05万人，总浏览量达到1206.52万人次。逐步完善数字城市管理平台。截至2021年10月底，智慧城市管理系统共受理各类城市管理案件151333件，应办结147914件，已办结142681件，结案率96.46%。开展"互联网+精准扶贫"，依托全国扶贫开发信息系统（手机App）、河南扶贫开发信息系统（手机App），帮扶干部通过手机查看帮扶贫困家庭的基本信息及帮扶情况，查看扶贫工作进度，以更便捷、有效地完成扶贫工作。

（二）数字赋能智慧城市创新发展存在的主要问题

1. 智慧城市统筹协调机制有待完善

由于历史原因，信息化系统和数据资源建设存在比较严重的分散、条块分割问题，不同部门及单位各自为政进行建设，缺乏统筹、协同，在项目审批、建设、验收、运营等环节中缺乏规范的管理体制机制，数字孤岛普遍存在。

2. 基础设施重复建设与发展不平衡并存

一方面，教育、公安、人社、卫生、城管等部门都建立了独立的政务专

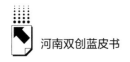

网，60%以上的部门都有自建机房；另一方面，城乡电子政务发展不平衡，不少农村地区尚未覆盖。

3.治理精细化有待提质增效

不同部门自建的政务网络不能实现数据和资源共享，数字信息存在严重的信息孤岛问题。智慧城市整体运行情况不能全面有效感知，对数字信息不能从整体上高效分析运用，对政府决策不能提供有效支撑。

4.数字经济与产业融合有待深化

数字经济对产业创新发展的引领作用没有充分发挥出来，数字经济、数字产业对经济高质量发展的支撑作用尚未充分显现。

5.投入和运行机制有待完善

智慧城市建设主要依靠财政投入，投资渠道单一，资金保障能力不足；数字经济人才、智慧城市管理人才短缺，缺少数字经济技术人才；社会资本投入智慧城市建设的积极性不高。

（三）加快数字赋能智慧城市创新发展的对策建议

1.加快政府统筹协调，引导各类市场主体积极参与

加强政府统筹协调，做好精准高效的顶层设计，制定完善的发展规划，完善投融资体制机制，引导社会资本参与智慧城市建设，激发社会资本参与智慧城市建设的积极性。

2.消除"信息孤岛"，避免重复建设

信息互联、数据共享、业务协同，是消除"信息孤岛"、避免重复建设，提升驻马店智慧城市建设水平和创新发展质量的首要任务。统筹智慧城市整体战略目标和整体解决方案，把信息互联互通与数据共享的问题放在智慧驻马店城市建设的第一位，从战略层面解决全局性、跨部门跨业务的综合性问题。

3.运用大数据进行精准化管理

智慧城市管理部门相关决策者应树立大数据管理思维，充分利用大数据制定科学、精准的智慧城市管理方案。在大数据时代，城市管理决策要科学

合理地利用海量的数据资源，创新管理模式，建立良好的管理体制机制，用精确的数据资源，构建数据模型，使城市日常公共管理科学化、智能化。

4. 以产业数字化带动智慧城市建设

以信息技术为支撑的产业数字化的快速发展，是推动智慧城市建设的重要力量。智慧城市建设与数字经济发展二者相辅相成、相互促进、共同发展，通过数字赋能与产业数字化推动智慧城市产业链不断完善，提升城市产业数字化水平，是推动智慧城市建设的有效措施。

5. 加强智慧城市管理人才培养

加强智慧城市管理人才培养是智慧城市高质量发展的关键。通过数字技术人才、管理人才的培育和引进，形成智慧城市建设和管理水平的提升，为智慧城市建设和管理提供一大批高素质的管理人才、技术人才，为驻马店智慧城市发展提供人才支撑，推动智慧城市建设健康发展。

四　数字赋能农业农村创新发展

驻马店出台了《关于加快推进农业信息化和数字乡村建设的实施意见》，推动农业数字化转型，推广新技术在农业生产中应用，以数字赋能驻马店农业农村高质量跨越发展。

（一）数字赋能农业农村创新发展的成效

数字赋能驻马店农业创新发展取得明显成效，农业信息化和数字乡村建设快速推进，为推动全市农业现代化建设，提高驻马店农业数字化、信息化发挥了积极作用。

1. 农业信息化综合服务网络平台基本建成

2020年底，驻马店完成了驻马店市农业综合管理信息服务平台和驻马店市农业农村大数据平台建设。该平台具备驻马店市农业数据统计与分析系统、驻马店市信息进村入户综合管理服务系统、"三农"舆情监测管理系统、农产品质量安全追溯系统、农机综合管理服务系统、农业品牌培育和展

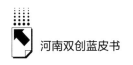
示服务系统、驻马店市农村土地承包经营权信息应用系统和政务信息内部发布平台,为推进驻马店农业信息化和数字乡村建设奠定坚实的基础。

2.数字乡村服务网络体系初步形成

驻马店已累计建成 2636 个农业信息化综合服务网点益农信息社,在全省范围内率先实现了全市行政村全覆盖,站点激活率达 95% 以上,居全省前列。全市各县区农业信息化综合服务合作运营体系初步形成。目前,驻马店益农信息社综合服务平台 App 推广用户达 1.2 万多个,便民缴费 150 多万元,手机充值 140 多万元,提供公益便民服务 12 万多次,培训提升信息员等近万人次,为驻马店农业信息化与数字乡村建设全面启动奠定了基础。

3.农业信息化服务能力不断提升

一是做好驻马店农业信息网服务工作。根据全市农业农村工作发展的新形势、新特点、新要求,及时采编、发布相关信息,力争全面、准确、有效地提供优质的农业信息服务。二是做好 12316 热线宣传服务工作。通过益农信息社、驻马店农业信息网、技术培训班等媒介进行广泛宣传,提高热线的知晓度、参与度和影响力,让更多的农民朋友使用受益。

4.农业农村信息化宣传培训稳步推进

积极开展对农业部门的管理技术人员、新型职业农民、益农信息社信息员等人员的信息化知识培训工作。通过技术培训班、现场指导等方式,宣传、普及农业信息化、"互联网+"、大数据、云计算、物联网等新知识新技术。在农业生产经营管理和服务过程中,积极引导、推广精准农业技术、物联网、云计算、大数据、3S 等信息技术的应用。

(二)数字赋能农业农村创新发展存在的突出问题

1.数字经济与农业农村发展融合程度低

驻马店数字农业还处于平台构建阶段,不同部门在规划发展数字经济,但各自为政,缺少顶层规划设计,统筹不到位。数字农业涉及面广,生产经营归农业农村局、农产品电商归商务局、乡村旅游归文化和旅游局、乡村数字治理归大数据局等等,牵涉诸多部门,造成重复建设,有限资源不能共享，形成"1+1<2"现象，亟待统筹规划，协调发展。

2. 对数字化转型的紧迫性认识不足

调研发现，农民普遍对数字经济认识模糊，包括致富带头人、种植养殖大户，他们缺乏数字经济知识，对数字农业了解不多，多数停留在农产品电子商务层面，缺乏对数字农业更深层次认识。数字经济带来的重大效益在农村还没有充分体现出来，政府部门和公众对农业农村数字转型的重要性和紧迫性认识不足。

3. 存在严重的数据壁垒和信息孤岛现象

由于数字农业涉及领域非常广，牵涉不同部门、不同专业，缺乏统一领导协调，部门之间分割，条块之间不通，没有形成有效的共享机制，信息不畅通、不交流、不分享，造成严重的信息孤岛现象。各局委之间数字系统相互独立，数字共享程度低，信息孤岛现象成为制约数字农业发展的关键因素之一。

4. 数字经济基础设施建设相对滞后

近年来，财政对农业农村发展投入不断加大，但数字农业投入少，比例偏低。数字经济的基础设施需要大量的资金投入，需要财政和社会资本共同参与。目前，驻马店数字农业除农产品电子商务发展比较快以外，其他方面鲜有突出亮点，生产环节、产业链其他环节的数字化程度都比较低。

5. 数字化技术人才匮乏

从政府部门层面看，缺乏数字经济发展规划、系统技术维护等方面人才，如市农业农村局信息站多年没有进大学生，专业人才严重断层；从生产经营主体看，数字农业人才更为缺乏，农村空心、老龄化严重，农业从业者平均年龄超过 50 岁，农村专业人才断层成为制约农业农村高质量发展的重要因素；从教学研究层面看，教育资源不足，科研机构力量薄弱，数字技术人才匮乏。

（三）促进数字赋能农业农村创新发展的对策建议

为加速推动数字赋能驻马店农业农村创新发展，加快驻马店农业农村数

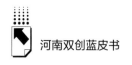

字化转型，促进驻马店现代农业高质量跨越发展，本文提出以下对策建议。

1. 进一步完善统筹协调机制

建议成立驻马店市数字经济工作领导小组，建立推进农业农村数字化发展联席会议制度，共同推进驻马店农业农村数字化向前发展，强化政府对农业农村数字化工作的战略研究和宏观指导，统筹规划农业农村数字化各环节的发展，打通各项工作关联发展瓶颈，协调整合资源，减少重复投资，鼓励社会各界参与农业农村数字化的相关工作，为加快农业农村数字化转型创造良好的支撑环境。

2. 建立多元化的投融资机制

结合驻马店实际，加大财政资金投入力度，鼓励县乡开展农业农村数字化示范工作。在整合现有农业信息系统的基础上，充分利用已有资源，加快农业农村数字化重点项目建设，积极引导工商企业和有实力、有需求的农业生产主体，投资农业农村数字化建设，逐步形成多层次、多渠道、多元化的投资格局，不断增加农业农村数字化的资金投入力度，实现全社会广泛参与、合作共赢的发展局面。

3. 挖掘数字资源价值，破除数字壁垒

规范数字资源开发利用，对土地确权、集体产权等敏感数据进行脱敏处理，挖掘公共数据资源潜力。实现市域农业资源数据共享，解决数字孤岛问题。协调业务发展，减少重复投资、无效运作，提高数据管理、分析、应用效率，降低社会成本，促进数字农业高质量发展。

4. 加快数字农业农村重点项目建设

有计划、有步骤地实施各县（区）区域数字农业发展项目，鼓励各县（区）积极投资数字经济，发展数字农业，申报国家级、省级示范试点。优先发展一些紧迫性的、带动能力强的、社会影响大的项目，以项目建设为抓手，建设一批涵盖各领域的试点、示范工程，及时总结经验、创新优化方案，适时扩大推广。

5. 加强数字人才培育和技术转化

加强领导干部数字经济培训，提升其数字经济发展意识和治理水平；加强职能部门管理人员技术培训，提升数字经济系统运行质量和管理效率；加强数字经济主体培训，提高农民经营主体数字经济认知水平。充分调动各类教育主体参与数字经济人才培育，推动黄淮学院增设数字经济相关专业。

五　数字赋能旅游产业创新发展

（一）数字赋能旅游产业创新发展的成效

1. 基础设施建设进一步完善

截至 2021 年底，驻马店市 4A 级以上景区实现无线 wifi 信号、高清监控、广播系统覆盖核心区域，重要服务设施通过与物联网或信息系统结合，实现智能化服务与控制。

2. 网络宣传进一步加强

近年来驻马店市不断加大旅游网络宣传力度，利用官方网站、微信公众号、今日头条、微博、抖音等新媒体，形成宣传矩阵，强化网络宣传，营造了良好的产业发展环境。

3. 景区智慧化进一步提升

指导 4A 级以上景区深入开展智慧景区创建工作，围绕智慧管理、智慧服务、智慧营销三个层面，进一步加大信息化建设投入，提升软硬件档次和功能，推进景区管理科学化、营销精准化、服务便捷化。

4. 线上服务取得新成效

全市大多数 A 级景区实现了信息发布、导游导览、电子售检票、在线预约和一键救援等服务；市文化馆利用微信公众号开展线上公共文化服务，开通了信息发布、网上展厅、文化直播、文化超市、数字非遗等栏目及功能。

5. 智慧化服务取得新进展

首先，在中心城区建设 30 座城市书房，采用国内最先进的智慧管理系统和设备，使广大市民群众可以通过身份证、社保卡、支付宝、微信、刷脸等方式进入书房，享受自助借还、电子阅读、资源共享和下载、书籍杀菌等

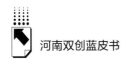

服务；其次，在中心城区部署了3座"24小时自助图书馆"，利用自动化设备及 RFID 技术，方便市民户外借还书。

（二）数字赋能旅游产业创新发展存在的问题

1. 旅游信息化整体发展不平衡

各县区旅游信息化发展水平很不平衡。需要通过旅游信息化示范试点项目建设，以点带面，推动驻马店市旅游信息化建设均衡发展。

2. 旅游信息公共服务体系不完善

驻马店市旅游信息数据库没有建立，智慧旅游、云旅游发展处于初级阶段，旅游产业数字化水平不高，信息种类少，表现形式单一、表现内容不丰富、缺乏互动性。智慧化服务体系和智慧化监管体系还比较薄弱。

3. 旅游整合营销和旅游电子商务相对滞后

与先进地市相比，驻马店市旅游经营主体对智慧化的旅游营销宣传认识不足，缺乏先进的旅游营销技术手段，运用新媒体进行旅游营销宣传的力度不够。

4. 政府涉旅部门和关联行业信息融合共享亟须深化

游客对导航、导游、导览、导购等服务的信息化、品质化要求更高，对智能化、个性化、信息化的服务需求量不断扩大；政府涉旅部门和旅游关联行业信息化相互协同度低、宣传度不够，迫切需要实现数据互通、资源共享、管理同台。

5. 智慧旅游资金投入不足

智慧旅游没有被列入财政预算。不仅旅游管理部门的资金投入不足，而且旅游企业投入不足的问题也很突出。目前，旅游信息化资金投入来源较单一，主要靠市级财政投入，资金远远满足不了信息化发展的需要，这已经严重制约驻马店市旅游信息化的发展。

（三）推动数字赋能旅游产业创新发展的对策建议

1. 加强组织领导

将智慧旅游建设融入全市智慧城市建设总体布局，统一部署、统一规划、统一协调、统一整合、统一推广。

2.完善顶层设计

编制旅游产业数字化短期、中期、长期行动计划，有序推进智慧旅游产业创新发展。积极与上级旅游部门对接，严格按照上级旅游部门制定的智慧旅游标准体系建设，确保数据的互联互通和信息的共享交换。

3.创新体制机制

尽快制定出台智慧旅游建设方面的鼓励性、引导性、扶持性政策，拓宽投融资渠道，优化政策环境，规范管理流程与建设秩序，探索建立相关单位高度协同发展的信息化管理体制，提高信息资源整合和协同能力。

4.加大投资力度

设立智慧旅游专项资金。建立智慧旅游建设财政预算投入机制，设立驻马店市智慧旅游建设专项资金。创新资金扶持方式。创新政府扶持资金支持方式，通过专项补贴、财政奖励、审批手续绿色通道等形式，吸引集聚多元化社会资本参与智慧旅游建设。

5.推动示范引导

选择基础设施完善、口碑信誉良好、服务氛围和谐的单位作为试点，加快重点领域、重点区域和重点项目的示范体系建设，进一步发挥示范辐射作用。

六 数字赋能战略性新兴产业创新发展

推进驻马店市战略性新兴产业培育和发展，是主动应对经济新常态、推进供给侧结构性改革的内在要求；也是驻马店市发挥比较优势、构建新型产业体系的必然选择。

（一）数字赋能战略性新兴产业创新发展的成效

1.产业规模增长迅速

产业发展势头良好。驻马店市战略性新兴产业涵盖高环保装备和服务

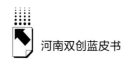

业、现代生物和生命健康产业、电子信息产业、新材料产业、节能与新能源汽车产业、5G 产业等多个产业门类。2020 年战略性新兴产业增加值占规模以上工业增加值比重为 24%，超额完成"十三五"时期的规划目标。

产业特色日趋鲜明。驻马店各个县区现在基本上形成了自己的特色产业，如驿城区的装备制造产业、汝南县的电动车产业、平舆的防水防潮产业等。

产业链不断完善。在电子玻璃、电子信息、新能源电动汽车、新能源电动二轮车等专业园区内已经初步形成较为完整的产业链。电动车整车生产企业设计产能达到 260 万辆，零配件 300 万套，立马车业、绿佳车业在全国2000 多家电动车生产企业中排名前十，已成为全省重要的电动车生产基地。

骨干企业不断壮大。在电动车产业、电子信息产业、新材料产业等领域均形成了以若干大企业为龙头的发展格局，个别领域（如超薄玻璃技术）甚至填补国内空白，个别产品的产销量连续多年居全国同行业第一（如半挂车、螺旋霉素原料药等），部分企业迈入行业百强之列（如中国氮肥企业50 强、中国化工企业 100 强等）。

2. 创新引领获新突破

创新驱动发展上新台阶。驻马店市全员劳动生产率从 2015 年的 33000元/人增至 2020 年的 56000 元/人。科技进步贡献率从 2015 年的 55%增至2020 年的 60%。每万人发明专利拥有量从 2015 年的 0.31 件增至 2020 年的0.68 件。互联网普及率从 2015 年的 61%增至 2020 年的 80%以上。"十三五"期间创建国家级创新平台 10 家。

人才强市建设取得重大进展。引进 9 名院士在驻马店市建立院士工作站，全市已有 40 家高新技术企业与清华大学、中科院、浙江大学、江南大学、郑州大学等 60 余家高校院所建立了科技合作关系。

创新主体发展态势良好。一是培育创新引领型企业，实施科技型中小企业"小升高"和"双提升"培训培育行动。"十三五"期末驻马店市高新技术企业 176 家，是"十二五"期末的 6.7 倍。二是建立创新引领型机构，在市政府主导下，依托黄淮学院，成立了驻马店产业创新发展研究院等 6 个学院。

创新引领型平台建设成效显著。一批国家和省级重大创新平台落地建设。认定国际联合实验室 1 家、省级重点实验室 1 家、市级重点实验室 6 家；认定省级工程技术研究中心 18 家、市级工程技术研究中心 33 家、市级产业技术创新战略联盟 4 家；认定国家级星创天地 3 家，省级星创天地 4 家。拥有国家级企业技术中心 2 家，省级企业技术中心 34 家；拥有河南省工程实验室、工程研究中心 16 家，初步形成了较为完善的技术研发体系。

3. 智能改造初具规模

驻马店规模以上工业企业光纤入户率已达 100%，两化融合单项覆盖的企业达到 80% 以上，数字化研发设计工具普及率达到 50% 左右，关键工序数控化率达到 48%；全市"机器换人"累计达到 3000 台（套），22 个项目入选河南省机器换人"十百千"示范应用倍增工程，示范应用机器人 600 台（套）；累计建成投入使用智能生产线 80 条，创建省级智能车间 11 个、智能工厂 6 个；11 家企业获得两化融合管理体系证书，29 家企业启动两化融合管理体系贯标，两化融合管理体系对标企业数量 483 家；规上企业上云总数达 1000 家，上云率达到 99%。

（二）数字赋能战略性新兴产业创新发展存在的问题

工业互联网建设成效不明显。随着全省制造业整体向数字化、网络化、智能化方向拓展，发展工业互联网已经成为顺应产业发展大势、抢占产业未来制高点的战略选择，也是推动制造业质量变革、效率变革和动力变革的客观要求。驻马店市企业虽然对发展工业互联网积极性高涨，一些龙头企业如中集华骏、金凤牧业、万华畜牧、牧原农牧、大拇指等已经完成方案设计，开始积极投资建设行业工业互联网平台，但受发展基础、技术水平的限制，工业互联网建设成效仍不明显。

服务支撑能力有待进一步提升。作为对服务支撑工作组织管理的各县区主管部门工作人员的知识结构不能适应发展先进制造业的要求；作为服务对象的企业专业人才不足，企业内部缺少既精通信息化又熟悉制造业且有实践

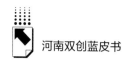

经验的复合型技术人才；智能制造技术专家、工业云平台服务商、智能制造系统解决方案供应商虽然已经逐渐从无到有，但尚未实现从有到优的转变，且大多是单兵作战，未实现有效集聚，还未形成支撑本市智能制造的多元供给体系，服务支撑能力有待进一步提升。

（三）加快数字赋能战略性新兴产业创新发展的对策建议

夯实产业数字化基础。持续加强两化融合管理体系建设，推动两化融合创新发展，引导企业对标贯标，建立、实施、保持和改进两化融合管理体系，推动企业由"深化局部应用"向"突破全面集成"转变。

大力发展智能制造。实施智能制造工程，大力推进新一代信息技术在研发设计、生产制造、经营管理、市场营销、售后服务等产品全生命周期、产业链全流程各环节的应用，探索方法科学、机制灵活、分业施策的差异化发展模式，不断发展壮大驻马店市智能经济。

重点推动企业上云。加快企业全链条数字化改造，推动工业设备和核心业务上云上平台，带动中小企业智能制造水平整体提升。强化政策保障，加大企业上云推动力度，为企业上云营造良好的政策环境，指导企业合理定位、明确流程，有序推进企业上云进程。

实施工业互联网创新发展工程。坚持政府引导和市场机制相结合，支持行业领头企业发挥技术和资源优势，鼓励有条件、有意愿的企业先行先试；推动5G、大数据、人工智能等新技术与工业互联网平台融合创新应用，培育基于平台的网络化协同、智能化生产、个性化定制、服务化延伸等新模式，促进制造业智能化、精准化、柔性化发展。

参考文献

丁荣余、卜安洵：《江苏数字经济创新发展的若干建议》，《唯实》2020年第4期。
史慧、邓大胜：《人才引领创新发展》，《中国人才》2021年第7期。

施翼：《融合创新发展　激发澎湃动能——数字经济引领浙江高质量发展成效喜人》，《互联网+》2018 年第 11 期。

江胜蓝：《数字经济引领中国创新发展》，《中国城市化》2017 年第 3 期。

陶金元、王晓芳：《数字经济驱动创新发展的挑战与对策》，《宏观经济管理》2021 年第 6 期。

赵超：《数字经济驱动区域协同创新发展的作用机理和基本类型》，《岭南学刊》2021 年第 6 期。

袁家军：《数字经济引领浙江创新发展》，《信息化建设》2017 年第 12 期。

黄季焜：《以数字技术引领农业农村创新发展》，《中国农垦》2021 年第 5 期。

B.17

鹤壁市以科技创新引领现代产业体系构建的实施路径和保障机制研究

田文富　王泽华*

摘　要： 鹤壁市立足产业基础优势，充分发挥科技创新的引领作用，紧紧围绕优势产业再造战略和数字化转型战略，构筑打造一流创新生态，通过创新政策机制、开展开放招商实施项目带动和强化综合保障等一系列措施，再造传统优势产业、加快培育战略性新兴产业、谋划布局未来产业，高标准、高水平构建技术—产业—应用互动、人才—制度—环境互为支撑的创新型现代产业体系，催生了一大批新技术新产品新业态，为建设创新型城市和高质量发展示范城市探索出一条创新引领发展、发展促进创新的产业发展之路。

关键词： 科技创新　产业体系　路径机制

　　党的十九大以来，鹤壁市以习近平经济思想为指导，深入贯彻中共河南省委十次和十一次党代会精神，聚焦科技创新的赋能引领作用，以高质量发展为主题，以构建完善的现代产业体系为主线，以建设"科创中国"试点城市和建设高质量发展城市为抓手，推动了经济社会高质量高水平可持续发展，被确定为全省唯一的省级产业转型升级示范区，经济转型的成功经验得到了省委、省政府主要领导的批示肯定，被国家发改委等四部委通报表扬。

---

　　* 田文富，中共河南省委党校教授，研究方向：生态经济；王泽华，鹤壁市委常委、秘书长。

在"2021年中国城市综合经济竞争力排行榜"中，鹤壁市名列第109位，位列全省第6，成为资源型城市转型升级和高质量发展的"河南样板"。面对"十四五"、前瞻三十年，鹤壁仍需狠抓创新驱动发展战略，放大优势再造和数字化转型战略机遇，全面打造一流创新生态，加快构建创新型现代产业体系，塑造发展新动能和新优势，确保鹤壁市现代化建设高质量推进和高水平实现。

一 鹤壁市现代产业发展基础和面临的形势分析

（一）现代产业发展基础

鹤壁市坚持实施创新驱动发展战略，持续优化产业结构，培育了一批发展势头良好、具有特色竞争优势的新兴产业集群和领军企业，推动了产业规模化、高端化、集聚化发展。

1.产业结构持续优化，新兴产业规模不断壮大

鹤壁市坚持把产业结构优化升级作为推动经济高质量发展的关键抓手，持续转方式、调结构、优动能。引进河南能源集团、美瑞、赞宇科技等一批龙头企业，形成循环经济产业链条。其中尼龙66特种纤维填补了国内空白，植物生长调节剂产量占全国八成以上。2021年高新技术产业增加值占比达到44.9%，初步形成了以电子信息、镁精深加工、新材料为代表的特色产业集群，战略性新兴产业竞争力日益增强。汽车电子电器形成了6大类1万多个品种，汽车线束和电子插接件国内市场占有率超过20%，近三年光分路器芯片产品占国内三大运营商芯片份额80%以上，占全球市场份额60%，仕佳光子在上海科创板成功上市。

2.数字应用带动效果彰显，新业态蓬勃发展

鹤壁市抢抓新一轮科技革命和产业变革的机遇，快人一步谋篇布局，精准发力抢占先机，紧盯新经济头部企业对接洽谈，以建设鹤壁东区数字经济核心区为引领，引进京东、360、航天宏图等区域总部。华为5G边缘计算

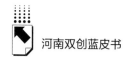

实验室、数字乡村实验室建在鹤壁，360 数字城市安全大脑竣工投用，百佳、千慧、万和、亿丰、兆发、中科曙光数据方舱等一大批新兴产业项目加快建设。鹤壁市纳入省首批 5G 应用场景示范项目数量全省第一，建成省级以上绿色工厂、智能工厂（车间）42 个，9 家企业入选国家级"专精特新"小巨人企业名单，仕佳光子被评为全国制造业单项冠军企业，初步形成以应用带产业、以产业促发展的互动格局，新兴经济产业生态发展势头良好。

3. "科创中国"试点建设稳步推进，创新能力持续增强

围绕创建国家创新型城市目标，扎实开展《全社会研发投入提升专项行动计划》《加快培育高新技术企业专项行动计划》等专项行动计划。2021 年全市高新技术产业增加值占工业增加值比重已达到 47.7%，位居全省第一方阵。近三年全市高新技术产业增加值平均增速达到 20% 以上。3 家企业入选河南省创新龙头企业、4 家企业入选河南省"瞪羚"企业，数量在全省分别排第 7 位和第 5 位。全市高新技术企业总量达到 90 家、国家科技型中小企业入库达到 226 家，分别是 2016 年的 3.3 倍和 45.2 倍，增速均居全省第一方阵，提前一年在全省率先完成高新技术企业倍增计划。全市首个中原学者工作站获批建设，鹤壁科技大市场获评为河南省技术转移示范机构，实现零的突破。目前，全市拥有各类创新平台 279 个（省级以上 101 个）。鹤壁成功入选第二批"科创中国"试点城市，创建河南省促进科技与金融结合试点地区、河南省科技成果转移转化基地，荣获河南省科技投入绩效评价结果优秀地区，科技投入绩效评价、创新能力均排名全省第四。淇滨区省级区域双创基地和农信通等省级企业双创基地建设成效显著，拥有全国唯一的国家级镁及镁合金产品质量监督检验中心等服务平台。华为垂天 5G 边缘计算实验室、华为新农邦数字乡村实验室揭牌运营，边缘计算能力、智慧合杆建设、应用场景拓展走在了全省前列，仕佳光子 PLC 芯片被评为国家单项冠军产品，荣获河南省科技一等奖和国家科技进步二等奖，海昌公司成为全国质量标杆，天海集团荣获省长质量奖。

（二）面临的机遇挑战

当今世界正面临百年未有之大变局，"十四五"乃至更长一段时期内，

我国战略性新兴产业和未来产业发展将面临更加严峻的内外环境，鹤壁市需要在产业核心竞争力打造、创新能力提升、发展环境营造及深化开放合作等方面采取更加科学有效的针对性措施，推动战略性新兴产业进一步壮大发展，未来产业形成竞争优势。

1. 国际国内环境

当前世界新一轮科技革命和产业变革加速推进，全球科技创新进入空前密集活跃的时期，前沿技术呈现集中突破的态势。我国经济已进入高质量发展阶段，战略性新兴产业是引导未来经济社会发展的重要力量，加快培育和发展战略性新兴产业作为我国推进产业结构升级、加快经济发展方式转变的重大举措，对推进我国现代化建设具有重要战略意义。"十四五"时期，国家全面贯彻新发展理念，加快壮大新一代信息技术、生物技术、新能源、新材料、高端装备等战略性新兴产业，前瞻谋划类脑智能、量子信息、基因技术、未来网络、深海空天开发、氢能与储能等未来产业，为战略性新兴产业和未来产业发展带来了重大机遇。但同时，我国面临的外部风险日益复杂、不确定因素增多，地区发展不平衡、产业同质化等问题依然存在，基础性创新、"卡脖子"技术难题日益突出，需要继续强化科技创新支撑、提高行业应用引领、加强产业链协同发展，增强战略性新兴产业对经济增长的引领带动作用。

2. 省内环境

构建新发展格局、促进中部地区崛起、推动黄河流域生态保护和高质量发展三大国家战略交汇叠加，全省战略性新兴产业和未来产业的发展环境进一步优化。"十四五"期间，坚持创新驱动发展战略，打造一流创新生态，推动创新链、产业链、供应链、要素链、制度链共生耦合，增强科技硬实力、经济创新力，坚定以制造业高质量发展为主攻方向，常态化开展"万人助万企"活动，滚动推进"三个一批"项目建设，深入实施产业链链长和产业联盟会长"双长制"，推动先进制造业和现代服务业、数字经济和实体经济深度融合，加快产业基础高级化、产业链现代化。这既是建设制造强省的客观要求，更是顺应技术进步和产业变革趋势的必然选择。

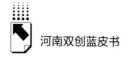

3. 发展环境

近年来，鹤壁市深入贯彻新发展理念，紧扣高质量发展的时代主题，积极探索具有自身特色的高质量发展路子，大力发展战略性新兴产业，前瞻布局重大基础设施项目，构建战略性新兴产业发展生态链，5G、云计算、大数据、人工智能等新兴产业快速发展壮大，京东、华为、阿里、联想、浪潮、腾讯、360 等行业龙头扎堆集聚，在数字经济融合创新应用、5G 网络建设及应用技术推广、大数据及云计算产业发展、智慧城市建设等方面取得了初步成效。以开发区、大数据产业园区、创新创业孵化园区等为载体，大力推动产业链招商，为鹤壁的长远发展打下了基础、做好了铺垫。同时，鹤壁市仍面临许多困难和问题，战略性新兴产业规模以上工业增加值占比较小，产业集群缺乏龙头企业带动，受资金、技术等因素制约较为严重，新兴企业相对分散，企业间依存度不高，产品关联度不够，产业内尚未形成产业链，专业化协作差，缺乏规模效益。

二 鹤壁市以科技创新引领现代产业体系构建的实施路径选择

产业是经济建设的核心和城市发展的基础。鹤壁市要紧紧抓住当前国际国内产业发展的新机遇，加快构建现代产业体系，在新一轮产业转型升级和城市发展中争取优势、赢得主动，是当前及今后一个时期鹤壁实现高质量发展的一项重大而紧迫的战略任务。继续坚持产业高端化、智能化、绿色化、服务化"四化"方向，充分发挥科技创新的引领作用，紧紧围绕优势产业再造战略和数字化转型战略，加快培育战略性新兴产业、谋划布局未来产业，高标准、高水平构建现代产业体系，实现鹤壁高质量发展。

（一）实施优势再造，做精做强传统产业

20 世纪 80 年代，鹤壁曾是全国 20 个电子城之一，发展电子电器产业，鹤壁有基础、有优势。全市现有电子电器类企业 742 家，先后培育引进了天

海集团、仕佳光子、航盛科技、富士康等一批龙头企业。以汽车电子电器、光通信电子、3C智造为重点，坚持"专精尖特"，不断做强传统优势产业。

1. 打造汽车线束完整产业链

目前鹤壁市形成了汽车电子、通信指挥车和汽车模具3大特色产业集群，天海集团汽车线束和电子插接件国内市场占有率超过20%，十余家企业与宇通客车"联姻"，投资10.5亿元的联明电器汽车电器智能化产业园、投资8亿元的鹤壁汽车电子产业集团孵化园等项目加快建设。"十四五"期间，鹤壁市将顺应新能源汽车、智能网联汽车发展趋势，在巩固提升传统电子电器产业的基础上，重点发展高端汽车电子、新能源智能网联汽车产业，大力发展电动汽车控制器及软件、智能网联汽车域控制器及相关软件协同配套产品，打造汽车线束完整产业链。

2. 建成光通信电子产业基地——中原光谷

目前鹤壁市拥有1个由国家级工程技术中心，3个院士工作站，8个国家、省级研发机构组成的高端研发平台，形成以仕佳光子有源、无源芯片为核心的光通信电子产业链，PLC光分路器芯片全球市场占有率近60%，成为该领域的单项冠军；阵列波导光栅（AWG）及半导体激光器芯片项目加快建设，投资20亿元的中北宏远年产5万基5G通信基础设施产业园项目签约落地。"十四五"期间，以光电芯片为核心，延伸发展光器件、光组件、光模块、5G光通信设备、智能终端等领域，打造超高速大容量智能光传输光网络产业链，建成全省乃至全国重要的光通信电子产业基地，打造有"芯"的中原光谷。

3. 打造豫北3C电子产品制造基地

鹤壁市先后引进了海能达、富士康、京东智能制造等龙头企业，发展形成以3C镁铝合金机构件、智能终端及其附属品为主的3C智造产业链条，"中国天眼"FAST超过1/3的反射面板产自鹤壁。投资30亿元的京东（鹤壁）智能制造产业新城（一期）项目、投资20亿元的耕德电子智能智造产业园、投资5亿元的智能达年产2000套多功能无人驾驶装备及3000台宽带自组网设备项目加快建设。"十四五"期间，以京东（鹤壁）智能制造产

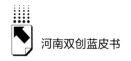
园为载体，重点发展军（民）用通信车配套的信息系统集成、电台、数字集群系统、天线等产品，引进3C电子产品智能制造上下游企业，增强上游合金材料、芯片等产品配套能力，壮大中游零部件及模块封装规模，布局智能终端等下游产品，培育富士康、耕德电子两个50亿级龙头企业，打造豫北3C电子产品制造基地。

（二）发挥比较优势，做大化工绿色产业

1. 打造全产业链现代化工基地

现代煤化工方面，目前主要企业有鹤壁煤化工、宝发能源等，已初步形成"煤—甲醇—二甲醚/1，4—丁二醇—聚四氢呋喃"的煤化工深加工综合利用循环经济产业链条。日用化工方面，主要企业有赞宇科技、星宇化工等，主要产品有表面活性剂、洗衣粉、液体洗涤剂、油脂化学品、荧光增白剂等。"十四五"期间，大力发展聚乙烯、乙二醇、聚苯乙烯、聚氯乙烯、环氧乙烷、聚甲醛等煤化深加工产品。利用甲醇原料优势，发展聚氨酯、工程材料、特种异氰酸酯等项目，打造"甲醇—甲醛—下游产品"一体化产业链，打造全省规模大、产业链长、效益好的现代煤化工基地。依托赞宇科技中原日化生态产业园，重点发展表面活性剂——洗涤用品、油脂化学品2个产业细分链，加强与知名日化协会合作，推动知名品牌集聚，打造全国最大、品种最全的日化品全产业链条。

2. 优化橡胶助剂和农用化学品产品结构

橡胶助剂企业主要有元昊、恒力、联昊等，主要产品30余个，包括促进剂、防老剂、塑解剂等，是国内重要的橡胶助剂生产基地，占全国市场的1/3份额。农用化学品企业主要有全丰生物、郑氏化工、绿康生物、赛科化工等，其中全丰生物、郑氏化工2家企业全部投产后，其植物生长调节剂将占全国市场的80%以上份额，赛科化工是国内氯代吡啶类除草剂系列产品中间体的重要生产商。"十四五"期间，进一步扩大原有橡胶促进剂产能，加强与上下游产业连接，持续完善产品结构，积极发展防老剂等产品，适度发展不溶性硫黄、预分散胶母粒和其他加工助剂，适度配套发展二硫化碳、

硝基苯胺等关键原料，打造规模最大的全国橡胶助剂生产基地。扩大植物生长调节剂生产规模，重点发展具有市场优势的杀菌剂和除草剂，发展高效、广谱的农药原药及制剂，依托二苯醚类除草剂中间体配套优势，推进农用化学品产业链向下游扩展，发展氟磺胺草醚、乙羧氟草醚等出口潜力大的产品，形成中间体—原料药—制剂的完整产业链。

3. 做优绿色食品产业

鹤壁是国家优质小麦生产基地、优质农畜产品主产区，是全省重点培育的千亿级食品产业集群所在地，拥有规模以上企业 83 家，其中国家级龙头企业 4 家，是肯德基、麦当劳等著名快餐连锁企业的重要供货商，是中国航天员专用食品供应商，禽肉制品年加工能力超 100 万吨、全省第一，鸡肉调理产品国内市场占有率超过 80%，鸡肉出口量全国第三，玉米、小麦精深加工产业链条全国最长，浚县、淇县被评为"全国食品工业强县"。"十四五"期间，依托畜禽肉、粮食等产业基础优势，重点发展糕点、卤制品、膨化食品、坚果炒货等细分品类食品，纵向延伸构建"产、购、储、加、销"一体化产业链。重点发展速冻类、冲泡类、自热类、配餐类等系列化方便食品。推动地方优势特色传统食品以方便食品的形式对外高效供给和输出，鼓励企业建设"中央厨房+冷链配送+餐饮门店"绿色生产链，培育和发展一批在省内外市场上具有竞争优势的特色品牌。

（三）以提质升级为重点，做强特色新材料产业

1. 打造全国知名的功能性新材料基地

目前主要企业有美瑞新材料、中维化纤、邦维、蓝赛等。初步形成"切片—纺丝—纺织—半成品—成品"尼龙新材料产业链。年产离子交换树脂 20 万吨，占全国的 2/3，正在谋划打造聚氨酯新材料全产业链条。投资 25 亿元的鹤壁龙宇年产 30 万吨聚甲醛（一期）项目、投资 15 亿元的上海奉贤新材料年产 4 万吨改性新材料项目、投资 10 亿元的河南特种尼龙产业园基础设施项目加快建设，投资 331 亿元的功能性新材料产业园、投资 150 亿元的美瑞聚氨酯新材料产业园签约落地。"十四五"期间，重点发展高性

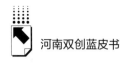
能特种尼龙纤维、军工特种纤维、工业短纤、高铁专用改性工程塑料等产品，打造全省重要的尼龙产业生产基地；聚焦聚氨酯新材料、可降解材料等领域，打造全国知名的功能性新材料基地；重点发展离子交换树脂、新一代功能树脂等产品，打造全国知名树脂产业基地。

2. 建设镁基新材料生产和精深加工基地

鹤壁是"中国镁谷"，鹤壁白云岩资源全国品位最高、杂质最少、储量丰富，拥有全国最大的镁综合加工能力、最为完整的镁产业链条，建有国家级镁及镁合金产品质量监督检验中心、镁交易中心，是国家级金属镁产品质量提升示范区。形成了镁粉镁粒—高性能镁合金、镁合金牺牲阳极材料—镁合金挤压/压铸/板材—镁合金物流托盘、LED 灯等产业发展链条。投资 110亿元的海尔集团镁合金轻量化装备产业园及海尔生态产业项目已落地建设，投资 150 亿元的宝钢金属、云海金属镁基新材料产业园正加快推进。"十四五"期间，抓住与宝武集团合作和海尔集团进入镁基新材料领域的机遇，延链强链补链，迈进产业链中高端和关键环，推动镁基新材料与高铁、汽车、电子信息、航空航天等产业融合发展，形成原镁—镁粉镁粒—高性能镁合金—镁合金压铸、挤压、轧制—镁合金表面处理—镁合金散热器、建筑模板、汽车轻量化产品、3C 产品、军工产品等终端应用产品的全镁产业链条，推动镁基新材料产业提质增效，建成全国重要的镁基新材料生产和精深加工基地。

（四）突出科技创新，培育新兴产业

1. 提升科技协同创新能力

鹤壁主动对接融入国家科技创新区域协同格局，深入实施开放式创新工程，全市一大批科技型企业站在了创新链顶端，"中国天眼" 1/3 的反射面板由鹤壁海能达公司生产；仕佳公司打破国外技术垄断，已成为全球最大PLC 光分路器芯片制造商，市场占有率全球第一；垂天科技公司的新型智慧城市 5G 新基建应用场景拓展走在全省前列。市政府与中科院半导体研究所等 22 个高校和科研院所签署合作协议，相关企业与北京航空航天大学等100 多个高校和科研院所建立了合作关系。在第二届中国·河南开放创新暨跨国技术转移大会上，鹤壁市 9 个科技成果转化项目在大会上签约，签约金额达 5.2 亿元。通过加大和高校、科研院所的合作力度，鹤壁市科技支撑产业转型发展的能力持续提升。继 2020 年全市技术合同成交额实现首次过亿的新突破之后，2021 年全市技术合同成交额再次超额完成目标，完成省定目标的 130.5%，同比增长 149.4%，连续三年实现翻番增长。科技创新能力全省第四，入选"科创中国"试点城市，探索出科技资源匮乏地区创新驱动发展的鹤壁模式。

2. 打造中原5G产业示范基地

在全省率先印发 5G 产业发展"十四五"规划、率先开通基于智能城域网 IPv6 承载的 5G SA 商用基站，累计建成 5G 基站 1601 个，5G 产业园入驻企业 317 家，投资 10 亿元的 5G 智能制造产业园、投资 5 亿元的垂天 5G 智慧合杆制造基地正在建设。"十四五"期间，重点聚焦 5G 智能手机、芯片、连接器、模组、智慧合杆、网关、微基站、服务器等产品，推进 5G 与云计算、工业互联网、大数据、物联网等领域技术融合，实现一批"5G+集成应用"技术推广，构建 5G 产业发展链式生态体系，打造中原 5G 产业示范基地。

3. 建设人工智能综合标杆示范城市

在新一代人工智能产业培育方面，鹤壁是国家首批智慧城市建设试点市之一，近年来培育引进了小狮科技、国立光电、追乐科技、航田科技、华之云等一批重点企业，产品有无人环卫车、无人机、健康监测类商用机器人等，投资 15 亿元的智能应急制造产业园、投资 8 亿元的中国（鹤壁）机器人硅谷、投资 5 亿元的武汉小狮科技（鹤壁）基地加快建设，投资 30 亿元的深兰人工智能生态产业园、投资 10 亿元的曙光（鹤壁）人工智能产业园签约落地。"十四五"期间，将加强图像识别感知、数字图像处理、语音识别、智能判断决策等关键共性技术攻关，做强智能芯片、智能机器人、智能运载、智能无人机、智能终端设备、智能应急设备等智能产品。拓展"智能+"应用领域，形成集人工智能技术研发、成果转化、示范推广等于一体的综合标杆示范城市。

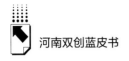

4. 建设全省重要的大数据产业高地

建设大数据产业高地。在大数据产业培育方面，目前主要企业有京东云、华为、腾讯、农业硅谷、云梦大数据、曙光云、云中鹤等，大数据产业园被确定为省级大数据产业园区，京东"一基地三中心"、投资10亿元的灏谷科技人工智能产业园项目正在加快推进，农业硅谷产业园已建成全国最大的农业行业云。"十四五"期间，鹤壁市将着力打造集科技企业孵化器、战略性新兴产业加速器、中小企业总部基地于一体的大数据产业高地。依托农业硅谷，建设全国农业大数据中心。

（五）瞄准现代科技前沿，布局未来产业

结合全球技术发展趋势、国家战略和未来产业技术成熟度，立足鹤壁市产业基础优势，聚焦北斗应用、区块链、未来信息网络、前沿新材料等未来产业进行重点布局。

1. 北斗应用产业布局

抢抓北斗三号全球系统建成的重大机遇，加强与航天宏图、百度、中国交通信息科技集团等深度合作，探索推进双频甚至多频联合定位技术、高精度大众化应用技术、航空航天感知技术的突破，推动北斗数据中心、遥感数据平台、低轨卫星等领域的实践应用、场景打造，形成1~2个北斗+应用体系，打造北斗创新应用综合示范区。

2. 区块链产业布局

结合鹤壁市网络安全与密码应用产业发展，依托正在筹建的商用密码研究院、商用密码研究院有限公司、商用密码产业园等载体平台，加强与奇虎360、联想智感物联网科技、龙芯中科等企业合作，引进一批区块链技术研发及应用企业，以应用需求为导向，打造出若干安全、自主可控的区块链平台，孵化培育一批融合产品。

3. 未来信息网络产业布局

立足鹤壁在光通信和5G产业上的发展优势，依托仕佳光子和5G产业园，聚焦量子科技基础研究及前沿技术，引进和培育一批量子通信元器件生产、设备制造、网络建设及运营服务企业。紧盯 6G 技术突破，支持探索 6G 先进网络基础设施创新与服务，争取在鹤壁市率先开展 6G 示范应用。

4. 前沿新材料产业布局

在尼龙新材料、镁基新材料、功能性新材料等传统新材料产业基础上，鹤壁市前瞻布局智能仿生材料、石墨烯基新材料、第三代半导体材料、超导复合材料、液态金属、先进储能材料等前沿新材料领域，建设一批前沿新材料中试验证基地和应用示范平台。

三　鹤壁市以科技创新引领现代产业体系构建的保障机制建设

（一）创新政策机制

鹤壁市切实落实高新技术企业、软件企业、创业投资企业税收优惠、研发费用加计扣除、股权激励税收优惠等创新激励政策，确保企业对各项优惠政策应享尽享。出台支持新经济招商引资 10 条措施、"1+6"人才新政等，制定 5G、新一代人工智能等十大新兴产业发展规划，明确了十大新兴产业联盟会长以及产业链链长，制定了三年行动计划及产业链招商图谱，建成全省首个地市级普惠金融共享平台，投入近 20 亿元设立了 6 只科技创新引导基金，设立了 50 亿元的新兴产业发展基金，以政策"含金量"助力发展"高质量"。紧紧围绕《鹤壁市促进科技与金融结合试点实施方案》及配套政策，不断加大与金融机构的合作，持续推进科技金融产品创新，形成了政府+银行+保险+担保的风险共担机制。围绕《鹤壁市科技金融"科技贷"业务实施方案》，不断加大业务推广力度，鹤壁市两条科技金融创新改革举措获全省推广，名列全省第二。创新"三山"统筹和"三区"协同机制，构建了产业共链、资源共享、要素集约、协调联动的区域协同发展格局。开发区体制机制改革走在全省前列，鹤壁经开区在国家考核中连续三年排名全省第二。

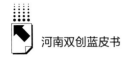

（二）开展开放招商

鹤壁坚持把优化营商环境作为全市工作的重中之重，成立全省首个优化营商环境服务中心，创新推出以服务管家为核心的"五位一体"服务机制，受到国务院通报表扬。聚焦重点产业、重点区域、重点企业，突出产业招商、驻地招商、智慧招商、以商招商、资本招商、平台招商等模式，注重招头部、引链条、育生态。一大批好项目大项目纷纷落地，年产30万吨聚甲醛项目节能报告已获省发改委批复；美瑞聚氨酯产业园项目正积极与省有关委局对接能评、安评等事宜；宝武金属镁基新材料产业园项目通过多轮洽谈基本达成一致，宝武项目公司已成立，有望近期签约；海尔汽车轻量化产业园项目顺利推进，刷新了"鹤壁速度"；中科启程年产60万吨PBAT项目即将签署四方合作协议和项目投资协议。2021年全市实际吸收境外资金增幅全省第一，引进省外资金、货物贸易进出口额增幅全省第三，新签约、新落地亿元以上项目分别为148个、132个。

（三）实施项目带动

按照"实施一批创新项目、突破一批核心技术、形成一批科技成果、带动一批产业发展"的思路，狠抓科技计划项目组织实施。仕佳光子公司牵头承担的"高性能无源光电子材料与器件研究"项目在国家重点研发计划项目综合绩效评价中获评优秀等级；天海电子公司申报的"自组网智能终端及通信系统集成关键技术研发与产业化应用"项目获中央引导地方科技发展专项资金支持。国家粮食丰产科技工程在鹤壁连续25次创造小麦夏玉米高产示范方国内同面积最高单产纪录；承担的省首批创新引领专项"高速数据中心光互连芯片研发与产业化"，突破了光互连芯片核心关键技术，在5G通信网络建设领域得到广泛应用；市农科院实施的市级重大科技专项"黄淮海耐密抗逆适宜机械化夏玉米新品种培育及应用"项目，育成国审品种4个、省审品种5个，为黄淮海地区解决种源"卡脖子"问题贡献了鹤壁力量。

（四）强化综合保障

提高综合保障支撑能力建设水平，优化全市战略性新兴产业和未来产业发展布局。加快建设信息基础设施、融合基础设施、创新基础设施等新型基础设施，增强对数字转型、智能升级、融合创新的支撑，加快构建现代化综合交通体系、低碳高效的能源支撑体系、现代化水网体系，以发挥优势、彰显特色、协同创新为导向，推进区域协调创新发展，形成疏密有致、集约高效的创新发展格局。提升自主创新能力，打造发展新动能，以建设国家创新型城市为契机，推动产业基础优势向产业链供应链优势转变，努力在国内大循环和国内国际双循环中进入关键环、中高端，最终形成较为完善的创新型现代产业体系。

总之，鹤壁市通过科技创新和数智赋能产业转型行动，初步构建了较为完善的创新型现代产业体系，为建设"科创中国"试点城市和高质量发展示范城市注入新鲜血液和强大动能，为续写高质量富美鹤城更加出彩绚丽篇章和开启全面建设社会主义现代化鹤壁新征程奠定了坚实基础。

参考文献

《鹤壁市国民经济和社会发展第十四个五年规划和二〇三五年远景目标纲要》，河南日报网，https：//www.henandaily.cn/content/2021/0528/298556.html，2021 年 5 月 28 日。

郭浩：《2022 年鹤壁市政府工作报告》，鹤壁市人民政府网，http：//www.hebi.gov.cn/ssjj/867067/867078/3478029/3800393/index.html，2022 年 2 月 17 日。

王峥：《大力实施创新驱动　建设全省创新高地》，《鹤壁日报》2021 年 10 月 25 日。

B.18
许昌建设创新强市的对策研究

郭军峰*

摘　要： 近年来许昌紧紧抓住和利用"创新"这一关键词，在资源禀赋和科技红利不突出的基础上主动作为，走在了河南全省发展的前列，培育出"许昌创造"的核心竞争力。面对新冠肺炎疫情防控常态化、区域竞争白热化的发展态势，许昌创新强市的建设仍面临创新能力不足、产业层次较低、人才支撑较弱等问题。需要在借鉴深圳创新型城市建设经验的基础上，坚持以解放思想为前提，凝聚创新发展共识；坚持以科技创新为引领，加快培育发展新动能；坚持以协同创新为重点，积极融入郑州都市圈建设；坚持以深化改革为动力，激发创新发展活力。

关键词： 许昌　创新强市　创新发展

　　许昌处于河南省中部，交通区位优越，是豫中区域性的政治、经济、文化中心，也是河南省民营经济最发达、最活跃的地区之一，在河南省经济和社会发展中占有重要地位。创新一直是许昌经济快速发展的"关键词"，也是许昌 GDP 总量近几年稳居河南省前 4 强的重要因素。2021 年许昌市八次党代会明确提出"以敢为人先的魄力和胆识抓创新、谋创新，加快建设创新强市"。这是许昌贯彻落实党中央、河南省委对创新驱动发展的谋划部署，是面对疫情防控常态化、区域竞争白热化的发展态势，立足当前、着眼长远的战略谋划和前瞻布局。

---

* 郭军峰，黄河科技学院河南中原创新发展研究院副教授，研究方向：产业发展、国际贸易。

一 许昌创新强市建设取得的成就

为了实现创新引领的核心作用，许昌市依据本市民营经济发达、制造业基础雄厚的特点，实施了一系列政策举措，优化民营经济的发展环境，通过资金引导扶持，促进民间创新创业投资，积极探索创新驱动发展的经验。数据显示，2021年前三季度，许昌市工业投资同比增长28.0%，增速居河南首位。在《河南城市发展报告（2021）》《2021年中国百强城市排行榜》《2021年河南省辖市经济综合竞争力评价》等报告中，许昌均位居全省第3。

（一）创新主体不断增加

许昌市持之以恒地抓主体培育工作，落实高新技术企业倍增计划、科技型中小企业"春笋"计划，培育了一批创新龙头企业和行业"隐形冠军"。2020年，许昌市新增高新技术企业69家、科技型中小企业442家，分别是2019年的1.4倍和2.1倍，20多家行业细分领域"隐形冠军"企业涌现。截至2020年底，许昌高新技术企业总数达到244家，是"十三五"之初的4倍，总量和增速均跃居河南省第4位。2021年许昌新增高新技术企业76家，评价入库科技型中小企业758家；11家企业入选国家级专精特新"小巨人"企业，入选企业数位居全省第3。创新主体的快速成长带动新兴产业不断壮大，2020年102个新兴产业项目完成投资383.5亿元，高技术产业增加值增长15.9%。

（二）载体平台实力增强

许昌市牢固树立"筑巢引凤"的理念，全力抓好载体平台建设，连续多年对创新载体平台培育建设突出单位进行奖励，吸引创新要素加快在许昌集聚。2019年对在创新主体培育和创新载体建设方面取得突出成绩的单位奖励1315万元，2021年拿出8361万元直接奖励科技创新和制造业发展功臣企业。2020年新建省级工程技术研究中心15家，新认定市级企业技术创新中心27家，其中，许继集团智能充电技术重点实验室获批组建省级重点实验室，许昌智慧信息产业园成为省级科技企业孵化器。2021年建设省级技术创新中心1家，举办中科院技术对接交流活动22次，累计有52个技术合作项目落地转化。与此同时，清华、同济、复旦、上海交大、北京理工、中科院合肥物质研究院等一大批知名院校和科研机构入驻许昌，与企业共建实验室、检验检测等机构。这些创新载体平台必将为许昌创新城市建设提供强劲支撑。

（三）创新人才持续集聚

近些年，许昌市大力实施人才引领、创新驱动发展战略，先后制定发布"许昌英才计划"和"英才计划"2.0版，并连续多年重奖科技创新人才，已认定四批创新创业人才（团队）和高层次人才，充分彰显了许昌以人才驱动发展、以创新引领未来的坚定信心。"十三五"期间，许昌市引进了包括"两院"院士、长江学者在内的一大批领军型、高层次人才来许昌创新创业，奖励扶持创业创新人才（团队）74名（个）、高层次人才788名，这些人才和团队带动了一批高科技创新企业和战略性新兴产业蓬勃发展。据初步统计，这些获奖励扶持的人才（团队）项目已实现产值约9.4亿元、营收约7.1亿元，贡献税收6000万元，实现就业1800多人，获批专利270多项，为许昌市经济社会高质量发展增添了强大动力。①

二　许昌创新强市建设面临的问题

近些年许昌紧紧抓住和利用"创新"这一关键词，在资源禀赋和科技红利不突出的基础上主动作为，走在了河南全省发展的前列，培育出"许

---

① 数据来源：《投入2.07亿元！许昌亮出招贤成绩单，这些创新创业、高层次人才获奖励》，https：//baijiahao.baidu.com/s？id=1675963515267634269&wfr=spider&for=pc，2020年8月25日。

昌创造"的核心竞争力。纵向比较，许昌创新成果丰硕；横向比较，许昌科技创新与发达城市甚至河南省内的郑州、洛阳之间还存在较大差距，还需千方百计解决创新发展的不足问题，才能更好实现创新强市的目标。

（一）创新能力不足

从创新能力来讲，许昌依然偏弱。创新型企业规模小，高新技术企业和创新人才、平台、机构偏少，企业主体作用发挥不充分，以企业为主体、市场为导向、产学研用相结合的技术创新体系尚未形成。2020 年末，许昌市省级以上工程技术研究中心 117 家，省级重点实验室 5 家，分别占河南省总数的 10.2% 和 2.1%；国家高新技术企业 244 家，国家科技型中小企业 442 家，分别占河南省总数的 4% 和 5.5%。同时全社会研发投入占 GDP 的比重远低于全国平均水平。2019 年，全市研发经费投入占 GDP 比重仅有 1.56%，远低于国家平均水平（2.19%），而全市规模以上工业企业研发投入强度仅为 1.12%。

（二）产业层次较低

从产业层次来讲，许昌相对较低。传统产业占比依然较高，多数产业仍处于产业链前端和价值链中低端，产品附加值不高、核心竞争力不强。2019 年高技术产业单位数占规模以上工业企业 4% 左右，增加值占比仅有 4.5% 左右。2020 年高技术产业增加值增长 15.9%，其增加值占规模以上工业增加值的比重为 4.7%。工业结构整体偏重，战略性新兴产业仍处在培育期，新旧动能接续转换还需要一个长期过程。2020 年许昌市六大高耗能行业占规模以上工业增加值比重达到 43.5%，较"十二五"时期末提高了 7.2 个百分点；全市规模以上轻重工业增加值比为 1∶3。[①] 生产性服务业发展滞后，对实体经济的支撑作用较弱。2020 年全市服务业增加值比重仅为 42.0%，分别低于全省 6.7 个、全国 12.5 个百分点。

---

① 数据来源：《2020 年许昌市国民经济和社会发展统计公报》，http://www.21xc.com/content/202104/08/c478876.html。

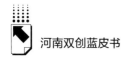

（三）人才支撑较弱

从人才支撑来讲，许昌相对较弱。人才是增加科研力量、促进科技事业发展的基础，也是建设创新强市的首要条件。但实际情况是许昌本地人才对创新的支撑能力比较弱。许昌高校建设一直滞后，数量少、层次低，在河南高等院校地级市分布排名中也较落后。截止到 2020 年末，许昌全市仅有 4 所高等院校，1 所本科院校，高等学校在校生规模 6.12 万人。虽然目前河南农业大学许昌校区已投入使用多年，中原科技学院许昌校区、郑州轻工业大学许昌校区即将投入使用，与北京理工大学等全国知名高校开展合作办校也取得了一定进展，但是总体来说，本地人才还无法有效支撑当地发展。

三　深圳创新型城市建设的经验启示

许昌属于中部地区中小城市，地理位置居于内陆，环境相对封闭，在创新发展中和沿海城市相比，不论经济发展条件，还是社会资源差距都较大。但许昌并不是没有创新发展的道路，只是需要在优势范围内发挥所长，需要从沿海发达城市创新中寻经验、找标杆，发掘城市独有优势和发展路径。而深圳是我国第一个创新型试点城市，培育出华为、腾讯、中兴等大批具有自主创新能力的世界知名企业，其建设实践形成了独具特色的"深圳模式"和"深圳经验"，为我国城市创新发展的路径选择提供了有益启示。

（一）企业是创新主体

深圳大部分创新是在企业发展壮大的过程中自主形成的，其创新发展可以定义为"6 个 90%"：90% 的创新型企业是地方企业，90% 以上的 R&D 人员来自企业，90% 以上的 R&D 经费出自企业，90% 以上的专利申请由企业提出，90%以上的 R&D 机构设在企业，90%的重大科技项目来自企业。[①] 在政府的大力支持下，企业参与创新的积极性高、回报高，自主创新的企业微观主体地位特别显著的优势弥补了深圳高校技术创新的劣势。同时自主创新活动带动了知识密集、技术密集和高增值行业的高速发展，使深圳经济增长方式也发生了深刻变化。2021 年深圳国内生产总值达 30664.85 亿元，5 年实现万亿元增长，以全国 0.02%的面积，贡献全国 2.6%的生产总值。

（二）政府的强力支持

深圳政府在创新型城市建设中扮演着服务者和引导者的角色，围绕创新型城市特征建立了企业、产业、人才和知识产权"四大高地"，从金融扶持、财税优惠、中介机构等多方面为企业营造良好的创新环境。同时积极搭建以高等院校和研究院所为载体的创新技术平台，集聚高素质的创新型人才，构建完善的产业链和创新链，形成了具有国际竞争力的开放多元的区域创新体系。近年来，深圳相继出台了一系列鼓励和支持创新企业发展的政策，如《深圳市科技企业孵化器和众创空间管理办法》《深圳市高新技术企业培育资助管理办法》等，通过制定有利于创新活动的政策推动城市产业结构优化升级，同时投入大量研发资金，支持企业与高校及科研机构之间开展创新合作活动。另外，政府牵头成立"深圳国际科技商务平台"，现有 33 个国家和地区的 48 家机构加入，引进 741 个企业和项目落户深圳，引进境外先进技术 349 项，帮助引进 3 所境外知名大学入驻深圳虚拟大学园。[②]

（三）完善的创新网络

深圳城市创新体系经历了创新资源的初步集聚、地方企业形成产业集聚、产业集群向学习型区域演进形成创新网络三个阶段。[③] 目前深圳已建立"基础研究+技术攻关+成果产业化+科技金融+人才支撑"全过程创新生态

---

① 深圳高新区：《弹丸之地变身创新"高产田"》，《科技日报》2018 年 11 月 13 日。

② http://szistb.shipsc.org/default.asp，深圳国际科技商务平台网站，2022 年 3 月 10 日。

③ 李仲飞：《创新型城市建设的理论和实践》，科学出版社，2014，第 14~25+36 页。

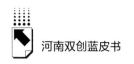
链和由多元化创新主体、风险投资活跃的资本市场、具有深圳特色的产学研合作模式、开放完善的创新平台共同构成的创新网络体系。在该体系内信息和资源能够得到及时公开和充分共享，为企业家、研发人员、投资者等创新创业人才提供更多自由思考、充分交流的空间，使创新思想不断产生、深化，促使创新实践更好地落地。

四　进一步推动许昌创新强市建设的思路对策

2018年《许昌市创新驱动发展战略规划》明确提出，许昌未来十年建成省内领先、国内知名的创新型城市。面对百年未有之大变局，面对新冠肺炎疫情带来的大挑战，面对创新强市建设的新宣言，许昌需要在已有优势的基础上，进一步理清思路，找准方向，在创新发展的道路上坚定前行。

（一）坚持以解放思想为前提，凝聚创新发展共识

创新，意味着敢于转变思想观念，以锐意进取、敢想敢试的精神风貌争创一流。建设创新强市的速度，取决于许昌市各级领导干部思想解放的程度。随着国内外风险挑战的增加，城市之间竞争加剧、资源约束趋紧、环境容量不足等问题日益凸显，许昌再依靠传统产业、增加物质资源消耗推动经济发展的路子已经行不通，还需进一步把全市上下的思想和行动引导到创新驱动、人才支撑发展上来，加快形成以创新为主要引领和支撑的经济体系和发展模式，才能在日益激烈的省内外竞争中走在前列、赢得主动。为此，许昌市应在全市上下深入开展"加快建设创新强市"大讨论，要以思想的大解放推动工作的大突破。一是围绕"机遇挑战"开展大讨论，引导各级领导干部深入思考新机遇带来的新出路，认清新挑战提出的新任务，切实解决"为什么干、干什么、怎么干"的问题。二是围绕"率先走新路"开展大讨论，引导各级领导干部彻底突破惯性思维和路径依赖，敢闯敢干、敢为人先，在全省率先走新路、加快走新路。三是围绕"创新驱动"开展大讨论，引导各级领导干部进一步把精气神聚焦创新驱动，破解创新主体动力不足、

创新平台支撑乏力、创新领军人才和创新团队较少等问题，全面提升创新能力和水平。四是围绕"创新强市"开展大讨论，对标先进，找差距、谋举措、补短板，引导各级领导干部进一步明晰面对发展新格局推动创新强市建设的战略思路和现实路径，加快推动新旧动能转换，实现更高质量的发展。

（二）坚持以科技创新为引领，加快培育发展新动能

许昌市在加快传统优势产业转型升级改造、壮大新兴产业集群的同时，聚焦提速提质提效，着力突出科技创新在创新强市建设中的引领作用，加快打造发展的核心优势。一是出台科技创新扶持政策。加大对科技创新人才、资金、平台、成果转化、收益分配等方面的支持，制定出台鼓励科技创新的政策体系，进一步将科技创新、智造之都建设、新兴产业培育等发展目标、实现路径和支持政策具体化、可操作化。二是聚焦黄河鲲鹏产业生态体系。着力提升信息化产业的首位度，进一步带动全市高端制造业和电子信息产业蓬勃发展，深化制造业与互联网融合。加快对传统产业实施智能化改造、绿色化改造和企业技术改造，深度谋划智能电力装备、再生金属及制品、高纯硅材料、节能环保装备和服务等九大重点新兴产业。三是建好科技成果孵化转化平台。完善许昌科技大市场服务功能，加快许昌科技大市场与其他地区科技成果孵化转化平台的对接，搭建地区之间技术、项目、人才、资金等流动的桥梁。打造科技成果入乡转化综合服务平台，整合多方科技力量，探索科技成果入乡转化的新路径、新机制、新模式。四是切实提升企业自主创新能力。要以需求为牵引、问题为导向，充分发挥有效市场和有为政府的作用，解决好"由谁来创新""动力哪里来""成果如何用"等问题。强化能源资源、生态环境等方面的刚性约束，建立创新要素供给的统一标准，健全优胜劣汰市场化退出机制，加强知识产权保护，使企业真正成为创新要素集成、科技成果转化的生力军。五是加强人才引育力度。依托项目建设和科研机构，深入实施"许昌英才计划"，重点引进创新团队和科技创新领军人才。大力支持国内外高校在许昌建立分校或合作办学，提升本地高校办学规模和水平，集聚人才力量。

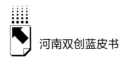

（三）坚持以协同创新为重点，积极融入郑州都市圈建设

随着郑州都市圈扩容，由"1+4"拓展为"1+8"，郑汴许"黄金三角区"变为现实并被河南省委确定为"核心板块"，许昌在郑州都市圈和全省发展大局中的战略地位显著上升。面对重大机遇，许昌要加快推进郑许一体化，利用郑州高校、人才、产业资源丰富的优势，加强协同创新，将郑州都市圈打造成中部乃至全国高质量发展的重要增长极。一是营造良好的协同创新环境。政府要围绕创新链来营造良好的创新生态环境，强化服务意识，加强创新资源整合共享，推动协同创新氛围建设，完善协同创新基础设施，扶持科技中介机构发展。二是完善协同创新体制机制。着力培育协同创新的动力机制，建立合理的创新要素配置机制，确保创新要素能够在协同创新系统内外部交换中畅通无阻。构建科学的利益协调机制，设定风险分担和利益分配规则。建立协同创新的评估和控制机制，确保协同创新体系顺利运行。三是加大对协同创新的支持力度。政府要确立具有先导性和前瞻性的创新政策目标，科学制定一套体系完善的协同创新政策框架，加大财税支持力度。四是充分发挥企业创新能动的作用。企业要建立以市场为导向的研发中心，把研发中心建设作为创新能力建设的关键，加大技术研发投入力度，重视创新人才的培养与引进。积极发挥在协同创新中的纽带作用，主动地与行政部门、金融机构、中介机构、高校及科研机构展开合作，整合各项创新资源，促进协同创新。

（四）坚持以深化改革为动力，激发创新发展活力

推进创新强市建设，很重要的一项任务就是通过改革来破除体制机制障碍，依靠改革解决矛盾、释放活力，提高应对变局、开拓新局的能力。一是积极开展重大改革试点工作。深入推进国家标准化改革创新先行区、国家城乡融合发展试验区、"无废城市"建设等国家重大改革试点建设，不断探索与变革，及时总结改革经验并适时推广。二是加快推进放管服改革。要通过简政放权，有效降低各类制度性交易成本，以服务"加法"、权力"减法"

换取发展的"乘法",切实增强群众和企业的获得感、满意度。面对激烈的区域竞争,深化"证照分离"改革,积极开展"一照通行"涉企审批服务改革试点,持续扩大"一网通办"和"最多跑一次"改革覆盖面,加大对大数据的分析和应用,不断解放和发展社会生产力。三是完善考核评价机制。从考核评价指标体系、方法流程、结果运用三个方面着力,充分发挥考核评价的激励鞭策作用,增强干部担当作为的内生动力。将高新技术产业增加值、创新引领型企业、平台、人才、机构建设成果、研发投入、转型升级创新专项、科技成果转化等指标纳入年度考核,实行目标管理,严格奖优罚劣。深化干部作风整顿,实施干部能力提升工程,出台机关和工作人员目标绩效管理办法,推进领导干部作风转变、效能提升。出台鼓励改革创新干事创业的容错纠错制度,厘清容错范围界限,健全容错制度链条,宽容干部在改革创新中的失误,让干事创业者轻装上阵,为担当作为者保驾护航。

参考文献

段杰、牟梦月:《创新型城市发展模式及创新能力比较分析——基于深圳与美国北卡罗来纳州研究三角园区的对比》,《开发研究》2021年第3期。

孙淑军:《深圳创新型城市建设模式对本溪的启示》,《辽宁科技学院学报》2019年第4期。

柏程豫:《河南省创新型城市建设:现状、困境与对策》,《北方经济》2022年第1期。

吴翠萍、范佳妮:《我国中部地区中小型城市建设创新城市的路径探索——以芜湖市为例》,《城市观察》2018年第1期。

许昌市统计局:《2020年许昌市国民经济和社会发展统计公报》,许昌市人民政府官网,http://www.xuchang.gov.cn/openDetailDynamic.html? infoid = f5295aeb - b985 - 496d-96af-df9ec5f0cf80。

《创新"强"引擎"足"——许昌市着力打造"五个强市"系列述评之创新强市篇》,许昌市人民政府官网,http://www.xuchang.gov.cn/ywdt/001001/20211026/c739f720-8c9c-4d85-8b97-30c1139c7c50.html,2021年10月26日。

B.19
巩义市竹林镇创新治理方式实现全面发展

于善甫*

摘　要： 改革开放40多年，竹林在产业转型、人居环境、社会事业、精神文明建设和社会影响力等方面均取得了巨大成就，他们不断创新、一路拼搏、勇克难关，走出了一条独具特色的创新发展共同富裕的道路，形成了值得尊敬和学习的成功经验。面对国内外错综复杂的发展环境，竹林必须科学运筹"危"和"机"的辩证关系，全面系统谋划未来，牢牢掌控主动权，围绕打造先进制造业发展样板区、观光休闲康养体验区、乡村全面振兴先导区和镇域现代化建设示范区的目标定位。要坚持以党建为核心提升社会治理能力，统筹推动"三评"常态化机制运行，围绕聚焦创新资源实现产业升级、提升企业科技创新能力、深化文旅融合做强旅游产业、不断壮大新型集体经济实现全面发展。

关键词： 竹林镇　创新治理方式　乡村振兴　创新驱动

竹林镇位于河南省巩义市东部，镇域面积38平方公里，下辖7个社区、1个行政村，常住人口2.1万人。改革开放以来，竹林镇坚持党的全面领导，在工作中敢想敢干、不怕困难、不计得失、不断创新，实现了由资源依赖型向科技创新型、由单一产业到多业并举、由小而散到大而强、由单一的集体所有制到多种所有制并存的跨越，走出了一条独具特色的创新发展共同

---

* 于善甫，教授，河南中原创新发展研究院副院长，研究方向：区域经济、创新创业。

富裕的道路，昔日贫穷落后的小山村变成文明富裕的全国明星镇、联合国可持续发展中国小城镇试点镇，竹林镇成为全国农村改革发展的一面旗帜。

一 竹林镇经济社会发展取得的成就

近年来，竹林镇党委坚持以习近平新时代中国特色社会主义思想为指导，全面落实总书记县域治理"三起来"指示要求，坚持解放思想、实事求是，坚持务实为民、与时俱进，坚持开拓进取、创新创造，聚精会神搞建设，一心一意谋发展，矢志不渝为民生，开创了竹林各项事业发展的新局面，决胜全面建成小康社会取得了决定性成就。

（一）综合实力稳步增强

坚持实施"党建领镇、工业强镇、旅游兴镇、文明塑镇"发展战略，统揽全局、协调各方，保持了经济发展稳中有进的良好态势。2020年，竹林镇 GDP 达到 100 亿元，一般公共预算收入完成 12343 万元，一般公共预算支出完成 11322 万元；规上工业增加值增速达到 8%；固定资产投资完成 11 亿元，工业项目投资完成 11.2 亿元。

（二）产业转型加速推进

推动传统产业升级，庆州电缆、盛彤、德盛等企业向高新技术企业实现跃升，竹林耐材、新天基、宏业等企业获得郑州市"专精特新"称号。2020 年长寿山景区投资 500 万元的空中飞船、1500 万元的悬崖过山车、300 万元的七彩旱滑项目实现营业。反映竹林坚持"生态优先、绿色发展"的调研报告，入选中央党校深入贯彻习近平新时代中国特色社会主义思想实践案例。庆州集团投入 1.1 亿元对生产线进行全面环保智能升级改造，持续推进产品研发，2020 年申报研发新产品 5 个、国家发明专利和实用新型专利 6 个，获批省级工程技术研究中心 1 个，全年完成总销售额 4.2 亿元。

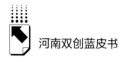

（三）人居环境极大改善

实施畅通工程，推进道路改扩建，交通条件基本满足群众生产生活的需要。完成第二水源项目，从根本解决了居民吃水问题。完成危房改造。深入开展蓝天碧水工程，全镇大气和环境质量明显改善。实施农村人居环境提升五年行动计划，持续开展卫生死角整治专项活动，生活污水治理实现全域覆盖。市场环境得到较大改善，群众满意度明显提升。2020 年竹林镇石鼓街社区和镇西街社区顺利完成养老服务中心改造建设，累计拆除违建厕所 500多座，面积超 3000 平方米；已完成改厕 802 户、超额完成全年任务，改厕工作在全市暂列第二；石鼓街、长寿山、镇北街通过省级卫生村评审，全镇省级卫生村比例将达到 75%，新山村成功创建郑州市级卫生村。生活污水治理实现零突破，镇区合计建成终端处理设施 6 个，设计处理能力 439 吨/天，建成管网 37.8 公里，受益户数超 2000 户、受益人口近万人，生活污水治理率达到 72%。投资 80 多万元，完成了西庄、寨坡、西南沟居民引水管道铺设工程。

（四）社会事业稳步发展

提供各类招聘岗位，完成农村劳动力转移就业工作，做好农村劳动力技能再提升工作。扎实开展各类丰富多彩的文化体育活动，丰富群众文化生活。加大基本养老、基本医疗等保障力度。积极救助低保户、特困户、残疾户等困难群体，按时足额发放救济金。完成脱贫攻坚建档立卡工作，切实巩固脱贫攻坚成果，2020 年全镇对低保户、特困户、残疾户、无人抚养儿童等困难群体累计 445 人次进行救助，发放金额 228.5 万元，累计捐助 20 余万元。全镇先后建成农民别墅式庭院 1300 多套，居民楼 50 多栋，全镇 3595 户居民中80% 实现集中居住，人均住宅面积达到 56 平方米。在居民集中居住区，建设近百个小游园、全民健身苑，为居民健身休闲纳凉提供了良好场所。

（五）精神文明建设成效突出

加强思想理论建设，建立完善自学、以会代训领学、沉到基层宣讲、交流互学等学习方式。结合"摘星夺旗创三宜"活动，深入开展文明村镇创建。坚持用"竹林精神"教育和引导群众，全面提高村镇文明程度和群众文明素质。坚持评选"竹林好人"等先进典型，发挥榜样示范作用。深入开展矛盾纠纷预防、排查和化解，保持社会和谐稳定。2020年风情古镇的曌亮香坊店被评为"郑州市农民工返乡创业优秀项目"，获得现金奖励10万元；河南新天基管业科技有限公司的柔性复合管的生产与应用项目在巩义市第二届创业创新大赛中荣获三等奖，奖励现金5000元。

（六）社会影响力不断扩大

改革开放以来，随着经济社会的迅猛发展，竹林的社会影响不断扩大。1987年巩县县委提出"全县学竹林，创建双文明"；1988年，竹林党组织"两个文明一起抓"的做法经验在全国组织工作会议上被作为典型介绍；1991年，竹林被树为河南省农业战线十面旗帜之一，同年竹林村党总支升格为党委；1993年竹林村被巩义市划为工贸区；1994年11月竹林村与周边三个村合并建立竹林镇。1995年竹林镇进入国家可持续发展实验区；1998年入选全国小城镇综合改革试点镇；2002年入选联合国可持续发展中国小城镇试点，2004年被定为全国发展改革试点城镇。2013年7月，大峪沟镇寨坡村整建制划归竹林管辖。每年都有大量中央、省、市主流媒体聚焦竹林，挖掘新闻素材、报道先进经验，据不完全统计，省级以上媒体报道800余篇（条）以上，国家级新闻媒体宣传报道也有百余篇（条）。竹林的知名度、影响力与时俱增。

二　竹林镇创新发展中取得的成功经验

回顾改革开放40多年竹林的发展实践，可以说历尽艰辛、饱经风雨，但竹林人始终不忘初心、牢记使命，一路拼搏前行、攻坚克难，在发展之路上取得了值得学习的成功经验。

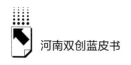

（一）持续解放思想实施创新发展

纵观竹林的发展史，每一次思想的解放、观念的提升都会带来实践的进步、社会的发展。正是因为解放思想、实事求是，竹林在全国轰轰烈烈大搞家庭联产承包的时候，结合实际，确立了发展集体经济、走共同富裕的道路。当竹林取得了一个又一个成就时，他们克服"小富即安"的小农意识，抓住了邓小平南方谈话后第一轮发展机遇，利用国家政策上了一大批工业项目，奠定了竹林"工业强镇"的基础。在工作中不断创新，竹林积极推进股份制改革，助力太龙药业成功上市；在建镇后进行户籍改革，解除了农民向城镇转移的后顾之忧；打破传统发展思维，构筑了新型城镇化发展的框架；确立"旅游兴镇"战略，举全镇之力发展长寿山，把长寿山打造成为全国知名、全省领先的产业转型示范点。

（二）改革创新产权制度实现共同富裕

竹林始终坚持把人民对美好生活的向往作为奋斗目标，高度重视社会公共事业，建立了一大批公益设施，在全省较早建立和完善了居民最低生活保障制度和困难群体生活救助制度，解决了群众的吃水难、行路难、就业难、看病难、上学难等一系列问题。竹林镇在全市率先开展农村集体产权制度改革，在全省成立第一家镇级集体经济联合总社，各社区都成立集体经济合作社，积极推进"资源变资产、资金变股金、农民变股民"工作，全力为居民群众谋划更美好的未来。

（三）注重班子建设形成领导核心

竹林能有今天，得益于竹林镇始终重视党的建设，重视领导班子建设和党员队伍建设，形成了一支作风优良、素质过硬的干部队伍，一个坚强有力、锐意进取的领导班子。竹林有两位传奇人物赵明恩和李书转，这两位党政一把手相互配合、相互扶持、肝胆相照、荣辱与共，合作共事40多年，他们以为人民服务无怨无悔的精神和克己奉公、身先士卒的模范行动，带出了一个好班子、一支好队伍。1996 年 6 月，江泽民总书记视察竹林时提出"竹林的经验再一次证明，任何地方的振兴关键要有一个好的带头人"。2004 年 5 月，时任全国政协副主席、原河南省委书记陈奎元视察竹林，为赵明恩书记题词"为乡里图四化栉风沐雨，不骄不馁是真公仆；领群众兴家园任劳任怨，无私无染做好楷模"，为李书转镇长题词"莫看官大官小言行不二，善待百姓即为不朽；只需人前人后表里如一，奉公克己便得流芳"。2017 年省委书记侯宗宾视察竹林，有感于赵明恩书记、李书转镇长搭档 37 年福泽后人的事迹，欣然题词"搭档搁好　荒山变宝"。这些领导的评价无不证明，没有赵明恩同志和李书转同志的正确领导和锐意进取、能打硬仗的党政班子和党员队伍，就没有竹林的今天。

（四）注重思想建设凝聚竹林精神

竹林镇的快速发展，在于物质文明和精神文明两手齐抓，不但建起一个产业兴旺、生态宜居、乡风文明、治理有效、生活富裕的新城镇、新乡村，而且培育了一代新型城镇居民。从 1983 年"七天七夜会议"开始，竹林在抓经济社会发展的同时，始终坚持用竹林精神教育人、用"三评"制度规范人、用"十好"评选鼓舞人、用健康向上的文化活动陶冶人、用科学的理论武装人，极大地提高了群众的思想道德和科学文化素质，树立了社会主义文明新风。2001 年，刘云山同志对此给予了高度评价，指出"'这五个人'实际就是以人为本，体现了'三个代表'的重要思想，在全国具有推广价值"。特别是多年来形成的"爱竹林、比贡献，谋发展、永创业，讲文明、共富裕"的竹林精神，已成为竹林人的共同信仰和行为准则，成为激励竹林党员干群不断前进、拼搏奉献的强大精神动力。较高素质的党员干部群众成为竹林经济社会快速健康发展的基石。

三　竹林镇创新治理方式实现全面发展形势分析

当前，中华民族伟大复兴战略全局和世界百年未有之大变局深度交汇，

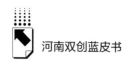

国内外环境错综复杂。竹林建设社会主义现代化标杆镇，机遇和挑战并存，必须科学运筹"危"和"机"的辩证关系，坚定不移抓机遇用机遇，牢牢掌控发展战略主动权。

（一）新要求

河南省十一次党代会提出了"两个确保"和"十大战略"，要求在拉高标杆中争先进位，在加压奋进中开创新局，在确保高质量建设现代化河南、确保高水平实现现代化河南上迈出坚实步伐。郑州市十二次党代会提出"两化""五强""四高地"工作思路，要求"在中原出彩中出重彩、在河南崛起中成高峰"，在"确保高水平实现现代化河南"中树立典范，建成富强民主文明和谐美丽的社会主义现代化国家中心城市。巩义市提出要加快"三宜"美丽新巩义建设，"全国找坐标、全省走前头、争当排头兵"，推动思想认识、发展模式、工作方式"三个转变"，全力建设社会主义现代化标杆县（市）。这为竹林镇创新发展方式实现更大作为提出了新的要求，明确了新的使命。未来一个时期竹林的发展要按照建设社会主义现代化标杆镇，实现"文化美""产业美""生态美""人居美""和谐美"的"五美"目标。

（二）新机遇

新一轮科技革命和产业变革深入发展，国际产业分工格局调整和竞争加剧，全球产业链、价值链、供应链、服务链正在加速重构。我国发展进入新阶段，仍处于重要战略机遇期，经济长期向好的基本面没有改变，人民对美好生活的向往呈现多样化多层次特点，以国内大循环为主体、国内国际双循环相互促进的新发展格局正在加速形成，其中包含了大量的发展机遇。河南提出的"两个确保""十大战略"，本身就蕴含着各种机遇，如"文旅文创融合发展战略"，与竹林旅游兴镇完全一致，要主动对接，寻求政策支持。省委大力支持县域经济发展，明确提出选择不同类型的县（市）开展县域治理"三起来"示范创建，竹林有镇域创新发展的成功经验，有全国文明镇、国家卫生镇、国家特色镇、全国环境优美镇、国家级生态文明示范镇、国家园林城镇、全国宜居镇等金字招牌，完全有能力借势发展，在全省镇域竞争中走前头、当表率。

（三）新挑战

当今世界大变局加速演变的特征更加明显，全球动荡源和风险点显著增多，全球新冠肺炎疫情大流行带来巨大变量。我国正处在转变发展方式、优化经济结构、转换增长动力的攻关期，经济下行压力不断加大。自 2020 年以来，河南经济增长情况不佳，发展环境和态势不容乐观。竹林自身发展不平衡不充分的问题还比较突出，经济发展已到了爬坡过坎、攻坚转型的紧要关口。

1. 企业管理落后很难留住人

竹林镇多数企业为家族管理，产权不清、机制落后的问题突出。一是企业家队伍建设滞后，现有"创一代"多为 60 后和 70 后，年龄日益老化，新生"创二代"尚未成熟，存在青黄不接的现象。二是留人困难。竹林镇距离郑州市六七十公里，需要一个多小时的车程，虽然竹林镇城镇建设各方面取得了巨大成就，但远离中心城区的地理位置仍然制约了其留人用人。三是城镇建设阻碍企业发展。竹林镇还没有上档次的宾馆和饭店，城镇建设的不足和老百姓的富庶形成了反差，许多外地人来务工的生活就是三点一线（厂房、食堂和办公室）。

2. 产业结构失衡后劲弱

一是竹林经济产业结构畸重，耐火材料等传统产业占比 60% 以上，传统产业比重大，且处于产业链低端。近五年来，全镇新培育"小升规"企业 4 家，新兴产业培育不足。二是龙头企业缺乏规模。竹林现有巩义市 30 强企业 2 家，20 强企业 1 家；巩义市民营企业 30 强中，竹林镇只有 3 家；竹林全镇民营规模工业企业现有 15 家，仅占巩义市 20 个乡镇规模企业总数 542 家的 2.77%。三是同一产业的竞争激烈。企业之间无序竞争，损害产业的整体竞争力，而造成这一局面的原因是大部分企业属资源型、劳动密集型

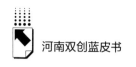
产业，自主研发品牌少，可复制性强，能够轻易跟进。

3. 企业承受营商环境不优和盈利能力下降的双重压力

一是企业盈利能力不强。受市场波动、企业深度治理改造和环保倒逼因素影响，企业利润不断下降，甚至出现经营性亏损。二是环境不优办事难。银行融资"门槛高"，贷款难、担保难，"压贷""抽贷"问题时有发生；门好进、脸好看、事难办的懒政怠政问题依然存在；新官不理旧账、政策执行不连续、外欠货款回笼周期长等问题长期困扰企业。

（四）发展定位

1. 先进制造业发展样板区

制造业是竹林发展的根基和优势，是带动经济高质量发展的主引擎。在全镇三次产业结构中工业的比重在一半以上，并且提供了全镇近一半的就业岗位，贡献了 2/3 多的税收。工业是竹林的立镇之本、强镇之基，涌现出了众生集团、庆州集团、天祥集团、盛隆公司等一批享誉全国的制造业企业。竹林坚持以供给侧结构性改革为主线，加快实现质量效益较快提升、产业结构明显优化和规模总量持续做大；着力提升制造业创新能力，坚持科技创新是制造业提质增效、转型升级的重要依托和动力源泉，实施创新驱动，培育工匠精神，打造先进制造业品牌；以战略性新兴产业为方向，聚焦"头部"企业招商，着力引进一批先进制造业项目，大力培育具有竞争力的企业集群；鼓励和引导耐火材料等传统产业改造升级，坚定推动制造业绿色低碳转型；加快推动制造业龙头企业加快 5G、工业互联网、大数据和人工智能等新一代信息技术的深度应用，引领提高全镇产业数字化水平，释放数字经济巨大增量空间，将竹林建成先进制造业发展样板区。

2. 观光休闲康养体验区

竹林立足全镇资源优势和地域特色，打造的长寿山、黄牛寨、风情古镇、欢乐谷等景区景点具有较高知名度和良好口碑，经济社会效益连年实现新突破，旅游已成为竹林服务业的主导产业。竹林要主动对接全市休闲旅游产业发展的总体战略部署，重点推进长寿山观光休闲康养一体化建设，提升文旅康养产业品质，营建人与自然和谐共生的生态环境。坚持以人为本，以各具特色的文化、生态、康养、休闲为中心塑造景区独特的主题定位，给游客更多差异化、情趣化和体验化的感受；注重游客与景区之间的互动与融合，从 App 开发到行、娱、游、购、住等全过程沉浸式融入，借助数字化技术，提升观光休闲康养的体验；将"创新、协调、绿色、开放、共享"五大新发展理念融入文旅融合发展实践中，促进文化和旅游产业的转型升级，形成文旅融合新业态；围绕吃住行游购娱进一步完善升级基础设施，加快推进现代化旅游体系建设，以丰富的旅游业态和产品，推动"旅游+"多产业协同发展，形成一体化旅游产业体系，将竹林建成集观光休闲康养于一体的高质量体验区。

3. 乡村全面振兴先导区

竹林乡村建设起步早，建设质量高且成绩显著，曾获得"中国人居环境范例奖""全国乡村治理示范乡镇""中国乡村振兴发展示范镇""中国农业农村创业创新发展示范镇"等一系列荣誉称号，全镇唯一的农村新山村被评为"河南省乡村旅游特色村"，并被郑州市确定为 50 个美丽乡村精品村进行建设。立足乡村全面振兴，深入推进乡村产业、人才、文化、生态、组织高质量发展，在党的建设、产业兴旺、乡风文明、平安和谐、美丽乡村五个方面全面提升；深化农村集体产权制度改革，因地制宜开展创新，促进乡村集体经济不断发展和增收，为新型农村集体经济发展探路；持续改善人居环境，坚决打赢污染防治攻坚战，以全域景区化为目标，加快建成美丽乡村；进一步优化乡村空间布局，促进农林文旅康产业融合发展，重新配置土地、人口等资源要素，实现三次产业融合发展；创新社会治理模式，实现乡村治理体系和治理能力现代化，将竹林打造成为乡村全面振兴的先导区。

4. 镇域现代化建设示范区

竹林镇域经济底子厚、发展基础牢，在党的建设、产业发展、乡风文明、人居环境等方面均取得了突出的成绩，奠定了全面建成现代化示范镇的基础和条件。坚定不移推进以人为核心的新型城镇化，注重城镇建设的内涵，实现绿色、集约和高质量发展，将城镇提升作为提高文明程度的重要抓手，提高城镇品位，满足人民群众日益增长的美好生活需要；坚持统筹规划引领，进一步完善城镇基础设施，优化城市整体空间布局，不断完善城镇功能，提升优质要素配置水平，进一步改善人居生活环境；以智慧城镇建设为着力点，不断推进城镇建设与管理数字化、网络化、智能化相结合，提升精细化管理水平；以绿水青山就是金山银山为理念，促进产镇融合、城景融合，突出城镇特色，充分展示"文明塑镇"的丰富内涵，将竹林打造成为镇域现代化建设示范区。

四　竹林镇创新治理方式实现全面发展的建议

面临新形势，竹林发展要坚持以党建为核心提升社会治理能力，通过集聚创新资源推动传统产业转型升级，提升企业科技创新能力，深化文旅融合做强旅游产业，优化收入分配机制壮大新型集体经济、探索"三评"常态化推进机制等方式实现更大发展。

（一）以党建为核心提升社会治理能力

坚持用党的创新理论武装头脑、指导实践、推动工作，努力建设高水平的学习型党组织，全面提升服务群众的能力水平。始终把竹林人民放在心中最高位置，心系群众、深入群众，同群众打成一片，为群众办实事、解难事，进一步增强想问题、做决策的针对性和科学性。充分尊重竹林群众在镇域社会治理中的主体地位，始终把实现好、维护好、发展好竹林群众根本利益作为镇域社会治理的出发点和落脚点。加强镇党委对镇域社会治理工作的全面领导，通过政治引领、组织引领、能力引领和机制引领，把党的领导融入镇域治理之中，确保镇域社会治理不偏离正确方向，确保镇域治理各社会力量形成合力。进一步修订落实《新风公约》《村规民约》《族规族约》《家风家训》，建立完善镇、村、家族、家庭四级乡风治理体系。推进镇村社区治理智能化，探索建立"互联网+"镇域治理模式，提升镇村和社区治理效能。

（二）集聚创新资源推动传统产业转型升级

一是围绕提升企业技术创新能力，促进各类创新要素向企业集聚。推进优势企业集团总部建设，鼓励太龙药业、庆州集团等优势企业设立集团总部基地，加强对产业链上下游企业或园区合作，牵头组建创新联合体和知识产权联盟，打造本土旗舰企业集团。二是推进创新创业孵化器建设。支持优势企业发展新型研发机构，在 310 国道两侧建设众创空间、科技企业孵化器、加速器、"双创"基地等各类孵化平台，形成"苗圃—孵化器—加速器—产业园区"孵化链条。三是全面加快镇西科技园区建设，推动工业转型升级创新发展。完成巩东科技工业园区的控制性详细规划和园区拆迁安置、土地平整和招商引资工作，注重项目、资金和人才的引进储备，努力打造具有一定竞争力和影响力的先进制造业集群。以智慧园区建设为抓手，强化南部老工业园区基础设施配套和改造升级，复合立体、集约高效开发利用土地，提升园区企业生产运营、运行管理和公共服务智能化水平，增强园区承载能力。四是实施"揭榜挂帅"转型技术创新行动。攻克产业链中制约整个行业发展的关键技术，促进天祥集团、庆州集团、龙威公司、盛隆公司和盛彤公司等优势企业转型升级。

（三）提升企业科技创新能力

建立完善的"微成长、小升高、高变强"创新型企业梯次培育机制，培育高新技术企业梯队，提升企业创新主体能级。落实高成长性企业登顶计划，支持太龙药业建设国家级中药企业研发中心，鼓励优势企业牵头组建创新联合体，发挥庆州集团等大企业在创新中的引领支撑作用。围绕主导产业和重点领域加快培育一批创新龙头企业、领军企业、"瞪羚"企业（科技小巨人企业）。落实创新中小企业育成计划，实施"专精特新中小企业"工程和单项冠军、隐形冠军培育工程，促进创新型中小微企业成长为创新的重要发源地。打造"众创空间"等公共创新平台，推动产业链上中下游、大中小企业融通创新，特别是围绕第三产业的创新需求，制订"创新型服务企

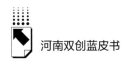

业扶持计划"。引导新产业、新业态、新模式发展壮大，拓宽竹林创新发展空间。

（四）深化文旅融合做强旅游产业

一是优化文旅融合空间布局。围绕完善丰富"吃、住、行、游、购、娱"旅游服务要素，依托山水生态、文化因子，围绕"长寿山+文化"强链、延链、补链，逐步形成"谷、街、巷、居"等文旅融合的开发格局，构建形成镇区竹林精神展示体验游、长寿山观光休闲、新山森林乡村游、风情古镇美食体验游"四大板块"的文旅融合空间布局。二是强化旅游交通建设。立足"三接三畅"，构建设施完善、高效衔接、内捷外畅"快进""慢游"的综合旅游交通网络，强化交通支撑和服务旅游高质量发展的能力。三是提升旅游品牌价值。强化龙头景区建设，推进长寿山景区全面提升品质，争创5A级景区和国家级旅游度假区。四是推动文旅产业深度融合。围绕全域全景旅游，实施"旅游+文创+制造+农业+康养"融合发展计划。深入挖掘、整理和提炼牛郎山、竹林寺、中岳庙等文化资源和文化符号，通过现代科技手段具象化、产品化和产业化。

（五）优化收入分配机制壮大新型集体经济

鼓励将集体土地、林地和闲置住屋、设备等量化为股份权利入股专业合作社、龙头企业等经营主体，或进入市场交易，实现集体资产保值增值。升级改造旧村部、老校舍、废弃厂房等村级固定资产，变闲置资产为有效经营资产。建立完善利益分配机制，对形成资产按比例折股量化到农村集体经济组织，经营收益按股分红或保底分红。引导企业、集体经济组织和农户完善利益联结机制，形成"土地流转+优先雇用""股份合作+保底分红""订单种植+保底收购"等多种利益联结方式，实现利益共享。巩固提升农村集体产权制度改革成果，创新新型农村集体经济发展路径，大力推动资源变资产、资金变股金、农民变股东。引导农民将个人的资源、资产、资金、技术、手艺等，入股经营主体，有效拓宽农民增收渠道。充分利用镇级集体经济联社这一平台,以镇文旅集团和农业发展公司为依托,积极对外争取联合各种发展资金;支持各社区(村)分社发展,加快推动现有集体经济项目建成投产,因地制宜创新谋划新项目,确保社区(村)实现集体经济项目全覆盖。

(六)探索"三评"常态化推进机制

持续开展"竹林精神再教育",以"三评"规范党员干部行为,推动实现"三评"活动常态化,形成具有鲜明特色的竹林文化体系。严格按照个人自评、党员互评、民主测评的程序,组织党员民主评议。进一步健全对支部和党委的民主评议机制,查找短板漏洞,完善规则程序,使评议结果更加客观真实。发挥"三评"的发展实效,打造竹林特色志愿服务品牌,深入挖掘树立宣传各类先进典型,深入开展乡村光荣榜、善行义举榜、最美党员、最美竹林人等评选活动,充分发挥典型的示范带动作用,用身边人、身边事教育引导广大党员干群找准价值坐标,培育良好党风、民风、乡风。

参考文献

张丹青、王四炯:《巩义市竹林镇践行绿色发展的实践探索》,《城乡建设》2021 年第 23 期。

田文富、胡曾胜:《坚持"生态优先、绿色发展"高质量之路——郑州市竹林镇生态文明建设的实践探索》,《中国农村科技》2021 年第 5 期。

巩义市人民政府网站,http://www.gongyishi.gov.cn/portal/index.htm。

蒋妍:《河南省地方优势产业集聚对特色小镇建设的重要性——以神垕镇、竹林镇为例论证分析》,《品牌研究》2019 年第 15 期。

探 索 篇

Investigation

B.20
河南数字乡村试点建设进展及对策

陈明星*

摘　要： 数字乡村既是全面推进乡村振兴的战略方向，也是建设数字中国的重要内容。河南省4个国家数字乡村试点运行以来，通过强化资源整合、部门协同，有力地推进了七大方面试点工作的开展，特别是在推进主导产业数字化、生活服务数字化、乡村治理数字化、乡村数字产业化等方面取得了较好进展。针对统筹协调难度大、专业人才匮乏、政策支持有限等共性问题，为更好推进数字乡村建设，需要进一步加强顶层设计，强化人才培养，加大支持力度，创新应用场景，深化试点建设。

关键词： 数字乡村　数字化　乡村振兴

---

* 陈明星，河南省社会科学院农村发展研究所副所长、研究员，研究方向：农业经济与农村发展。

2020年10月，河南省的临颍县、西峡县、灵宝市、鹤壁市淇滨区被确定为国家数字乡村试点。自试点运行以来，4县（市、区）均注重统筹协调、资源整合、部门协同、上下联动，统筹推进乡村的新型基础设施、数字经济、数字农业农村、农村科技创新、乡村数字治理、信息惠民服务等建设和发展，城乡数字差距明显缩小，乡村数字经济特别是以互联网为依托的农村创业创新快速发展，并以乡村公共服务体系、乡村数字治理体系为载体有力促进了农业农村经济社会数字化转型，激发了乡村振兴内生动力，促进了农业全面升级、农村全面进步、农民全面发展，为全面推进数字乡村建设积累了有益经验。

一 主要探索与做法

按照试点工作要求，4个试点均注重强化组织保障、投入支撑、基础建设、转型应用和宣传推广，把数字乡村建设作为助力乡村振兴的新动能，积极探索数字乡村发展模式，努力打造可复制、可推广的模式。

（一）强化组织保障

总体上看，试点地区均高度重视农业信息化和数字乡村建设，成立数字乡村（试点）工作（建设）领导小组或类似领导小组，并编制国家数字乡村试点工作实施方案或规划。比如淇滨区成立数字乡村工作领导小组，编制国家数字乡村试点工作实施方案和试点建设任务分解方案；临颍县成立县委书记为组长的国家数字乡村试点工作领导小组，成员包括县发改委、县工信局等20多个有关县直单位，建立联席会议制度等，制定县域数字乡村建设规划、数字乡村试点实施方案；西峡县成立以县长为领导的全县数字乡村建设领导小组，各相关职能单位密切配合，编制《2021～2025年西峡数字乡村建设发展规划》和《2021～2022年西峡数字乡村具体建设方案》。

（二）强化投入支撑

在试点建设中，试点地区注重发挥市场在资源配置中的决定性作用，更好发挥政府作用，充分调动各方力量和广大农民参与数字乡村建设。西峡县加强资源整合，政府共投入 4608.73 万元用于推动乡村数字化建设，吸引中国移动、联通、电信共投资 2500 万元，用于建设融入 5G、AI、大数据、IoT、CIM 等前沿技术的新型智慧城市公共服务平台，河南广播电视网络股份有限公司累计投资 1.3 亿元，全县有线电视覆盖率 98%，入户率 80%；已开通双向光节点 5000 多个，覆盖全县 90% 的行政村。灵宝市投资成立电子商务示范县专项资金 1500 万元，投资运用大数据、云计算等先进的信息技术，建设农产品质量安全监管追溯网络体系；与河南省嵩基集团共同投资 2.5 亿元建设寺河山 5G 智慧苹果小镇，打造 5G 未来苹果示范园，围绕果园管理信息化、资源数据化、生产数字化，管理果园种植面积及种植单元数据，实现数字建模、数字取证、数字营销。临颍县利用各级财政资金累计投入 8207 万元用于数字乡村建设，并积极吸引社会资金投入，河南移动公司临颍分公司投资 120 万元完成瓦店镇和三家店镇两个辣椒基地监控系统建设；临颍土地银行和中化集团农业事业部签约合作建设"MAP 示范农场"和"MAP 技术服务中心"；漯河联泰食品有限公司自筹资金投入 1402 万元，用于河南临颍联泰大田种植数字农业建设试点项目；河南益民控股有限公司投入近 1000 万元，建设数字乡村大数据中心；河南汇众基业农业科技有限公司投入 520 万元，建设临颍县数字化管理服务平台。淇滨区拓宽政府平台公司融资和社会资本注入渠道，集中资金打造数字乡村示范村，形成"多个渠道引水、一个龙头放水"的资金投放新格局；推广"一事一议"、以奖代补等方式，鼓励农民对其直接受益的乡村基础设施建设投工投劳，让农民更多地参与数字乡村建设；沟通协调各银行业金融机构创新服务方式，在破解农业发展中的融资难、融资贵问题上寻求突破。

（三）强化基础建设

试点地区均注重完善乡村新一代信息基础设施，加强基础设施共建共享，打造集约高效、绿色智能、安全适用的乡村信息基础设施。灵宝市目前已建成益农信息社县级运营中心 1 个，全市 368 个行政村中建设村级益农信息社站点298个,覆盖了全市80%的行政村;全市农户和相关企业在益农社等电商平台上开设旗舰店300多个,畅销单品单日销售量突破2000单,2020年全年交易总额为768565元,其中商品订单金额49717元,手机充值432855元,生活缴费285993元,裕农通站点已实现村村通,开展益农信息服务以来,服务效果良好。临颍县行政村宽带互联网覆盖率和4G网络覆盖率达到100%,互联网光纤入户率达到79.7%,电子商务达到全覆盖,农村广播电视网络覆盖率达到100%。淇滨区将数字乡村试点建设与1.7亿元乡村振兴PPP项目相结合,根据每个村的基本情况,从产业布局、乡村田园环境、整体格局、村容村貌、传统文化保护与传承等方面,围绕生产、生态、生活等领域,实现"一村一套餐"的定制服务,即"数字宝盒"。淇滨区主要建设以健康水站、共享打印机、共享充电桩、共享快递柜、共享洗车机、共享洗衣机等为代表的数字化设备,为发展农村生产和保证农民生活提供公共服务,夯实农村新基础设施建设。截至2021年底,淇滨区已基本完成岗坡、牛横岭、塚儿章、桑园、许沟等5个定制化数字村庄建设。西峡县铺设市县光缆180多公里,县乡光缆600多公里,乡村光缆6300多公里,全县有线电视覆盖率98%,入户率80%;4G信号行政村覆盖率96%以上,光纤覆盖村部达到97%以上。自2020年8月以来西峡县新建设网络宽带端口3.5万个,新增服务5000余户,固定宽带用户数11.3万,互联网宽带及IPTV电视全部行政村已覆盖。

(四)强化转型应用

试点地区均突出国家数字乡村七大方面试点内容,结合现有资源、信息化基础和经济社会发展水平,坚持因地制宜、循序渐进、分类推进的原则,围绕"发展、治理、服务、决策"四个方面,以国家数字乡村试点建设为抓手,以信息流带动技术流、资金流、人才流、物资流,激活农村各种要素,加快推动乡村主导产业数字化转型,如灵宝苹果、西峡食用菌、临颍辣椒、淇滨红薯等;加快发展乡村数字经济新业态,大力培育一批信息化程度高、示范带动作用强的生产经营组织,培育形成一批叫得响、质量优、特色

显的农村电商品牌，因地制宜培育创意农业、认养农业、观光农业、都市农业等新业态；推进管理服务数字化转型，创新乡村数字治理模式，完善乡村振兴基本保障，推动"互联网+社区"向农村延伸，提高村级综合服务信息化水平，加快乡村规划管理信息化建设，深化平安乡村建设，推进实施农村"雪亮工程"，提高农村社会综合治理精细化、现代化水平，加快完善"互联网+公共法律服务"，加强法治乡村建设。

（五）强化宣传推广

试点地区均注重因地制宜，结合本地实际和资源禀赋，把握好数字经济赋能传统农业的机遇，通过产业数字化、治理数字化以及服务数字化等举措，积极探索集聚提升类、城郊融合类、特色保护类、搬迁撤并类等不同类型乡村的数字化转型路径和发展模式，摸索出数字乡村的可复制典型案例，并强化实践经验的宣传推广，推动国家数字乡村试点工作试出亮点、试出特色，通力打造叫得响、站得住、推得开的国家级试点样板，真正为改善农村人民群众生产生活贡献力量。

二　特色实践与进展

在试点实践中，4个试点结合自身实际，在主导产业数字化、生活服务数字化、乡村治理数字化、乡村数字产业化等方面进行了富有特色的探索，并取得了较大进展。

（一）推进主导产业数字化

强化主导产业数字化转型，如灵宝市推进"互联网+"，为乡村特色产业赋能增效：一是推进"互联网+生产"，建成物联网系统，通过各种相关传感器的感知，科学控制灌溉施肥，把水分、养分定时定量地按比例提供给作物，科学地指导农技人员生产作业。截至2021年底，已初步投资247万元，建设5套水肥一体化物联网设备，用于1000亩高标准种植用地。二是推进"互联网+经营"。新冠肺炎疫情期间，灵宝市通过平台发布、微信宣传、订单销售、支农云课堂等途径，积极销售蔬菜等农产品，在平台发布各类蔬菜供应信息 3 期 9568 斤，订单育苗 2000 余万株，其中销售瓜苗 110 万株、蔬菜种苗 430 余万株。三是推进"互联网+监管"，建成农产品质量安全监管追溯网络体系，利用大数据、物联网等技术，推进农产品质量安全监管实现精准化和可视化。目前，已形成覆盖 1 个市级应急指挥中心、13 个乡镇监管站、16 个农产品生产企业和若干个农资门店的监管服务体系。

临颍县强化数字化转型为辣椒等乡村特色产业赋能增效：一是推进农业信息化，促进现代农业发展。持续打造以"一云两中心三平台 N 个系统"为重点的智慧农业平台，全县农业科技进步贡献率达 81%。依托省级现代农业产业园，高标准建设 2 万亩"5G+智慧辣椒种植"示范区，实现辣椒生产全过程智能化决策、精准化种植、标准化管理；建设"智慧动监"监管平台，将全县动物卫生监督管理对象全部纳入动物卫生监督信息化工作体系，实现畜产品质量安全监管全过程可追溯。二是大力发展农村电商，赋能乡村产业振兴。建成临颍县电子商务公共运营服务中心，先后建成 13 个镇级电子商务服务站、290 个村级电商服务点；通过整合"四通一达"快递企业并引入承建村级服务站点的电商企业，真正实现了快递包裹进村入户，快递网点实现行政村全覆盖；网络零售额达到 30.56 亿元，农产品网络零售额达到 8.27 亿元，占比达 27%。

（二）推进生活服务数字化

临颍县推进"智慧水利"建设，推行"巡河通"App 治水新模式，实现巡河电子化、数据实时化、管理无纸化、资料集中化；实施"智慧交通"建设，建立交通信息指挥中心，打造集综合管理、日常监管、应急处置、辅助决策等功能于一体的智慧交通系统；实施智能电网建设，构建强简有序、标准统一的网络结构，提高故障自愈和信息交互能力，抵御各类事故风险，保障用户可靠供电，满足新能源、分布式电源和多元化负荷的灵活接入与高效利用。西峡县建设"智慧物流"，搭建了 198 个农村电商平台、综合物流

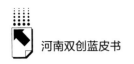

网络、农村金融体系，建设便民服务站240个，行政村覆盖率达80%；建设"智慧停车"项目，截至2021年11月1日，西峡县共完成建设6870个停车泊位，自2021年1月1日起，智慧停车项目开始正常运营。临颍县建设"互联网+教育"，全面推进"宽带网络校校通"，对全县所有学校出口带宽进行免费升级，农村中小学光纤宽带覆盖比例达到100%。大力推进三个课堂建设，其中"名师课堂""名校课堂"已落地；建设"互联网+医疗健康"，建立县域信息集成平台和数据中心，实现县级医院临床数据与乡村医疗机构公共卫生、基本诊疗数据的上下双向流转、互联互通；推动电子居民健康卡实现各系统的电子病历应用，成立心电远程诊断中心、影像远程诊断中心，实现远程医疗乡镇医疗机构覆盖率100%。

（三）推进乡村治理数字化

西峡县推进"互联网+党建"，截至2021年底，建成远程教育站点246个，覆盖党员13000人、群众42万人。2021年以来，系统后台显示全县运用"四议两公开"工作法决策事项523项；安装各类数字高清视频探头8777个，建成县级网格1个、乡级网格19个、村级网格297个、微网格1388个，形成了综治网格"1+1+1+N"、多网格功能融合的局面。临颍县推进"雪亮工程"建设，创新开展"平安乡村·雪亮入户工程"，针对村民小组（居民小区）的出入口、公共部位、人员密集场所、居民住房周围等区域实现全天候立体式监控；开展"阳光村务"建设，创新开展以"阳光三权"为核心的"阳光村务"建设，村务相关信息除及时在"公开栏""明白墙"上公开外，还在"阳光村务网"上同步公开，村民群众可随时随地进行监督。淇滨区推动"互联网+政务服务"向乡村延伸覆盖，推进涉农服务事项在线办理，处理各类问题800余个，发布辟谣信息3000余条，促进网上办、指尖办、马上办，提升人民群众满意度，推动党务、村务、财务网上公开，助推"阳光村务"，让村民充分享受到知情权、参与权、监督权。灵宝市完善农村基层党建信息平台，实现15个乡镇、375个行政村平台全覆盖，推广网络党课教育和技能培训，实现党员党性意识和致富能力双提升。推动党务、村务、财务网上公开，畅通社情民意；深化平安乡村建设，实施农村"雪亮工程"，所有行政村建成视频监控，15个乡镇、管委会视频监控平台完成升级改造，市级平台联网2665路，"一点登录，全网调阅""一点布控，全网响应"的全市视频图像共享共用初步形成。

（四）推进乡村数字产业化

淇滨区推动乡村数字经济产业化：一是培育本土企业，支持中国（鹤壁）农业硅谷产业园发展，吸引70家小微企业入驻，形成了以农信通和新农邦公司为核心的数字乡村企业集群。结合省级数字农业现代农业产业园创建，积极发挥玉米育种、红薯育苗等产业优势，打造了永优种业、饮马泉2个现代农业产业示范区。二是引进头部企业，与京东、阿里、华为等互联网头部企业开展战略合作，建设数字经济产业园，拓宽农产品上行渠道，积极打通农产品出村进城"最后一公里"。通过益农社平台及京东电商平台，线上累计销售特色农产品9000余万元。三是做强电商直播，建成豫北最大电商直播基地，外聘主播200余人，年开展直播活动4500余场次，已为近500家企业、10000余种产品提供直播电商服务，直播销售额突破50亿元。四是加快技术创新，依托华为新农邦数字乡村实验室，最大限度上发挥华为的技术优势和新农邦的网络优势，携手产业链合作伙伴，建成具有全球价值的现代农业生态大数据+鲲鹏云服务平台。

三 面临的主要问题

综合来看，经过一年多的探索实践，国家数字乡村试点地区的试点工作均取得了较好进展和成效，但同时也面临统筹协调难度大、专业人才匮乏、应用场景偏少、政策支持乏力等需要进一步探索和破解的共性问题。

（一）统筹协调难度大，资源整合较困难

一方面，体制机制上的分割增加统筹协调难度。数字乡村建设涉及面

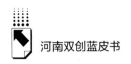

广，涉及组织、宣传、政法、农业农村、水利、林业、商业等30多个相关部门和县域所有乡镇，受数据保密、数据壁垒、部门数据端参数等多重影响，协调难度大。另一方面，技术和标准的不统一加剧数据资源整合难度。因缺乏统一标准和规范体系，特别是在相关数据采集、处理和发布等方面缺乏相应的统一标准，导致信息数据完整性、关联度不高，碎片化严重，数据标准不统一，各物联网设备或管理平台之间难以实现共联共享，从而加剧数据资源整合困难，仍然存在"数据孤岛"现象，制约数字乡村发展。

（二）专业人才匮乏，应用场景偏少

县、乡、村三级本身缺少专业建设人才、运营人才、数据维护人才，既懂农业技术又通晓信息化还熟悉乡村产业发展、乡村治理等的复合型人才奇缺，同时作为参与者和应用主体的村民的信息化素养有待进一步提升。目前，数字乡村主要是在农村电商、移动社交、数字娱乐等方面应用较多，但在乡村数字治理、赋能乡村产业振兴方面还不够，存在管理平台功能单一、信息数据来源不足、信息化硬件设施相对不足等问题。

（三）资金投入不足，政策支持乏力

数字乡村工作覆盖面大、建设时间长，所需资金量巨大，仅县级"雪亮工程"一项就需要投入上千万元。而近年来，中央、省、市数字乡村建设项目总体较少，没有专项扶持资金，县级财政无法满足数字乡村建设的庞大资金需求，造成建设缓慢。同时，政策支持力度不够，数字乡村建设投资大见效慢，短期收益不明显，由于各方政策支持尚不明晰，社会资本多处于观望状态，参与建设意愿不强。

四　对策建议

针对试点中面临的突出问题，为更好推进数字乡村建设，更好发挥其对

乡村振兴的赋能效应，需要进一步加强顶层设计，强化人才培养，加大支持力度，创新应用场景，深化试点建设。

（一）加强顶层设计

从中央或省级层面，对各个条块涉及数字乡村建设的信息化项目做好整合，加强横向联通，针对数字乡村建设工作，完善跨部门、跨领域、跨层级高效协同机制，尽量避免信息系统条条块块，避免信息化重复建设，避免产生数据隔阂。同时，围绕基础设施、核心技术、数据资源、应用场景，在数据采集、处理和发布等方面制定相应的标准体系，在提升数据质量和数字乡村发展质量的同时，为数据资源整合创造条件。

（二）强化人才培养

加强对"农业+信息技术"复合型人才的培养培训力度，定期组织相关人员走出去学习培训，汲取学习先进地区典型经验，快速培养本土网络人才。通过招才引智，引进专业人才，特别是农业信息化方向的人才，提高县级数字乡村建设能力。创新柔性引进、招才引智等方式，加快培育领军型、创新型、复合型人才和战略运营团队。加强对农村干部、新型农业经营主体以及广大农民数字化技能和知识的培训，提高信息技术素养，切实提高农民的数字化水平和能力，造就一支爱农业、懂技术、善经营的新型职业农民队伍，助力数字乡村建设。

（三）加大支持力度

整合资源出台政策，积极争取中央、省、市农业农村数字化建设项目；采取以奖代补、先建后补、贷款贴息等方式鼓励社会资本参与农业数字化建设。省政府要采取各种融资途径，打造一批数字化项目，提升企业、合作社、家庭农场等新型经营主体数字化应用水平。创新金融服务，采取多种融资方式，以吸引各类企业参与乡村发展、联合各类企业合作推进各类智慧应用等方式，积极引导各类互联网类、应用技术类、规划类企业参与数字乡村建设。

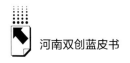
（四）创新应用场景

支持产业基地数字化改造、农村集体资产数字化管理、网络运行和人才队伍建设，建立涵盖生产、生活、生态等一站式服务体系，加快"互联网+政务服务"向乡村延伸，提升乡村治理智能化、精细化、专业化水平，不断增强广大农民的获得感、幸福感、安全感。推广农业绿色生产方式，建立农业投入品电子追溯监管体系，推动化肥农药减量使用，实现食品安全的源头治理。利用卫星遥感技术、无人机、高清远程视频监控系统，对农村生态系统脆弱区和敏感区实施重点监测，全面提升美丽乡村建设水平。强化数字乡村为农村产业融合发展赋能，积极推进农文旅融合发展，依托农业生态、乡村休闲、乡土文化，大力发展乡村特色旅游产业，带动当地旅游景区、特色农产品、地方美食、地域特色文旅文创产品等产业发展。

（五）深化试点建设

适当延长首批试点地区的试点时间，鼓励各试点在巩固提升现有试点成果的基础上，突出问题导向和结果导向，进一步聚焦试点主题，深化先行先试，进一步扩大试点成果，讲好试点故事，全方位积累试点经验，提升试点探索实践的可复制性和可推广价值，进一步释放数字红利，催生乡村发展内生动力，真正实现以数字全方位赋能乡村振兴实践。同时，顺应"三农"工作重心的历史性转移，为适应全面推进乡村振兴的需要，适时扩大试点地区范围乃至全面推进数字乡村建设，加快弥合城乡数字鸿沟，深化农业农村经济社会数字化转型，促进乡村全面振兴和共同富裕。

参考文献

丁波：《数字治理：数字乡村下村庄治理新模式》，《西北农林科技大学学报》（社会科学版）2022 年第 2 期。

黄莉莉：《推进农业农村数字化改革的若干建议——德清打造数字乡村赋能乡村振兴的实践及启示》，《浙江经济》2021年第3期。

刘天元、田北海：《治理现代化视角下数字乡村建设的现实困境及优化路径》，《江汉论坛》2022年第3期。

沈费伟：《数字乡村的内生发展模式：实践逻辑、运作机理与优化策略》，《电子政务》2021年第10期。

沈费伟、叶温馨：《数字乡村建设：实现高质量乡村振兴的策略选择》，《南京农业大学学报》（社会科学版）2021年第5期。

涂明辉、谢德城：《数字乡村建设的理论逻辑、地方探索与实现路径》，《农业考古》2021年第6期。

王胜、余娜、付锐：《数字乡村建设：作用机理、现实挑战与实施策略》，《改革》2021年第4期。

邢振江：《数字乡村建设的国家逻辑》，《吉首大学学报》（社会科学版）2021年第6期。

曾亿武、宋逸香、林夏珍、傅昌銮：《中国数字乡村建设若干问题刍议》，《中国农村经济》2021年第4期。

B.21
河南省开放式创新体系构建
与路径优化研究

李　斌*

摘　要： 本研究在对河南省开放式创新总体进展进行定性分析的基础上，采用数据包络分析（DEA）方法，对 2012～2020 年河南省开放式创新总体绩效进行评价，通过对比中部六省开放式创新效率以及河南 18 个省辖市开放式创新效率，系统分析河南开放式创新效率的区域差异并对其成因进行梳理，从开放式创新平台载体、技术市场、科技合作等层面提出了河南省开放式创新体系构建与路径优化的政策建议。

关键词： 创新驱动发展战略　开放式创新效率　技术市场

近年来，河南始终将构建开放式创新体系作为激发创新的第一动力、打好"创新驱动发展牌"的重要抓手，着力构建开放式创新政策体系，搭建开放式创新平台载体，完善开放式创新投入机制，全省开放式创新取得了显著成效，有力地支撑了河南社会经济发展。新形势下，科技创新已成为构建新发展格局的"关键变量"，河南要发挥好创新在融入"双循环"新格局中的战略支撑作用，就要以开放式创新体系为支撑，融入全球创新网络，利用好国际国内两种创新资源，弥补创新要素不足的短板，激发创新驱动发展的活力动力。鉴于此，对河南开放式创新绩效进行系统性评估，并对其效率的

---

* 李斌，博士，河南省社会科学院副研究员，研究方向：区域经济。

区域差异成因进行诊断，有助于推动河南开放式创新体系构建和路径优化，推动全国创新高地建设。

一 河南省开放式创新的总体进展

（一）政策体系逐步完善

近年来，河南认真贯彻落实党和国家关于开放式创新的相关决策部署，相继出台了《中共河南省委河南省人民政府关于深化科技体制改革推进创新驱动发展若干实施意见》（豫发〔2015〕13号）、《河南省人民政府办公厅关于印发河南省促进科技成果转移转化工作实施方案的通知》（豫政办〔2016〕216号）、《河南省人民政府关于印发河南省技术转移体系建设实施方案的通知》（豫政〔2019〕8号）、《河南省促进科技成果转化条例》（豫人常〔2019〕42号）、《中共河南省委河南省人民政府关于加快构建一流创新生态建设国家创新高地的意见》（豫发〔2021〕30号）等一系列鼓励支持开放式创新的法规、政策和措施，初步形成了有力、持续的开放式创新政策支撑体系。

（二）平台载体支撑有力

近年来，河南高度重视开放式创新载体平台建设，开放式创新载体平台对创新驱动发展的支撑能力显著持续增大。先后建立了河南省科技成果转移转化公共服务平台，构建了高水平技术成果数据库与重大技术需求数据库。截至2021年底，河南省科技成果转移转化公共服务平台注册用户达到6400余个，涉及入库技术成果2.5万余项、技术需求近6000项、高层次人才1.2万余人，累计访问量43万余次。组织"一院一校N地市"科技成果对接系列活动，发布先进技术成果1400多项，签约创新合作项目300余项，签约金额超千亿元，进一步扩展了科技成果转化的途径。

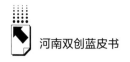
（三）投入机制初步建立

近年来，河南积极探索和不断完善多元化的开放式创新投入机制，先后设立了科技创新风险投资基金、郑洛新自创区成果转化引导基金和郑洛新自创区创新创业发展基金等投资基金，同时，大力推进科技与金融结合试点工作，鼓励和支持银行业金融机构深入开展"科技贷"等业务，为科技型企业拓展了市场化融资渠道。"十三五"期间，"科技贷"业务合作银行达到16家。省财政累计出资2.4亿元设立科技信贷准备金，银行累计为科技型中小企业和高新技术企业贷款72.26亿元、1402家次，累计损失补偿1100万元；企业实物资产实现了3倍以上的扩大，平均贷款利率4.78%，贷款余额为32.03亿元，共计573笔；财政资金实现了13倍以上的放大。

（四）开放创新成效显著

近年来，河南坚持省、市、县联动，把技术转移转化作为开放式创新的重要抓手，认真贯彻落实技术转移相关的决策部署、政策举措，有效实现技术转移转化量质"齐升"。据统计，2021年河南省实现技术合同成交额608.89亿元，是2015年45.56亿元的13倍多，在2020年384.50亿元的基础上，首次突破600亿，同比增长58.36%。同时，开放式创新有力支撑经济发展，突出体现可概括为：优化增量和盘活存量。增量方面，大批高水平技术成果在豫、入豫转移转化，为各类企业特别是中小企业的产品研发、质量提升、产业转型升级提供强有力支撑。同时，增量激活存量效应显著，省外大批高水平技术转移入豫，带动大批人才来豫、在豫领办企业或直接创业，显著壮大了河南创新创业主体体量、优化了河南创新创业生态系统。

二 河南省开放式创新体系的绩效评估

以河南省开放式创新效率为研究对象，本文利用数据包络分析（DEA）模型，对河南省在中部六省中的开放式创新效率进行对比研究，同时对河南

18个省辖市开放式创新效率进行系统分析。为了衡量2012~2020年河南开放式创新绩效，本文按照DEA模型的一般评价逻辑，将中部六省及河南18个省辖市作为决策单元（DMU），结合开放式创新投入产出的内涵及原理，设置相关投入产出指标体系，如表1所示。

表1　区域开放式创新效率DEA评价指标体系

指标类别	指标名称	指标单位	具体含义
投入指标	R&D经费占GDP比重	%	研发投入强度
	科技拨款占财政拨款比重	%	财政对科技支持力度
	开展产学研合作的企业所占比重	%	开放式创新渗透度
	有研发机构的企业所占比重	%	企业创新活跃度
产出指标	每万人科技论文数	篇	科技论文产出
	每万名R&D人员专利授权数	项	专利成果产出
	发明专利授权数占专利授权数的比重	%	专利成果质量
	每万名科技活动人员技术市场成交额	元	技术交易活跃度

　　为系统评估河南开放式创新效率，在投入指标方面，主要从研发投入强度、财政对科技支持力度、开放式创新渗透度、企业创新活跃度四个维度分析，选择R&D经费占GDP比重、科技拨款占财政拨款比重、开展产学研合作的企业所占比重、有研发机构的企业所占比重作为开放式创新体系的投入指标；其中，R&D经费占GDP比重越大说明区域开放式创新投入越多，科技拨款占财政拨款比重越大说明财政对开放式创新支撑力度越强，开展产学研合作的企业所占比重越大说明企业、科研院所和高校之间的开放式创新联系越密切，有研发机构的企业所占比重越大说明企业创新活力越强。在产出指标方面，主要从科技论文产出、专利成果产出、专利成果质量和技术交易活跃度四个维度分析，选择每万人科技论文数、每万名R&D人员专利授权数、发明专利授权数占专利授权数的比重、每万名科技活动人员技术市场成交额等指标作为衡量区域开放式创新产出的评价指标。其中，每

万人科技论文数是衡量区域开放式创新论文产出的指标，每万名 R&D 人员专利授权数、发明专利授权数占专利授权数的比重分别用来衡量区域开放式创新过程中专利成果的数量和质量，每万名科技活动人员技术市场成交额是衡量区域技术交易活跃度的指标，该指标值越大，说明区域技术交易越活跃，开放式创新的绩效越优。在数据来源方面，各项指标原始数据主要来源于 2012~2020 年《中国统计年鉴》《中国科技统计年鉴》《河南省统计年鉴》《河南科技统计年鉴》等资料，其中部分指标根据上述原始资料经计算获得。

为客观评价河南开放式创新效率在省际及省辖市层面上的时空差异，本文将中部六省以及河南省内各板块作为对照组，在此基础上，通过对河南 2012~2020 年开放式创新数据进行 DEA 建模分析，得出河南开放式创新效率的综合技术效率、纯技术效率和规模效率如表 2、表 3 所示。

表 2 2012~2020 年中部六省开放式创新 DEA 评价效率

地区	省份	综合技术效率	纯技术效率	规模效率
中部六省	山西	0.5286	0.6052	0.9871
	河南	0.9854	0.9709	0.9942
	安徽	0.9780	0.9687	0.9898
	湖北	0.9909	0.9987	0.9981
	湖南	1.0000	1.0000	1.0000
	江西	0.8764	0.8978	0.8720

表 3 2012~2020 年河南省辖市开放式创新 DEA 评价效率

地区	省辖市	综合技术效率	纯技术效率	规模效率
豫东地区	周口	0.7621	0.7689	0.8435
	商丘	0.7023	0.7961	0.7256
	开封	0.9370	0.9021	0.8986
豫南地区	南阳	0.8746	0.7032	0.8831
	信阳	0.7957	0.8999	0.8762
	驻马店	0.6940	0.8175	0.8773

地区	省辖市	综合技术效率	纯技术效率	规模效率
豫西地区	洛阳	0.9996	1.0000	0.9987
	三门峡	0.6877	0.7659	0.8320
豫北地区	济源	0.9042	1.0000	0.8289
	焦作	0.8954	0.9375	0.8367
	新乡	0.9871	0.9620	0.9543
	鹤壁	0.6040	0.7675	0.6573
	濮阳	0.5576	0.6844	0.7978
	安阳	0.7877	0.8459	0.8920
豫中地区	郑州	1.0000	0.9989	1.0000
	许昌	0.9654	0.9535	0.9467
	平顶山	0.8471	0.9070	0.8603
	漯河	0.8378	0.9075	0.8973
均值	全省	0.8499	0.8834	0.8571
	豫东地区	0.8022	0.8641	0.8083
	豫南地区	0.8378	0.8662	0.8211
	豫西地区	0.8601	0.8803	0.8476
	豫北地区	0.8598	0.8797	0.8396
	豫中地区	0.8976	0.8868	0.8765

（一）河南省开放式创新综合技术效率分析

开放式创新 DEA 综合技术效率衡量的是区域开放式创新的总体投入产出效率，其取值范围为［0，1］，取值越高则表明开放式创新效率越高。就中部六省而言，其开放式创新 DEA 综合技术效率排名由高至低为湖南、湖北、河南、安徽、江西、山西，其中河南位列中部第 3，其开放式创新效率未来提升空间巨大。从全省开放式创新综合技术效率平均水平来看，2012～2020 年河南省均值为 0.8499，这表明河南开放式创新总体效率相对较高，但尚未达到最优；从省辖市层面来看，2012～2020 年开放式创新综合技术效率排名由高至低为：郑州、洛阳、新乡、许昌、开封、济源、焦作、南阳、平顶山、漯河、信阳、安阳、周口、商丘、驻马店、三门峡、鹤壁、濮阳。

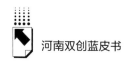

其中，郑洛新三市位居前三名，表明自创区在开放式创新领域引领作用凸显，其开放式创新绩效突出。郑州市开放式创新综合技术效率为 1，表明该市开放式创新综合技术效率达到了最优；开放式创新综合技术效率大于 0.9 的省辖市有 6 个，占全省的 33.3%，这表明河南开放式创新综合技术效率在省辖市层面存在显著差异，其原因在于研发投入强度、财政对科技支持力度、开放式创新渗透度、企业创新活跃度等开放式创新投入要素在省辖市间分布不均衡，进而导致省辖市间开放式创新综合技术效率的差异与分化。从省域空间差异来看，2012～2020 年河南省开放式创新综合技术效率呈现出"豫中地区>豫西地区>豫北地区>豫南地区>豫东地区"的区域分布特征，其原因在于河南省各类创新要素最集中的区域在郑州、洛阳、新乡等市，近年来随着河南各类开放式创新政策措施出台，以郑州市为代表的豫中、洛阳市为代表的豫西等地区开放创新成效突出。

（二）河南省开放式创新纯技术效率分析

在开放式创新效率 DEA 评价模型中，开放式创新的纯技术效率是指 R&D 经费占 GDP 比重、科技拨款占财政拨款比重、开展产学研合作的企业所占比重、有研发机构的企业所占比重等开放式创新投入要素对开放式创新效果的影响程度。一般而言，开放式创新纯技术效率可以衡量在开放式创新投入要素不变的条件下，每万人科技论文数、每万名 R&D 人员专利授权数、发明专利授权数占专利授权数的比重、每万名科技活动人员技术市场成交额等开放式创新绩效产出与投入之间的关系，该值越接近 1 则表明开放式创新投入产出效率越高。从中部六省看，其开放式创新纯技术效率排名由高至低为：湖南、湖北、河南、安徽、江西、山西，其中河南为第 3 名。从河南平均水平来看，2012～2020 年河南开放式创新纯技术效率的平均值为 0.8834，这表明河南省开放式创新纯技术效率相对较高，但仍有提升空间。从省辖市差异来看，洛阳市、济源市开放式创新纯技术效率为 1，表明在开放式创新要素资源投入规模既定的条件下，上述两市开放式创新绩效产出能达到最大值，也即其开放式创新资源配置达到了相对最优。其余 16 个省辖市开放式创新纯技术效率均未达到 1，这表明，这些省辖市与洛阳、济源相比，在相同的开放式创新资源要素投入条件下，未产生相应的开放式创新产出绩效，也即其技术效率相对较低，未来，这些省辖市要进一步优化开放式创新投入要素资源布局，进一步提升其要素资源配置效率和创新产出绩效。从省域空间差异来看，2012~2020 年河南省开放式创新纯技术效率呈现出"豫中地区>豫西地区>豫北地区>豫南地区>豫东地区"的区域分布特征，这与其综合技术效率分布一致，表明河南开放式创新在省域板块上空间分化显著，未来一方面需要进一步强化提升整体开放式创新效率，另一方面也需要通过差异化的政策来进一步推动区域开放式创新均衡发展。

（三）河南省开放式创新规模效率分析

区域开放式创新的规模效率主要测度在开放式创新要素资源配置效率既定的条件下，各评价对象的开放式创新体系规模与最优规模之间的差异，某个评价对象的开放式创新规模效率越接近 1，则表明其开放式创新体系运行规模越接近相对最优规模。从中部六省看，其开放式创新规模效率排名依次为：湖南、湖北、河南、安徽、山西、江西，其中河南为第 3 名。从河南平均水平来看，2012~2020 年河南省开放式创新规模效率的均值为 0.8571，整体规模效率处于较高水平。从省辖市层面来看，2012~2020 年河南开放式创新规模效率前 5 名的省辖市分别为郑州、洛阳、新乡、许昌、开封，其中郑州市开放式创新规模效率为 1，表明该市在开放式创新要素资源配置效率既定的条件下，其开放式创新系统规模处于相对最优状态；从全省来看，开放式创新规模效率大于 0.9 的省辖市有 4 个，占全省省辖市的 22.22%，其余 77.78% 的省辖市开放式创新规模效率均低于 0.9，这表明河南开放式创新规模效率在省辖市层面存在显著的不均衡性，进一步反映出河南开放式创新体系在整体上未达到最优的规模水平，也即未来需要进一步围绕提升研发投入强度、财政对科技支持力度、开放式创新渗透度、企业创新活跃度等发力，着力扩大全省开放式创新体系。

（四）河南省开放式创新效率影响因素分析

通过上述研究可得出三个结论：一是从河南省开放式创新整体绩效来看，2012～2020年河南开放式创新取得了显著成效，其总体效率相对较高，表明河南省开放式创新对促进全省创新驱动发展具有突出的作用，但同时河南省开放式创新效率长期处于中部六省第3的位置，未来仍需要进一步优化创新资源配置，提升开放式创新效率，进而提升河南在全国创新体系中的位势。二是从开放式创新的区域差异来看，河南省省辖市间无论是综合技术效率、纯技术效率还是规模效率均呈现出显著的区域差异分化特征，总体而言，郑州、洛阳、新乡等区域作为河南创新要素集聚的主要区域，其开放式创新综合技术效率、纯技术效率和规模效率相对较高，也即这些省辖市开放式创新要素资源投入相对较多，开放式创新体系相对完善，运行规模和效率相对较高，因此其开放式创新体系总体效率较高。三是从开放式创新效率差异的影响因素来看，由于开放式创新综合技术效率受纯技术效率和规模效率影响，也即开放式创新综合技术效率差异可由纯技术效率差异和规模效率差异导致。在开放式创新综合技术效率小于1的省辖市中，规模效率大于纯技术效率的省辖市有6个（周口、南阳、驻马店、濮阳、安阳、三门峡），其余11个省辖市规模效率均小于纯技术效率，可见目前导致大部分省辖市开放式创新综合技术效率较低的主要原因是纯技术效率不高，也即在相同的开放式创新要素投入条件下，这些地区未产生相应水平的开放式创新产出，未来需要通过提升研发投入强度、财政对科技支持力度、开放式创新渗透度、企业创新活跃度等措施，进一步提高区域科技论文产出、专利成果产出与质量和技术交易活跃度，进而提高区域开放式创新体系综合技术效率。

三 河南构建开放式创新体系的关键路径

（一）优化平台载体，提高开放式创新能级

一是着力强化开放式创新平台载体的创新能力。深化落实国家及河南省

关于国际科技合作基地、国际联合实验室、技术转移示范机构、新型研发机构等开放式创新平台培育建设的政策，加强对全省开放式创新平台体系发展的统筹、指导和协调，引导开放式创新平台体系市场化、规范化发展，着力提升开放式创新平台的科技创新能力、科技合作能力、成果转化能力和双创孵化能力。二是着力提升开放式创新平台载体的创新水平。依托郑洛新自创区、国家及省级高新区、特色产业集聚区等载体，联合高校、科研院所、新型研发机构、科技型领军企业等创新主体，以共建产业技术创新联盟、产学研合作基地等形式，建设一批科技成果转化基地，引导科技成果对接特色产业需求展开转移转化。鼓励高校、科研院所、新型研发机构通过市场化的方式建设专业化技术转移机构，加强科技成果转移转化产业化。支持省内机构与国际知名高校、科研机构、技术转移机构开展深层次合作，围绕重点产业技术需求引进国外先进适用的科技成果。

（二）完善技术市场，提升开放式创新效能

技术转移转化是开放式创新的重要领域，也是推动创新要素合理配置的重要手段。新形势下，要加快构建河南技术市场体系，推动开放式创新效能提升。一是着力完善技术市场体系。以国家技术转移郑州中心为依托，加快构建"一院一市场多中心"的河南省技术市场体系（"一院"即建设中原产业技术研究院；"一市场"即建设河南省科技大市场；"多中心"即建设多个技术转移示范中心），围绕科技成果供需信息对接、科技成果价值评估、科技型企业投融资、创新创业孵化辅导等重点领域，着力完善技术市场体系功能，支撑河南开放式创新发展。二是强化河南技术市场体系对外合作。积极融入全球技术交易网络，推进国家技术转移郑州中心等技术市场实体机构与国内外高校、大院大所、世界500强企业的交流与合作，着力构建立足中部、服务全国、联通世界的技术交易网络。

（三）强化科技合作，拓展开放式创新广度

一是在国际层面，以深度融入全球创新网络为目标，以积极对接"一

带一路"国际科技开放合作关键节点为支撑，充分发挥"中国·河南开放创新暨跨国技术转移大会"等开放创新平台的辐射力影响力，着力畅通河南与全球科创高地之间的国际技术转移协作和信息对接渠道，围绕技术转移、技术转化、技术孵化、二次创新、技术输出等关键环节，加强河南与全球创新网络的深度对接，着力打造全球高端创新要素向豫集聚、河南优势产业技术走向全球的双向技术转移通道，形成创新要素"引进来"与"走出去"相结合的开放式创新格局。二是在国内层面，以省部合作、省校合作、省院（所）合作、省企合作为主要模式，推动河南省与科技部等国家部委、双一流大学等高等院校、中国科学院等科研院所以及中央直属企业的科技交流与合作，促进国内一流创新资源向河南集聚。同时，深化与京津冀、长三角、大湾区、长江经济带等科创资源富集地区科技交流与合作，探索跨区域科技成果利益分享和合作共赢模式，围绕关联性和互补性强的产业开展开放式创新合作。

（四）聚焦重点领域，拓展开放式创新深度

一是强化创新创业领域技术转移对开放式创新的支撑作用。引导高校、科研院所科研人员通过到企业挂职或兼职、在职创办企业、离岗创业等多种形式，推动科技成果向中小微企业转移。强化创新创业载体技术转移功能，聚焦实体经济和优势产业，引导企业、高校、科研院所发展专业化众创空间、孵化器、加速器、大学科技园等各类孵化载体，构建涵盖技术研发、企业孵化、产业化开发的全链条孵化体系，为社会大众应用新技术、开发新产品提供低成本、便利化、全要素的创新创业服务。二是强化军民科技成果双向转化对开放式创新的支撑作用。围绕在豫军事院校、军工科研院所、军工企业，依托河南省军民融合产业基地（园区）和军民融合公共服务平台，从军民科技成果需求对接、军民联合科技攻关、军民两用技术"四化"（技术中试熟化、技术转移转化、技术项目孵化、技术产业化）等重点环节发力，推动军工技术与地方经济融合发展，扩大开放式创新的发展空间。

四　河南优化开放式创新体系的对策建议

（一）进一步完善开放式创新政策体系

强化开放式创新政策体系，坚持开放式创新政策全过程管理，既要增强政策设计的科学性、系统性、可行性，又要增强政策操作的规范性、有效性、联动性，还要增强政策执行的便利性、针对性、高效性，合力形成较为完备的河南开放式创新政策体系。一方面，统筹谋划和精准实施全面激发创新主体开放式创新活力的政策。科学制定和精准实施更好发挥企业技术转化主体作用的政策，鼓励和支持企业搭建技术转移机构、研发平台，开展人才培育，构筑技术转移绿色通道等，提升技术转移供给力和承载力。另一方面，统筹谋划和精准实施拓宽技术转移转化通道的政策。支持加强国际、省际及区际技术转移合作，更好发挥郑洛新国家自主创新示范区先行先试政策优势，加快国家科技成果转移转化示范区建设，布局建设一批集研究开发、技术中试、成果推广、创业孵化等功能于一体的产业创新服务综合体，更好发挥各类创业园区、孵化器和众创空间作用，完善全链条式开放式创新功能。

（二）进一步强化开放式创新人才支撑

人才是支撑开放式创新的第一资源，推动开放式创新体系的完善须加快壮大人才队伍建设，实现人才引得进、育得成、用得好、流得动、留得住，激发活力动力，释放人才红利。一方面，着力做好开放式创新人才引育工作。充分发挥河南比较优势，成立以省内产业集聚区、企业、高校、科研院所等为主体的多样化技术转移人才引进梯队，建立全球动态技术转移人才引进目录，尤其针对高层次和急需紧缺的技术经理人、技术经纪人等人才，开展靶向引才、精准引才。另一方面，着力做好开放式创新人才使用工作。摸清河南供需两端技术转移人才的数量、类别、层次、分布、质量等情况，建

立开放式创新人才供需信息数据库。注意扬长避短，精准使用，引导不同层次的技术转移人才到最适合的岗位上去建功立业，实现人尽其才、供需平衡。

（三）进一步突出开放式创新金融支持

以建立科技金融体系为抓手，围绕服务科技型中小企业等开放式创新主体，进一步完善开放式创新投入体系，推动河南开放式创新高质量发展。一方面，进一步完善科技企业金融需求平台。整合现有网络资源，依托河南省科技金融在线服务平台，围绕科技项目、科技产品、科技人才等科技型中小企业信息资源，进一步加强河南省科技型中小企业金融需求数据库建设，推动河南科技企业金融需求平台向"可统计、可分析、可视化"迈进，为金融机构和科技型中小企业提供高效、便利的科技投融资信息服务。另一方面，进一步推进科技金融产品服务创新。鼓励商业银行依托国家和省高新区，加快发展科技支行等科技金融专营机构。针对科技型中小企业的融资需求，鼓励和引导科技支行实行专业化运作模式，即成立专营机构、建立专业团队、推出专属产品、制订专门业务流程、建立专项风险补偿机制，努力提高专业化经营水平和运作效率。

（四）进一步优化开放式创新发展环境

坚持环境就是生产力、环境就是竞争力的理念，坚持多路并进、协作联动，统筹推进人文环境和营商环境建设，形成支撑开放式创新的合力，着力营造有利于开放式创新的社会氛围。一方面，着力提升开放式创新人文环境。针对开放式创新过程中高校、科研院所等单位领导履行成果定价决策职责、科技管理人员履行项目立项与管理职责等，健全激励机制和容错纠错机制，完善尽职免责政策，形成敢于创新勇于创新的价值导向。加强宣传和政策解读，及时总结推广开放式创新典型经验做法，形成支持开放式创新体系建设的良好氛围。另一方面，着力提升开放式创新营商环境。完善社会诚信体系，做好舆论引导工作，营造权利公平、机会公平、规则公平的市场环境。创新政府服务，持续推进"放管服"改革，形成"一窗式受理、一站式审批、一站式办结"，提升开放创新质量及效率。

参考文献

解学梅、王宏伟：《开放式创新生态系统价值共创模式与机制研究》，《科学学研究》2020 年第 5 期。

刘志迎、周会云：《政策激励对开放式创新策略与创新绩效的调节性影响》，《技术经济》2019 年第 7 期。

袁金星：《加快河南开放式创新的思路及建议》，《决策探索》（下半月）2016 年第 12 期。

B.22

区块链赋能河南数字经济高质量发展

张 冰*

摘 要： 区块链创建互联共享的数据环境、提升业务协同效率、赋能产业价值流通，在数字经济领域内得到广泛的应用。目前中国区块链政策叠加效应正持续释放，成为河南省发展数字经济的重要引擎。在数字农业领域，区块链为河南农业数字化转型赋能，为农业部门的价值和信息交换带来更高的效率、透明度和可追溯性。在河南智能制造业领域，区块链主要应用于物流和供应链管理、防伪管理、质量控制、合规等领域。在现代服务业领域，区块链应用在跨境供应链管理、海关监管创新和供应链金融，可以提高效率、降低成本和优化流程协同。发挥区块链技术在河南数字经济领域的作用，需要发动政府、研究机构、行业组织、企业等各方面的力量，推动区块链与河南数字经济加速融合。

关键词： 区块链 数字经济 河南

2021 年 12 月，国家《"十四五"数字经济发展规划》明确提出："十四五"期间要发展数字经济，推进数字产业化和产业数字化，推动数字经济和实体经济深度融合。该《规划》要求，在 2025 年数字经济核心产业增加值占 GDP 比重要达到 10%，这表明数字经济已经上升为国家战略。2022 年 2 月，《河南省"十四五"数字经济和信息化发展规划》深

---

* 张冰，博士，河南中原创新发展研究院研究员，研究方向：数字经济、金融学。

入贯彻党中央、国务院关于大力发展数字经济的决策部署，加快推动数字产业化、产业数字化，做大做强数字经济，建设数字河南，推动全省经济社会高质量发展。

一 区块链赋能数字经济发展的机制

区块链（Blockchain）是一种防篡改、去中心化的分布式数字交易记录，或称为交易的分类账，是由多方共同维护，使用密码学保证传输和访问安全，能够实现数据一致存储、难以篡改的记账技术。区块链因具有分布存储、不可篡改、可追溯等特征，构建了中立的数字基础架构，创建互联共享的数据环境，在数字经济领域内得到广泛的应用。数字经济是以数据资源为核心生产要素、以数字基础设施为主要载体，以信息技术融合应用、全要素数字化转型作为效率提升和经济结构优化的重要推动力的新经济形态（中国信息通信研究院，2021）。数字平台是经济的核心参与者，数字数据已成为经济发展过程中的关键资源，它们的互动对获取所创造的价值产生了重大影响。而区块链促进价值交换，在这种点对点的系统中，信任基于验证交易的透明加密证明而不是第三方，区块链技术因其去中心化特征被认为是主要以平台为导向的互联网经济的替代方案。

区块链技术将重新塑造数字平台的创新与竞争，成为数字经济增长的催化剂，主要在于区块链技术降低两个关键成本：状态验证成本和网络成本，这些成本对数字平台的设计和效率产生影响。中介机构通过减少信息不对称和通过第三方验证降低风险，为市场增加价值，这通常涉及实施额外的信息披露、监控参与者、维护信誉系统以及执行合同条款。提供服务的中介机构通常会收取费用，即状态验证成本。数字化将许多类型的事务的验证成本降至接近零的水平，当相关信息是数字时，区块链技术允许无成本的验证，验证成本降低对经济的影响是提高生产利润率。区块链技术可以通过降低运行网络的成本，创建生态系统，助力实现产业数据共享和合作，提高信息资源的利用和系统运作效率。此外，区块链与人工智能、大数据、物联网等技术

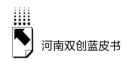

深度融合，可以解决数字经济发展过程中的突出问题，提供解决方案，进而释放数字经济的巨大潜能。

二　区块链政策叠加效应释放

从中央顶层设计到地方发展规划，中国区块链政策叠加效应正持续释放，成为发展数字经济的重要引擎。2021 年 3 月，《国民经济和社会发展第十四个五年规划和 2035 年远景目标纲要》提出"技术创新、行业发展、有序监管"的区块链三大发展思路。2021 年 6 月，工业和信息化部发布《关于加快推动区块链技术应用和产业发展的指导意见》，明确指出要发挥区块链在产业变革中的重要作用，加快推动区块链技术应用和产业发展。《"十四五"数字经济发展规划》也指出，加强区块链在金融服务、社会治理、国际贸易等领域的融合应用，加快服务业领域数字化转型（张汗青，2022）。

河南省对区块链技术发展高度重视，出台相关政策加速区块链行业发展。2017 年 10 月，河南省人民政府印发《中国（河南）自由贸易试验区建设专项方案的通知》，鼓励在自贸试验区探索运用大数据、区块链、人工智能、云计算等新技术，发起设立供应链金融公司、跨境电商金融服务公司等新型金融。2022 年，《河南省"十四五"数字经济和信息化发展规划》强调开展区块链技术创新，建设一批区块链产业园区、孵化器和实训基地，培育壮大本土区块链龙头企业和研究机构，推进区块链技术在金融、数据交易、信息保护、溯源、政务、物流等领域应用。

三　区块链产业应用发展态势

区块链作为促进数据可信共享、提升业务协同效率、赋能产业价值流通的利器，必将在建设数字经济中发挥独特作用。随着区块链相关政策、技术、应用不断发展深化，区块链技术在金融、农业、供应链和工业领域多个行业加速渗透。2020 年，全球农业和食品区块链市场的价值为 1.396 亿美元，据国际咨询机构 Research and Markets 预测，到 2026 年将达到 14.88 亿美元，预计以 51.0%的年复合增长率增长。全球制造业区块链市场规模预计将从 2021 年的 4950 万美元，以 73%的年复合增长率增长，到 2022 年达到 8564 万美元。制造业区块链市场的价值预计在 2026 年达到 7.78 亿美元，年复合增长率为 73.6%。世界著名的研究咨询公司 Gartner 预测，到 2023 年，区块链将能够追踪价值 2 万亿美元的商品和服务在全球的移动，并将持续增长到 2030 年，区块链的业务规模将超过 3 万亿美元。

中国是全球第二大区块链支出单体，2020 年市场规模达到 4.68 亿美元，互联网数据中心预测，2024 年中国区块链市场总支出将达到 22.8 亿美元，年复合增长率高达 51%（见图 1）。中国信通院数据（2021）显示，截至 2021 年 9 月，中国具有区块链企业 1064 家，区块链产业初具规模。中国持续拓展区块链创新应用，在多个行业内成功实现应用落地。

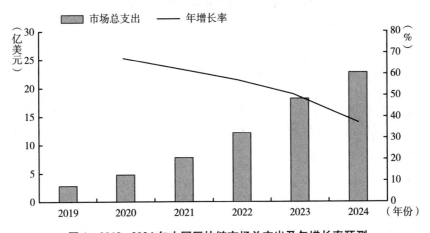

图 1　2019～2024 年中国区块链市场总支出及年增长率预测

四　河南数字经济发展概况

近年来，中国数字经济发展呈高速增长，2020 年中国数字经济规模由

2005 年的 2.6 万亿元发展到 39.2 万亿元（见图 2），数字经济占 GDP 的比重由 14.2%提升到 38.6%。2020 年数字产业化进一步增强，规模达到 7.5 万亿元，产业数字化规模达到 31.7 万亿元。数字经济是中国国民经济的核心增长极之一。

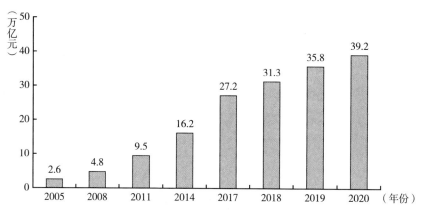

图 2 2005~2020 年中国数字经济规模

资料来源：中国信息通信研究院。

中国信息通信研究院的数据显示，2020 年中国数字经济保持了 9.7%的增长（见图 3），高于同期 GDP 增长速度。中国农业、工业、服务业数字经济占行业增加值比重分别为 8.9%、21.0%和 40.7%。2020 年，全国有 13 个省市数字经济规模超过 1 万亿元，包括广东、江苏、河南等，有 8 个省市数字经济规模超过 5000 亿元。从占比看，河南数字经济规模占 GDP 比重低于全国平均水平。

河南省数字经济快速发展，各地市数字经济发展呈现"主副引领，多点发力"的格局。根据《河南省数字经济发展报告（2021）》，在整个"十三五"期间，河南省数字经济保持强劲增长，数字经济年均增速超过 14%，对 GDP 增长的年均贡献率超过 50%。2020 年，河南省数字经济总体规模接近 1.6 万亿元，同比增长 8.1%，排名全国第 10，其中，郑州数字经济总量接近 5000 亿元，占 GDP 比重超过 40%，超过全国平均水平 1.4 个百

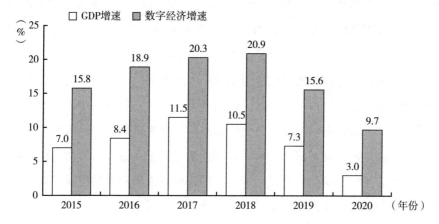

图3　2015~2020年中国数字经济增速与GDP增速

资料来源：中国信息通信研究院。

分点。数字产业化稳步提升，2020年，全省数字产业化规模突破2500亿元，同比增长15.6%，占GDP比重约为4.7%。产业数字化持续加速，全省产业数字化增加值接近1.3万亿元，同比增长6.7%，全国排名第9（覃岩峰，2021）。全省三次产业数字经济渗透率逐次倍增，农业、工业、服务业数字经济渗透率分别为5.3%、17.0%和33.4%。

五　区块链赋能河南数字经济产业高质量发展的路径

（一）河南"区块链+现代农业"应用前景

河南是传统农业大省，2021年河南省粮食总产量居全国第二位，达1308.84亿斤。① 河南是全国小麦、植物油和食用菌第一生产大省、第一粮食加工大省、第一肉制品大省。河南农村信息基础设施不断完善，农业现代化与农村信息化加快融合。河南省政府高度重视农业数字化转型，力争到

---

① 河南省统计局：《2021年全省经济运行情况》，2022年1月20日。

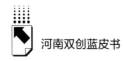

2025 年，河南省农业生产数字化水平提高到 30% 以上。《河南省"十四五"数字经济和信息化发展规划》提出打造全国农业数字化发展典范，加快物联网、大数据、区块链、人工智能等现代信息技术在农业领域的应用。

区块链为河南农业数字化转型赋能，为农业部门的价值和信息交换带来更高的效率、透明度和可追溯性。区块链引入一种新的数字信任机构，以降低买卖双方之间的不确定性，并为价值和信息交换带来更高的效率、透明度和可追溯性，这对农业部门和河南数字经济发展至关重要。通过简化的点对点交易网络减少中间商，并使用智能合约，可以改善农业供应链、农产品溯源、农村金融、农业保险，提高整个农业部门的效率。

1. 农业供应链管理

由于农产品产业链条长，农业供应链效率低下，影响从生产到消费的全过程。据估计，供应链运营成本占最终货物成本的 2/3，严重制约数字农业发展。区块链在提高农业供应链的效率和透明度方面具有最大的潜力，使供应链更具成本效益并提高竞争力。使用区块链技术可以实时集成和管理整个农业供应链中的每个流程和交易，在分布式账本上处理的每笔交易都可以详细记录交易信息和产品的属性。供应链参与主体方可以实时识别和检查产品在供应链中的信息，从农产品生产时农场使用的肥料、饲料、兽医服务等，到农产品流通环节如分销和零售，最终到达消费者的运输和储存的细节，实现所有的记录透明化，增强供应链中各参与主体间的协作效率。区块链上的精确可靠的数据还可以用来优化农业业务和投资决策。

2. 农产品质量安全溯源

由于农产品产业链条环节复杂、参与主体众多，农产品从田间到餐桌，需经历种植/饲养、加工、运输和销售等众多环节，虽然改善食品工业可持续性的投资一直在增加，但挑战之一仍然是供应链的可追溯性、问责制和透明度。区块链通过利用数字记录、密码学以及交易处理和数据存储的去中介化来解决这个问题，提高食品安全和质量（如产品可持续性）和消费者意识。通过提高透明度并记录农产品生产和加工的每一个细节，确保符合食品和可持续性标准的能力将得到提高。区块链上的记录可以提供有关农产品质量（新鲜度、安全性、原产地）、安全性（无污染、风险管理）和可持续性（有机食品、公平贸易）的数据。在动物或植物疾病暴发、受污染的农产品或食品欺诈事件爆发的情况下，区块链还可以使企业和监管机构能够更快地追踪和查明受污染或欺诈性产品。产品来源尤为重要，可以增加消费者的信任度和忠诚度，消费者可以知道他们的食物从何而来，它是如何生产的，以及由谁生产，提高对产品来源的信任有助于提升河南农产品品牌。农产品交易的可见性和可靠性以及实时可追溯性，可以提高效率，节约成本，实现产品溢价。

3. 农村金融

由于农村信用体系建设不完善，银行难以开展风险评估，因此其向农户发放贷款意愿较低，农村地区借款人向金融机构申请贷款难，缺乏融资渠道。区块链允许用户使用其记录的数字和物理资产构建数字身份，从农业供应链交易中产生的大量数据为金融部门提供了更准确的市场信息和数据，可用于为生产和销售决策提供信息，也可以用以证明农民获得信贷的良好记录。农业供应链中交易的去中介化和智能合约的使用使农业金融服务实时支付成为可能，这可以降低交易成本，降低买卖双方的风险，并增加农民和卖方的现金流和营运资金。

4. 农业保险

农业生产在很大程度上依赖于自然条件，农业保险是保障农业健康发展的重要手段和风险管理工具，可在自然灾害或农产品市场价格波动造成损失时帮助稳定农户收入和投资，缓解农户收入损失。农业保险仍存在信息不对称、灾情数据掌握不准确、核实损失索赔的成本高、理赔时间较长等问题。区块链在整个农业供应链中捕获的数据将使农民和保险服务提供商能够更好地评估风险，并提供更精确的保险政策。区块链通过增强精算估算和降低交付与监控保险产品的成本，通过消除评估保险索赔的人为干预，使索赔过程变得简单、透明和高效。智能合约将消除保险提供商的欺诈性索赔和腐败风险，因为一旦达成协议，保险单的条款将无法被篡改，使灾损评估更加合理、理赔效率更高。利用智能合约和智能天气预报，使用高分辨率卫星图像

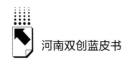
来检测降雨量和农作物生长数据。例如，在天气指数作物保险的情况下，进行地理标记与自动气象站和卫星成像相结合，消除了保险公司进行现场损失评估的需要，结合区块链实施的智能合约，保险索赔和支付将完全数字化和自动化。

（二）河南"区块链+先进制造业"应用前景

河南省已经成为全国先进制造业大省，经过"十三五"时期的发展，规模以上制造业增加值1.65万亿元，稳居全国第五位、中西部地区第一位。[①] 制造业是实体经济的基础，是未来河南经济高质量发展的关键，河南制造业正处于迈向全球价值链中高端、提升核心竞争力的关键阶段。《河南省"十四五"制造业高质量发展规划》以高质量发展为主攻方向，提出了"九高"新任务，其中包括提速制造业数字化转型，建设高赋能智能制造体系，重点是加快数字化转型、深化智能化改造。《河南省"十四五"数字经济和信息化发展规划》提出深化推进工业数字化转型，引导企业制定智能化改造提升方案，推动工业企业智能化水平提档进阶。

区块链在制造方面有很大的潜力，可以提升工业价值链全链条（从原材料采购到成品交付）的透明度和信任度。从供应商、战略采购、采购和供应商质量到车间操作（包括机器级监控和服务），区块链可提高流程所有领域的可见度，从而提供全新的制造业务模式。通过提高供应商订单的准确性、产品质量和产品可追溯性，制造商将能够更好地赶上交货日期，提高产品质量，提高销售量。区块链在制造业的主要应用是物流和供应链管理、防伪管理、质量控制、合规等。区块链应用场景可适用于能源和电力、工业、汽车、制药、食品和饮料、纺织和服装等各个领域。

1. 制造业供应链管理

区块链可以用来改善制造业的供应链管理，基于区块链的网络可以用作更高级别的电脑系统，精确记录整个生产过程并捆绑各种系统集成商的数

---

① 河南省统计局：《2021年全省经济运行情况》，2022年1月20日。

据。工厂可以利用区块链在复杂的供应链中共享可信数据，从而达到更轻松、更准确、更安全地交换数据。它可以提供材料、零件和产品的永久数字记录，从而能够促进端到端的可见性，并为所有参与方提供单一的真相来源。这种审计跟踪可以支持生产管理、控制生产过程，从而实现内部质量保证，减少产品召回的可能性。存储在分布式账本中的数据由私钥加密，并带有时间戳，一旦存储在基于分布式账本的网络中，数据是可追溯的，并且由于加密而无法再修改。工厂可以收集有关组件配置和产品性能的历史记录，并将其输入研发过程中，以优化组件复杂性、成本和性能。

2. 工厂质量保证/监管合规性

通过利用区块链支持质量控制，工厂可以为客户提升产品价值，这是工厂未来的另一个主要目标。区块链为客户提供完全透明和完整的数据库，记录生产流程和产品的质量。区块链帮助工厂跟踪供应链获取有关产品每个零部件的源头信息，创建质量检查和生产流程数据的不可更改文档。数据库精准记录每个产品，并自动在区块链上标识每个交易、修改或质量检查的标签，更高的准确性使流程审查、根除假冒商品和消除来源不明的原材料变得更加容易。区块链支持多方访问数据，减少质量控制环节，并自动执行验证流程。区块链有助于改善信息审计和问责制，减少原始设备制造商进行审计以验证质量控制的工作，可以支持生产管理、控制生产过程，从而实现内部质量保证。

3. 工厂设备维修

区块链可以用来自动化机器服务（机器控制维护），以减少维护时间，有效管理更复杂和技术先进的生产机器。在机器控制的维护中，制造商与第三方服务提供商合作，安装共享软件，将与每个设备相关的服务协议和安装文档附加到区块链记录中，区块链技术可以自动执行和支付定期维护费用。区块链监控可以检测到何时需要定期维护，创建服务请求，订购机器所需的任何部件，并在订单完成后处理付款。此外，维护历史记录的不可篡改文档被附加到区块链记录中，提高设备的可靠性，促进对设备运行状况和损耗的监控，并创建可审计的机械运行状况评估记录。

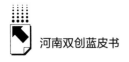
4.保护知识产权

保护知识产权是制造业数字化智能化转型升级的核心问题，知识产权保护越来越成为高质量发展和制造业转型升级的内在需求。企业将知识产权作为重要资产，需要充分了解知识产权的转移和使用情况。企业可以通过区块链技术注册其知识产权加密文档，创建数字证书，区块链独特的可信时间戳技术可以确保产权信息追溯，有效厘清产权的归属问题，提高透明度，在发生纠纷时证明其知识产权的所有权，防止侵权行为。

（三）河南"区块链+现代服务业"应用前景

2021年河南省服务业增加值同比增长8.1%，增速高于生产总值增速1.8个百分点，高于第二产业增加值增速4.0个百分点。[①] 数字贸易将为河南数字经济发展提供新路径，2021年，河南省商品、服务类电子商务交易额为11526.13亿元，同比增长21.8%，高于全国平均增速2.3个百分点，保持快速增长态势。其中，跨境电商持续增长，在2021年，河南跨境电商发展水平居全国前列、中西部首位，2021年全省跨境电商进出口交易额为2018.3亿元，同比增长15.7%。《河南省"十四五"数字经济和信息化发展规划》也明确提出加快推进服务业数字化转型，重点推进智慧物流、电子商务、智慧金融等具有河南特色的服务业数字化水平提升。

区块链等新一代信息通信技术的发展，推动了贸易标的、贸易对象、贸易方式的变革，提高跨境贸易效率。跨境贸易数字化在贸易基础设施数字化后更能充分发挥其潜力，包括贸易融资、供应链和海关监管。区块链的特性尤其适用于跨境贸易中参与方需要合作的生态系统，为跨境贸易提供数字基础设施，促进合作和增加对贸易生态系统的信任度，提高效率和降低贸易成本（张冰，2020）。

1.跨境供应链管理

物流系统与区块链融合促进物流供应链领域的数字化发展，将跨境贸易

---

① 河南省统计局：《2021年全省经济运行情况》，2022年1月20日。

供应链中不同的参与方集中在一个低成本、高度可信的供应链协同网络中完成价值交换。区块链支持对不同供应链来源的数据进行校准，提高存储数据的安全性，实时捕获供应链所有信息，提高供应链流程端到端的速度，自动识别流程的错误和问题，使流程稳健，提高运营效率。供应链的不同参与方将各自托管一个区块链网络的节点，使用区块链记录运输过程中每个阶段的所有信息。区块链帮助追踪船舶和卡车，优化装载能力，降低行政和协调成本，增加整个运输链的透明度。跨境运输公司之间在区块链上授权与合作伙伴实时共享所有相关运输信息，以确保添加的任何数据未被篡改，改善协调性，加快流程并降低成本，提高贸易效率（张冰，2020）。

2.海关监管创新

区块链可以提高许多海关流程的效率，加强机构之间的合作和信息共享，从而更有效地管理海关单一窗口。基于区块链的跟踪系统允许参与方及时地记录、共享和访问信息，最大限度地减少海关和检查延误，并有助于提高贸易数据和统计数据的准确性，有助于海关对贸易环节的监管。区块链应用可以通过减少海关申报流程（包括数据验证）所需的时间来简化和加快清关程序，减少行政工作量，并优化其接收能力。通过使用区块链智能合约，帮助进口商轻松支付关税，并加强海关对关税付款的控制。

3.供应链金融

传统供应链金融面临应收账款等融资凭证真实性难以检验、核心企业信用无法多级流转等问题。区块链通过提供共享、通用和安全的基础结构，使得非商业机密数据在所有节点储存、共享，解决了供应链上存在的信息孤岛问题。在区块链构架下，系统可以对进出口双方进行行为约束，相关数据上链，形成数字化的贸易合同、单证、支付等结构严密、完整的记录，控制进口商的履约风险，也避免重复融资、伪造发票等现象。在区块链技术和供应链金融的结合下，跨境贸易的中小企业可以更高效地证明贸易的真实性，满足融资要求，解决中小企业融资难的困境（张冰，2020）。对金融机构来说，区块链供应链金融减少客户欺诈风险和降低放贷成本，加速信贷产品的信用审核速度，提升收益（张冰，2020）。

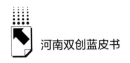

六 区块链赋能河南产业高质量发展的建议

区块链作为一个新兴技术发展方向和产业发展领域，仍旧处于成长阶段，要想发挥其自身潜力，需要发动政府、研究机构、行业组织、企业等各方面的力量，推动区块链与河南数字经济加速融合。围绕基于区块链技术的产业数字化和数字产业化新机遇，积极探索和深化区块链技术研究和创新应用，鼓励培育发展区块链新业态，鼓励区块链与实体经济深度融合。

政府方面，通过产业政策、创新基金、示范项目、产业研究平台，引导和鼓励产业链各参与方积极探索和推广应用区块链技术。鼓励企业、研究机构开展区块链关键技术研究，构建涵盖区块链技术、产品、服务的评估机制和各类团体的合作机制，打造产业协同生态（中国电子信息产业发展研究院，2021）。鼓励企业通过区块链技术实施数字化智能化改造，加快区块链技术在河南数字经济领域的应用真实落地。企业方面，应积极探索和创新业务模式，加快推进产业应用试点，结合企业业务场景与区块链技术优势，开发新产品，扩大企业竞争优势。针对区块链人才的短缺，需要加大数字经济、区块链人才培养以及区块链高端人才的培养和引进，支持河南省高校设置区块链技术应用的相关专业，同时鼓励先进的区块链企业根据市场需求和产业导向开展培训，加快培养区块链复合型人才。

参考文献

河南省政府：《河南省"十四五"数字经济和信息化发展规划》，2022。

中国信息通信研究院：《中国数字经济发展白皮书》，2021。

中国信息通信研究院：《区块链白皮书》，2021。

中国电子信息产业发展研究院、中国区块链生态联盟等：《区块链+数字经济发展白皮书》，2021。

覃岩峰：《河南经济规模跻身全国前十》，《郑州日报》2021年10月22日。

张冰：《区块链背景下跨境贸易的数字化创新》，《统计理论与实践》2020年9月25日。

张汗青：《区块链发展进入"快车道"》，《经济参考报》2022年1月27日，http：//finance. people. com. cn/n1/2022/0127/c1004-32341216. html，2022年1月27日。

B.23
河南省科技型中小企业创新发展对策研究

张志娟*

摘　要： 科技型中小企业作为科技创新的重要主体，是实现创新驱动发展
的活力源泉，是培育发展新动能的重要力量。研究发现，河南省
科技型中小企业创新发展呈现规模持续发展壮大、入库评价工作
扎实推进、研发费用补助力度不断加大、科技金融业务积极推
进、政策宣讲服务活动扎实开展、创新创业环境进一步优化等良
好基础条件；同时，面临着研发经费投入有待加大、企业自主创
新能力较弱、融资渠道有待拓宽、高层次人才匮乏等瓶颈。因
此，需要通过不断完善和优化政策支持体系、增强企业自主创新
能力、拓宽融资渠道、加大引才育才力度等措施，全力推动河南
省科技型中小企业创新发展。

关键词： 科技型中小企业　科技创新　数字化转型

　　科技型中小企业是最具活力与创新力的经济实体，对于推动经济发展、
做好"六稳"落实"六保"工作部署要求等方面发挥了非常重要的作用，
具有特殊的战略地位。面对当前复杂的国际环境及新冠肺炎疫情的叠加冲
击，河南经济仍能持续向好发展，这很大程度上与科技型中小企业的蓬勃发
展是分不开的。因此，深入分析河南省科技型中小企业创新发展的基础和面

＊　张志娟，河南中原创新发展研究院副教授，研究方向：区域产业发展，创新创业。

临的问题，对于河南锚定"两个确保"，深入实施创新驱动、科教兴省、人才强省战略，加快建设国家创新高地至关重要。

一 河南省科技型中小企业创新发展的良好基础

近年来，河南省委省政府高度重视科技创新工作，深入实施创新驱动发展战略，形成了科技型中小企业数量持续增长的良好局面，为科技强省建设提供了"生力军"和"原动力"。

（一）科技型中小企业规模持续增长

根据国家科技型中小企业库统计数据，河南省入库的科技型中小企业数量规模持续增长，已由 2017 年底的 330 家上升到 2020 年的万家以上。2020 年全省入库的科技型中小企业数量 11826 家，居全国第五位、中部地区第一位；也是全省入库数量首次突破了万家，较上年增长 39.6%。[①] "十四五"期间，河南省仍将创新作为引领全省高质量发展的第一动力，不断强化企业创新主体地位。截至 2021 年 10 月 28 日，全省共有 15147 家企业入选国家科技型中小企业库，较 2020 年增长 28.1%[②]，数量居中西部的首位，实现了入库数量连续增长。从领域分布看，入库企业主要分布在信息技术及服务业、电子信息、先进制造、新材料等重点产业领域；从区域分布看，郑州、洛阳入库企业数量最多。

（二）入库评价工作扎实推进

近年来，河南省深入实施创新驱动发展战略，高度重视科技型中小企业评价服务入库工作，推动更多符合条件的科技型中小企业"应评尽评、应入尽入"。根据《科技型中小企业评价办法》（国科发政〔2017〕115 号）、

---

① 《2020 年我省技术合同成交额再创新高》，河南科技网，http://kjt.henan.gov.cn。
② 数据来源于全国科技型中小企业服务平台（www.innofund.gov.cn）。

《科技型中小企业评价工作指引（试行）》（国科火字〔2017〕144号）、《河南省人民政府办公厅关于促进中小企业健康发展的实施意见》（豫政办〔2020〕32号）和《河南省加快培育创新型企业三年行动计划（2020-2022年）》（以下简称《行动计划》）（豫科〔2020〕135号）等有关文件精神，河南积极推进科技型中小企业评价入库工作。其中，《行动计划》提出，要下大力气梳理和摸清全省科技型中小企业发展底数，力争到2022年全省国家科技型中小企业实现突破12000家的目标。2022年《河南政府工作报告》提出，加快创新驱动发展，激励企业大胆创新，力争科技型中小企业突破16000家。[1]

为积极推动国家科技型中小企业入库评价工作，河南省各地市积极实施"春笋"计划。比如开封市会定期对各县区国家科技型中小企业进行入库评价考核，对企业备案入库进展情况进行通报；另外，积极落实科技型企业奖补政策，建立扶持培育办法。2021年开封市国家科技型中小企业入库数量达到400家，同比增长82%，增速列全省第一名。[2]被首次认定为国家科技型中小企业的会一次性获得10万元奖金，全年开封市共落实奖补资金1110万元。洛阳市不断强化科技型中小企业入库服务，指导企业对标完善国家科技型中小企业评价标准，建立入库登记机制；2021年，洛阳全市共有2228家企业入选国家科技型中小企业，较2020年增长18.5%，入库数量再创新高。[3]安阳市科技局会同其他部门出台了《加快培育创新型企业行动计划（2021-2022年）》，力争到2022年底，全市国家科技型中小企业入库突破350家、国家高新技术企业突破260家。

（三）研发费用补助力度不断加大

为进一步强化财政资金的引导作用，鼓励科技型中小企业加大研发投入

---

[1] 数据来源于2022年1月6日在河南省第十三届人民代表大会第六次会议上发布的《河南省人民政府公报》。

[2] 赵海龙：《市科技局持续强化企业创新主体地位》，《开封日报》2022年2月17日。

[3] 数据来源于洛阳网。

进行创新发展，《行动计划》提出对科技型中小企业实施企业研发费用补助政策，对符合条件的高新技术企业、科技型中小企业和入库的高新技术后备企业，每年给予最高 200 万元研发费用资金补助。据河南科技网公开资料，2020 年，全省 4739 家企业申请了研发补助，其中 70% 以上为科技型中小企业，研发费用 75.2 亿元，预计获省级资金补助 2.9 亿元；6555 家科技型中小企业享受研发费用税前加计扣除政策，研发费用加计扣除总额 76.68 亿元。[①]

2021 年，鹤壁市遭受特大暴雨灾害，为帮助科技企业共渡难关，鹤壁市科技局联合市财政局出台了《关于支持企业科技创新实施方案》，加大了企业研发费用补助力度，对符合申报条件的企业，给予最高 400 万元的补助额度。开封市科技局积极落实企业研发费用财政补助工作，2021 年为企业争取省、市、县（区）财政研发补助金额 3998 万元，比 2020 年增长 19.7%。

（四）科技金融业务积极推进

2016 年河南省实施科技金融"科技贷"业务，破解了科技企业因实物资产少而贷款难的问题。该业务降低了银行对科技企业贷款实物资产抵押比例和贷款利率的要求，已成为河南省有较大影响力的科技信贷品牌。截至 2021 年 10 月底，全省累计实现放款 65.27 亿元，支持企业 1283 家（次），企业贷款实物资产实现了 3 倍以上放大。[②] 为深入贯彻落实河南省第十一次党代会提出的创新驱动、科教兴省、人才强省战略，2021 年 11 月省科技厅、省财政厅会同其他部门联合修订并印发了《河南省科技金融"科技贷"业务实施方案》（豫科金〔2021〕11 号），提高了对信用贷款和长期贷款的损失补偿比例，更进一步破解了科技企业信用贷款难、融资期限短的问题。

各地市积极推进地方"科技贷"业务工作。漯河市科技局以"科技贷"为抓手，致力于科技创新与现代金融协同发展，精心组织多种形式的活动努

---

① 宋先锋、欧阳曦：《河南多举措支持科技型中小企业发展》，《河南科技》2021 年第 6 期。
② 尹江勇：《我省"科技贷"升级至"2.0 版"》，《河南日报》2021 年 11 月 28 日。

力推进"科技贷"工作；截至 2021 年 11 月，全市"科技贷"发放贷款
6850 万元，较 2020 全年增长了 174%，支持服务高新技术企业和科技型中
小企业 36 家（次），平均贷款利率 4.49%，融资成本同比下降 30% 以上，
有效缓解了漯河市科技企业贷款难、融资贵的问题。新乡高新区自 2016 年
实施《新乡高新区科技金融"科技贷"业务管理办法（试行）》以来，截
至 2021 年底已累计放款金额高达 8925 万元，已获贷企业 11 家，合作银行
在谈且意向放款企业 3 家，业务合作银行设立了专营机构、专业团队定向服
务科技型中小企业。通过加强政银合作，新乡高新区实现了从关注企业抵押
物到关注企业实际经营管理情况转变，逐步形成了符合科技型中小企业发展
特点的信贷评估和风险控制体系，建立了风险共担机制，银行信贷供给侧障
碍得到破解，科技型中小企业创新发展得到保障。

（五）政策宣讲服务活动扎实开展

为加强创新型企业培育服务体系建设，进一步创新企业服务方式和提升
企业创新发展服务水平，省科技厅按照疫情防控要求和"放管服"改革有
关精神，根据全省创新型企业培育工作安排和企业创新发展需求，建立了钉
钉群为企业进行线上讲解答疑，在官网开设了"抗击疫情、服务企业"专
栏和"科技政策云课堂"以及"慕课"等服务活动。

为让各地市企业更好地了解和掌握近年来国家、河南省相继出台的一系
列重大科技创新政策，提高企业对科技政策和财税政策的执行与理解能力，
激发企业创新发展的活力，省科技厅分别与洛阳市科技局、信阳市科技局、
南阳市科技局、三门峡市科技局等联合举办了"2021 年科技政策培训""万
人助万企专题培训"等政策宣讲活动；活动采取现场培训与网上直播相结
合的形式，省科技厅组织高水平的专家、教授为企业相关人员进行企业研发
预算备案、研发费用加计扣除、企业研发财政补助等科技政策宣传解读、答
疑解惑，提高与扩大了企业对科技创新政策的知晓率和覆盖面。

（六）创新创业环境进一步优化

创新创业平台是企业发展的载体。河南省根据工作实践经验与企业发展

实际，依托科技企业孵化器、产业园、众创空间等各类创新创业孵化载体，为在孵中小企业、创业团队提供新型的创新创业指导和服务平台；依托国家级和省级类创新创业大赛，为科技型中小企业搭建了展示推广、科技成果与资本对接的平台。2021 年 7 月，举办的第十三届河南省创新创业大赛突出把科技创新创业，发掘、培育、赋能创新创业人才和科技型企业作为举办大赛的出发点和落脚点，强化政策引导和扶持，完善创新创业服务机制，加大科技金融深度融合，力争把河南省创新创业大赛打造成为创新创业项目快速成长的"加速器"、技术与市场高效匹配的"连接器"，为全省经济社会发展和战略性新兴产业培育注入新能量。加大人才引进培育力度，成功举办了第四届中国·河南招才引智创新发展大会、第二届中国·河南开放创新暨跨国技术转移大会，延揽各类人才近 3 万人。

南阳市自 2016 年作为中国创新创业大赛河南分赛区举办首届创新创业大赛以来，至今已经连续成功举办六届创新创业大赛。2021 年 8 月，第十届中国创新创业大赛暨第六届南阳市创新创业大赛复赛举办，吸引了该市众多科技型中小企业踊跃报名，累计报名企业 135 家，报名数量创历史新高，通过大赛举办培育了一大批优秀创新创业人才和高新技术企业，进一步优化了创新创业环境，引导企业科技创新。

二 制约河南省科技型中小企业创新发展的因素

近年来，河南省科技型中小企业取得了长足发展，入库科技型中小企业数量持续增长，科技创新能力不断提高。但现阶段，全省科技型中小企业研发经费投入不足、自主创新能力较弱、融资渠道有待拓宽、高层次创新人才和管理人才匮乏等问题制约了其创新能力提升。

（一）研发经费投入不足

研发投入强度是衡量一个地区科技创新发展程度和科技竞争力的核心要素。近年来，随着创新驱动战略的持续实施，河南省科技创新步伐不断加快，研发经费支出不断增加，研发投入强度不断提升。据河南统计局发布的数据，2020年河南省R&D经费投入为901.3亿元，较2019年增长13.6%；R&D经费投入强度（R&D经费支出占GDP的比例）为1.64%，较2019年提升0.16个百分点，R&D经费投入强度在全国31个省份中位居第19。但整体来看，与全国平均水平相比还有一定的差距，2020年全国R&D经费投入为24393亿元，研发经费投入强度达到2.41%；R&D经费投入超过千亿元的省（市）有8个，分别为广东（3479.9亿元）、江苏（3005.9亿元）、北京（2326.6亿元）、浙江（1859.9亿元）、山东（1681.9亿元）、上海（1615.7亿元）、四川（1055.3亿元）、湖北（1005.3亿元）；① R&D经费投入强度超过全国整体水平（2.41%）的省（市）有7个，分别为北京、上海、天津、广东、江苏、浙江、陕西。这充分说明，河南在科研方面的经费投入还不足，有待进一步加大力度。

（二）自主创新能力较弱

就目前发展而言，尽管河南省科技型中小企业已经意识到科技创新的重要性，创新观念也大大增强，拥有了一定数量的专利，但自主研发获得的专利数较少，自主创新能力较弱。一方面，由于科技创新需要耗费大量的人力、物力、财力，而科技型中小企业尤其是初创期企业，受到资金、人才和规模等方面的限制，凭借自身能力无法支撑庞大的科研经费支出；由于担心科技创新给企业带来巨大的经营风险，很多科技型中小企业不愿积极主动地进行科技创新活动，往往将模仿创新作为首选战略，缺乏稳定的合作创新与自主创新。另一方面，不少科技型中小企业对自身发展缺乏长期且系统的规划，没有把重点放在科技创新和发明专利上，发明专利的数量远远低于大中型企业以及科研院所。面对新冠肺炎疫情的冲击及复杂多变的市场环境，科技型中小企业缺乏持续的创新能力，很难进入激烈的市场竞争。

---

① 数据来源于《全国科技经费投入统计公报》。

（三）融资渠道有待拓宽

科技型中小企业在设立初期，自身"造血"能力不足，急需资金的支持，但资金紧缺、融资筹资困难的问题已成为制约中小企业科技创新发展的因素。一方面，科技型中小企业与国有企业、传统型企业相比较而言，其资产多以无形资产如技术成果和知识产权等为主，能够用来做抵押物的设备、房屋等价值不高，可供抵押、担保的份额较少，贷款风险较高；这就导致金融机构更倾向于向比较稳定的大中型企业贷款，科技型中小企业在银行贷款、风险投资等外部融资渠道上成功率较低。另一方面，随着创新驱动战略的深入实施，科技型中小企业的融资需求呈现急切、频繁的特点，但由于行业内对科技型中小企业的信用评价不够完善、企业对融资规划宣传不到位等原因，投贷机构难以清楚地认识企业的经营模式和产品创新，这就造成企业融资更加具有难度，进一步压制了科技型中小企业的创新热情。

（四）高层次创新人才和管理人才匮乏

人才是科技型中小企业提升科技创新能力的核心要素和关键因素。受自身因素和客观因素的制约，科技型中小企业普遍存在创新人才匮乏、人才流失严重的问题，特别是创新人才、领军型人才非常紧缺，这在很大程度上阻碍了企业创新能力的提升。一方面，由于受企业能力、企业薪酬体制和工作环境等条件的限制，科技型中小企业所提供的福利待遇对高层次人才缺乏吸引力；企业人才引进和培养机制不完善、政府人才帮扶政策落地不到位等原因，导致科技型中小企业中具有专业特长的高端人才和研发能力强的技术带头人难以发挥其最大才能，无法长期在企业里任职，高层次人才较多地流入薪酬高、发展前景好的大型科技企业，高端人才储备受限。另一方面，初创期的科技型中小企业由于成立时间较短，因人设事，出现了部门繁多但缺少专业管理人员的局面，造成企业资源浪费严重，制约了科技型中小企业的快速发展。

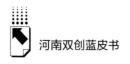

三 推动河南省科技型中小企业创新发展的对策

河南省要解决好科技型中小企业创新发展的瓶颈问题，就必须找准问题的关键所在，对症下药，全力推动其创新发展。

（一）不断完善和优化政策支持体系，提高政策效力

河南省要在确保科技型中小企业入库评价、研发费用加计扣除、研发投入纳入统计后补助等政策落实的基础上，积极探索建立部门间协同创新的机制，深入研究和完善现有的政策支持体系。一是持续加强对科技型中小企业的扶持政策研究，出台更具创新性的政策举措，建立社会资金、政府、金融、企业共同参与的多元化科技投入体系，实现科技投入稳步增长。二是进一步出台更加详细的各类优惠政策业务指引，进一步落实好科技型中小企业研发费用加计扣除、税收减免减征等税收优惠政策，建立健全政策落实激励机制，提高政策的高效性和可操作性。三是鼓励各地适时出台精准扶持科技型中小企业开展技术研发的专项发展政策，以促进研发与应用的良性循环，推动科技型中小企业跨越式发展。

（二）增强企业自主创新能力，抓住数字转型契机

为推动全省科技型中小企业创新发展，企业需要增强自主创新的能力。一是企业员工要进一步转变思想观念，提高对自主创新的认识水平。企业所有员工除了要充分了解国家关于科技型中小企业的文件政策之外，还需要及时地对本行业的技术创新情况进行广泛的调查研究和深入了解，进而为企业制定切实可行的长远发展目标规划。[1] 二是为全面掌握河南各地市科技型中小企业的科技创新能力，政府要尽快成立高规格的第三方专门评价机构，以便能够更加客观地对全省的科技型中小企业开展评价研究，并把评价结果作

---

① 苏明荃：《辽宁省科技型中小企业创新发展路径研究》，《中国集体经济》2021 年第 26 期。

为评先评优的重要参考；同时，为更进一步提高科技人员的积极性和主动性，根据评价结果制定相应的科技奖励办法。三是科技型中小企业要抓住数字化转型契机，积极推动企业数字化转型，提升产业数字化能力；不断地将数字技术融入企业创新发展中，破解科技型中小企业创新发展的瓶颈，形成企业发展新动能，推动企业健康发展。

（三）拓宽融资渠道，提升融资能力

进一步拓宽融资渠道，提升企业的融资能力是着力解决河南科技型中小企业科技创新资金短缺、融资难问题的重点。一是实施多方联动策略，建立起政府部门、金融机构、企业行业协会、高校科研机构等多方联动的科技金融对接机制，借助高校的研究优势对科技、财税金融、融资等政策要素展开全面而深入的研究，为科技型中小企业融资提供强有力的保障。二是改革科技型中小企业信用评估体系，政府管理部门应该对处于初创期及成长期的科技型中小企业发展情况及政策性资金的利用率等开展科学合理的评价及干预；通过发挥政府信用担保作用，引导社会资金和银行资本更多地注入初创期与成长期的科技型中小企业。三是健全企业管理机制，加强企业自身信用建设，科技型中小企业应该严格要求其各项金融行为，提升企业的信息公开程度，让银行能够全面了解和监督企业的财务管理、风险管理及成本管控等能力建设，减少融资约束以获得更多外部资金支持，保证企业有足够经费用于科技研发和创新培训，增强全省科技型中小企业创新发展的能力。

（四）加大引才育才力度，壮大创新人才队伍

解决河南省科技型中小企业高层次人才短缺的问题，需要政府、企业、高校、科研院所的相互协作，完善人才的培养、引进和激励机制，加大人才引进与培养力度。一是政府要积极落实科技型中小企业人才扶持政策，提高扶持政策在科技型中小企业的覆盖率；制定科技创新人才引育的补助政策，优先支持做出突出贡献的企业科研人员和各类科技人才。二是科技型中小企

业要不断完善企业激励机制，完善科技人才绩效薪酬、技能薪酬等薪酬体系，推动完善家属签证、子女入学等"绿色通道"服务，实现各环节的便利化，使创新人才能够在企业安心工作，以降低人才流失的可能性。三是积极争取国家对河南高等教育的政策扶持，加快推进郑州大学、河南大学"双一流"建设；高校要不断优化专业设置，加强各类科技型人才的培养，做大做强一批优势特色学科专业；推动教学、科研与产业全面对接，主动布局一批新兴交叉和河南经济社会发展急需的学科专业，着力打造一批紧密对接区域产业链、创新链的应用型本科专业，适应新技术、新产业、新业态、新模式对人才的新要求，建立健全现代化河南建设的人才支撑体系。

参考文献

宋先锋、欧阳曦：《河南省多举措支持科技型中小企业发展》，《河南科技》2021年第6期。

赵海龙：《市科技局持续强化企业创新主体地位》，《开封日报》2022年2月17日。

《今年上半年全市1178家企业入选国家科技型中小企业》，洛阳市人民政府网站，2021年7月6日。

《河南省修订完善"科技贷"业务实施方案》，河南省人民政府网站，2021年12月13日。

《河南省鹤壁市科技局、财政局联合出台十项措施服务洪灾期间科技企业创新发展平安度汛》，河南省科技厅网站，2021年9月2日。

尹江勇：《我省"科技贷"升级至"2.0版"》，《河南日报》2021年11月28日。

苏萌荃：《辽宁省科技型中小企业创新发展路径研究》，《中国集体经济》2021年第8期。

洪小娟、蒋妍：《面向2035年促进科技型中小企业创新能力建设的路径和措施》，《中国科技论坛》2021年第6期。

B.24
河南省多式联运创新发展的对策研究

刘 晓[*]

摘　要： 多式联运是综合交通运输体系建设的重要抓手和突破口，其建设是"十四五"期间我国交通和物流领域的重要任务。河南省大力推进多式联运创新发展，有利于将交通优势转化为产业优势与枢纽经济优势，形成区域经济发展的新支撑。当前河南多式联运创新发展取得一定成效，但在枢纽衔接、标准壁垒、经营主体、信息共享等方面存在短板，还需不断强化基础设施建设，推进多式联运标准体系制定，打造信息共享服务平台，培育多式联运市场主体，持续推进多式联运创新发展。

关键词： 多式联运　现代物流　河南省

作为现代物流业和国际贸易的新赛道，多式联运对河南省来说是优势再造的良机。河南省紧抓机遇，加强多式联运政策支持，不断完善多式联运规划，探索多式联运"河南方案"，走出了内陆省份多式联运发展的新路子。2019年，河南省被国家确定为第一批国家交通强国建设试点示范地区之一，将在多式联运等方面先行先试。河南省第十一次党代会报告提出，完善"通道+枢纽+网络"的物流运行体系，发展多式联运。河南多式联运创新发展势在必行，其对省内经济高质量发展以及深度融入国家战略发展有着重大意义。

---

* 刘晓，黄河科技学院河南中原创新发展研究院讲师，研究方向：产业发展、国际贸易。

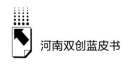
一　河南省多式联运创新发展的背景和意义

（一）多式联运的内涵和特征

多式联运是依托多种运输方式有效衔接的综合运输模式，对推动物流业降低成本、运输服务效率提升、构建现代综合交通运输体系、促进经济高质量发展发挥着极其重要的作用。多式联运的关键在于"联"，是一种高效、智能化的"联"，不仅是运输工具之间的无缝衔接，更是多部门、多区域的有效联结，是实现"门到门"一体化服务的管理、技术和组织系统。

（二）河南多式联运创新发展的背景

随着我国区域合作日益深入，开放型经济快速发展，对运输服务速度和质量的要求越来越高，多式联运的作用日益凸显，地位不断提高。多式联运成为我国"十三五"期间现代综合交通运输体系发展的主导方向，其建设也是"十四五"期间我国交通和物流领域的重要任务。2017年，由交通运输部等部门共同研究制定了《关于进一步鼓励开展多式联运工作的通知》，明确了多式联运在国家层面的战略定位。随后，国家出台了一系列针对多式联运的政策（见表1），为多式联运创新发展提供了良好的政策环境，为各地区发展多式联运提供了指引和方向。河南作为中部大省，区位优势明显，交通网络发达，肩负着中部崛起的重要使命，是多式联运产业的重要集聚地。在众多政策利好的影响下，河南多式联运实践经验不断丰富，基础设施建设不断完善，多式联运正在进入全面发展时期，推动地方经济以及我国整体经济社会稳定发展。

（三）河南多式联运创新发展的意义

1.有利于建设国际综合交通枢纽，打造现代物流运行体系

河南地处九州腹地，有着得天独厚的区位、交通优势，是"连南贯北"

和"承东启西"的重要交通运输枢纽。改革开放以来，河南交通区位优势对区域经济的溢出效应正不断凸显，而多式联运作为一种现代的、高效的运输模式，能让河南"长板"优势凸显。多式联运能高效整合航空、铁路、公路、水运等交通网络资源，进一步增强河南交通区位优势，推进河南建成连通境内外、辐射东中西的国际综合交通枢纽。同时，多式联运通过实现"门到门"运输服务，降低集疏货物的时间成本和物流成本，完善提升区域物流基础，巩固和扩大枢纽优势，助力河南打造现代物流运行体系，进一步增强河南大通道、大枢纽、大物流优势。

表1 2017~2021年中国多式联运行业发展相关政策汇总

发布时间	政策	相关内容
2017年1月	《关于进一步鼓励开展多式联运工作的通知》	优化市场监管方式；加快公路货运市场治理；严格规范涉企收费行为；加强市场运行监测
2018年6月	《打赢蓝天保卫战三年行动计划》	大力发展多式联运。依托铁路物流基地、公路港、沿海和内河港口等，推进多式联运型和干支衔接型货运枢纽（物流园区）建设，加快推广集装箱多式联运
2018年9月	《关于推进运输结构调整三年行动计划（2018-2020年）的通知》	多式联运提速行动。加快联运枢纽建设和装备升级；加快发展集装箱铁水联运；深入实施多式联运示范工程。到2020年，全国多式联运货运量年均增长20%
2019年11月	《关于建设世界一流港口的指导意见》	以多式联运为重点补齐短板。以铁水联运、江海联运、江海直达等为重点，大力发展以港口为枢纽、"一单制"为核心的多式联运
2020年8月	《交通运输部关于推动交通运输领域新型基础设施建设的指导意见》	引导建设绿色智慧货运枢纽（物流园区）多式联运等设施，提供跨方式、跨区域的全程物流信息服务，推进枢纽间资源共享共用
2020年1月	《交通运输部关于服务构建新发展格局的指导意见》	以多式联运为重点，以基础设施立体互联为基础，努力推动形成"宜铁则铁、宜公则公、宜水则水、宜空则空"的运输局面，发展绿色运输
2021年10月	《2030年前碳达峰行动方案》	大力发展以铁路、水路为骨干的多式联运，加快大宗货物和中长距离货物运输"公转铁""公转水"

资料来源：中国政府网。

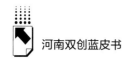

2. 有利于推进"一带一路"建设，提高区域对外开放水平

随着"一带一路"项目建设的有序深入推进，河南省对外经济交流不断增加，进出口贸易额持续上涨，融入"一带一路"建设成为内陆省份——河南发展开放型经济的重要途径。在"一带一路"建设中，河南省在交通和跨境贸易等方面都有着独特的优势，但要全面融入"一带一路"建设，发展以多式联运为代表的综合交通运输体系至关重要。发展多式联运能让越来越多的共建"一带一路"国家的产品实现互联互通，进一步深化河南和共建"一带一路"国家经贸合作，拓展河南省外贸发展空间，形成河南全面融入"一带一路"的重要突破口。发展多式联运能更好地服务于国际贸易公司，加速带动本土和周边市场的繁荣，促进国际贸易活动，将交通物流优势转化为产业优势，是河南增强对外开放竞争力、推动贸易高质量发展、进一步提高区域对外开放水平的重要途径。

3. 有利于深入实施创新驱动战略，推动经济发展提质提速

实施创新驱动战略，是各行各业应对发展环境变化、提高核心竞争力的必然选择。多式联运创新发展不只是传统运输模式的一种创新，还应该包括多式联运本身的创新，涵盖制度体系、标准规范、信息共享、服务模式等。多式联运创新发展将进一步解决物流效率的问题，推进供应链整合优化提升，形成新的供应链布局。多式联运创新发展，不仅能够提升运输效率，而且能在一定程度上降低运输成本，为经济快速发展注入新的活力。多式联运的创新发展，使上下游企业之间的联系变得更加密切，有助于推进一批运输类、物流类的产业转型升级，带动金融、服务等相关行业的快速发展，推动经济发展提质提速。

4. 有利于联结国内国际要素资源，服务双循环新发展格局

"十四五"期间是我国发展多式联运的重要窗口期，双循环新发展格局为多式联运创新发展带来了新思路，而多式联运从运输、物流层面发力，高效高质联结国内国际各项要素资源，是服务双循环新发展格局的重要手段。多式联运能充分利用各类运输方式的比较优势，通过整合不同运输方式发挥综合优势，满足多样化、高质量运输服务的物流需求，进一步对物流体系提质升级，达到绿色发展、资源节约和发展水平提升的目的，以适应国家整体的发展战略。基于我国区域经济发展不平衡和总体发展不充分的现状，国内经济的繁荣需要各区域协调发展，需要畅通大中小企业合作关系，而发展以多式联运为基础的全新高效物流通道，可以把我国内陆经济和沿海经济更加紧密地联系到一起，形成优势互补、合作共赢的局面，不仅能激发内陆经济潜力，还能为繁荣国内经济、畅通国内国际双循环提供强劲动力。

二 河南省多式联运创新发展的成效

河南省将多式联运作为促进物流降本增效、加快现代综合交通运输体系建设、促进经济高质量发展的重要突破口，通过不断的探索和创新，大力发展多式联运，逐步呈现出功能集聚、设施集约的良好发展态势。

（一）多式联运初具规模，服务经济效果显著

河南多式联运体系建设为省内物流行业发展提供了良好的保障，有效拉动经济稳步增长，多式联运初具规模。一是多式联运示范工程有效推进。河南积极鼓励和指导省内大型企业申报国家多式联运示范工程，共入选 3 个；先后组织实施三批 36 个省级多式联运示范工程，省财政每年列支 1 亿元进行重点支持，示范项目已开通联运线路 50 余条，2020 年联运量同比增长82.4%，通过示范带动加快省内多式联运规范化、集成化发展。二是货物运输规模持续快速增长。广泛应用公铁联运、空陆联运为代表的运输组织，2021 年，全省货物运输量 25.5 亿吨，增长 16.2%；货物周转量突破 1 万亿吨公里，增长 20.1%，集装箱多式联运量也获得了较大提高。三是推动河南物流降本增效成效明显。2021 年河南社会物流总费用 7919.4 亿元，社会物流总费用占 GDP 的比例为 13.4%，同比下降 0.1 个百分点，低于全国平均水平 1.2 个百分点。单位 GDP 所消耗的社会物流费用持续下降，标志着省内物流效率不断提升，助推经济运行更顺畅。

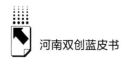
（二）坚持政策引导支持，保障措施不断强化

河南省高度重视多式联运创新发展，强化政策支持，制定下发了多项政策文件支持多式联运发展。2017年，河南省人民政府办公厅印发《河南省物流业转型发展规划（2018-2020年）》，提出要完善多式联运场站设施，积极构建多式联运，加快推进"公、铁、机、水"多式联运一体化。2017年，《河南省人民政府办公厅关于实施多式联运示范工程的通知》公布，鼓励开展多式联运示范工程建设，从土地、财税、金融等方面给予支持和倾斜。2017年，河南省政府出台《中国（河南）自由贸易试验区多式联运服务体系建设专项方案》，提出要以多式联运为抓手，构建现代物流体系，明确多式联运为五大服务体系建设专项之一。2021年，河南省交通运输厅印发《河南省多式联运标准体系的通知》，从装备标准、运营服务标准、信息化标准等方面制定了多式联运标准体系明细表。2021年，《河南省国民经济和社会发展第十四个五年规划和2035年远景目标纲要》多次提到多式联运，明确多式联运在完善现代流通网络、提升交通服务效能、促进地方经济发展中的重要地位。

（三）物流通道大幅拓展，集疏网络持续优化

河南坚持交通先行的原则，大力加强交通基础设施建设，着力构建"通道+枢纽+网络"全链条物流体系。一是国际物流通道不断拓展。依托中欧班列（郑州）不断扩充河南陆路运输国际物流通道，截至2021年底，中欧班列（郑州）境外目的站点增至12个；8年来，从开行之初平均每月1班，增长至现在每周"去程16班、回程18班"的高频次往返状态，稳居全国中欧班列"第一方阵"。依托郑州新郑国际机场加强航线网络布局，开通国际地区全货机航线38条，国际通航城市42个，已形成覆盖全球主要经济体、多点支撑的"Y"字形国际货运航线网络。二是集疏网络持续优化。"米"字形+"井"字形综合运输网络基本形成，集货范围可辐射我国大陆面积的2/3。中欧班列（郑州）连通境内外，境内以郑州为枢纽，集货半径达1500公里，境外形成

覆盖 30 个国家、130 余个境外城市的国际物流网络。郑州机场通过构建"空空+空陆"集疏运体系，货邮吞吐量持续增长，2021 年，郑州机场货邮吞吐量首次突破 70 万吨，在全国排名第 6、跻身全球前 40 强。三是物流枢纽功能不断提升。省内全国性综合交通枢纽功能明显增强，综合客、货运枢纽分别达到 11 个、12 个；周口中心港和信阳港·淮滨中心港加快建设，实现"豫货出海"和"海货入豫"，内河枢纽功能不断增强。郑州成功获批建设全国重要国际邮件枢纽口岸，成为全国第四个国际邮件枢纽。

（四）体制机制不断完善，创新要素不断增多

河南坚持以制度创新为核心，持续推进多式联运创新发展，创新动力持续增强，创新要素不断增多，在多式联运多个方面取得新的进展和突破。一是体制机制不断完善。积极应对多式联运快速发展的趋势，创造了"三引三联"（理念引领、规划引领、政策引领，办公联署、政策联动、服务联手）协同工作新机制。在全国范围内首次成立多式联运专项小组，率先设计《中国（河南）自由贸易试验区多式联运服务体系建设专项方案》。二是平台建设不断创新。郑州机场积极推进民航局电子货运、海外货站和空空中转三大试点，被中国民航局列为全国唯一电子货运试点机场并启动建设，将进一步推动多式联运信息连通、标准融合。三是专用设备不断创新。研发改良多项公铁、空陆联运专用装备，衔接转运效率大幅提升，如适用于中欧班列的新型冷藏集装箱、全国第一辆航空货物整板运输专用车、RT-CC（铁集共联）共享敞顶箱平台等。四是标准制定不断创新。河南已制定团体标准（企业标准）、地方标准 39 项，参与制定 3 项行业标准。以国际陆路多式联运提单为基础，河南自贸区推进探索"一单制"全程物流服务模式，实现货物"一人到底、一单到底"。

三　河南省多式联运创新发展存在的问题与挑战

多式联运是一项长期且复杂的系统工程，通过多年的探索和实践，河南

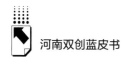

多式联运发展取得了不错的成绩，但是仍然存在一些问题，主要包括以下几个方面。

（一）枢纽间衔接效率有待提高

重要枢纽之间"连而不畅""邻而不接"，多式联运优势将难以发挥。河南在枢纽基础设施建设方面虽然已经相对完善，并且各枢纽运行状况都良好，取得了不错的成绩，但是各枢纽之间衔接效率有待提高。部分地区不同枢纽间难以紧密配合，物流园区、开放口岸、货运场站之间缺乏用于联系的多式联运专用场站，枢纽节点之间仍未实现真正意义上的物理衔接，在货物转运时集疏运能力受到一定限制，效率不高。另外，受自然、地理、历史等因素制约，河南内河航运仍较为落后，虽然目前已开通部分港口，但是起步较晚，更多的还是要依靠"铁、公、机"三网联合体系，难以充分发挥水运运量大、耗能省、成本低的优势，一定程度上制约了多式联运一体化、规模化发展。

（二）多式联运标准、规范不统一

统一的标准、规范是多式联运发挥其协同优势的关键，河南在这一方面进行了诸多有益探索，但进展缓慢。一是载运设备标准化程度较低。不同形态的运输方式下的运载设备进行换装转运时难以实现"无缝衔接"，尤其是在货物运载单元方面，在跨境运输需换装时，由于相关设备或工具与国际标准存在差异，货物与集装箱不能精准匹配，空间利用率大大降低。在专业化方面，缺少适应标准箱装卸的专用设备和自动化转运系统，联运效率未能充分发挥。二是物流标准和规则不统一。由于不同运输方式体制长期分离，在票据格式、货物交接制度、安全管理制度等方面标准不统一，在转换运输方式时容易出现一些责任纠纷，造成运输方式间对接不畅，整体运输作业管理效率不高。

（三）多式联运经营主体相对缺乏

多式联运经营人在多式联运诸多关系中处于核心地位，是一种特殊的、综合服务能力很强的物流主体。河南拥有众多的物流企业，但是大多数物流企业只提供单一运输方式的物流服务，缺乏具有全程组织能力和高效调配各种资源能力的综合性物流企业，难以规模化、常态化地提供多式联运服务，满足客户"一单制""门到门"的物流需求。同时，联运主体协同发展机制不健全，在多式联运系统中，利益关系复杂，尚未形成常态化的跨部门、跨企业的多式联运协同发展机制。为了实现多式联运，即使各类型的联运主体采取合作，进行联合运营，但是由于缺乏协同、联盟，多式联运全流程也难以实现深度融合渗透，严重影响了多式联运的运营效率。

（四）信息共享机制需进一步健全

多式联运各主体、各种运输方式间信息是否畅通，直接决定多式联运各模块是否衔接顺畅。目前，河南运输方式信息化发展不均衡，公路、内河航运与铁路航运等相比，存在运输数据信息质量不高等问题。首先各运输方式之间缺乏信息共享机制，存在管理体制机制壁垒，无法为相关企业提供高效、优质、全面的信息服务。其次，缺乏标准统一的多式联运公共信息平台，不同的省市、地区都有自己的运输信息平台，但"信息孤岛"现象普遍存在，港口、机场、口岸、站场、产业园、物流园区等信息系统功能较为单一。再次，信息系统标准不统一，导致互联共享难度大，极大增加了信息数据转换和对接的成本，多式联运承运人的服务能力难以跟上现代客户的运输需求。

四 河南省多式联运创新发展的对策与建议

为进一步促进河南多式联运创新发展，一方面需不断加强基础设施建设，另一方面需不断加快提高服务水平，主要从以下几个方面进行完善和提升。

（一）不断强化基础设施建设，优化多式联运组织模式

一是持续优化交通基础设施网络，进一步完善和提升物流枢纽功能。全

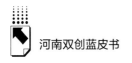
方位综合考虑城市布局、发展、区域交通一体化等主要需求，打造一定数量的覆盖广、效率高的多式联运基地。推进多式联运场站建设，加快既有场站设施资源的综合利用和配套升级改造，支持大型物流园区引入铁路专用线，提高枢纽间衔接效率。推进国际国内多式联运网络体系建设，加强与国内外优秀物流运输服务商的合作，建设境外转运中心、分拨中心等。持续优化高速公路网络，推动省内口岸与国际口岸 TIR 运营体系对接。推进航空港建设和国内外航线的扩张，持续引进和联合大型航空集团，发展和壮大本地化航空公司。二是优化多式联运组织模式，推进铁水联运的发展。出台省级的"公改水、铁改水"的相应政策，充分发挥水路在大宗货物运输中的作用，加快建设周口中心港和信阳港·淮滨中心港，提升港口和物流园的交通运输能力和通货速度，加快推进港口集疏运铁路专用线项目建设。推进空、公、铁联运发展，加快新郑国际机场高铁专用线项目建设，使航空与高铁物流实现直通作业。探索公路物流高效连接空港模式，推动公路短驳与航空联运常态化运行，提升区域性航空枢纽中心的集疏运能力。

（二）加强标准体系建设，推进多式联运"一单制"改革

一是加快推进标准体系顶层设计、运载设备、工具技术标准等系统工程。积极探索基于（半）挂车、可脱卸箱体、内贸箱、驼背运输、滚装运输等的多式联运形式，鼓励企业推进运载单元和运输托盘的循环共用，提高物流相关配套设施的标准化水平。二是推动公铁联运"一单制"广泛应用和创新。加强政府部门、金融机构、多式联运经营主体等多元组织的合作和创新，授权多个规模以上综合物流企业发挥主导作用，广泛运用"一单制"全流程掌控多段运输。发展更多的国有、商业银行和市场化金融机构参与单证结算，扩大客户范围和行业范围。探索空铁公、铁水联运"一单制"，依据联合国贸易和发展会议（UNCTAD）和国际商会（ICC）多式联运单证规则，将公路运输单据、铁路运输单据、航运单据、海运提单等进行有机整合，实现标准化。三是多式联运"一单制"金融创新。通过货物监管、担保等模式，解决运输单据的物权凭证问题，充分利用国际贸易运输单证的可

流转功能，实现运输单据的质押功能、可转让功能，增强融资功能，让"一单制"实现更有效的"物流+金融"服务创新。

（三）打造信息共享服务和交易平台，促进多式联运智能发展

一是依托郑州机场国际物流多式联运数据交易服务平台，建立机场、口岸、货运场站、火车站、物流园区高效畅通的省级层面信息共享服务平台。鼓励货主、物流、金融、保险等企业开放数据端口，积极参与联运信息平台建设。加快推进5G、大数据、云计算、区块链等技术在多式联运方面的应用，全程监控物流运输过程，实现多式联运信息跨区域、跨部门、跨企业交换与共享。二是完善多式联运信息共享标准和共享机制，进一步细化多式联运数据交换标准，协调海关、检验检疫等相关部门，推动不同部门间的信息互换和共享，逐步实现不同系统间的信息共享和协同。鼓励省内相关企业协同完善、推广应用多式联运信息交换标准，建立信息共享交换通道。三是探索建立中西部货物交易中心，依托省内功能性口岸多样化优势，挖掘本土优势产业，利用特定功能口岸，大力拓展中西部市场，建设综合交易中心线上平台。四是探索 EDI 中心建设，进一步实现单证电子化和信息集成，完善国际联运运单电子化工作。

（四）培育多式联运市场主体，丰富多式联运辅助产业

一是推进省级多式联运联盟建设，引导和培育多式联运市场主体。联合省内多式联运企业、研究机构、专业协会组建多式联运联盟，建立联盟内企业定期交流制度，及时总结推广各示范工程的建设经验，发挥联盟优势，带动更多企业参与到多式联运发展中来，推动和扶持联盟成员向多式联运经营人身份转变。二是推进多式联运示范工程建设。鼓励省内相关企业和单位积极申报国家示范工程，推进基础设施、信息平台、标准规则建设，争取更多的省内国家示范工程成功验收。推动省级示范工程制定和完善，设置科学合理的监督措施和验收标准，定期组织示范项目申报和考核。三是培育联运辅助产业，将多式联运产业化。大力发展国际货运代理、融资租赁、电子支付

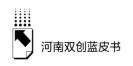
等现代物流服务业。鼓励本土相关企业转型发展，积极引进国内外知名的多式联运企业在河南省建立基地、营运中心或分拨中心，主动引进和培育多式联运专业技术人才，适当放松对运输业的市场管制，不断激发企业和产业活力。

参考文献

王永刚、王永强：《发达国家经验对多式联运"河南方案"的启示》，《现代食品》2018年第10期。

赵德友、陈琛、宗方：《蓄势待发求突破　一朝腾飞铸辉煌——郑州新郑国际机场实现中部机场"双第一"》，《市场研究》2018年第6期。

白小明：《河南省推进多式联运发展的系统思考》，《当代经济》2019年第4期。

卢婉婉、冯威：《"一带一路"倡议下河南多式联运发展策略研究》，《产业与科技论坛》2020年第18期。

胡硕琦：《浅谈我国铁路集装箱多式联运的发展现状与未来》，《中国储运》2022年第2期。

张亚飞：《河南省多式联运运营模式协调性研究》，《管理工程师》2021年第2期。

《河南省人民政府关于印发河南省"十四五"现代综合交通运输体系和枢纽经济发展规划的通知》，河南省人民政府官网，https：//www.henan.gov.cn/2022/01－26/2389095.html。

《河南省人民政府关于印发中国（河南）自由贸易试验区建设专项方案的通知》，河南省人民政府官网，https：//www.henan.gov.cn/2017/11-10/239812.html。

B.25
创新驱动视角下河南省民营经济发展对策研究

杜文娟*

摘　要： 民营经济已经成为河南经济增长的重要力量。近年来，河南省陆续出台了一系列支持民营经济发展的政策举措，促进了民营经济的创新发展。河南省民营经济在发展的过程中取得了一些成绩，但仍存在自主创新能力不足，人才队伍整体素质不高，融资渠道不畅、融资困难，民营企业准入门槛过高，营商环境有待持续提升等问题。因此，要从坚持创新驱动、提升创新能力，壮大人才队伍、提升人才素质，拓展融资渠道、破解融资难题，破除行业准入障碍、扩大市场准入，优化营商环境、激发企业活力等方面促进民营经济发展壮大，推动全省经济高质量发展。

关键词： 民营经济　创新驱动　高质量发展　河南省

　　民营经济是推动社会主义市场经济发展的重要力量。改革开放以来，我国民营企业蓬勃发展，在稳定增长、促进创新、增加就业、改善民生和扩大开放等方面发挥了不可替代的作用。2018年，习近平总书记在民营企业座谈会上明确指出，"我国民营经济只能壮大、不能弱化""要不断为民营经济营造更好发展环境，帮助民营经济解决发展中的困难，支持民营企业改革发展"，充分肯定了民营经济的重要地位和作用。河南省是人口大省、经济

---

* 杜文娟，河南中原创新发展研究院讲师，研究方向：区域经济。

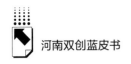

大省、新兴工业大省，作为重要的综合交通枢纽和商贸物流中心，建设了以郑州为中心的航空运输中转和"米"字形高速铁路网交通体系，形成了陆上、海上、网上、空中"四条丝绸之路"协同并进的开放新格局，民营经济贡献了河南 2/3 的 GDP、70%以上的税收、90%以上的新增就业，已经成为河南经济增长的强大引擎、创新转型的中坚力量、改善民生的重要支撑。[①]

一　河南省民营经济发展的现状

（一）总体发展态势平稳

近年来，河南省委、省政府陆续出台了《关于促进非公有制经济健康发展的若干意见》《河南省优化营商环境三年行动方案》《关于进一步深化民营企业金融服务的意见》《关于营造更好发展环境支持民营企业改革发展的实施意见》等一系列重要文件，提出了支持民营企业发展的一系列举措，促进了民营经济的改革创新和健康发展。

2019 年，河南省非公有制经济增加值完成 34954.97 亿元，同比增长 8.1%，占全省 GDP 的 65%（见表 1）。分产业看，第一产业增加值 175.38 亿元，同比增长 11.7%；第二产业增加值 735.29 亿元，同比增长 4.1%；第三产业增加值 1722.46 亿元，同比增长 13.2%。2020 年，河南省固定资产投资比上年增长 4.3%，其中民间投资增长 2.5%，民间投资占全省固定资产投资的 69%；规模以上私营工业企业利润总额为 1532.32 亿元，占全省规模以上工业企业利润总额的 54%，分行业规模以上私营工业企业总资产贡献率 11.9%，成本费用利润率 7.9%。[②] 民营经济对全省经济增长的拉动作用较为明显。

---

① 王国生：《在 2019 年中国经济社会论坛上的致辞》，http：//cpc. people. com. cn/n1/2019/1201/c117005-31483717. html。

② 数据来源：《河南统计年鉴 2021》。

表1　2017~2019年河南省非公有制经济占GDP比重

单位：亿元，%

年份	国内生产总值	非公有制经济增加值	非公有制经济增加值占地区GDP比重
2017	44824.92	29064.44	64.8
2018	49935.9	32321.84	64.7
2019	53717.75	34954.97	65.1

资料来源：《河南统计年鉴2019》《河南统计年鉴2021》。

（二）综合实力明显提升

2020年发布的中国民营企业500强榜单显示，河南省共有15家企业进入全国500强，占全国500强3.00%；15家上榜企业营业收入总额5275.73亿元，占500强企业营业收入总额的1.75%；15家企业资产总额8133.09亿元，占500强企业资产总额的2.20%。此外，河南有16家企业进入2020中国民营企业制造业500强，3家企业进入2020中国民营企业服务业100强。《2020中国民营企业500强调研分析报告》显示，2019年，民营企业500强的入围门槛、资产总额、税后净利润总额等均有不同程度的提升，入围门槛首次突破200亿元。

2021河南民营企业100强新闻发布会上发布，2021河南民营企业100强入围门槛首次突破20亿元关口，达到25.69亿元，较上年的18.99亿元增加了6.7亿元，增长率高达35%，入围门槛明显提高。2021河南民营企业100强的营业收入总额首次突破万亿元大关，达到11787.39亿元，较上年增长了1904.55亿元，增速达19.27%；资产总额为15270.95亿元，较上年增长了2146.1亿元，增长率为16.35%；税后净利润达到758.91亿元，较上年增加了207.53亿元，增长37.64%。有11家企业税后净利润超过10亿元，超过2亿元的企业有57家，盈利水平整体回升。2021年河南省百强榜单首次出现营业收入千亿级企业，洛阳钼业有限公司以1129.81亿元的营业收入规模位居榜首，企业规模不断壮大。

河南省民营经济外贸表现优异。2020 年，河南省进出口总值首次突破 6600 亿元大关，达 6654.8 亿元，高于全国整体增速 14.5 个百分点，进出口增速位居全国第三，进出口总值居全国第十位，保持中部省份第一位。年度进出口总值已连续 4 年保持在 5000 亿元以上规模。①

表 2　2019~2020 年河南省各类企业外贸情况

单位：亿元，%

企业类型	2019 年进出口总额	2020 年进出口总额	增长率
国有企业	452.88	478.40	5.60
民营企业	1696.36	2020.70	19.12
外资企业	3543.22	4100.70	15.73
合资企业	3466.98	4019.60	15.94
独资企业	74.09	80.20	8.25

资料来源：《河南统计年鉴 2021》。

（三）科技创新能力不断增强

2019 河南民营企业社会责任报告显示，全省百家创新龙头企业中，民营企业达 60 余家，在推动创新发展的举措中，民营企业将创新作为企业发展战略的占比达 82.4%，省高新技术企业数量实现历史最大增幅，总数达到 3300 家；被调研的民营企业中，共有 148 家企业建有国家重点实验室、国家工程实验室等，65.7% 的企业对高新技术与产品进行自主研发。据统计，百强民营企业共有国家级创新平台 13 个，其中，国家重点实验室 6 个，国家工程研究中心 3 个，国家科技创新中心 4 个。有 60 家民营企业共拥有省部级研发机构 198 个。有 84 家企业与科研院所、高等院校等开展合作。②

2021 河南百强民营企业拥有的各类国内、国际专利数量均大幅增长，

① 《6654.8 亿元！2020 年河南外贸总额增速全国第三》，河南省人民政府网，https：//www.henan.gov.cn/2021/01-16/2080344.html。

② 《数读 2021 河南民营企业百强"成绩单"》，大河网，http：//newpaper.dahe.cn/hnrb/html/2021-12/09/content_534404.htm。

其中，国际专利数量增长最为明显，国际有效专利 245 项、同比增长 49.39%，国际有效发明专利 175 项、同比增长 38.89%。2020 年，河南省民营企业 100 强研发费用投入总额 154.14 亿元，较上年增加 28.22 亿元，增长 22.41%，首次突破 150 亿元。其中，有 6 家企业研发费用超过 5 亿元，郑州宇通企业集团以 19.13 亿元的研发费用居民营企业 100 强研发投入首位。研发人员占员工总数比重高于 5% 的企业有 40 家，科技创新动能较足。①

（四）社会贡献持续加大

税收方面，2020 年，河南省民营企业进出口总值 2020.70 亿元，占同期河南省外贸总值的 30%。河南民营企业 100 强纳税总额达 443.09 亿元，纳税额超过 1 亿元的企业达 82 家，其中，有 7 家民营企业纳税额在 10 亿元以上。

就业方面，2019 年，河南省个体和私营企业就业人员数为 1882.71 万人，同比增长 14.87%。其中，个体就业人员数为 1020.74 万人，同比增长 15.82%；私营企业就业人员数为 861.97 万人，同比增长 13.76%（见表 3）。民营企业 100 强员工总数 66.18 万人，较上年增加了 13.88 万人，增长 26.54%。民营经济在稳就业方面的担当作用比较明显。

表 3　2017~2019 年河南城镇和农村个体、私营企业就业人员数统计

单位：万人

年份	河南城镇个体就业人员数	河南城镇私营企业就业人员数	河南农村个体就业人员数	河南农村私营企业就业人员数
2017	625.77	488.24	133.01	174.32
2018	691.90	531.10	189.45	226.59
2019	692.42	499.30	328.32	362.68

资料来源：国家统计局、华经产业研究院。

---

① 《入围门槛首次突破 20 亿！河南民营企业 100 强出炉》，大河网，https://news.dahe.cn/ 2021/12-08/934546.html。

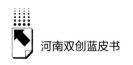

社会服务方面，2020 年，河南省民营 100 强企业中超过 80% 的企业积极投身乡村振兴发展，90% 以上的企业能够积极参与社会捐赠。截至 2020 年底，全省有 6342 家民营企业精准帮扶 9812 个村的 73.12 万建档立卡贫困人口。连续两年，全省共有 18 家民营企业获评全国"万企帮万村"行动先进。

环保方面，超过 75% 的企业设置有专门负责环境保护管理工作的部门；近 60% 的企业能够积极倡导并参与到环境治理和保护中；56.0% 的企业建立了环保培训制度；58.1% 的企业通过调整自身能源使用结构，提高清洁能源占比；74.3% 的企业采用节能、环保原材料；69.1% 的企业开展清洁生产；59.2% 的企业实施绿色改造，建设绿色工厂。①

二 河南省民营经济发展中存在的问题

（一）自主创新能力不足

近年来河南省民营企业科技创新能力尽管在不断增强，但与发达省份相比仍有较大差距。

一是创新能力不强。2021 中国民营企业 500 强榜单显示，河南省入围企业共 12 家，与排名前三位的浙江、江苏、广东三省相比，分别相差 84 家、80 家、48 家，差距较大（见表 4）。2019 年，中国瞪羚企业数据报告显示，河南省瞪羚企业 473 家，位居全国第 16；而广东有 4423 家，北京有 3190 家，江苏有 3180 家，浙江有 2161 家，上海有 1723 家。排名前三的广东、北京、江苏三省市瞪羚企业合计达到 10793 家，全国占比高达 43.1%，河南省与之差距较大。《2020 年全国科技经费投入统计公报》显示，2020 年河南省研发经费投入达到 901.3 亿元，位居全国第九，尽管比上年有所增长，但研发投入强度仅为 1.64%，与广东 3479.9 亿元、江苏 3005.9 亿元、

---

① 数据来源于国家统计局网站、2021 年河南统计年鉴、2021 河南民营企业社会责任 100 强榜单。

北京 2326.6 亿元、浙江 1859.9 亿元相比，差距较大。而河南省研发经费投入也主要集中在郑州、洛阳、新乡等几个城市，其他城市的投入并不高，创新投入地区分布不均衡。大数据显示，以郑州市为例，2019 年郑州市高新技术企业 1732 家，比上年增长 30.3%，但北京、深圳、上海、广州的高新技术企业数都在 1.2 万家以上，差距很大。

表 4 "2021 中国民营企业 500 强"入围企业

单位：家

地区	入围企业	排名
浙江	96	1
江苏	92	2
广东	60	3
山东	53	4
河北	33	5
北京	22	6
上海	21	7
福建	17	8
湖北	16	9
重庆	13	10
河南	12	11
四川	8	12
湖南	7	13

资料来源：《一组数据读懂"2021 中国民营企业 500 强"》，搜狐网，https://m.sohu.com/a/512326779_730790。

二是企业创新主体意识不强。大部分民营企业由于资源、资金缺乏等原因，管理方式粗放，技术落后，效率不高，自主创新意识不强，通过模仿创新的方式节约成本，在市场竞争中不占据优势，无法实现企业的可持续发展。此外，部分民营企业家观念保守，创新意识不强，适应新形势、新变化的能力不足。

三是民营高新技术企业在产业发展中的引领作用未得到充分发挥。民营

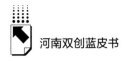

企业要想实现高质量发展，关键在于发展科技，掌握核心关键技术，高新技术企业担负着推动民营企业科技创新的历史责任。当前，河南省民营高新技术企业基础相对薄弱，所占比重比较小，尚未形成产业集群，市场竞争力比较弱，参与国际竞争的意识和能力明显不足。要提升民营企业的抗风险能力，使其在市场竞争中走向前列，必须进一步加大对民营高新技术企业的支持和培育力度，通过高新技术企业支撑引领民营经济高质量发展。

（二）人才队伍整体素质有待提升

河南省是人口大省，劳动力数量优势比较明显，但民营企业在发展壮大中存在着人才队伍整体素质不高的问题。一是缺乏高素质高水平管理人才。作为民营企业的领头人，民营企业家自身的素质和能力决定着企业发展的未来。河南省民营企业家中在全国具有较大影响力和知名度的并不多，一些民营企业家求稳定，观念保守，自主创新意识不强，没有形成现代企业管理意识，以质取胜、创新取胜的观念和高素质、高水平的管理能力亟待增强。此外，河南缺乏专门针对民营企业家能力提升的高端培训，对民营企业家进行提升培训的重视程度不够。二是缺乏创新型高技术人才。民营企业中多数为中小微企业，大部分企业规模较小，发展平台不高，从成立之初就缺乏创新型高技术人才。与广东等发达省份相比，河南省民营企业对人力资本的投入力度不够，无法发挥人才引进和人才培养的"双轮"驱动作用。三是科技人员创新动力不足。民营企业科技创新管理体制不健全，科技创新投入不足，特别是缺乏完善的科技奖励制度，缺乏有针对性的奖励措施，不利于激发科研人员的创新活力。

（三）融资渠道不畅，融资困难

自"金融豫军"崛起以来，河南省民营企业融资难问题有所缓解，但中小微民营企业融资难、融资贵问题并没有得到根本解决。一是政府财政支持比较单一。与发达省份相比，河南省对民营企业的财政资金扶持不够，主要通过设立民营经济发展基金、进行项目补贴和参与担保等方式，形式比较单一，需在提高财政投入力度和创新方式方法上提升。二是银行对民营企业贷款的门槛较高。民营企业由于规模、资金等原因，取得贷款存在天然的困难。多数民营企业缺少足够的抵押资产，大多不符合银行贷款条件，获得贷款较难。三是民营企业融资渠道狭窄。大部分民营企业规模较小，信用度普遍不高，主要依赖银行贷款融资，融资渠道比较狭窄。许多中小微民营企业采取民间借贷的方式来实现融资，虽解决了融资问题，但增加了融资风险，融资成本高也影响了企业盈利空间。

（四）民营企业准入门槛过高

与国有企业相比，民营企业的市场准入问题较为突出。一是许多重要领域准入门槛过高。多个产业领域对民营企业采取不同程度的"限制进入"政策，如电力、铁路、水利等能源资源行业，公共交通、自来水、天然气等公用事业行业，金融、医疗卫生等服务行业，民营企业发展受到许多限制。二是有些地方和行业在市场准入、政府采购和公共服务等方面的政策规定公开性和透明度不够，甚至存在对民营企业歧视性和排斥性条款，阻碍了民营企业发展。三是政府部门在项目推介、服务保障和推动项目落地方面的积极作用未得到充分发挥。

（五）营商环境有待持续提升

近年来，河南省营商环境持续向好，但与先进省份相比还有不小的差距，需要持续提升。一是政务服务的质量和能力有待进一步提升。特别是关系民营经济发展的行政审批和数据信息共享等服务需进一步完善。二是引导民营经济发展的权威性政策文件比较缺乏。目前出台的政策文件多为"实施意见"，大多是宏观层面的指导，实际可操作性不强。促进民营经济发展的相关政策的宣传力度不够，许多民营企业对惠企政策不了解，没有享受到相关的优惠。三是民营企业和民营企业家的合法权益未得到完全保障，法治环境还需要进一步改善。四是缺乏民营企业诉求的响应机制，亲清新型政商关系还需要进一步规范。五是创新型标杆企业的示范带动作用还需要进一步发挥。

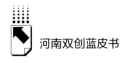

三　河南省民营经济高质量发展的对策

（一）坚持创新驱动，提升创新能力

当前，河南正处于蓄势崛起、跨越发展的关键时期，迫切需要加快创新驱动发展，提升科技创新能力，打造产业新优势。一是完善创新激励机制。政府要提高对创新驱动发展的认识，加快出台创新推动民营经济发展的政策措施，对民营经济研发，特别是对中小微企业研发给予补贴补助，加大对中小微企业的创新服务指导与扶持，加大对全省重点领域、关键技术研发的财政支持，激发民营企业创新活力。二是增强创新主体作用。引导广大民营企业提高认识，充分发挥主体作用。鼓励民营企业增强自主研发能力，创新管理方式和经营模式，推动重点企业做大做优做强，促进全省大中小企业协同创新发展。三是以郑洛新国家自主创新示范区建设为契机，在推动"四个一批"方面率先探索，加快培育创新型龙头企业、高新技术企业和科技型中小企业，加大创新引领型企业培育力度，尽快形成一批创新型企业群体，推动民营经济高质量发展。

（二）壮大人才队伍，提升人才素质

一是加强民营企业家队伍建设。将民营企业家队伍建设纳入全省人才队伍建设总体规划，健全完善企业家表彰奖励制度，激发企业家创新热情，帮助企业树立良好形象，营造尊重民营企业家的文化氛围。实施民营企业家培训计划，建成全省"龙头型领军企业家—创新引领型骨干企业家—潜力发展型成长企业家"三级贯通的民营企业培训体系，提升民营企业家素质。二是加强科技人才队伍建设。坚持以人才驱动创新，实施招才引智战略，鼓励和支持民营企业引进紧缺高端人才，在经济待遇、发展环境、社会地位等方面采取措施吸引和留住优秀人才。要加大人才培养力度，鼓励和支持有条件的民营企业创建高技能人才培养基地，为企业输送更多优秀的高技能人

才。三是完善科技奖励制度，设立专项奖励基金，让优秀的科技创新人才得到合理回报，激发各类人才创新活力，营造全社会积极支持、科研人员踊跃参与创新发展的良好环境。

（三）拓展融资渠道，破解融资难题

一是在市场化的基础上，政府要加强对信贷资金的支持与引导，放宽金融机构准入标准，优化金融环境，支持银行开发面向中小微企业的金融产品与服务。发挥财政资金杠杆作用，拓宽企业融资渠道，对有市场但资金周转暂时困难的企业给予贷款贴息。积极稳妥发展中小金融机构，支持有能力有条件的民营企业上市或发行企业债券进行直接融资。加强监管，构建完善的民营企业信用评价体系，净化市场环境，防范金融风险。二是金融机构要提升服务意识，破除阻止金融资源流向民营企业的障碍，在信用评价、贷款周转方面进行创新，积极探索开发满足民营企业需求的金融产品，为民营企业发展提供专业化的金融服务。三是民营企业要更新理念，注重创新驱动发展，积极建立现代企业制度，完善内部治理结构，建立健全信用风险管理制度，提升企业的资信度和诚信度。

（四）破除行业准入障碍，扩大市场准入

一是进一步放开民营企业市场准入，在市场准入负面清单外不再对民营企业设置不合理或歧视性的准入条件，不再采取额外的准入管制措施。二是加大对垄断行业、重要领域的改革力度，认真清查在市场准入方面对民营企业资质、资金、股比、人员、场所等方面设置的不合理条件，明确审批条件和流程，对所有市场主体公平公正、一视同仁，减少自主裁量权，打破各种形式的不合理限制和隐性壁垒。三是抓住国家重点支持"两新一重"建设机遇，在新型基础设施、新型城镇化以及交通、水利等重大工程领域推出一批对民间资本具有吸引力的项目，让民营企业进得来、能发展、有回报。

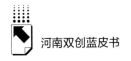

（五）优化营商环境，激发企业活力

一是持续深化"放管服"改革。转变政府职能，提高改革的针对性，建立并完善服务民营经济的长效机制，提升政务服务的效率和质量，为民营经济健康成长提供良好的服务支撑。二是加快出台支持民营经济发展的权威性政策及配套措施，将支持民营企业发展的相关指标纳入全省经济高质量发展的绩效评价体系，确保政策落地见效。加强相关政策的宣传力度，让企业了解政策、"吃透"政策，确保企业真正享受到政策红利，从中受益。三是深化法治化营商环境建设。将营商环境建设纳入法治化轨道，建立完善依法保护非公有制经济产权的长效机制，依法保护民营企业的合法权益，维护企业家的合法权益。四是构建亲清政商关系。创新政企互动机制，建立完善民营企业诉求响应平台，帮助企业解决实际困难。保障民营企业公平参与市场竞争，形成尊重民营经济发展的社会氛围，提升民营企业家干事创业的信心。五是强化示范引领。鼓励民营企业创新转型发展，大力支持优秀民营企业家评选、支持创建标杆企业和民营经济示范城市，充分发挥其示范引领带动作用，激发企业活力。

参考文献

河南省人民政府：《关于营造更好发展环境支持民营企业改革发展的实施意见》，河南省人民政府网站，2021 年 1 月。

河南省统计局、国家统计局河南调查总队：《2021 年河南统计年鉴》，河南省人民政府网站，2022 年 2 月。

王超然：《河南民营经济健康发展问题及对策研究》，《现代营销》（学苑版）2021 年第 5 期。

张月瀛：《河南省加快民营经济高质量发展对策分析》，《商业经济》2020 年第 11 期。

赵早：《河南省促进民营经济高质量发展探析》，《中共郑州市委党校学报》2019 年第 3 期。

赵红丽：《河南省民营经济发展存在的问题及对策研究》，《洛阳师范学院学报》2019 年第 12 期。

范艳萍：《河南省民营经济发展对策研究》，《商业经济》2020 年第 11 期。

河南省民营经济研究会：《河南省民营经济发展与现状座谈会综述》，http：//www. hnskl. org/news/20190130/5081. html，2019 年 1 月 28 日。

河南大学中原发展研究院：《河南省民营经济发展现状、问题与对策》，https：//zyzk. henu. edu. cn/info/1040/1897. htm，2017 年 11 月 18 日。

《2021 河南民营企业百强榜单首现营收千亿级企业》，大象网，https：//www. hntv. tv，2021 年 12 月 8 日。

《入围门槛突破 20 亿元 千亿级企业首次出现研发总投入超 154 亿元 数读 2021 河南民营企业百强"成绩单"》，河南省人民政府网站，https：//www. henan. gov. cn/2021/12-09/2362299. html。

《坚持创新驱动发展 增强科技创新能力》，河南日报网，https：//www. henandaily. cn，2018 年 6 月 6 日。

Abstract

This book is the sixth annual blue book to track and study the situation of innovation and entrepreneurship in Henan Province, organized by the Henan Zhongyuan Innovation and Development Research Institute. With the theme of "Innovation and Entrepreneurship stimulates Henan's Economic Recovery", the book is divided into industry development chapters, regional study chapters and investigation chapters. The book strives to reflect the effectiveness of Henan's innovation and entrepreneurship in boosting economic recovery since 2021 from different perspectives and provides theoretical and intellectual support for Henan to ensure high-quality construction of modern Henan and ensure the realization of high-level modernization of Henan, fully implement the "Ten Strategies", and compose a splendid chapter in the new era of Zhongyuan.

The book is divided into four parts and is structured as follows.

Part I, General Report. The section consists of two sub-reports. Analysis of the Situation and Policy orientation of Henan's Economic Recovery enabled by Innovation and Entrepreneurship in 2021 – 2022, based on reviewing the results achieved by innovation and entrepreneurship to empower Henan's economic development in 2021, the first general report systematically analyses the situation, and puts forward the key tasks and countermeasures for innovation and entre-preneurship to empower Henan's economic recovery in 2022. The second general report, Henan Province Urban Innovation Capacity Evaluation Report (2022), starting from the empirical point of view, through the construction of a Henan Province urban innovation capacity evaluation index system composed of 36 statistical indicators, the innovation ability of 18 provinces and municipalities in Henan Province is evaluated, and combined with the total evaluation score ranking and sub-index score ranking, it is analysed.

Part II, Industry Study. Combined with the current development situation, this section mainly focuses on Henan's manufacturing, new energy, cultural tourism, modern distribution industry, real estate and other industries for analysis and research.

This section examines the derivation of new development paths based on traditional advantageous industries, the multiplier effect of digitalization empowering the high-quality development of the manufacturing industry. The path of optimizing the development of the grain industry and the animal husbandry industry competition was considered. Additionally, this section reflects on the issues of stimulating the innovation and entrepreneurship vitality of the modern distribution industry. Likewise, this section considers the e-commerce of agricultural products to help the innovative development of digital villages in Henan, issues on creation of a powerhouse of modern seed industry, and make recommendations.

Part III, Regional Study. Taking Luoyang, Kaifeng, Zhengzhou, Zhumadian, Hebi, Xuchang, etc. as the research objects, this section deeply analyses the measures taken and the difficulties faced by different regions in Henan in the process of using innovation and entrepreneurship to empower economic recovery. At the same time, specific and feasible countermeasures and suggestions are put forward in terms of rural revitalization empowered by digital economy, national central city construction led by mass entrepreneurship and innovation, urban innovation and development empowered by digital economy, modern industrial system construction led by scientific and technological innovation, and innovative city construction.

Part IV, Investigation. This section focuses on the key and hot areas of Henan's development, including the pilot construction of Henan digital villages, the construction of an open innovation system, the digital economy empowered by blockchain, the innovative development of Small and Medium Sci-tech Enterprises (SMSE), the innovative development of multimodal transport, and the development of the private economy in Henan Province. The achievements of innovation and development and enabling economic recovery are summarized, and the existing problems and difficulties are also analysed. Finally, countermeasures

and suggestions are put forward for reference to the development of enterprises in related industries.

Keywords: Innovation and Entrepreneurship Empowerment; Recovery; Two Guarantees; Ten Strategies

Contents

Ⅰ General Report

Abstract: 2021 is an extraordinary, challenging, and critical year for
Henan. In the face of complex and severe risks and challenges at home and abroad,
coupled with the intertwined impact of the extraordinary flood disaster and the
Covid−19 pandemic that has not been encountered in a hundred years, Henan has
faced difficulties, adhered to innovation to lead all-round development, realized
the momentum of innovation and development, innovation ecology, innovation
platform construction, innovation major players cultivation, and secured major
achievements in Henan's development. in the huge difficult challenges, it has set
Henan's future development potential. In 2022, Henan will continue to overcome
various risks and challenges, focus on ensure high-quality construction of modern
Henan and ensure the realization of high-level modernization of Henan, which is
proposed by the provincial party committee and provincial government, impl-
ement the overall deployment of the "Ten major Strategies", focus on building a
first-class innovation platform, condensing first-class innovation topics, cultivating

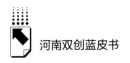
河南双创蓝皮书

first-class innovation subjects, gathering first-class innovation teams, creating first-class innovation systems and first-class innovation culture. Henan will adhere to the first driving force of scientific and technological innovation, and comprehensively promote innovation and entrepreneurship to empower Henan's economic recovery. This requires overall planning and systematic advancement by strengthening the party's overall leadership over innovation and entrepreneurship, continuously accelerating digital transformation, increasing investment in innovation and entrepreneurship, promoting the transfer and transformation of scientific and technological achievements, building a pioneering carrier at a high level, implementing the action of cultivating and expanding emerging industries, and adhering to scientific and technological innovation to lead the overall work.

Keywords: Ensure High-quality Construction of Modern Henan and Ensure the Realization of High-level Modernization of Henan; Ten Major Strategies; Scientific and Technological Innovation; Innovation and Entrepreneurship; Economic Recovery

B.2 Evaluation Report on Urban Innovation Capacity of Henan Province (2022)

Research Group of Henan Zhongyuan Innovation and
Development Research Institute / 039

Abstract: 2021 is a year to start a new journey of socialist modernization after the comprehensive construction of a moderately prosperous society has been built. Henan Province proposes to the goal on ensure high-quality construction of modern Henan and ensure the realization of high-level modernization of Henan, put innovation at the core of the construction of a modern and strong province, vigorously promote scientific and technological innovation, and create new growth driving force and create new advantages for the construction of a modern powerhouse in Henan. This research group constructed an evaluation index system for urban innovation capabilities in Henan Province, which is composed of 36 statistical indicators, and used statistical data to evaluate the innovation capabilities of cities in Henan Province in 2022. The study proves that Zhengzhou, Luoyang, and Xinxiang maintain the top three cities in Henan Province for innovation. In view of the evaluation results, the research group proposed that cities in Henan should ensure high-quality construction of modern Henan and ensure the realization of high-level modernization of Henan, build a national innovation power, and accelerate the shaping of new advantages with innovation. It also needs to continue to deepen the reform and opening in the field of scientific and technological innovation and give play to the leading role of the Zhengzhou metropolitan area.

Keywords: Innovation Ability; Industrial Upgrading; Henan

II   Industry Study

B.3   Research on the Path and Countermeasures for Cultivating
New Track in Henan's Advantageous Industries   *Zhao Xisan* / 058

Abstract: With the accelerated penetration of new technologies, the vigorous development of new economies and the continuous emergence of new consumption, traditional advantageous industries have opened new tracks. Henan's traditional advantageous industries has achieved initial results, however, overall, the cultivation of new industries, new formats and new models is relatively lagging, and the bottleneck constraints are obvious. The traditional advantageous industries in our province have a large scale and a high proportion, all of which contain the development potential of new competitive advantage. Relying on traditional advantageous industries to derive new development path, more core competitiveness and local grounding, should be the main direction. Different industries have different development path, Henan should find the entry point in the five major advantageous areas such as food, equipment, materials, clothing,

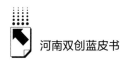

and traditional Chinese medicine, and then focus on six aspects, such as gathering new development factors, cultivating new professionals, creating new scenes, improving environment, creating new carriers, and expanding new channels. Thus, to accelerate the implementation of the leading strategy, and reshape the new competitive advantages of traditional industries.

Keywords: New Track; New Consumption; New National Trends; Industrial Transformation

B.4 Digital Transformation Empowers Henan Manufacturing Industry High-quality Development　　　　*Liu Xiaohui* / 070

Abstract: In the era of Industry 4.0, digital transformation is of great significance to the reshaping of Henan's manufacturing system, the reengineering of advantages, the strategy changes, and the improvement of efficiency, and has become the core driving force for the high-quality development of Henan's manufacturing industry. Henan's manufacturing industry has good basic conditions for digital transformation, and has made new progress in policy system, leading factory, pilot demonstration, infrastructure, application effectiveness, etc., and is in a new stage of comprehensive promotion from pilot demonstration. However, at the same time, it is also facing problems such as the low level of digital economy development, the relative backwardness of small and medium-sized enterprises and industrial Internet, the construction of talent teams and the lag of enterprise management reform. To release the multiplier effect of digital empowerment of high-quality development of the manufacturing industry, Henan needs to quickly introduce the industrial Internet, strengthen the digital empowerment of small and medium-sized enterprises, build a cross-border integrated talent team, build new models and new format application scenarios, and increase the intensity of enterprise management reform.

Keywords: Digital Transformation; Manufacturing; High-quality Development; Industrial Internet

Contents ↖↘

Abstract: Based on the statistical yearbook data, this paper draws on the indicators of the coordination metrics of grain and livestock production, constructs the development index of Henan grain industry and animal husbandry industry competition, and measures the development status of Henan grain industry and animal husbandry industry competition from 2011 to 2020. The results show that: in the time series dimension, the development level of Henan grain industry and animal husbandry industry competition shows a fluctuating transformation trend. During the inspection period, the quality and benefit of the development of the grain industry are higher than the quality benefits of the development of the animal husbandry industry, and the development of the animal husbandry industry urgently needs to accelerate the follow-up of the development of the grain industry. In terms of spatial dimension, the uneven development of 18 provinces and municipalities is significant, and the livestock industry of traditional grain-producing cities lags behind the grain industry. Therefore, under the role of the market mechanism, Henan should optimize the spatial arrangement, adjust the industrial structure, focus on breaking the constraints of production factors such as talents, funds, technology, and land, improve the efficiency of resource alloca-tion, and use scientific and technological innovation to drive the transformation and upgrading of agricultural development.

Keywords: Henan; Grain Production; Animal Husbandry Industry; Competitive and Coordinated Development; Path

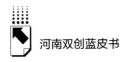

河南双创蓝皮书

B.6　Henan's new Energy Industry Innovation Under the

Background of Low-carbon Economy　　*Wang Qiaoling* / 098

Abstract: Low-carbon economy is the key word of the 21st century, and it is also the general trend of the development of the entire world economy. In the context of the "low-carbon economy", Henan needs to optimize the energy structure and vigorously develop new energy industry talents, which is an inevitable choice for achieving sustainable development. Based on the analysis of new energy industries such as Henan photovoltaic industry, wind power industry, new energy vehicles and biomass energy industry, this study found that the overall development level of Henan's new energy industry is not high, especially the core technology of photovoltaic and wind power and the utilization efficiency of biomass energy still need to be improved. Based on constructing the index system of influencing factors for the development of Henan's new energy industry, this paper suggests that the improvement of enterprises' independent innovation ability, the introduction of talents in market-related new energy fields, and the continuous breakthrough of the government in core new energy technologies are the keys to the development of new energy industry in Henan Province.

Keywords: Henan Province; New Energy Industry; Low-carbon Economy

B.7　Promote the Innovative Development of Henan's Cultural

Tourism Industry With Digital Economy　　*Cui Mingjuan* / 115

Abstract: As an important starting point for promoting high-quality economic development, the cultural tourism industry has become an unstoppable trend of the times by continuously integrating into the overall situation of digital economy development. In recent years, although Henan has made certain achievements in the innovative development of the cultural tourism industry, it still faces the practical dilemma of lagging in the concept of integrated development of cultural tourism, insufficient supply of high-quality cultural tourism products, weak innovation vitality of the cultural tourism market, low level of cultural tourism platform construction, and relative lack of digital cultural tourism talents. Entering the "14th Five-Year Plan" period, Henan Province has begun a new journey of modernization, a new situation of digital development of cultural and tourism industry is opening. Henan should put the integration of concepts in the primary position of cultural tourism industry innovation, strive to create more high-quality cultural tourism products, and fully stimulate the innovation vitality of the cultural tourism market. Additionally, Henan should vigorously promote the construction of public cultural tourism platforms and accelerate the cultivation of professional digital cultural tourism skilled worker. Therefore, to make digital cultural tourism an important engine for promoting the construction of modern Henan and composing a more colourful and splendid chapter of Zhengyuan in the new era.

Keywords: Digital Economy; Digital Cultural Tourism; Innovation

B.8 Stimulate Entrepreneurship and Innovation in the Modern Distribution Industry to Achieve High-quality Economic Development in Henan   *Song Yu* / 131

Abstract: The distribution industry is rich in different forms of business, with huge potential for mass entrepreneurship and innovation. To stimulate the innovation and entrepreneurship of modern distribution industry and build the distribution industry into a new platform for business start-ups and innovation is an inevitable requirement for the high-quality development of Henan economy and an important support for the construction of a new development pattern. Starting from the connotation of modern distribution system, this paper studies the policy background and great significance of Henan's construction of modern distribution system and analyses the advantages and achievements. In addition, this paper

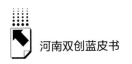

examines the status quo of modern distribution industry promoting the development of entrepreneurship and innovation in Henan and puts forward the existing problems. Finally, Strategies and suggestions are given from the aspects of strengthening the construction level of modern distribution industry, optimizing the business environment, cultivating market players, and actively cultivating new forms of distribution industry, to provide reference for stimulating the innovation vitality of Henan's modern distribution industry.

Keywords: Modern Distribution Industry; Innovation and Entrepreneurship; Henan Province

B.9 Research on the Innovative Development of Henan's Real Estate Industry in the Post-epidemic Period   *Wei Zheng* / 152

Abstract: The Covid－19 epidemic has been raging around the world for more than two years, people's original lifestyle has been disrupted, the production and operation of all Industries have been affected by the epidemic. As a very important industry in the national economy—the real estate industry has been hit even harder. Additionally, in the face of the government's policy suppression of the real estate industry, many housing enterprises are struggling. In 2021, Henan suffered from once-in-a-century flood disaster and the Covid－19 epidemic, the real estate industry was greatly affected. To survive, housing enterprises have innovated the development model, which is studied and analysed in this paper, and the future development of the real estate industry is prospected.

Keywords: Real Estate Industry; Development Mode; Innovation; Henan Province

B.10 Innovation in the Construction and Development of Henan

Integrated Pilot Zones for Cross-border E-commerce

Wang Yuedan, *Wang Xiaoyan* / 165

Abstract: Since China launched the retail imports of cross-border e-commerce in 2012 and the construction of the integrated pilot zones for cross-border e-commerce in 2015, cross-border e-commerce has flourished as a new format and new model of international trade and has also received widespread attention from various sectors. In recent years, the cross-border e-commerce industry in Zhengzhou integrated pilot zones has developed rapidly, and the achievements of innovative development have been remarkable, and it has become an indicator leading and driving the innovative development of cross-border e-commerce in Henan Province and the whole country. This report briefly summarizes the development process and establishment significance of the integrated pilot zones and summarizes the current situation and innovative practices of cross-border e-commerce development in the three integrated pilot zones of Zhengzhou City, Luoyang City and Nanyang City in Henan Province. It also analyses the existing problems, and finally puts forward suggestions for the high-quality development of Henan cross-border e-commerce integrated pilot zones.

Keywords: Henan Cross-border E-commerce Integrated Pilot Zones; Zhengzhou Model; Henan Cross-border E-commerce

B.11 Agricultural E-commerce to Booster Henan Province Digital

Rural Innovation and Development *Dou Xiaoli*, *Zhao Pin* / 180

Abstract: As an important part of the national digital economic component, the construction of digital villages is the only way to accelerate the modernization of agriculture and rural areas. Agricultural e-commerce has a close connection with the digital economy, and the development foundation is becoming more and more

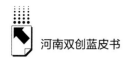
mature, and the functions are becoming more and more diversified. In recent years, Henan Province has made great progress in the construction of digital villages, starting from multiple dimensions such as policy orientation, rural Internet popularization, and pilot demonstrations, forming a situation in which agricultural product e-commerce drives the construction of digital villages. However, since the construction of digital villages is still in its initial stage, there are still many shortcomings in the development of agricultural product e-commerce that need to be made up and broken through. In the future, we should take agricultural product e-commerce as a key point to overcome the difficulties, accelerate the construction of projects such as e-commerce into rural integrated demonstration projects, and promote the digital transformation of agricultural e-commerce. We should also recruit more skilled workers, improve the level of organization of agricultural product e-commerce, and extend the agricultural product e-commerce industry chain. Thus, accelerate the construction of digital villages in Henan.

Keywords: Agricultural E-commerce; Henan Province; Digital Villages

B.12 Study on the High-quality Development of Seed Industry in Henan
Gao Yabin, Yuan Yongbo / 194

Abstract: Seed industry is the basic condition of agricultural development, the core "chip" of modern agriculture in the new era, and the key areas in the national agricultural competition. This report first analyses the achievements and existing problems in the development of the seed industry in Henan Province, and on the basis of studying industrial trends and learning from the experience of pioneer regions, puts forward five key tasks, such as the development of germplasm resources, the construction of commercial breeding innovation system, the cultivation of leading enterprises, the strengthening of financial professional support, and the optimization of ecological development environment. Henan strives to build a province of modern seed industry, contributing to ensuring national food security and composing a more brilliant chapter in the Central Plains in the new era.

Keywords: Germplasm Resource Development; Commercial Breeding; Seed Industry Ecology

Ⅲ Regional Study

Abstract: In 2021, the No. 1 document of the Central Committee proposes to implementation of digital village construction and development project, and the construction of digital villages will become a new engine for rural revitalization. As a sub-central city of the Zhingyuan Urban Agglomeration, Luoyang City conforms to the development trend of the digital economy during the historical intersection of informatization and agricultural and rural modernization and relies on digital transformation to empower the revitalization of rural areas. Taking the "one district and two counties" of Luoyang City, namely Mengjin District, Yiyang County and Luoning County as an example, this paper investigates the current situation of the digital economy empowering the revitalization of Luoyang countryside and examines innovative paths to solve the practical problems faced in the process of rural revitalization. Luoyang should change the concept of digital economy, innovate the development model of digital economy, use digital technology, and work together to promote the revitalization of Luoyang countryside and the modernization of agriculture and rural areas to a higher level.

Keywords: Innovation and Entrepreneurship; Digital Economy; Rural Revitalization

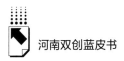

B.14 Kaifeng City's 2021 Innovation and Entrepreneurship
Development and 2022 Prospects and Recommendations

Zhao Jianji / 223

Abstract：This paper summarizes the development of entrepreneurship and innovation in 2021 in Kaifeng from the aspects of strengthening the leadership of scientific and technological innovation organizations, continuously increasing investment in science and technology, consolidating and strengthening the construction of innovation platforms, continuously expanding the scale of innovation subjects, optimizing and improving the innovation system, and continuing to have a strong cultural atmosphere for innovation. From the aspects of deepening the reform of "streamline administration and delegate power, improve regulation, and upgrade services", optimizing the reform of "commercial system", promoting the reform of "government services", implementing the reform of "capital supervision", and implementing the reform of "Skilled worker recruitment", the reform of the institutional mechanism of Kaifeng's Innovation and Entrepreneurship work has also been summarized. This report makes a forecast of Kaifeng's innovation and entrepreneurship work in 2022 from the aspects of better development environment, prominent role of Zhengkai Science and innovation Corridor as the source of innovation and entrepreneurship, and stronger support for the construction of modern industrial system. On this basis, from the high-level construction of Zhengkai Science and innovation corridor, focus on creating an innovation platform, accelerate the cultivation of innovative enterprises, strengthen the recruitment of talents, deepen the integration of science and technology and finance, improve the innovation system and mechanism of six dimensions, the countermeasures and suggestions for Kaifeng City to carry out entrepreneurship and innovation in 2022 and promote high-quality development are proposed.

Keywords：Innovation and Entrepreneurship；Innovation-driven；High-quality Development；Kaifeng City

Abstract: In 2021, Zhengzhou's Entrepreneurship and Innovation environment, resources and achievements have been greatly improved and enhanced, which has played an important supporting role in the stable social and economic development of Zhengzhou National Central City under the influence of natural disasters and multiple rounds of epidemics. At the same time, the low input-output rate of basic research, the relative lack of high-end intellectual resources, the need for accurate scientific and technological financial policy mechanisms, and the mismatch between manufacturing input and development goals still bring some challenge to the high-quality development of Zhengzhou. To support the modernization of Zhengzhou National Central City, this study puts forward countermeasures and suggestions to enhance the level of Entrepreneurship and Innovation more effectively from the aspects of improving the strength of basic research fields, improving the internationalization level of intellectual resources, building a good ecology of science and technology finance, and ensuring the manufacturing foundation of scientific and technological innovation.

Keywords: Innovation and Entrepreneurship; Zhengzhou; National Central City

Abstract: Digital empowerment and promoting continuous innovation in economy and society are the source of power for high-quality development. This paper systematically analyses the current situation, opportunities, and challenges of the development of Zhumadian's digital economy. From the perspective of digital empowerment of smart city innovation and development, digital empowerment of

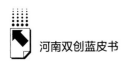

agricultural and rural innovation and development, digital empowerment of tourism industry innovation and development, digital empowerment of strategic emerging industry innovation and development, etc. , the existing problems of digital empowerment of Zhumadian's innovative development are discussed in depth, and corresponding countermeasures and suggestions are put forward, which provide reference for promoting the high-quality digital innovation and development of Zhumadian's economy and society.

Keywords: Digital Empowerment; Digital Economy; Zhumadian

B. 17 Scientific and Technological Innovation Leads to
Construction of a Modern Industrial System in Hebi City

Tian Wenfu, Wang Zehua / 268

Abstract: Based on the advantages of industrial base, Hebi city takes the advantage of the leading role of scientific and technological innovation, and closely focusing on the strategy of dominant industry reconstruction and digital transformation to build a first-class innovation ecosystem. Through a series of measures to innovate policy mechanisms, implement project investment and a series of measures, Hebi will rebuild traditional advantageous industries and accelerate the cultivation of strategic emerging industries. Hebi will build a high standards and high levels technology-industry-application interaction system, talent-system-environment support each other of the innovative modern industrial system, thus, to create many new technologies, new products, to build an innovative city and a high-quality development demonstration city.

Keywords: Scientific and Technological Innovation; Industrial System; Mechanism

B. 18　Research on Countermeasures for Xuchang to Build an
　　　　Advanced Innovative City　　　　　　*Guo Junfeng* / 282

Abstract: In recent years, even though lack of natural resources and less developed science and technology, Xuchang has taken innovation as the main strategy, moved to the forefront of the development of Henan, and cultivated the core competitiveness of "Create in Xuchang". In the face of the normalization of epidemic prevention and control and high regional competition, the construction of Xuchang Innovative City still faces problems such as insufficient innovation ability, low industrial level, and lack of a quality workforce. Based on learning from Shenzhen's experience in building an innovation-oriented city, Xuchang should adhere to the premise of emancipating our minds, build consensus on innovation and development, and adhere to the guidance of scientific and technological innovation. Xuchang also needs to the cultivation of new drivers of development, adhere to focus on collaborative innovation, actively integrate into the construction of Zhengzhou metropolitan Circle, adhere to deepening reform as the driving force, stimulate the vitality of innovation and development.

Keywords: Xuchang; Advanced Innovative City; Innovative Development

B. 19　Innovates Governance Methods to Achieve Comprehensive
　　　　Development—A Case Study of Zhulin Town, Gongyi City
　　　　　　　　　　　　　　　　　　　　　Yu Shanfu / 292

Abstract: Over the past 40 years of reform and opening, Zhulin has made great achievements in industrial transformation, culture and living environment, social programs, civilization construction and social influence, etc. They have continuously innovated, worked hard, overcome difficulties, and embarked on a unique path of innovation and development and common prosperity, forming a successful experience worthy of respect and learning. In the face of the complex

development environment at home and abroad, Zhulin must scientifically plan the dialectical relationship between "danger" and "opportunity", comprehensively and systematically plan the future, focusing on the goal of building an advanced manufacturing industry development area, a sightseeing rest and health care experience area, a pilot area for the comprehensive revitalization of rural areas, and a demonstration area for the modernization of the town. In the future, Zhulin should adhere to the party building as the core to enhance social governance capabilities, coordinate and promote the operation of the normalization mechanism of the "three evaluations", focus on innovative resources to achieve industrial upgrading, deepen the integration of culture and tourism, strengthen the tourism industry, and continuously grow the new collective economy to achieve comprehensive development.

Keywords: Zhulin Town; Innovative Governance Methods; Rural Revitalization; Innovation-driven

Ⅳ   Investigation

B.20   Progress and Countermeasures of Henan Digital Village
Pilot Construction   *Chen Mingxing* / 306

Abstract: Digital villages are not only the strategic direction for promoting rural revitalization, but also an important part of building a digital China. Since the pilot operation of the four national digital villages in Henan Province, through strengthening the integration of resources and departmental coordination, the pilot project in seven major areas has been effectively promoted. In particular, good progress has been made in promoting the digitization of leading industries, the digitization of life services, the digitization of rural governance, and the industrialization of rural digitalization. In view of the common problems such as the difficulty of coordination, the lack of professional talents, and limited policy support, to better promote the construction of digital villages, it is necessary to enhance top-level design, build a quality workforce, increase support, innovate application scenarios, and deepen pilot construction.

Keywords: Digital Village; Digitization; Rural Revitalization

B. 21 Study on the Construction and Path Optimization of Open
Innovation System in Henan Province   *Li Bin* / 318

Abstract: Based on the qualitative analysis of the overall progress of open innovation in Henan Province, this study uses the data envelopment analysis (DEA) method to evaluate the overall performance of open innovation in Henan from 2012 to 2020. By comparing the open innovation efficiency of the six central provinces and the open innovation efficiency of 18 cities in Henan, the regional differences in the open innovation efficiency of Henan are systematically analysed and the reasons for this are investigated. From the perspective of open innovation platform, technology market, and scientific and technological cooperation, the policy suggestions for the construction of an open innovation system and the optimization of the path in Henan are proposed in this report.

Keywords: Innovation-driven Development Strategy; Open Innovation Efficiency; Technology Market

B. 22 Blockchain Empowers the High-quality Development of
Henan's Digital Economy   *Zhang Bing* / 332

Abstract: Blockchain creates an interconnected and shared data environment, improves business collaboration efficiency, and empowers industrial value circulation, and is widely used in the field of digital economy. At present, the superposition effect of China's blockchain policy is continuing to be released, becoming an important engine area for the development of the digital economy in

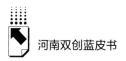

Henan Province. In the field of digital agriculture, blockchain empowers the digital transformation of Henan agriculture, bringing greater efficiency, transparency, and traceability to the exchange of value and information in the agricultural sector. In the field of intelligent manufacturing in Henan, the main applications of blockchain are logistics and supply chain management, anti-counterfeiting management, quality control, compliance, etc. In the field of modern service industry, blockchain is applied in cross-border supply chain management, customs regulatory innovation and supply chain finance, which can improve efficiency, reduce costs, and optimize process collaboration. To develop the full potential of blockchain technology in the field of Henan's digital economy, government, research institutions, industry organizations, and enterprises need to work together, to promote the accelerated integration of blockchain and Henan's digital economy.

Keywords: Blockchain; Digital Economy; Henan

B.23 Research on the Countermeasures for the Innovation and
Development of Small and Medium Sci-tech Enterprises
in Henan Province   *Zhang Zhijuan* / 346

Abstract: As the main body of scientific and technological innovation, of Small and Medium Sci-tech Enterprises (SMSE) are important forces in achieving innovation-driven fostering new drivers of for development. The research finds that the innovation and development of SMSE in Henan province presents good basic conditions, such as such as sustained scale development and growth, solid progress in the evaluation of project, continuous increase in subsidies for research and development expenses, positive progress of financial technology business, continuous increase in policy publicity and training, and further optimization of the environment for innovation and entrepreneurship. At the same time, it is faced with the bottleneck of R&D investment to be increased, enterprises' independent innovation ability is weak, financing channels to be broadened, and high-level skilled worker shortage. Therefore, it is necessary to fully promote the innovation and development of SMSE in Henan by continuously improving and optimizing the policy support system, enhancing the independent innovation ability of enterprises, broadening financing channels, and increase the efforts to attract more professional worker.

Keywords: Small and Medium Sci-tech Enterprises; Technological Innovation; Digital Transformation

B. 24 Research on Countermeasures for the Innovative Development of Multimodal Transport in Henan Province

Liu Xiao / 357

Abstract: Multimodal transport is an important starting point and breakthrough in the construction of a comprehensive transportation system, and an important task in the field of transportation and logistics in China during the "14th Five-Year Plan" period. Henan Province vigorously promotes the innovative development of multimodal transport, which is conducive to transforming transportation advantages into industrial advantages and hub economic advantages and forming a new support for regional economic development. At present, Henan's multimodal transport innovation and development has achieved certain results, but there are shortcomings in hub connection, standard barriers, business entities, information sharing, etc. , and it is necessary to continuously strengthen infrastructure construction, promote the formulation of multimodal transport standard system, build an information sharing service platform, and cultivate multimodal transport market players, continue to promote the innovative development of multimodal transport.

Keywords: Multimodal Transport; Modern Logistics; Henan

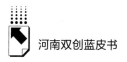

B. 25　Study on Innovation-driven Development in Henan Private

Economy　　　　　　　　　　　　　　　　*Du Wenjuan* / 369

Abstract：The private economy has become an important force in Henan's economic growth. In recent years, Henan Province has successively introduced a series of policies and measures to support the development of the private businesses, which has promoted the innovative development of the private economy. Henan Province's private economy has made some achievements in the process of development, but there are still problems such as insufficient independent innovation ability, the overall quality of the talent team is not high, financing channels are not smooth, financing difficulties, the entry threshold for private enterprises is too high, and the business environment needs to be continuously improved. Therefore, it is necessary to promote the development and growth of the private economy from the aspects of adhering to innovation-driven, enhancing innovation capabilities, expanding the talent team, improving the quality of talents, expanding financing channels, solving financing problems, breaking down industry access barriers, expanding market access, optimizing the business environment, and stimulating enterprise vitality, and promoting the high-quality development of the Henan's economy.

Keywords：Private Business; Innovation Driven; High-quality Development; Henan Province

权威报告·连续出版·独家资源

皮书数据库
ANNUAL REPORT(YEARBOOK)
DATABASE

分析解读当下中国发展变迁的高端智库平台

所获荣誉

- 2020年，入选全国新闻出版深度融合发展创新案例
- 2019年，入选国家新闻出版署数字出版精品遴选推荐计划
- 2016年，入选"十三五"国家重点电子出版物出版规划骨干工程
- 2013年，荣获"中国出版政府奖·网络出版物奖"提名奖
- 连续多年荣获中国数字出版博览会"数字出版·优秀品牌"奖

皮书数据库

"社科数托邦"
微信公众号

成为会员

登录网址www.pishu.com.cn访问皮书数据库网站或下载皮书数据库APP，通过手机号码验证或邮箱验证即可成为皮书数据库会员。

会员福利

- 已注册用户购书后可免费获赠100元皮书数据库充值卡。刮开充值卡涂层获取充值密码，登录并进入"会员中心"—"在线充值"—"充值卡充值"，充值成功即可购买和查看数据库内容。
- 会员福利最终解释权归社会科学文献出版社所有。

数据库服务热线：400-008-6695
数据库服务QQ：2475522410
数据库服务邮箱：database@ssap.cn
图书销售热线：010-59367070/7028
图书服务QQ：1265056568
图书服务邮箱：duzhe@ssap.cn

社会科学文献出版社 皮书系列
SOCIAL SCIENCES ACADEMIC PRESS (CHINA)

卡号：514943355183
密码：

基本子库
SUB DATABASE

中国社会发展数据库（下设 12 个专题子库）

紧扣人口、政治、外交、法律、教育、医疗卫生、资源环境等 12 个社会发展领域的前沿和热点，全面整合专业著作、智库报告、学术资讯、调研数据等类型资源，帮助用户追踪中国社会发展动态、研究社会发展战略与政策、了解社会热点问题、分析社会发展趋势。

中国经济发展数据库（下设 12 专题子库）

内容涵盖宏观经济、产业经济、工业经济、农业经济、财政金融、房地产经济、城市经济、商业贸易等 12 个重点经济领域，为把握经济运行态势、洞察经济发展规律、研判经济发展趋势、进行经济调控决策提供参考和依据。

中国行业发展数据库（下设 17 个专题子库）

以中国国民经济行业分类为依据，覆盖金融业、旅游业、交通运输业、能源矿产业、制造业等 100 多个行业，跟踪分析国民经济相关行业市场运行状况和政策导向，汇集行业发展前沿资讯，为投资、从业及各种经济决策提供理论支撑和实践指导。

中国区域发展数据库（下设 4 个专题子库）

对中国特定区域内的经济、社会、文化等领域现状与发展情况进行深度分析和预测，涉及省级行政区、城市群、城市、农村等不同维度，研究层级至县及县以下行政区，为学者研究地方经济社会宏观态势、经验模式、发展案例提供支撑，为地方政府决策提供参考。

中国文化传媒数据库（下设 18 个专题子库）

内容覆盖文化产业、新闻传播、电影娱乐、文学艺术、群众文化、图书情报等 18 个重点研究领域，聚焦文化传媒领域发展前沿、热点话题、行业实践，服务用户的教学科研、文化投资、企业规划等需要。

世界经济与国际关系数据库（下设 6 个专题子库）

整合世界经济、国际政治、世界文化与科技、全球性问题、国际组织与国际法、区域研究 6 大领域研究成果，对世界经济形势、国际形势进行连续性深度分析，对年度热点问题进行专题解读，为研判全球发展趋势提供事实和数据支持。

法律声明